中世寺院のネットワーク

文書・記録と聖教から

永村　眞
Makoto NAGAMURA

吉川弘文館

目 次

Ⅱ　密教の伝授と法流

Ⅲ 浄土宗の展開

はじめに

古代以来、日本仏教の存続と発展を支えてきた寺院社会は、空間的に各時代社会の一画を占めることから、そこに人・組織相互の繋がり（ネットワーク）が生まれたことは言うまでもない。中世の寺院社会では、さまざまな側面で人・組織を結びつけるネットワークの具体的な姿と役割が見いだされる。

まず、人・組織のネットワークには、時代を越えた縦の繋がり（時系列）と、同時代における横の繋がり（横断面）の二様が見られ、さらに人と人との極小の繋がりから、それらを組み込んだ組織間の、さらには社会的な繋がりまで多様な姿が見られる。たとえば、時系列としては、師僧（師）から弟子（資）へと仏法を受け継いでいく、すなわち仏法相承を実現する師資相承、寺院社会を存続させる組織的な繋がりのもとでの寺務（寺院経営）や所務（財源経営）などがあげられる。また、横断面としては、寺院の構成要素としての仏（堂宇と本尊）・法（教学と法会）・僧（寺僧と僧団）や、本山・末寺のまとまりを維持するために形成された教団などが、これに当たる。

これら時系列・横断面の両面にわたるさまざまな制度・慣習や現象などが、具体的な寺院社会を維持する上で不可欠な要件となるとともに、各時代における人と組織によるネットワークの所産ということになる（なお寺院社会の存続要件については、拙稿「寺院社会史と史料論」〈『中世寺院史料論』吉川弘文館、二〇〇〇年、所収〉を参照願いたい）。

ところで、寺院社会における人間相互の繋がりは、背景にある各時代の制度や認識のもとで実現するとともに、必然的にネットワークもその影響を受けてきた。たとえば、仏法を存続するために師資相承の原則が生まれ、その原則のもとで寺院における日常的な修学活動が実施され、さらに寺院を超えて宗派ごとの特徴的な手続きのもとで、師僧から弟子僧への仏法の伝授が継続された。

また、古代以来の寺院社会と世俗社会との関わりについて確認しておきたいことがある。それは、寺院は世俗に対し仏法による護持（祈禱により檀越〈寺院・寺僧へ信心を寄せる信者・後援者〉を護る）を果たし、世俗は寺院の存続のために外護（檀越が寺院を保護する）を加える、この護持と外護の双務関係こそが僧・俗間のネットワークの大前提であり、あわせて寺院社会が存続する条件でもあった。双務関係にあった僧・俗は、相互に時に応じた思惑をもって関わりをもち、その思惑が時代によりさまざまな姿でネットワーク上に表出したことは注目される。

そこで、本書の内容的な柱を三つ設定することにしたい。

まず、Ⅰ「中世の寺院と寺僧」では五章に分け、主に南都東大寺と武蔵金沢称名寺を通して、寺院社会の存続を支える世俗社会との関わり、寺僧がいかに仏法を修学してその継承を支えたか、特に諸宗兼学の実相について考える。その中で、寺僧の修学活動のなかで生まれる、多様な聖教（寺僧が仏法の修学・伝授・教化などのなかで作成した多様な仏書）に目を向けることになる。

さらに、寺僧が自らの心身の清浄を保ち、修学の成果を高めるために遵守すべき戒律とともに、戒律の実践を掲げ、幅広い諸宗を修学する場として存続した律院に注目した。なお、寺院社会には、中核的な寺内階層である住侶としての学侶（学生）・堂衆（堂方、律衆）とともに、遁世僧としての律僧（律院の住僧、律衆とは別）や聖（勧進聖など）の存在がある。そして、その各々が自らの宗教的な確信のもとで相互に連携し、寺家の運営に関わることになる。

そこでⅡ・Ⅲ以降で、南都六宗（倶舎宗・成実宗・律宗・三論宗・法相宗・華厳宗）を相承する南都諸寺においても、仏性を覚る術として重視された真言密教、さらには奈良時代より南都仏教のなかで育まれた極楽往生を願う浄土教（阿弥陀信仰）から生まれた浄土宗へも目を向けることになる。

Ⅱ「密教の伝受と法流」では六章にわたって論を進めるが、まずは真言宗の宗祖空海（弘法大師）と、同時代に活躍した天台宗の宗祖最澄（伝教大師）の、密教（凡夫には理解しがたい秘密の教義と儀礼により説かれる大日如来の教え）の受容をめぐる隔たりを踏まえ、空海の門葉により真言宗が大きく展開した足跡をたどる。特に、密教行者にとって、覚りを得る術としてのみならず、世俗社会から密教への期待を実現するための事相（祈禱の作法）を基礎に、伝授秘法の内実を基礎として、師資による継承の流れとしての法流が形成されることになる。この法流がいかにして密教興隆を実現したのか、興隆の過程で密教修学の両輪とされる事相と教相（教義の研究）の併存のあり方にも言及する。

また、事相と教相が相承されるなかで、真言密教に固有の経論や聖教により実現する密教伝授が、寺院の内外ではどのような具体的な姿を示したのかを検討したい。なお、密教行者が強い関心をもち受法を願う法流については、聖俗両界の権威を求める公家（天皇、上皇など）によって法流が相承された事例があり、これにも注目した。

Ⅲ「浄土宗の展開」では六章立てとし、法然が専修念仏を宗旨として立宗した浄土宗が、その門葉によってさまざまな発展を遂げた姿を追う。浄土宗・真宗は、真言宗とともに、古代以来の日本の聖俗社会で、人々の来世・現世における利益への期待のもとで、社会的に大きな影響力を及ぼしており、これは今日も変わることがない。

法然の門葉に連なる親鸞は、自らは浄土宗を宗旨とするとともに、師の教説を純化した「浄土真宗」を掲げ、諸流を生み出した他の法然門葉に対して、自らの教説の優位性を強調した（本書では、親鸞の教説を「浄土真宗」、その門葉により形成された教団を真宗と呼称する）。一方、浄土宗の主流となる鎮西派の流祖聖光（弁長）の門葉に連なる良忠は、親鸞と同時代に、東国において浄土宗の教線を広げていた。さらに、その末葉の聖冏・聖聡により、関東における教団の拡大とともに、浄土宗における聖教（主に教化〈布教〉のために作成された仏書）を基礎として浄土教学の体系化が図られた。また、親鸞の廟所である本願寺は、蓮如の登場により真宗門徒の本寺として急速な興隆を果たしたが、本願寺の創建からその存続を支えた東国門徒の中核としての下野高田専修寺とその門徒（高田門徒）も、本願寺とは異なる足取りで教団としての地歩を固めていた。ここに親鸞を宗祖とする真宗門徒の諸派による多彩な活動が見られることになる。

このような枠組みのなかで具体的な課題を、諸寺院に伝来した文書・記録という基本的な研究素材により検討することになる。ところで、寺院社会の本来的な機能としての仏法の継承にあたり、宗派に固有の教学を修学・相承・教化する寺僧集団が、その重要な術としたのが聖教であり、本書では、この研究素材にも目を向けた。

この聖教は、寺僧が日常的な宗教活動のなかで作成し、自らの修学のみならず弟子や信徒にも伝えた、多様な内容と形式をもつ寺院史料であり、各時代に仏法がいかに受容され、いかに継承されたかを物語る重要な研究素材である。その聖教が成立した主要な場として、Ⅰでは修学、Ⅱでは伝授、Ⅲでは教化をあげることになる。そこで聖教という視点から、本書における注目点を示しておくことにしたい。

まずⅠでは、顕教（文字・文章により説かれる釈尊の教え）の修学とその成果にもとづいて、論義（問答）・談義などの法会が催された。その場に出仕する寺僧は、諸宗の経・律・論（仏典）にもとづく宗学を綱要書（概要書）により学び、問答などに出仕するために、論義草（問・答の唱文）・抄物（問答の集成書）などの聖教を作成したが、これらは寺僧の宗学への理解を示すことになる。

Ⅱでは、密教祈禱の作法、すなわち事相を伝授により相承するにあたり、師資間で授受される印信（師僧から秘法伝授された証明書）・口決（師僧からの口伝を記したもの）をはじめ、教相の修学を支える祖師空海著述の疏釈（経・論の註釈）や、事相作法の詳細や教学的な裏づけを記した口決などの、事相・教相にわたる聖教が、密教の相承と興隆の基礎をなした。

Ⅲでは、法然や親鸞の著述とその註釈書が、教説の修学に、また門徒（門葉とその集団）への教化に用いられた。多くの門徒に対して祖師が平易に教説を説いた書状（法語、書札）は、特に親鸞が積極的に門徒に下したものであり、その末葉の蓮如以降は御文（御文章）と呼ばれ、教化の場で用いられる重要な聖教となった。

僧俗がもつ宗教的な能力に応じて、仏法に導く道筋とその教えの内実を示す「宗」には、固有の教説を語る聖教とともに、その教説の受容にあたり助けとなる聖教がある。これら多様な聖教によって、寺院社会における仏法の修学と受容の実相と、そして各時代における仏法の存在意義が明らかになろう。

そこで、中世の寺院社会において、仏法相承の実態としての寺僧の修学活動と幅広い寺院内外での教化活動、さらに寺院の存続を支えた僧・俗の交流を踏まえ、特に世俗社会にも大きな影響を及ぼした、諸宗を支える寺院・寺僧のネットワークの具体的なありようとその役割を検討することにしたい。

なお、本書では記述内容の典拠として文書・記録・聖教を用いているが、その本文の掲出にあたっては、漢文表記の原文そのものではなく、まず現代語訳を掲げ、次いで訳文の検証を可能にするために史料原文の読み下しを付記することにした。

I　中世の寺院と寺僧

一章　源頼朝と重源上人
――僧俗の思惑――

近年のことであるが、東大寺の寺僧諸師が鎌倉鶴岡八幡宮の拝殿において法会（ほうえ）を勤修（ごんしゅ）する姿が見られるようになり、そのきっかけは奈良国立博物館で開催された「頼朝と重源」展（二〇一二年）であると聞いている。東大寺では鎌倉時代の再建活動を導いた大勧進職（だいかんじんしき）の俊乗房重源上人（ちょうげんしょうにん）を、寺家存続にとって大功ある先師として、今日に至るまで忌日の七月五日に俊乗堂において俊乗忌を催し遺徳を讃えている。実は重源上人による東大寺再興であるが、源頼朝による実質的な支援なしには実現しなかったと考えられ、頼朝が勧請した鶴岡若宮（鶴岡八幡宮）と東大寺とは、中世よりさまざまな接点をもっていた。そして「源頼朝公八百年祭」（一九九九年）において東大寺の寺僧諸師が参仕する神事が催され、さらに「重源上人八百年御遠忌法要」（二〇〇六年）では大仏殿前で八幡宮の御神楽が奉納され、両者の関わりは時代を越えて続いている。そこで重源上人による東大寺再興と、その事業への頼朝の支援が、いかになされたかをたどることにしたい。

1　源頼朝と寺社

「逆徒」頼朝のイメージアップ戦略

治承四年（一一八〇）八月、伊豆国で挙兵した源頼朝は、この年の末までに遠江国以東の「十五ヶ国」（遠江・駿河・

甲斐・伊豆・相模・武蔵・安房・上総・下総・常陸・上野・下野・信濃・越後・美濃）を制圧し、鎌倉に本拠を占めたとされる（『玉葉』同年十一月八日条、『吾妻鏡』同年十二月十二日条）。頼朝はかねてから帰依を寄せていた伊豆国の走湯権現（現伊豆山神社）に、挙兵後も自らを護持する祈禱を委ねるとともに、所領寄進をはじめ手厚い外護を加えている（『吾妻鏡』養和元年〈一一八一〉八月二十九日条、『玉葉』文治元年〈一一八五〉九月二十五日条）。

ところで頼朝は、走湯権現や三島社のような東国の社寺に限らず、東国に所領をもつ寺社とも積極的に関わりをもち、これを起点にして「宛も将門の如し」として「逆徒」とされた頼朝が、時とともに公家（天皇、上皇）や貴族に受け容れられるようになった。

『吾妻鏡』の養和元年（一一八一）十月二十日条に、頼朝と伊勢神宮との接触が記される。

十月十九日に、伊勢神宮権禰宜の度会光倫〈相鹿次郎大夫と名乗る〉が伊勢から鎌倉に参着した。これは先に頼朝が神宮に祈禱を依頼しており、神前で唱えるべき「御願書」（願文）を受け取ることになっていたからである。翌二十日に頼朝は光倫と対面した。この座で光倫が語るには、先月十九日に、平家が神宮に東国平定の祈禱を依頼し、平将門の乱の先例にならって金の鎧を奉納した。ところが、その奉納に先立って、祭主親隆卿の嫡男が急死し、奉納が決定された当日には、本宮正殿に蜂が巣を作り、雀が小蛇子を生むなど、さまざまな怪異が重なった。これらの怪異の理由を考えてみると、朝憲を軽んじて国土を危うくする凶臣はむしろ平家であって、今やその敗北は間違いないという。これを聞いた頼朝は、今を去る永暦元年（一一六〇）、平治の乱に敗れて伊豆国に流罪となったが、都を離れる時に見た夢のお告げにより、神宮へは格別の渇仰の念をいだいてきたという。そこで自分の願いが達成されたならば、必ずや東国に新たな神宮の所領を寄進するつもりだと語った。

> 廿日、癸亥、昨日太神宮禰宜度会光倫（相鹿次郎大夫と号す）、本宮より参着す。是御祈禱を致さんがため、御願書を賜るなり。今日、武衛（頼朝）対面し給う。光倫申して云く、去月十九日、平家の申し行なうに依り、東国帰往の祈禱のため、天慶の例に任せて、

金の鎧を神宮に奉らる。奉納以前に、祭主親隆卿の嫡男神祇少副定隆、伊勢国一志駅家に於いて頓滅す。又件の甲を奉納せらるべき事、同月十六日、京都に於いて御沙汰有り。其日に当たり、本宮正殿の棟木に蜂巣を作り、雀小虵子を生む。これらの恠に就きて先蹤を勘うるに、朝憲を軽んじ、国土を危うくするの凶臣、此時に当たり敗北すべきの条、兼ねて疑い無し者（てへり）。仰せて曰く、去る永暦元年に出京の時、夢想の告げ有るの後、当宮の御事、渇仰の思い他に異なる。所願成弁せば、必ず新御厨を寄進すべしと云々。

頼朝への伊勢神宮の積極的な働きかけを示す「吾妻鏡」の記事であるが、この記事はいささか唐突に登場しているものの、光倫の鎌倉参着に先立ち、すでに頼朝は挙兵直後より神宮と交流をもつようになっていたことは確かである。少なくとも前年末に鎌倉を本拠とした頼朝の側から、「御願書」を調えて祈禱を求め、これに神宮側が応えたものであった。

翌養和二年二月八日、頼朝の「御願書」とともに、配下御家人の千葉常胤・小山朝政に準備させた金百両、神馬十疋を託された光倫は、これらを携えて神宮にもどっていった。そして頼朝が神宮に呈した「御願書」には、聖武天皇の創建した東大寺を焼き払い、頼朝の「謀叛」を上奏するなど、不実の奏上を行ない、依然として畿内を制圧して「朝務」を横奪する平家の行動こそが、まさに公家への「謀叛」であると記されている。神宮との積極的な接触は、その交渉のなかで、頼朝の政治的・軍事的な意向を間接的に京都に伝えることになるわけで、ここに巧みな頼朝の戦略をうかがうことができよう。

伊勢神宮からの使者

ところで翌寿永元年（一一八二）五月十六日、鎌倉の頼朝御所内で奇妙な事件が起きた（「吾妻鏡」同日条）。五月十六日の日中、束帯を身につけ笏を手にした一人の老翁が、白衣に榊を捧げた従者二人を従えて御所に入り込み、西廊に控えていた。この姿を見た多くの人が怪しみ、その場に近づき、どうして御所内に参上したのか、その理由を問うものの返事はなかった。そこにやって来た平時家が語りかけると、ようやく言葉を発し、「鎌倉殿」（頼朝）に直接訴え申すべきことがあるとのみ答えた。時家が名字を問うたが名乗ろうともしない。ただちにこの報告を受けた頼朝が、簾中からその姿を遠望すると、まるで「神」の姿のようであり、さっそくに会おうといって対面を果たした。老翁は自らを豊受大神宮禰宜の為保であると名乗り、延長年間（九二三〜九三一）より為保まで数代にわたり相伝し管理してきた外宮領の遠江国鎌田御厨が、安田義定により「押領」されたため、その由緒を義定に伝えたものの聞き入れようとはしなかった。そこであえてその裁許を頼朝に請うことにしたと語った。さらに神宮に関わるさまざまな吉事を述べ、この話を聞いていたく崇敬の念をいだいた頼朝は、義定に事情を問うことなく、ただちに為保に安堵の下文を与え、また新藤次俊長を使者に立てて、鎌田御厨を為保の使者に渡すよう命令を下したという。

十六日、乙酉、日中に及び、老翁一人束帯を正し笏を把り、営中に参入し西廊に候す。僮僕二人これに従う。各浄衣を着し榊の枝を捧ぐ。人これを怪しみ、面々その座する砌に到り、参入の故を問うといえども、更に答えず。前少将時家（平）到りて問うの時、始めて言語を発し、直に鎌倉殿（源頼朝）に申すべしと云々。羽林（平時家）重ねて名字を問うの処、名を謁せず。即ちこの趣を披露す。武衛、簾中よりこれを覧じ、其躰頗る神と謂うべし、対面すべしと称してこれに相逢わしめ給う。老翁云く、是豊受太神宮の禰宜為保なり。而して遠江国鎌田御厨は、当宮領として延長年中より以降、為保数代相伝の処、安田三郎義定これを押領す。子細を通ずるといえども許容せず。枉げて恩裁を蒙らんと欲すと云々。この次を以て、神宮の勝事、古記の見ゆる所を引き委曲を述ぶ。武衛御仰信の余り、安田に問わるる能わず、直ちに御下文を賜る。則ち新藤次俊長を以て御使として、為保の使を彼の御厨に沙汰し置くべきの由、これを仰せ付けらると云々。

この為保の御所参入は、自らが相伝する鎌田御厨に関わる訴えであり、頼朝には事前の申し入れのない突然の行動であったが、それにもかかわらず頼朝が好意的な措置を取ったのは、やはり神宮が果たす政治的な役割への配慮によるものであろう。なお伊勢神宮は、この後も積極的に鎌倉に使者を下して所領の安堵などを求め、都田（つだ）御厨・飯倉御厨・東条御厨や小杉御厨の安堵や諸役免除を獲得することになった（『吾妻鏡』元暦元年〈一一八四〉三月十四日・五月二日条、文治元年〈一一八五〉十月十四日条）。

寺社を媒介に京都への働きかけを進めるなかで、寿永二年（一一八三）には、頼朝からの上奏により、東海・東山道の諸国の年貢と、神社仏寺や王臣家の庄園は、元の通り領主の支配にもどすようにとの宣旨が下された（「東海・東山諸国の年貢、神社仏寺并（ならび）に王臣家領の庄園、元の如（ごと）く領家に随うべきの由、宣旨を下さる。頼朝の申し行なうに依るなり」「百錬抄」寿永二年十月十四日条）。東国における頼朝の支配権を認めるとともに、「神社仏寺并に王臣家領の庄園」の回復を命じた、いわゆる寿永二年十月宣旨が下されたのである。このような頼朝と京都とのやりとりのなかで、後白河上皇や貴族が「逆徒」とした頼朝への警戒感が低下するとともに、東国を統治するその政治的な立場が追認されていったことは想像に難くない。

2　頼朝と東大寺

鎌倉へ下る東大寺衆徒の使者

寺社の使者が直接鎌倉に下向し、頼朝に所領安堵などを訴えるという事例は、決して伊勢神宮に限るものではなかった。文治三年（一一八七）十月九日に、東大寺衆徒（しゅと）の使者が、「衆徒の状」（衆徒申状）と大般若経転読の巻数（かんず）などを頼朝のもとにもたらした。東大寺では懇ろに祈禱を行なうということから、頼朝は信心を寄せられ、さっそくに御返事を遣わされたという（「南都衆徒の状并に大般若経転読巻数等到来す。祈請を抽ずるの由なり。二品（源頼朝）信仰し給う。仍って御報を遣わさる」「吾妻鏡」同日条）。この折に頼朝が送った返状は東大寺に伝来しており、返状には次のようにある。

八月二十七日の御書状は十月九日に到来しました。お書き示された内容は、確かに承りました。平家は朝廷に対して逆らうのみならず、大仏・大仏殿を焼失させたのです。そこで征伐せねばならないとの心がますます募り、ついに平家の凶賊を征討いたしました。まったくこれは朝敵かつ寺敵への酬いによるものです。仏の恩徳を思うたびに、信仰の心はますます深くなります。この思いをご理解くださいますでしょうか。さてご祈禱の証としての大般若転読の巻数ですが、ありがたくこれを頂戴いたします。衆徒の合議による転読の勤修、大変に悦ばしく思います。ただし毎月に巻数を御届けくださるのは、関東への使者にとっても大きな負担ではないでしょうか。そこで巻数をいただかなくとも、衆徒がお寄せくださるご懇念は、今後も蔑ろにいたすつもりはありませんので、このように書状を差し上げる次第です。

文治三年十月九日　（花押）（頼朝）

八月廿七日の貴札、十月九日に到来す。示し給うの旨、具（つぶさ）に以て承り候い了ぬ。平家朝廷に逆略するの余り、大仏の廟壇を焼き奉る。仍って征伐の心いよいよ催し、遂に平家の凶賊を誅戮し了ぬ。誠に是、朝敵また寺敵の所致（しょち）たるなり。仏徳を思うごとに、信仰（しんぎょう）尤も深し。その条知り及ばしめ給うか。そもそも大般若の巻数、謹んで以てこれを請け奉る。群議の至、喜悦申され候。但し月を追って巻数を捧げ賜るの事、使者の煩い有る歟。然らば巻数を給わらずといえども、懇誠の有るの旨、自今以後、存知せしめ給うべきの状、件の如し。

文治三年十月九日　（花押）（頼朝）

「衆徒」とは東大寺の寺僧集団のことであり、集会（しゅえ）を催して「大仏の廟壇を焼」失させた平家を「朝敵また寺敵」と断じた。さらに平家を「誅戮」した頼朝を護持しようと決議し、「大般若経」を転読して、その巻数を頼朝に届けた。この巻数とは、読経（どきょう）の功徳が籠められた護符（ごふ）として、頼朝を護持する役割を果たすものである。その返書で頼朝は、「朝廷」に逆らい「大仏」を焼失させた平家を「征伐」するに至る経緯を語るとともに、大仏へ信仰を寄せており、その思いと巻数への謝意を東大寺衆徒に伝えた。また鎌倉に届けられた「衆徒の状」には、今後毎月、衆徒が「大般若経」転読を勤修し、その巻数も毎月、鎌倉に届けるつもりだと記されていたが、これを受けて頼朝は「使者の煩い」を理由にその申し出を丁重に固辞し、たとえ巻数がなくとも衆徒の「懇誠」は十分に理解していると伝えた。なお、東大寺に現存する本頼朝書状の奥には、天文四年（一五三五）に三条西実隆の手で、「頼朝卿、重源上人に遣わさるの状、真筆なり」との付記が見られる。しかし、文書の内容と成立の経緯を考えると、この文書は重源に送られたものではなく、「衆徒」中もしくは「衆徒」を代表する年預五師（衆徒の代表者が五師、年ごとに順番で五師の代表となるのが年預五師）に宛てられたものであろう。

鎌倉に届けられた「南都衆徒の状」から、東大寺衆徒が頼朝へ積極的に接近を図ったことが知られる。東大寺の「衆徒」は、合議を経て「大般若経」転読を行ない、巻数を頼朝に届けており、その具体的な目的は明記されていないが、将軍家・幕府の崇敬のもとでの格別の処遇を求めたもので、その背景に頼朝の東大寺再建への関わりがあったことは想像に難くない。

東大寺再建と「大施主」頼朝

先立つ元暦二年（一一八五）に、頼朝は「東大寺修造」を支援する意図を記した「御書」を、「南都衆徒中」に送っている（『吾妻鏡』元暦二年三月七日条）。その「御書」のなかに、「東大寺再建のご決定については、すでに法皇がお考えになっていらっしゃることでしょう」（「御沙汰の条、法皇定めて思食しめし御うか」）とあるように、後白河法皇の同意のもとに、東大寺衆徒が頼朝に対して、造営支援を求める「状」を送っていたわけで、先の文治三年（一一八七）八月の「貴札」に先立つ、衆徒の働きかけが確認される。

東大寺では修二会（毎年二月に行なわれる悔過法会、今日では「お水取り」と呼ばれる）の行法のなかで、創建期から寺家の存続に貢献した僧俗の名を書き上げた「東大寺上院修中過去帳」を練行衆が読み上げるが、そのなかで頼朝は「当

1 「二月堂修中過去帳」（東大寺所蔵）

寺造営大施主将軍頼朝右大将」と表記されている。つまり、東大寺において頼朝は、鎌倉時代の再建事業に尽力した「大施主」と評価されていたわけである。

時をさかのぼる治承四年（一一八〇）十二月、南都に攻め込んだ平重衡率いる平家の軍勢により、大仏・大仏殿をはじめとする東大寺の主要伽藍が焼失した。その再建活動は「七道諸国」への「勧進」により進められることになり、養和元年（一一八一）八月、大勧進に任じられた重源上人が再建勧進を掲げる勧進状を草し、これを勅許する宣旨が下された（「東大寺続要録」造仏篇)。同年に着手された大仏鋳造は着々と進み、九条兼実はその日記である「玉葉」の寿永三年(一一八四)六月二十三日条に、次のように記す。

晩に右中弁行隆が来たので、御前に召して大仏の造営について問うた。その答えとして、御身はすでに鋳造が終了しており、今は表面を磨いているところです。来月中にはその作業を終えるはずです。その後に滅金(金メッキ)を塗り、場所によっては金箔を押し、開眼作法が行なわれることになりましょう。なお、滅金に用いる金ですが、諸人からの施入が少々ありますが、そのほかに頼朝が千両、秀衡が五千両、奉加すると聞いていますと語った。

晩に及び右中弁行隆来る。簾前に召し、大仏の間の事を問う。御身においては悉く鋳奉り了ぬ。当時は営(磨カ)き奉るの間なり。来月の内にその功を終うべし。その後に滅金若しくは打薄を押すべきか、有様に随うべし、を塗り奉り、開眼有るべきなり。滅金の料の金、諸人の施入少々有るの上、頼朝千両、秀平(藤原秀衡)五千両奉加の由、承るところなりと云々。

造東大寺司長官の藤原行隆から、大仏鋳造の作業は終了し、表面を磨く作業を進めており、仏身に「滅金」・金箔押しを残すばかりの最終段階に至っている、との報告を受けた。そして、大仏を荘る「滅金」「打薄」に用いられる「料金」には、諸人が施入した金の他に、頼朝が千両、奥州の藤原秀衡が五千両を奉加することになっているという。頼朝と秀衡の「奉加」には、後白河法皇からの働きかけがあったと思われるが、頼朝には、法皇の意向に積極的に応えようという政治的な意図があったことであろう。

ところで、同じく寿永三年七月二日に頼朝が東大寺年預五師に送った御教書(三位以上の貴人の意向を受けた家司が出す文書)が、東大寺に伝来する。この御教書に先立って、東大寺の年預五師が頼朝のもとに「解状」(訴状)を送り、北陸道の寺領における狼藉停止、六条院領に編入された寺領伊賀国鞆田庄の安堵とともに、改めて「滅金」料の施入を求めている。この要望に対して、頼朝は以下のように答えている。

一滅金の事

右の件については、今秋に入洛の予定です。ともかくも自分は大仏修復に結縁する善知識（仏道を説き護る人）です。上洛の折に必ず金を持参するつもりです。およそ天下に施入の心のないものがおりましょうか。断じて約束を怠ることなどありません。

一滅金事

右、今状〔秋カ〕御入洛有るべきなり。是かつがつ大仏修複〔復〕の御知識なり。必ず御入洛の時、相具さしむべく候なり。凡そ率土の中に、誰か施入の心無からん。更に緩怠に及ぶべからざるなり。

このように頼朝は同年の秋に入洛を意図しており、自ら大仏再建の善知識として、施入すべき「滅金」料を必ず持参するつもりであると述べている。

この「滅金」料の施入をめぐるやりとりから、衆徒の意向のもとに年預五師が送った「解状」が、東大寺と頼朝が接触する端緒となったと思われる。なお元暦二年（一一八五）三月、頼朝は「大勧進重源聖人」に、「奉加物」として「砂金一千両」に加え、「八木一万石」と「上絹一千疋」を送っている（『吾妻鏡』同月七日条）。

封戸の回復

さて東大寺衆徒が頼朝に巻数を送った文治三年（一一八七）三月、勧修寺に止住（居住）する東大寺別当の雅宝が、在寺する執行（寺の経営にあたる三綱の上席者）に、以下の御教書を下した（『東大寺文書』）。

御封からの封物寺納を求める寺牒と文書は、明日には勧修寺にご進上なさるように。

御仏性米の事について

（中略）

御封の封物の事について

駿河　上総　武蔵　越後

この四ヵ国に封物を求める寺牒は、先例に従って□□が作成してご進上なさるように。山城介久兼が承知しており、早々に勧修寺にご進上なさるように。

同文書の事について

封戸の封物を求める文書が一帖　勝宝四□□の文書〈宣旨、綱牒、返抄、〉

永久五年（一一一七）より以前の分は、その時代の手続きに従い、久安三年（一一四七）より以後の分は、故寛信御房がおとりになった手続きに従い、封物額を算定する。

この封物関係の文書は宝蔵に納められているはずで、確認のために、早々に撰び出して勧修寺にご進上なさるように。

関東に下向する公人の事について

すでに使者の公人は決めていますか。何日に下向を決定して進発させますか。なお使者に同道する人夫は、庄役として大井庄に命じることになります。

以上の条々は、別当御房の仰せによるもので、このようにお伝えします。

　　三月二十七日　　　僧定宝奉

謹上　執行上座御房

　御封の寺牒并に文書、明日に進さしめ給うべきなり。

御仏性の事

（中略）

御封の事

駿河　上総　武蔵　越後

已上四箇国の寺牒、先例に任せて□□成し進さしめ給うべきなり。山城介久兼□□候なり。早く進さしめ給うべきなり。

同文書の事

催封戸文一帖　勝宝四□□文書宣旨、綱牒、返抄、

永久五年以前の沙汰に任せ、久安三年以後は、故御房（寛信）の御沙汰なり。

件の文書は宝蔵に納められ候か。早々に撰び進さしめ給うべきなり。子細のためなり。

関東下向の公人の事

催し儲けられ候か。何日に一定し進発すべく候や。猶人夫は大井庄より、専ら以て彼の庄役たるべく候か。

以前の条々、仰せの旨かくの如し。仍って以て執啓件の如し。

三月廿七日　　　　僧定宝奉

謹上　執行上座御房

時の東大寺別当雅宝は、「駿河　上総　武蔵　越後」の諸国に置かれていた東大寺の「御封」（封戸）の再興を企てていた。封戸が置かれた四ヵ国は、いずれも頼朝が知行国主であることから、封物の寺納を求める「寺牒」（東大寺が上下関係にない頼朝に要望を伝えるための文書形式）を一括して鎌倉に遣わすために、その準備を寺家政所の執行に命じたのである。なお「御封寺牒」は東大寺にある執行が草し、別当の署判を加えるため、早々に勧修寺の雅宝のもとに進上するよう命じている。

また、封物催促の先例となる天平勝宝四年（七五二）の「催封戸文一帖」は、「宣旨、綱牒、返抄」が貼り継がれたもので、東大寺「宝蔵」に納められていることから、それらも確認のために「寺牒」とともに雅宝のもとに進めるように指示された。なお天平勝宝四年には、「寺用雑用料」として「封一千戸」が東大寺に寄せられており（『東大寺要

録」封戸水田章)、封戸の規模と配された国名が明らかになる。封物の未納分については、永久五年（一一一七）以前の分はそれ以前の「沙汰」に従い、特に久安三年（一一四七）以後の分は、別当寛信の「御沙汰」に従って封物額を算定することとし、別当の署判を加えた「寺牒」を関東にもたらす使者の公人には、美濃国大井庄の庄役による人夫が従い鎌倉に下向することとされた。

右の文書は、同年十月に東大寺衆徒が僧団として頼朝に送った「南都衆徒の状」「巻数」とは別に、東大寺別当の雅宝が、寺家として頼朝に封戸の再興を求めたもので、東大寺にとって頼朝は、再建事業を支える檀越であるとともに、平安院政期にはその支配から離れていた封戸や寺領庄園などの寺財の復活を実現する上で、不可欠な存在と考えられていたわけである。

3　大勧進職重源上人

重源のネットワーク

造東大寺大勧進職にあった重源上人は、造営・造仏などの再建事業とともに、その財源確保も重要な職務としており、後述する造営料国の周防国衙の経営などはその一つであった。重源は養和元年（一一八一）八月に造営勧進の宣旨を請けた後、時を置かず、「洛中の諸家をめぐって奉加を求め、後白河法皇をはじめとして貴賤を問わず喜捨を求めたので、女院が銅十斤を奉加し、他にも銭一千貫、もしくは金六両を喜捨する者もいたという」（「東大寺奉加の聖人(重源)、洛中の諸家を廻りこれを請う法皇を始め奉り、貴賤を論ぜず、女院の御奉加銅十斤、他所は或いは銭一千貫文、若しくは金六両と云々」「玉葉」養和元年十月九日条）。重源は洛中の「貴賤」のもとを廻り奉加物を集めており、これに応えた後白河院・女院からの施入を発端として、貴族社会に奉加の動きが広まることになった。そして公家・貴族からの奉加が、幅広い勧進活動の重要な契機となり、その延長上に、前述した頼朝や藤原秀衡らの奉加も実現した。

文治元年（一一八五）、大仏鋳造の作業が一段落し、「半作」ながら同年八月に後白河法皇の行幸を仰ぎ、開眼供養が勤修された。実は開眼供養の段階では、大仏は頭部のみに「滅金」が施されただけで、「半作の供養」「中間の開眼」という段階にあった（「御面許り金色に候なり。未だ他所の磨瑩に及ばず候」「玉葉」同年八月二十八日・三十日条）。これ以後も仏身の「滅金」作業は継続し、仏身に塗るための金の確保も続けられた。

文治二年八月、頼朝のもとを西行上人が訪れたが、東国下向の目的は、「重源上人との約諾を請け、東大寺料の沙金を勧進せんがため奥州に赴く」とあるように、重源からの依頼により、奥州藤原秀衡のもとに赴き「沙金」の奉加を求めるためであった（「吾妻鏡」同年月十六日条）。このように大仏鋳造の最終段階である「滅金」が続けられるなかで、重源の事業は次の大仏殿造営に移っていった。

2　重源上人坐像（東大寺所蔵　俊乗堂）

重源と頼朝の書状のやりとり

文治四年（一一八八）三月十日、重源の書状が頼朝のもとに届いた。「吾妻鏡」の同日条に次のようにある。

東大寺重源上人の書状が到着した。その書状には以下のように記されている。当寺の修造については、多くの檀越の合力を得なければ到底達成できるものではありません。まずは頼朝公に御奉加をお願いするところです。早く諸国に勧進していただけないでしょうか。たとえ庶民に結縁の志がないとしても、必ずやその御権威により御意向に従うことになりましょう。とりあえず、このことを上皇陛下に奏上させていただいたとのことである。

しかし、この件については、まだ京都からご命令は下されていません。まず東国分については地頭らに対して、頼朝から勧進に協力するように命令を下された。

　東大寺重源上人の書状到着す。当寺修造の事、諸檀那の合力を恃たざれば、曽て成し難し。尤も御奉加を仰ぐところなり。早く諸国に勧進せしめ給うべし。衆庶に縦い結縁の志無しといえども、定めて御権威の重きに和順し奉らんか。かつがつこの事を奏聞し先に畢（おわん）ぬ者（てへり）。この事未だ仰せ下されず。所詮東国の分においては、地頭等に仰せて、沙汰致さしむべきの由、仰せ遣わさる。

このように重源の書状には、東大寺の再建は幅広い檀越の合力なしには達成できず、是非とも頼朝の「御奉加」をお願いしたい、早々に諸国に勧進のご指示をいただければ、多くの庶民に結縁の心がないとしても、頼朝の権威によりその命令には心服するはずであり、すでに公家にはこの願いを奏聞したと記される。そこで頼朝は、公家からいまだ勧進催促の指示は下されてないが、支配下にある東国の地頭に対して奉加に協力するよう命じたという。頼朝に対する重源の要望の背後に、後白河上皇の意向があったことを見過ごすことはできない。東大寺に伝来する、文治四年九月八日に頼朝が重源に送った書状がある。

　御消息の内容は承りました。東大寺の御事ですが、どうして疎略にすることがありましょうか。心に懸けておりまして、後白河法皇が御治世のうちに、急ぎ修復なさるべきでしょう。いずれにしても叡慮により再建のご命令が下されましたので、仏像も堂舎も早々に完成されることでしょう。さまざまな事業を中断して、再建を優先してはいかがでしょうかと、院へも申し上げたところです。何事についても、決して再建を蔑ろにするつもりはありません。佐々木左衛門尉高綱は、東大寺に帰依の心を寄せているとお考えの人物です。ただ、このような心情をもつ家人を、国々に配して勧進を催促させたならば、かならずや不満によって訴訟となりましょう。このようなことは配慮する必要がないかもしれませんが、やはり院にはご報告いたし、事に応じて院のご指示をいただけ

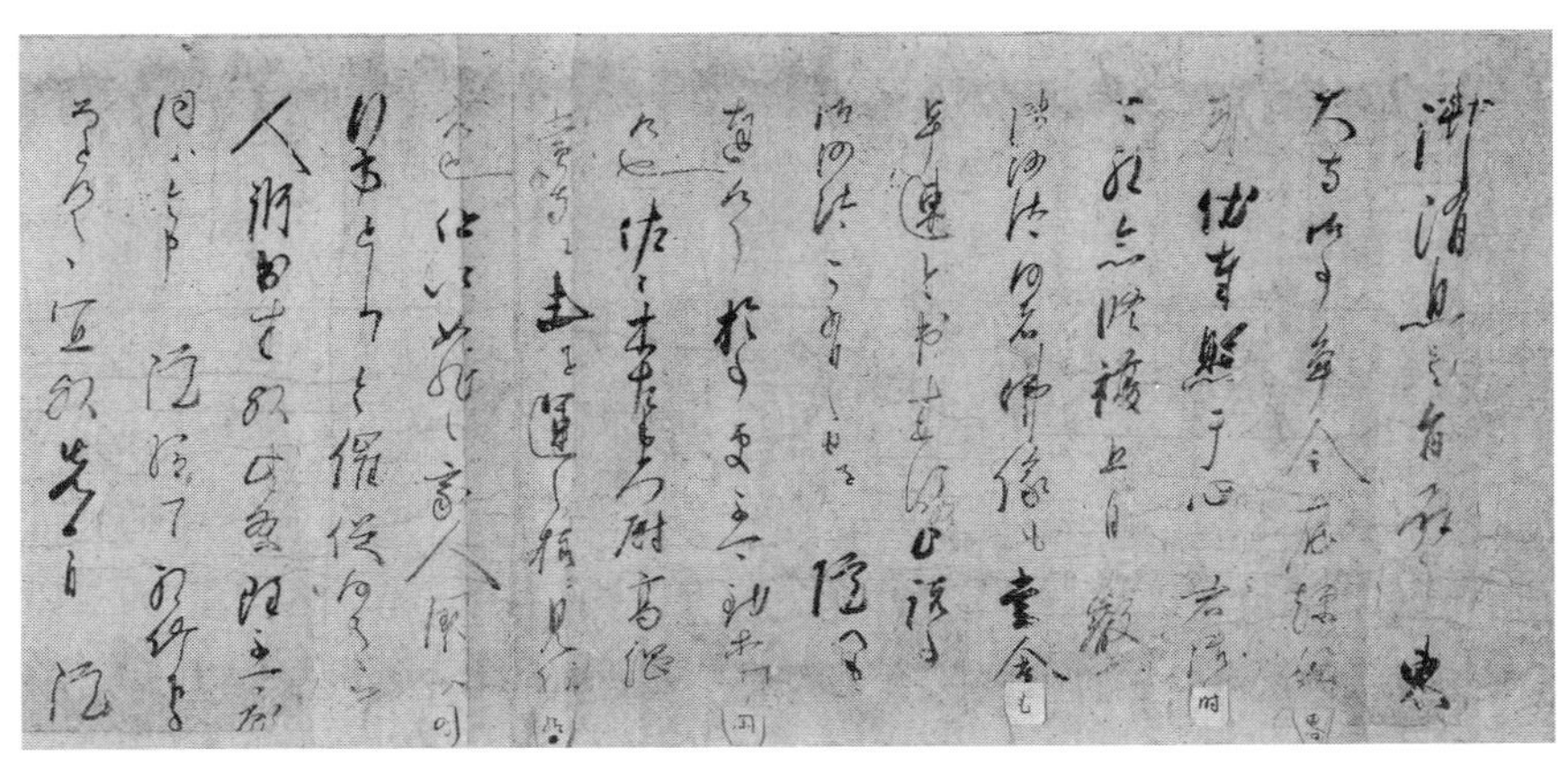

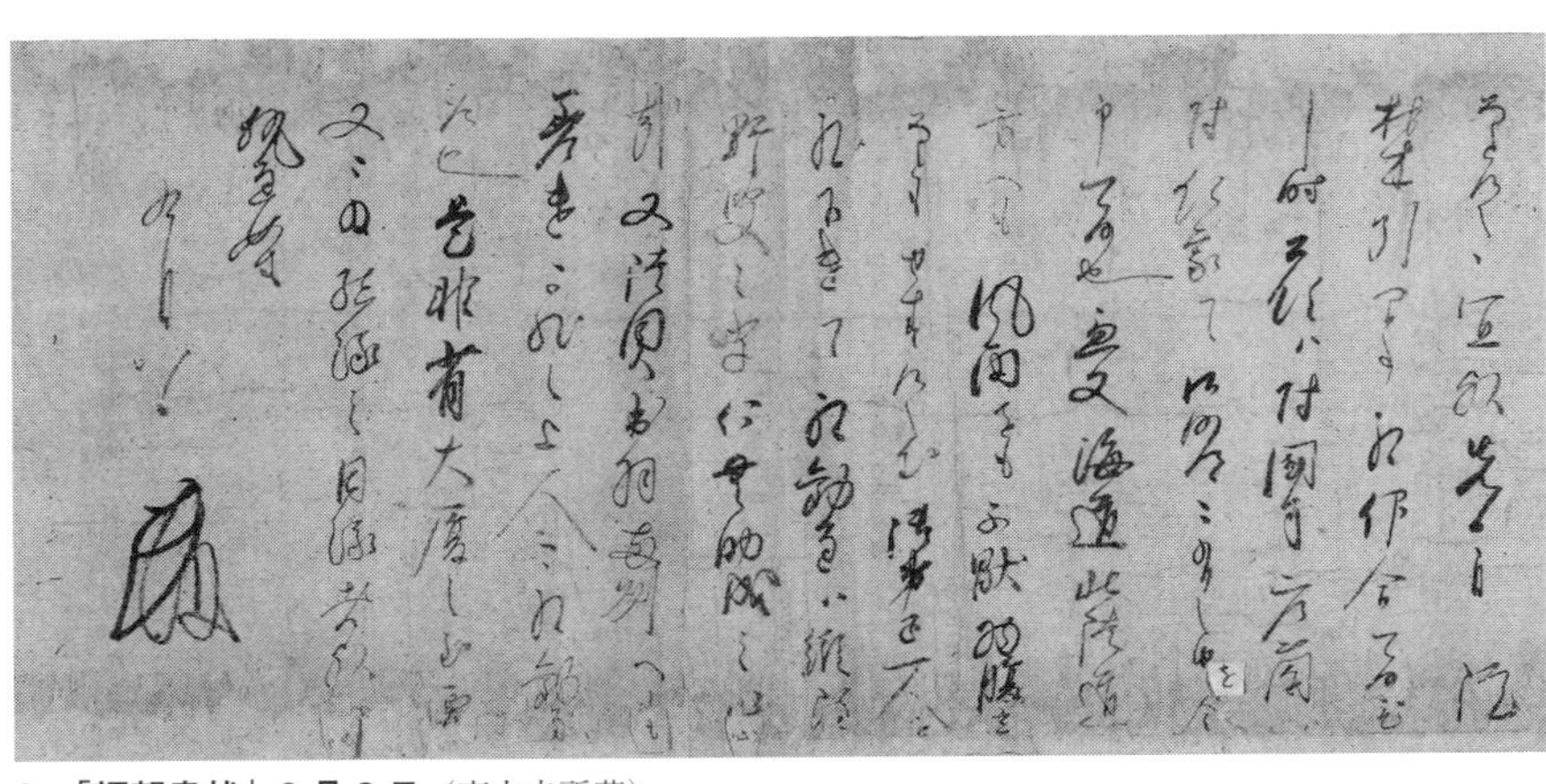

3　「頼朝書状」9月8日（東大寺所蔵）

ば宜しいのではないでしょうか。先日、院から材木の運搬についてご相談がありました時、公領は国司に、庄薗は領家に命じて、実務にあたらせてはいかがかと申し上げました。かねてから東海道・北陸道へも、風雨など厭わず腹立ちもせぬ御弟子を一人を遣わされ勧進なさいましたならば、たとえ信心の念に欠ける農夫たちであっても、喜捨の心をいだかぬことがありましょうか。また陸奥・出羽両国へも、しかるべきの上人を遣わされ、勧進なさるべきでしょう。これは大規模な造営の意義を軽視するつもりはありません。多くの人々が結縁するきっかけとなるはずです。そこで、このようにお伝えいたします。

九月八日　（源頼朝）（花押）

御消息の旨、承り了ぬ。東大寺の御事、争か疎略に存ぜしめんや。心に懸け奉るに依り、君の御時に忩ぎ修複〔復〕せらすべし。且つがつ叡慮よりの御沙汰に候はば、仏像も堂舎も、早速に出来せしめ給い候か。諸事を止め、□御沙汰有るべきの由を、院へも□達候い了ぬ。事に於いて更に等閑を致すべからず候なり。佐々木左衛門尉高綱は、当寺に志を運ぶの様に見給い候者なり。但し然る如きの家人を以て、国々の行事として催促せしめ候はば、定めて人訴出来するか。此条顧みるべからずといえども、同じくは院に申さしめ給いて、仰せ下さる事など候はば宜しきか。先日、院より材木を引く間の事、仰せ合わせられて候いし時、公領は国司に付け、庄薗は領家に付けて、御沙汰有るべきの由を、申さしめて候なり。兼ねて又、海道・北陸道の方へも、風雨を厭わず、物腹立ちなどもせず候はむ御弟子一人を下し遣わされて、勧進せられれば、縦い野叟の輩といえども、何ぞ助成の心無からんや。又陸奥・出羽両州へも然るべきの上人を差し遣わし、勧進せらるべく候なり。是大廈の至要を省くに非ず、又結縁の因縁たるべき者か。仍って執達件の如し。

九月八日　（源頼朝）（花押）

この文書は文治三年のものとの説があるが、同四年に比定したのは、前掲した「東大寺重源上人の書状」の記事との連続性による。すなわち重源から「諸国に勧進」を願うとの要望に対して、頼朝は、重源が東国で「勧進」を実施するように勧めた。同じく「衆庶に縦い結縁の志無し」との勧進の困難さに対しても、衆庶には結縁の意欲があり、その結縁の心が大仏殿の造営を成就させるはずであると語り、いずれにしても頼朝は重源に対して勧進活動を積極的に後援する意図を述べている。

また頼朝書状には、東大寺への篤い帰依を寄せる佐々木高綱の心情が記されているが、高綱はすでにその前年に、周防国の杣山で「東大寺の棟木」を探し、ついに「十三丈」の料材を切り出した御家人である（『吾妻鏡』文治三年十一月十日条）。ただし、造営事業に尽力する高綱を、勧進を指揮する「国々の行事」に任じたならば、その熱心さゆえにかえって相論を起こすとの危惧を、頼朝は後白河法皇に伝え、法皇から個別に指示を下していただくのが良策と、細かな配慮を示している。

さて「院より材木を引く間の事」、つまり杣山で伐採した大仏殿の料材を奈良に運ぶための方法をめぐり、頼朝は法皇の意向のもとに協議を重ね、公領は国司に、庄園は領家に指示して、その作業を当たらせることとし、その由を法皇に報告した。この料材は周防国の杣山から切り出されるが、文治二年（一一八六）三月、同国は東大寺造営料国とされ、大勧進職に就いた重源は国衙経営の実務をになうとともに、料材も同国内から杣取（そまとり）することになっていた（『玉葉』同年三月二十三日条、『吾妻鏡』同年四月二十三日条）。

しかし、周防国に下向した重源は、杣取した材木を搬出する段階で、在地地頭の妨害に苦しんでいた。『吾妻鏡』の文治三年四月二十三日条には、周防国から公家に訴えた重源の「解状」（訴状）が引用される。

二十三日甲午、周防国は、去年四月五日、東大寺にその造営料として寄附され、材木は彼国で伐採されることになった。ところが、在地の御家人のなかには、武威を掲げて運搬を妨げるものがおり、勧進聖の重源は、在庁官人等の訴状を召して公家に訴えた。公家は以下に掲げる重源の訴状を関東に下し、事情をお尋ねになったところである。

重源が訴え申し上げます材木のことですが、急ぎ対応する必要があると考え、周防国に下りましたところ、依然として武士の狼藉はとどまりません。

筑前冠者（かじゃ）家重　内藤九郎盛経　三奈木三郎守直　久米六郎国真　江所高信

これらの武士は、いずれも将軍から地頭に補任されましたが、所々に保管していた米百八十六石を、理由もなく押し取ってしまいました。その米は人夫の食料にと当てにして下国しましたので、このような狼藉が行なわれて、予定が大きく変わってしまいました。重源は自らの力で狼藉を制止しましたが、一向に聞き入れられません。このような事態が沈静化されなかったならば、東大寺造営という大事業は到底成し遂げがたいところです。さらには、国内の人々を駆り集めて城郭を造り、自らの領地を耕作させており、伐採した材木を運搬する人夫を召し出そうとしても、承知しませんでした。時に山野において狩を行なうものの、運搬を命じる院宣を顧みることはありません。このような事情で、材木の伐採と運搬が円滑に進みませんので、恐れながら、急ぎ訴え申し上げる次第です。詳細な事情につきましては、在庁官人の訴状に申す通りです。重源が恐れながら謹しんで申し上げます。

廿三日甲午、周防国は、去年四月五日に、東大寺造営のため寄附せらるの間、材木の事、彼国に於いて杣取等有り。而るに御家人少々、武威を耀(かがや)かし、妨げを成す事有るにより、勧進聖人重源、在庁等の状を取り、公家に訴え申すの間、その解状を関東に下され、子細を尋ね仰せらるところなり。

重源申し上げ候御材木の事、いそ(急)きさた(沙汰)仕り候へきよ(由)しぞんじ候て、まか(罷)りくだり候ところに、なお〱武士のろうぜきとゞまり候はず。

筑前冠者家重　内藤九郎盛経　三奈木三郎守直　久米六郎国真　江所高信

これらはおの〱(各々)かまくら(鎌倉)より地頭になり候て、所々におさめをきて候米百八十六石、そのゆへ(故)なくをし(押)とり(取)候い畢ぬ。人夫の食料をたのみて、まかりくだり候あひだ、かやうに狼藉いでき候て、よろづ相違つかまつり候い訖ぬ。わたくしに制止をくはへ候に、さらにもちゐず候。かやうの事しづまり候はずば、この御大事なりがたく候ものなり。かねては国人をかりあつめて、城郭をかまへて、わたくしのそま(杣)づくりをはじめしあひだ、御材木引夫めし候に、さらに承引せす候。あるひは山野の狩つかまつり候に、またく院宣にはゞかり候はず。此の如きの事により候て、諸事事ゆかず候へば、恐として急ぎ申し上げ候。委曲在庁解に申上候よし、重源恐々謹言。

文治二年（一一八六）四月に重源は、杣取のため周防国に下った。ところが、材木の伐採と杣出にあたり、協力を命じる院宣が下されたにもかかわらず、頼朝が補任した「筑前冠者家重」以下の在地の地頭が狼藉を強行し、作業に大きな支障となっていた。すなわち人夫の食料として保管されていた「米百八十六石」を奪い取り、「国人」（地域の住人）を集めて城郭を構え、私的に杣を設け「御材木引夫」を集めても従わず、「山野の狩」を行なうなどの行動により、「材木引」の作業は大きく遅滞していた。そこで重源は、周防国の「在庁解」に自らの「解状」を副えて、この窮状を公家に訴えた。その「解状」が鎌倉に下されたため、四月二十三日に頼朝は、在地の地頭に「子細」を問うている。

この料材運搬は、翌文治四年に至っても難渋しており、「吾妻鏡」同年三月十七日条に、次のようにある。
十七日、癸丑、東大寺の柱を周防国で杣から運び出すにあたり、材木十本が途上で行方不明となってしまった。しかし諸国の国衙に運搬を分担させたならば、かえって混乱することになる。そこで運搬路の地頭に分担させたならば、結縁の心をいだいて運搬に関わることになろうというのが院宣のご意向ではあるが、仏縁を取り結ぼうと思う御家人は少ないのではなかろうか。当事者が困難との思いを持ち続けるならば、造営の大事業は成し遂げがたいことを、今日、頼朝が院に意見を申し上げた。

　十七日、癸丑、東大寺の柱を周防国に於いて杣より出すのところ、十本引き失せ訖ぬ。仍って諸国に宛てらるれば、還って緩怠たるべし。因りて諸大名に宛てらるれば、結縁を存じ沙汰し進むべきかの由、院宣有りといえども、諸御家人、善縁に趣くの類少なきものか。難渋の思い有らば、其大功成し難きの由、今日二品の請文を進めらる。

周防国で伐採された料材は、その数「百五十余本」に及び、杣から「海浜」に引き出した後、海路から陸路を経て奈良に運ばれたわけであるが、その途上で「十本」が失われていた。周防から大和までの経路は明確ではないが、諸国の国衙に命じて逓送させても「緩怠」の恐れがあり、道々の地頭に命じ、その結縁の思いを頼りに料材を運ばせて

4　東大寺南大門（東大寺所蔵）

はとの院宣が下された。大仏殿の料材運搬に「善縁」を懐く御家人は少ないものの、ここで重源らに「難渋」の思いをいだくような事態が続けば、大事業の成就はなしがたいとして、上皇の意には従うものの、いささかの危惧を記した「請文」を頼朝は上皇に呈している。院と頼朝が、材木運搬について配慮し、相互に連絡を取り合っている様は、やはり注目すべきであろう。

頼朝は重源に送った書状で、「後白河法皇が御治世のうちに急ぎ修復なさるべきでしょう」（「君の御時に忩ぎ修複〔復〕せらすべし」）と記し、法皇のもとでの東大寺再建の実現を強調し、そのために法皇の意向を確認しながら、具体的なかたちで事業を後援している。先に掲げた文治四年（一一八八）九月八日の、頼朝が重源に送った書状にもあるように、材木運搬にあたり道筋の「公領」は国司に、「庄園」は領家に責任を負わせるとしたものの、相応の効果が得られないため、実質的に道筋に配置された地頭に運搬の実務をになわせることになり、重源からの要請を受けた頼朝自身がその実務に深く関わっていたわけで、造営事業に決定的な役割を果たしていたことは言うまでもない。

このように、重源による諸国「勧進」は、公武政権とりわけ頼朝の奉加と実質的な協力により支えられており、その基底には強い信心を寄せる御家人の存在があった。頼朝は東大寺の造営活動に対して、単に経済的な奉加にとどまらず、用材運搬を支援し、御家人に大仏脇士・四天王像などの造像を分担させるなど、きわめて大きな役割を果たしており、「当寺造営大施主将軍頼朝右大将」とされるのも首肯できよう。

しかし、後白河法皇・頼朝・重源のいずれもが、東大寺再建という大事業を完成させるため、相互協力のもとで事業を進めていた。法皇以下の公家・貴族の権威に依存して勧進活動を進めた重源、東国にあって政治的な立場を固めるため法皇の意向を受けて東大寺造営を具体的に支えた頼朝、それぞれが思惑をもち再建事業に関わったわけである。建久三年（一一九二）に法皇が崩御した後、頼朝と重源が各々の思惑の実現を実感した場こそ、同六年三月の東大寺供養であろう。そして公武の後援を受けた重源は、建永元年（一二〇六）に示寂するまでに、大仏・大仏殿、大仏殿廻廊・中門、八幡宮、戒壇院、南大門などの再建を成就したのである。

〔参考文献〕

五味文彦『大仏再建—中世民衆の熱狂—』（講談社、一九九五年）
永村　眞『中世東大寺の組織と経営』（塙書房、一九八九年）
久野修義『重源と栄西—優れた実践的社会事業家・宗教者—』（山川出版社、二〇一一年）
堀池春峰『南都仏教史の研究』上（法蔵館、一九八〇年）

二章　円照と凝然

――諸宗兼学――

奈良東大寺の南大門には「大華厳寺」の扁額が掲げられ、門前の吉敷河畔には「華厳宗大本山東大寺」の石柱が立てられている。しかし、このいずれもが近年のものであり、奈良時代以来の東大寺の仏法を示す扁額・石柱としては、必ずしもふさわしいとはいえない。あえて両者を書き換えるとすれば、それは「八宗兼学道場」とすべきであろう。今日では一寺一宗が当たり前のようになっているが、これは明治維新の強引な宗教政策の産物であり、日本仏教は「兼学」、つまり寺院も寺僧も一宗に限らぬ仏法を幅広く学び相承しており、その成果として多様な仏法とともに、多彩な経典や聖教が生み出され、伝えられたのである。

東大寺に伝来する膨大な経典・聖教などからは、寺内で修学された多様な仏法が明らかになる。さらには、これらの仏法を修学する寺僧が、いかに寺内に止住（居住）し、いかに師資相承により後代に仏法を継承したか、その実態が、多くの寺僧により撰述された「聖教」（寺僧が修学のため作成した教学に関わる仏書）から明らかになる。そこで、東大寺ではどのように仏法が学ばれたのかを、「住侶」の系譜を引く円照、その弟子の凝然に注目して明らかにするとともに、両者が再興した律院戒壇院で諸宗兼学がなされた姿に目を向けることにしたい。

1　東大寺の「住侶」——「円照上人行状」——

「住侶」の系譜

寺院社会を構成する寺僧の集団は、古代よりさまざまな階層の出身者により構成されていた。公家・貴族から凡下（庶民）にわたる広い階層を出自とする寺僧が、各々の出自ゆえの差別意識のもとで、複雑な寺内階層のなかに自らの立場を占めていた。もちろん時代とともに出自も変化し、中世以降には武家を出自とする寺僧も少なくなかった。その中にあって「住侶」と呼ばれる寺僧の集団が、寺内には数多く見いだされる。この「住侶」とは、寺僧の子息として生まれ、寺辺で幼少期を送ったのち、実父もしくは親族の寺僧のもとに入寺して、修行を遂げた寺僧である。本節で取り上げる円照も、東大寺の「住侶」の一人であった。

5　円照上人坐像（東大寺所蔵）

戒壇院再興二世となる碩学の凝然が、正安四年（一三〇二）、自らの師僧である戒壇院再興開山である円照の生涯にわたる事績をまとめた「円照上人行状」に、その「住侶」としての姿が記されていた。そこで「円照上人行状」によりながら、まず東大寺内における「住侶」の姿を追うことにしたい。

円照の一族は、代々連綿として東大寺の学侶であり、年久しく三百余年にわたる。父方の一族は、三論宗に属し千手院を称し、母方の一族は華厳宗もしくは三論宗に属し、唐禅院を称した。近くは円照の祖父寛豪已講（寺内外で催される代表的な論義会で講師を勤めた僧）は、三論宗の名匠で、因明・内明（仏教論理学と各宗の仏教理論）に見るべき功績を残した。寛豪子息の厳寛得業（寺内外の代表的論義会で竪義を勤めた僧）は、内典・外典（仏典と俗典）に通暁し、講説に長けており、多彩な能力を発揮して、広く寺僧から重んじられた。厳寛には男子四人、女子一人の実子がおり、一男は厳海（房号は伊予）で、二男以下とは生母を異にし、のちに東大寺を離れ相模国に移り、世寿七十余で卒去した。二男の寛乗（房号は大輔）はのちに阿闍梨（密教の師僧）となり、父からは嫡子とされた。しかし、寛乗は二十八歳で遁世し、聖守（房号は中道）と法名を変え、密教の奥義を究め、講説の力は同輩に並ぶ者はいなかった。東大寺では真言院を再興し、また新禅院を創建していずれも密教修学の道場とした。三男は照公であり、本の諱は良寛（房号は土佐）を称したが、年二十一の時に慈父の卒去にあい、寺僧としての修学を厭い遁世して、改めて円照（房号は実相）を称した。四男は賢舜（房号は助）で、寺僧として五師（寺僧集団を代表する五人の寺僧）・得業・法橋（僧位の第三階）・法眼（僧位の第二階）と昇進を果たし、寺内では高い評価を得ていた。一女は二男聖守の妹、照公の姉で、息女とともに出家して法華寺に止住し、円性（房号は如真）を称し、悟りの心に篤く説法に優れた能力を示した。

照公の元祖宗族、累代連綿として皆東大寺の学侶たり。年序久しく積みて三百余歳なり。父氏は三論、千手院と号す。母氏は華厳或いは亦三論、唐禅院と号す。近ごろ祖父に寛豪已講と云う人有り。三論の名匠、二明に功を施せり。乃ち照上人の祖父なり。厥の真子に厳寛得業と云うもの有り、内外兼通し論説包貫せり。能芸多端なり。衆の為に推さる。男子四人、女子一人あり。一男、諱は厳海、房号は伊予（是他腹なり、余は並びに当腹なり、）後に相州に住す。七十余にて卒す。二男、諱は寛乗、房号は大輔、有職の階に昇る。親父、これを以て立てて嫡子と為す。年二十八にして世を遁れて緇に入る。諱は聖守、房号は中道なり。密教奥を罄くし、唱導倫に絶れたり。真言院を興し、新禅院を立つ。三男、すなわち照公なり。本の諱は良寛、房号は土佐なり。年二十一にして慈父の卒に値う。即ち世業を厭いて、投じて緇門に入る。房号は実相、本の諱は悲願、後改めて円照と云う。四男は諱は賢舜、房号は助なり。五師、得業、法橋、法眼、是の如く遂叙す。始終交衆して寺門に秀逸たり。一女、守公の妹、照公の姉、一の息女有り。母子出家して法華寺に住す。諱は円性、房号は如真、機識聡俊にして、講説に能有り。

このように、円照は父母ともに「三百余歳」にわたり続く「東大寺の学侶」の家（院家）に「真子」（実子）として生まれた。つまり代々東大寺に止住する寺僧が「住侶」であり、別相伝（寺家の介入を排して、寺僧が自ら保有する所領・所識の処分を許される）にもとづき相承される寺内の院家に止住し、三論宗・華厳宗などの本宗に属して修学を重ね、寺・院・宗の法儀を支えた。円照の祖父寛豪、父厳寛は、三論宗の院家である千手院に住持し、いずれも碩学としての評判を得ていた。そして、厳寛には四男一女の実子があり、異母の一男厳海は東大寺を離れ、二男が寛乗（遁世して聖守）、三男が良寛（遁世して円照）であり、円照の姉円性は法華寺に住し、四男の賢舜は学侶として寺内で着実な昇進を果たしている。

代々寺内に拠点をもつ「住侶」が、いかほどの数に及ぶものかは明らかではないが、鎌倉時代には五百人を超える寺僧集団のなかで、過半は「住侶」が占めるのではなかろうか。「住侶」は寺内で「嫡子」に継承させる院家をもち、自らの修学の場とするとともに、寺辺には「真子」を育むための居宅をもち、次の世代をになう寺僧を輩出して、東大寺の仏法と存続を支えたわけである。

東大寺の仏法

「円照上人行状」には、創建期より寺僧によって相承されてきた東大寺の仏法の姿が記されている。

東大寺の仏法として、創建期には専ら華厳宗が弘まった。東大寺本願（寺基を定めた祖師）の良弁僧正は主に華厳円宗を伝えたが、その師義淵から法相宗の宗旨を学び、これを弘めた。また鑑真和尚が来朝して以降、もたらされた律蔵（戒律に関わる経典）を修学し、広く戒律にもとづく受戒の法儀が催された。さらに弘法大師が真言密教を請来し、東大寺内に真言院を創建して弘通（教えを広める）することになった。加えて尊師聖宝から相承される三論宗が学ばれた。ところで倶舎宗は法相宗に付属され、成実宗は三論宗に付属された。また律蔵を伝えた鑑真・法進は、天台宗にも通じていたが、この両者から天台宗が講ぜられ広まったということは聞かない。このように東大寺に伝わった八宗の教学の中で、特定の宗だけが学ばれたわけではなく、東大寺は八宗兼学の道場と呼ばれた。しかし近年、広く学ばれているのは顕宗大乗（大乗仏教の顕宗諸宗）である華厳・三論の両宗に限られ、寺内の学侶は、この両宗のいずれかに属することになった。

> 東大寺の仏法、本は華厳宗を弘む。本願良弁僧正、専ら華厳円宗を伝えき。亦義淵所伝の宗旨を学しき。是故に兼ねて法相中宗を弘む。鑑真和尚来朝已後、弘く律蔵を学して、受戒の事を行ず。弘法大師、密教を弘通す。尊師已後三論宗を学す。厥倶舎をば法相に附し、成実をば三論に附す。鑑真・法進、台宗を学通す。而るに未だ必ずしも講敷弘伝することを聞かず。寺中の所学、局る所有る無し。故に東大寺を八宗兼学の梵場と号す。然るに近来弘むるところは顕宗大乗、唯華厳・三論の両宗を学すのみ。寺内の学侶、両宗に繫属す。

このように、東大寺の創建を推し進めたのは良弁僧正（六八九〜七七四）であり、法華堂や大仏を造営するよりどころは、華厳宗の教説であった。東大寺の先行寺院とされる金鐘寺において、天平十二年（七四〇）に良弁が審祥を招請し華厳経講説を催して以降、華厳宗は東大寺の仏法を代表する宗として相承された。

しかし、奈良時代から平安前期の東大寺には、華厳宗とは別に、良弁が義淵から学んだ法相宗、鑑真と空海がもたらした律宗と真言宗、聖宝が寺内に定着させた三論宗、法相・三論両宗の寓宗（他宗に付属する宗）として学ばれた倶舎・成実宗、さらに鑑真が戒律とともに伝えたとされる天台宗を加えた八宗が寺内で修学され、東大寺は八宗兼学の道場と呼ばれた。

ただし、平安院政期から鎌倉時代に至り、八宗兼学といいながら、東大寺内では顕宗大乗である華厳・三論両宗が主に修学されており、寺内の学侶もそのいずれかの宗に属することになった。先に触れた円照の「父氏」は三論宗の千手院、「母氏」は華厳宗または三論宗の唐禅院という系譜は、まさに学侶の大勢が両宗に属した実態をうかがわせる。

「住侶」の修学

三論宗を相承する千手院の住持厳寛を父とする円照は、東大寺僧として修行の日々を送ることになる。そこで「円照上人行状」によって、円照が仏道修行に入り、さらにその師智舜・真空から三論宗学を修得する足跡をたどることにしたい。

> 東大寺戒壇院の住持上人は、諱を円照、房号を実相と称し、俗姓は藤原とされ、南京（南都）の人であった。（中略）十一歳で髪を落とし、僧服を身につけた。（中略）歳十五となって仏道修学に励み、相応の成果を得て、良忠大法師に師事することになった。良忠は華厳宗のみならず、有宗（倶舎宗）の碩学として知られ、「発智論」「六足論」の真髄を理解し、「大毘婆娑論」「倶舎論」の奥義を究めていた。東大寺には良忠と聖禅の両碩学が並び、いずれも倶舎宗の師として誰もが認めるところであり、各々が育んだ門葉がその学識を競った。円照は良忠のもとに入り、専ら「倶舎論」を学んだ。共に学ぶ弟子たち十余人と誓約し、一千日の目標を定めて「倶舎論」を学ぶことを約束し、良忠のもとに参じて「倶舎論」の講説を聴聞した。初めは誰もが精勤して講説の場に出席したが、次第に怠るようになり、最後に円照だけがついに誓約した千日の聴聞を果たした。一日も欠かさぬ意思は堅固で、決して怠ることなく、倶舎宗の教義を学びその真髄を理解することができた。また大乗の教学として

学ぶべき宗は三論宗であった。そこで三論宗の碩学として知られる智舜大徳(だいとく)に随って、同宗を学ぶことになる。また真空上人のもとで、深く教説を理解した。智舜は三論宗の碩学で、この教義を学びその奥義を究めており、良忠・聖禅とはその教義理解の深さを争った。三人は並んで東大寺の学徳としてあり、その名は諸方に広まり、誉(ほま)れは古今にわたった。智舜は、東南院の樹慶から三論宗を相承していた。また、真空は東大寺の碩学である東南院主の定範法印(じょうはんほういん)の門人で、公家から公請(くじょう)を受ける名僧として、教義の理解は並ぶ者がなかった。俗姓は藤原氏で、藤亜相定能(さだよし)（藤原定能）の孫、親衛少将軍定親(さだちか)の子息である。本の諱は定兼、僧官は権律師(ごんのりつし)（僧位の最も低い立場）にあり、公名(きみな)を大納言律師と号したのは、この真空である。のちに栄耀を厭い遁世を遂げ、房号を廻心(えしん)、諱は真空を称した。円照は真空に随い、教義の要諦を学び、龍樹(りゅうじゅ)・提婆(だいば)、興皇(こうこう)・嘉祥(かじょう)の教えを深く理解した。

> 東大寺戒壇院住持上人、諱は円照、房号は実相、俗姓は藤原、南京〔南都〕の人なり。（中略）十一歳にして髪を落とし、即ち僧服に預かる。（中略）年志学に至りて研精に功有り。良忠大法師に投じて師事の礼を作(な)す。忠公は華厳の碩匠、有宗の英徳なり。発智・六足に解悟(げご)鏡を懸け、婆娑・倶舎に光輝玉を瑩(みが)く。東大寺に良忠と聖禅との両徳有り。倶舎に名を飛ばして、衆の為に推さる。各の門輩を立て、蘭菊を競う。照公は忠師の門に入りて、専ら倶舎を学す。時に同侶十余、要約誓期して一千日を点じて、倶舎を習学す。即ち忠公に付きて、その講談を聴く。初め皆精勤し、後漸く懈倦せしかば、照公一人、遂に千日に満つ。一日も欠さず。志操決徹して、退転有ること無し。有宗の法義、甚だ玄致(げんち)を獲たり。大乗の義学、宗は三論に在り。智舜大徳に随いて宗旨に入ることを獲たり。真空上人に随いて、深く意致を領す。舜公は三論の英匠、研尋すること其賾を究めたり。良忠・聖禅と義解鋒を諍う。三人並に是東大寺の学徳、名を遐邇(かじ)に馳せ、誉れを古今に飛ばす。樹慶の三論、舜公旨を伝えたり。空公亦東大寺の碩才、東南の定範法印の門人なり。公請の名僧、義解倫(とも)に絶(すぐ)れたり。俗姓は藤原、藤〔藤原〕亜相定能の孫、新〔親〕衛少将軍定親の息なり。本の諱は定兼、官は権律師に居り、大納言律師と号せり。是なり。後に世栄を厭いて閑寂微を思う。房号は廻心、諱は真空なり。照公後に常に随いて津(しん)を問う。

龍樹・提婆、深く意旨を探り、興皇・嘉祥、大いに義味を領す。

まず、冒頭の円照という法名は正しくは諱であり、通称は房号（公名）として実相を用いており、「住侶」の元祖をたどると藤原氏であったという。先の引用にも見られるように、円照の最初の諱は良寛、房号は土佐であったが、遁世した後に諱を悲願、さらに円照に、房号は実相に改めた。このように円照は、寺僧として、また遁世僧としての諱・房号をもち、その残した大きな功績によって後者で通称されている。

「住侶」の子息として生まれた円照は、十一歳にして父厳寛のもとで得度（僧侶になるための出家の儀式）し、「東大寺・三論宗」という本寺・本宗を得た。さらに十五歳から碩学良忠のもとで修学を始め、特に師僧から倶舎宗を学んだが、寺僧は華厳・三論宗僧を問わず、入寺後にまず長期にわたり有宗としての「倶舎論」を学んでいる。いわゆる小乗仏教とされる倶舎宗は、仏教の基本的な概念を説くもので、若年の寺僧がかなりの時間をかけて難解な「倶舎論」を学ぶ理由は首肯できる。平安院政期から鎌倉前期に始まった、寺内の若僧が出仕して「倶舎論」の講説・問答を行なう倶舎三十講・世親講などは、まさに東大寺における小乗倶舎宗の重要性を裏づけるものであろう。

円照は、良忠のもとで倶舎宗を学んだあと、三論宗の碩学として知られる智舜から同宗を学ぶことになる。智舜は三論宗の本所（本院）である東南院の樹慶から宗学を相承していた。また円照は、東南院院主の定範の門人である碩学真空からも三論宗を学んだが、この真空は勅会などに招請される名僧として知られていた。円照はこの真空から三論教学の祖師としての龍樹・提婆・興皇・嘉祥などの教えを学んだのである。このように円照は、良忠や智舜・真空など、東大寺を代表する碩学のもとで修行に励み、諸宗に深い理解を得ることにより、戒壇院において多くの門葉を育てることになった。

2　戒壇院の仏法――「戒壇院定置」――

戒壇院の再興

円照上人が寺院社会で広く知られるようになった契機は、言うまでもなく戒壇院の再興にあった。天平勝宝六年（七五四）に、鑑真和上が大仏殿の前に戒壇を立てて如法授戒を催し、同七年には授戒の道場として戒壇院が造立された（『東大寺要録』諸院章）。しかし、時代とともに寺院社会における戒律の重要性が軽視されるようになり、戒壇院で催された恒例の授戒作法は廃絶に瀕し、同院は次第に荒廃するに至った。そのなかで平安院政期より鎌倉時代にかけて、中川成身院の実範上人や笠置寺の貞慶上人など、遁世を遂げた僧侶による講律の取り組みのなかで、戒律復興が実現するきっかけが生まれたわけである（『円照上人行状』）。

しかし、治承四年（一一八〇）の兵火により戒壇院は焼失し、重源上人以下の歴代大勧進（勧進聖集団の指導者の呼称。なお本書では、重源以下の大勧進にその業務のための財源が付されることから、その立場を示すため「大勧進職」と呼ぶ）によって同院再建が進められた。そして円照上人による戒壇院の再興と授戒作法の復活、さらに講律がなされるなかで、実範・貞慶以来の戒律復興は大きく進展することになった。

円照の事績とともに、再興された戒壇院の将来にわたる存続について、正和五年（一三一六）に円照の弟子凝然が記した「戒壇院定置」を以下に引用することにしたい。なお「戒壇院定置」は、凝然自筆本が伝来するが、これは冒頭の十行のみで（『東大寺宝庫文書』八八号）、以下に掲げる全文は、長享元年（一四八七）に戒壇院叡義が加賀国金剛仙寺において「旧記」から書写し、東大寺に伝来したものである（『東大寺聖教』一〇四架八〇七号）。

東大寺戒壇院の事について定め置く、

右の戒壇院をめぐる置文（後嗣への定め書き）について。

同院は聖武天皇の御願のもとで鑑真和尚が建立した院家である。五畿七道の貴人が数多く集まって受戒し、諸方から僧侶が訪れて戒律を学んだ。経・論の二蔵は師資の縁によって弘まり、定・慧の両学は、僧侶自身の心によって修得される。そこで戒壇院こそ正に鎮護国家の道場であり、興隆仏法を果たす寺院である。この上ない利益をもたらす道場であり、比肩するものもない。ところが、治承年中に兵火を受け、ただ礎石を遺すばかりとなった。その後、重源上人が戒壇堂を造り、わずかに受戒だけが行なわれた。栄西僧正は戒壇堂を囲む四面廻廊と中門を造り、庄厳房行勇法印が大勧進の時に、西迎上人蓮実の勧めを受けて、講堂と廻廊に取り付く東西の軒廊を造った。西迎は興福寺西金堂衆の賢順和上に勧めて、律師・僧都への成功により北僧房一宇二十三間を造らせた。西迎は自らも東僧房五間を造り、円照も大勧進の

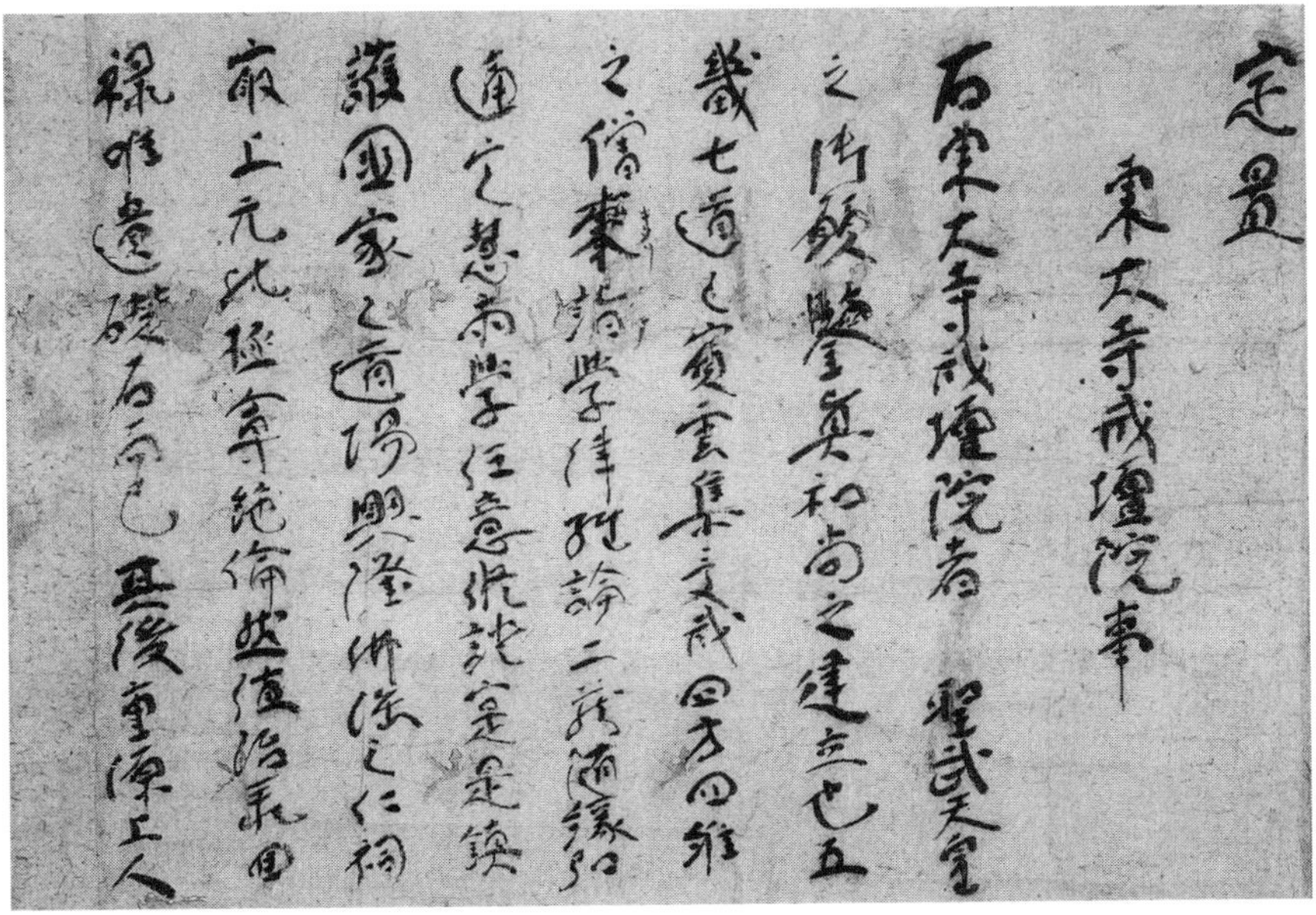
定置
東大寺戒壇院事
右東大寺戒壇院者　聖武天皇
之御願鑑真和尚之建立也五
畿七道之貴人集之受戒四方四維
之僧衆諸学律経論二蔵師資縁
通定慧両学任意弘通定慧鎮
護国家之道場興隆仏法之利
益上无比極無絶倫然値治承兵
火唯遺礎石而已　其後重源上人

6　**「戒壇院定置」**（東大寺所蔵　凝然自筆本　全10行）

時に、西僧房五間と鐘楼・千手堂を造った。また円照は建長年中に、食堂と僧庫を造り、ここに戒壇院の再建は一段落した。建長二年（一二五〇）に円照は、戒壇院の再建に尽力してきた西迎の譲りを受け、中興開山として同院における講律を取り計らうことになった。円照は戒壇院に住持すること二十七年で、三十一歳から五十七歳に至る。

　定め置く

　東大寺戒壇院の事

　右、東大寺戒壇院は、聖武天皇の御願にして、鑑真和尚の建立なり。五畿七道の賓、雲集して受戒し、四方四維の僧、来詣して学律す。経論の二蔵は、縁に随いて弘通し、定慧の両学は、意に任せて修証す。寔に是鎮護国家の道場、興隆仏法の仁祠なり。最上無比にして極尊絶倫たり。然（しか）るに治承の回禄に値い、唯礎石を遺すのみ。その後重源上人、壇上堂を造り、僅かに受戒を行なう。栄西僧正、中門并（ならび）に四面廻廊を造り、庄厳房法印大勧進の時、西迎上人（蓮実）の勧めに依り、講堂并に東西近廊（軒）を造り、西迎上人、賢順和上に勧め、北僧房一宇二十三間を造り（彼の僧都の律師の功なり）、西迎上人、東僧房五間を造る。実相上人大勧進の時、西僧房五間を造り畢（おわん）ぬ。并に鐘楼及び千手堂を造る。建長の季暦、食堂并に僧庫を造り、戒壇一院の営み已に訖ぬ。建長二年の暦、実相上人、西迎上人の譲りを受け、中興開山として講律を管領す。先師、諱は円照実相聖人、寺院を住持すること二十七年、三十一より五十七に至る。

右の「戒壇院定置」の冒頭には、聖武天皇の御願にもとづく戒壇院の創建について記される。その草創期より受戒のために天下の僧侶が雲集しており、「経論二蔵」（経・論にわたる仏典）、「定慧両学」（禅定を得るための定学、智恵を得るための慧学）は、諸方の寺院で修学できるとしても、律・戒は戒壇院において本格的に修得できるわけで、それゆえに鎮護国家・興隆仏法の道場とされることも納得できる。

しかし治承四年（一一八〇）の兵火により、礎石のみを遺して戒壇院は焼亡した。これより歴代の大勧進職により戒壇院再興が進められ、大勧進職重源上人により戒壇堂のみが再建され、授戒の法儀を催すことができるようになった。さらに大勧進職の栄西は戒壇堂の中門と四面廻廊を、同じく行勇は講堂と四面廻廊の軒廊を造り、戒壇堂の外観が調えられた。しかしかつての戒壇院は、単に授戒作法を行なう戒壇堂のみならず、受戒を終えた比丘が戒律の詳細を学ぶために止住する僧坊が附属していた。ここで講律という機能を実現するには不可欠な僧坊の再建にあたり、重要な役割を果たしたのが西迎上人蓮実という勧進聖の存在であった。

蓮実は、出家後に明恵上人に師事したのち南都に赴き、東大寺において大仏燈油勧進などに携わり、さらに戒壇院の再興に尽力することになるが、行勇に勧めて八幡宮神殿を移して講堂を造営させたのはこの蓮実であった。

さらに西迎は、戒壇院講堂の北に三面僧坊の造営を企て、まず興福寺西金堂衆の賢順に働きかけ、堂衆ながら律師・僧都への昇進を果たした見返りに、北僧坊二十三間を造営させた。また西迎自身も東僧坊五間を、円照も西僧坊五間を造営し、ここに三面僧坊の完成を見ることになる。さらに円照により、千手堂・鐘楼や食堂（僧堂）・僧庫（庫院）が相次いで建築され、「東大寺戒壇院指図」（東大寺所蔵）に記される堂宇の多くが造営された。そして一連の戒壇院造営に関わった功を踏まえて、西迎は円照に同院を譲り、長老職として律法興行を委ねることになったのである。

凝然と戒壇院

兵火により焼失した戒壇院の再興は、専ら遁世僧である歴代大勧進職と、西迎のような勧進聖によって実現した。そこで「戒壇院定置」を草した凝然とその門葉が、戒壇院でいかなる修学を行なったかを、この「定置」の続きから見ることにしたい。

沙門凝然が円照上人からの譲りを受けて戒壇院に住持したのは、建治三年（一二七七）から今年正和五年（一三一六）に至る四十年の間である。今後の余命がいかほどあるかは知りがたいが、命の限り戒壇院に住持するつもりである。しかし、凝然が他界した後は、弟子の円戒房禅爾を住持に定め置くことにした。この事はかねてから決めていることで、これを改めるつもりはない。なお禅爾が他界した後は、凝然の弟子の禅明房実円が引き継いで、戒壇院を住持するよう

7　凝然上人像（東大寺所蔵）

にした。このように代々の相承は、相応の理由により決めたものである。凝然は円照上人の門室に入った後、受戒・学律と仏法伝受を、いずれも先師から受けており、年とともにその成果を積み重ねてきた。禅爾は齢二十一で初めて凝然の門室に入り、それから三大律部とともに華厳宗・浄土教学・諸雑芸を学んだ。この修学にあたり他の師僧を仰ぐことなく、専ら凝然に従って見識を蓄えた。禅爾の仏徳は天下に知られるようになり、声望は国中に流布しており、その才は師僧を越えるほどである。受戒にあたって、通受（比丘が受持すべき三聚浄戒の全体を受戒する）は先師円照上人から受け、別受（三聚浄戒のなかの摂律儀戒のみを受戒する）は凝然を和上としている。禅爾は先師円照が育んだ弟子であり、また凝然が自ら授戒した弟子でもある。そこで凝然一期の後は、禅爾が長老を継いで戒壇院を運営させることにした。また禅明房実円も凝然が自ら授戒した弟子である。通受は当寺惣和上の忍空上人から受け、別受は凝然を和上としている。三大律部・菩薩戒諸章と華厳円宗に関わる大小諸部の章疏や浄土の経文、聖徳太子の三経疏や声明等の諸雑芸については、他の師僧を交えず専ら凝然から受法した。そこで禅爾が他界した後は、実円が長老を継いで戒壇院の経営にあたるべきで、他人が介在することがあってはならない。実円は華厳宗でも師僧を越えた見識をもち、寺内でも講律の拠るべき師僧である。戒壇院における定・恵、経・論にわたる諸宗の教学については、時の長老の徳に委ねることになろう。

> 沙門凝然、円照上人の譲りを受け、寺院に住持す。去る建治三年より今正和五年丙辰に至る四十年なり。この後の余命の長短知り難く、命の所有に随い住持の事を存ぜん。凝然他界の後は、弟子諱は禅爾円戒房を住持の仁として定め置く。この事往年已に定め、彼此改変すべからず。禅爾一期管領の後は、凝然の弟子、諱は実円禅明房、継ぎて寺院を住持すべし。かくの如く次第伝持の相に皆由緒有り、事雑乱ならず。凝然、円照上人の門室に入るの後、受戒・学律・伝法等の事、皆先師に稟け、成長して成り立つ。禅爾齢二十一にして初めて凝然の学窓に入る。爾りしより已後、律の大部を学び、華厳宗・浄土教学・諸雑芸を学ぶ。かくの如き等の事、他人を雑えず、専ら凝然の智芸に従いて生ず。徳は寰宇に満ち、声は都鄙に流る。氷藍の才、冷青更に深し。通受の具戒を先師円照上人に受け、別受の具戒は、即凝然その和上なり。既に是先師親度の弟子、亦凝然親度の受学弟子なり。仍って凝然一期管領の後、禅爾継ぎてこの戒壇院を管領すべし。実円禅明房は、亦凝然親度の受学弟子なり。通授の具戒は当寺惣和上忍空上人に受け、その別受門は即凝然その和上なり。三大律部・菩薩戒諸章、華厳円宗所有の大小諸部章疏・浄土諸文・太子三経疏及び声明等の諸雑芸は、能く他人を雑えず、専ら凝然より稟く。仍って禅爾一期管領の後は、実円比丘継ぎてこの戒壇院を管領すべし。他人の違乱有るべからず。華厳一宗に亦氷藍の徳有り。当寺講談律学の本たり。定恵経論の宗法に於いては、時の管領の徳に任せん。

伊予国（愛媛県）に生まれた凝然は、建長七年（一二五五）に延暦寺で菩薩戒（大乗戒）を受けた後、正嘉元年（一二五七）に東大寺戒壇院において登壇して別受、正元元年（一二五九）に戒壇院にて円照より通受を受け、円照に師事して同院に止住した（「円照上人行状」）。

建治三年（一二七七）に円照から戒壇院を譲られ、正和五年（一三一六）まで四十年にわたり、凝然は長老として同院に住持した。時に七十七歳を数えた凝然は、かねてから自分が他界した後は円戒房禅爾、さらに禅爾の他界後は禅明房実円に、戒壇院住持を継がせることを決めており、その由をこの「定置」に記したことは前述の通りである。

この二代にわたる後継者は、然るべき「由緒」により決められたものであり、その「由緒」とは、凝然とその門葉が、師僧から通・別にわたる受戒を果たした後、いかに諸宗を相承したかということにある。凝然は師円照より受戒を受け、諸宗教学を学び、禅爾は円照より通受を受け、師凝然からは別受の上で戒律・華厳宗・浄土教と声明などの諸教・芸を修得した。さらに実円は、忍空から通受を、凝然からは別受を受けた上で、大乗・小乗戒と華厳宗・浄土教や三経義疏（さんぎょうぎしょ）・声明などを凝然から学んだ。

このように、凝然が戒壇院長老の相承にあたり「由緒」を掲げ、「戒壇院定置」を記したのは、自らの著述の奥書に「花厳兼律金剛欣浄沙門凝然」と表記するように、戒壇院が催す受戒・講律を踏まえて、華厳宗・真言宗・浄土教などを幅広く修学することが、長老として不可欠な条件である、というこだわりによるものであろう。

凝然・禅爾・実円はいずれも戒壇院で登壇受戒（別受）を受け、大小乗戒にわたる講律は言うに及ばず、華厳宗や浄土教、さらには声明などの諸芸にわたって学んでいた。凝然は、これらの修学が以後も戒壇院において継承されるべきであり、そのためにも自らの確信を引き継ぐことのできる門葉に、戒壇院の存続を託そうと考えたのであろう。

なお、凝然に次いで、円戒房禅爾が戒壇院長老となったが、その後は了心房本無、十達房俊才と続くが、禅明房実円が長老となった痕跡は見られない（「伝律図源解集」）。

諸宗の兼学

円照を再興開山とする戒壇院は律院と呼ばれる。すでに明らかなように、この律院としての戒壇院では、授戒作法を催し、大小乗戒をめぐる講律がなされたことは言うまでもないが、華厳宗や浄土教などを修学する場としてあったことは見過ごせない。つまり律院は、単に戒律を学び実践する院家という説明では語りきれない実態をもっていたのである。そこで、戒壇院における円照以下の先師の修学について、さらに「戒壇院定置」の記事を追うことにしたい。

さて円照上人は、三論・法相・倶舎・浄土・禅法・花厳（華厳）・真言という諸宗の修学に励み、通暁しない宗はなかった。また凝然は諸宗を修学したが、「花」厳宗を本としており、講律のほかは、一期にわたって談論した教学の多くはこの華厳宗であった。それ以外の諸宗の章疏（経典とその註釈）については、時に応じてこれを講じている。この時の東大寺で相承される宗は、三論宗と華厳宗であり、近年になって盛んに学ばれるようになった両宗である。もとは八宗兼学の寺として、諸宗にわたって学ばれ、特定の宗に限ることはなかった。特に戒壇院では、凝然が長老となってから、専ら華厳宗を学ぶよう指導し、その後、門人の多くがこの教えを守った。昔、信空聖人が霊夢の告を得た。善財童子が戒壇院に華厳宗の種を蒔き、その後に凝然が戒壇院に入って、同院で華厳宗が学ばれることになったという。凝然は華厳宗貫首（宗の長者）である宗性大徳から華厳宗を学び、これを戒壇院に弘めた。禅爾・実円は相継いで華厳宗を学んでおり、後代まで同宗は相承されて廃絶することはないであろう。二人は昼夜にわたり共に学び、朝夕に談義を催し、祖忌・檀忌などの法儀を勤修し、開山円照上人が定めた旨を厳しく守って、わずかの教えも蔑ろにすることはなく、戒壇院の運営にあたっていた。その教えの根本は、まさに仏法の勤学・勤行にある。僧侶が戒壇院に和合（交衆）して修学に励み、天下の静謐を祈り、如来の説いた教法を護持し、教えに従って修行を果たしたならば、衆生を利益することになろう。後代に戒壇院に住持する僧侶は、この志を理解し、疎かにしてはならない。そこで戒壇院の運営をめぐり、以上のように定め置くところである。

正和五年丙戌（一三一六）九月二十七日　東大寺戒壇院でこの式を定め置いた。

沙門凝然生年七十七在判

然らば円照上人は、三論・法相・倶舎・浄土・禅法・花厳・真言の譜練極めて多く、該通せざること無し。沙門凝然、諸宗を訪らうといえども、花厳を本とし、講律の外、一期の談論多くは花厳に在り。自余の諸章、時に亦兼ねて講ず。当寺の惣宗は三論・花厳、専ら後代の所学たり。本是八宗兼学の寺にして、惣通該貫し、局るところ有る無し。この戒壇院は凝然管領の後、専ら花厳宗を学し、厥後門人多く服膺を致す。昔信空聖人に霊夢の告有り。善財童子、戒壇院に於いて花厳宗の種を蒔き、その後、即ち凝然来入し当寺の事に随う。花厳宗貫首僧正諱は宗性大徳、華厳宗を学びて即ちこれを当院に弘む。禅爾・実円相継いで専らこれを受学し、後代相続して努力廃する勿し。三時の共行、二時の談義、祖忌・檀忌、是の如く行学し、専ら開山上人の定め置かるるの旨を守り、一事一塵も廃闕せしむること勿く、寺院を司行す。その大綱を言わば、唯勤学・勤行に在り。和合勇進して、天下の静謐を祈り奉り、如来の教法を護持して、如説に修行し、衆生を利潤せん。後代に寺院を住持する人、この志を存ずべし。廃失せしむる勿れ。仍って定め置くところ件の如し。

正和五年丙辰九月廿七日　東大寺戒壇院に於いて、この式を定め置く。

沙門凝然生年七十七在判

前述の通り、円照は良忠のもとで倶舎宗を学び、さらに三論宗の碩学智舜・真空から同宗を学んだが、その修学の対象は三論・倶舎両宗にとどまらず、法相宗・浄土教・禅法・華厳宗・真言宗の諸宗を兼学したという。円照を継いだ凝然は、東大寺に伝来する凝然撰述の多くの聖教類からも明らかなように、華厳・法相・戒律・浄土教・密教・声明など、広範にわたる修学が知られている（「諸宗章疏録」）。

しかし、諸宗を兼学したものの、凝然が生涯にわたって変わらず学び講じたものは華厳宗と戒律であり、他宗は時に従って講じられている。このように、円照は三論と戒律、凝然は華厳と戒律を柱として修学し講説を行なったが、いずれもその修学が華厳・三論・戒律に限定されることはなかった。そして律院たる戒壇院が、授戒と講律のための道場にとどまらず、諸宗を修学する場としての役割を果たしたことが確認できよう。つまり律院とは、受戒と持戒という戒律の実践を行なう道場であるとともに、そこでは持戒のもとで戒律以外の諸宗の修学がなされたことを確認しておきたい。

また円照や凝然に限らず、寺僧が仏法修学にあたり、その対象は自らの本宗のみならず、他の宗を兼学することが一般的であった。「住侶」としての円照が、まず倶舎宗を学び、その後に本宗としての三論宗を修学しており、ここにも兼学という修学の形が見られる。寺僧にとって本宗は、自らの拠るべき教学であるとともに、寺内外の法会に招請される職衆の枠を示すものである。しかし、本宗を尊重するとしても、それ以外の諸宗を修学することが、寺僧にとって通例であったと言える。

なお、兼学において、寺僧にとって本宗は重要な修学の柱であったが、個々の修行のなかで諸宗に階差を付けていたことは確かである。「円照上人行状」には、円照にとって諸宗の階差を以下のように語っている。

> 円照が生涯にわたり学んだのは諸宗の仏法であり、その教えを自ら身につけたが、その教えの深さは測りがたいものがあった。ただ諸宗を学んだとはいえ、自らが重視した宗がなかったわけではない。諸宗のなかで、教えの道理が深遠で、すみやかに悟りを得ることのできる教えとしては、真言に越える宗はない。これは弘法大師の判断にも明らかであり、真言への信心は篤く帰依に二心ない。禅宗は高くその教えを誇るが、内実としてはそのようには言えない。たとえれば世の人に数人の子息がおり、嫡子がいて、二男がいて、三男がいるようなものである。真言はこれこそ嫡子であり、禅法はただ三男にすぎず、二男にも及ばない。いわんや嫡子とすることなどできようか。真言の教えには善根（さまざまの仏徳を生じるもと）が欠けることなく具わっており、あらゆる徳行を備えている。禅法は妄念を離れるための行であるが、事物の本質を見通す術がないということである。

> 照公一期の所学、諸宗の法門、一身に持するところ、涯限測り難し。諸宗を学ぶといえども、司存無きに非ず。諸宗の中、義理深奥にして証悟速疾なるは、真言に過ぎたるは無し。弘法大師の所判炳焉なり。信心に淳重なり。帰投に弐無

> し。禅宗高く誇る。旨爾るべからず。譬えれば世人の数子有るが如し。嫡子有り、二男有り、三男有り。真言はこれ嫡子、禅法は只三男、二男に及ばず。況んや立てて嫡と為さんや。真言は諸根具足し、万徳円満なり。禅法は無相無念、目鼻有ること無しと云々。

つまり、円照が修学した諸宗のなかで、本宗とした三論とともに真言・禅法を重視し、さらにこの三宗の中では、第一が真言、第二が三論、第三に禅定の術としての禅法という序列がつけられている。教説の深さと覚悟のすみやかさという点で、真言宗に越える宗はないというのが円照の確信であった。これが寺僧による兼学の実態であり、さまざまな要素によって諸宗に序列をつけ、「勧学・勧行」に励んだのであった。

さて戒壇院では、凝然が長老としてあった時代に修学される諸宗のなかで、華厳宗が中核と定められた。凝然は華厳宗の碩学である尊勝院宗性から同宗を学び、戒壇院において、禅爾・実円をはじめその門葉に伝えるとともに、円照が定めた諸宗の「勧学・勧行」の実践のなかで、とりわけ華厳宗の継承を強く意図して「戒壇院定置」を草したのである。

〔参考文献〕

永村　眞「中世東大寺の諸階層と教学活動」（同著『中世東大寺の組織と経営』塙書房、一九八九年）
同　右「法会の史料・修学の史料」（同著『中世寺院史料論』吉川弘文館、二〇〇〇年）
同　右「中世南都諸寺の法会—講説・論義・打集を中心に—」（楠木淳證編『南都学・北嶺学の世界—法会と仏堂—』法蔵館、二〇一八年）
律宗戒学院編『凝然教学の形成と展開』（法蔵館、二〇二一年）

三章　慈猛と審海

——戒律と真言——

慈猛と審海、この二人の僧侶名は、日本仏教史のなかで広く知られるとは言えないが、鎌倉時代の東国仏教史上では見過ごすことのできない師僧である。その見るべき功績とは、慈猛による下野薬師寺（現栃木県下野市）の再興であり、その弟子の審海による律院称名寺（現神奈川県横浜市）の創建であろう。

古代における下野薬師寺は、孝謙天皇（重祚して称徳天皇）に寵愛された道鏡が、天皇の崩御後に左遷された寺として知られる。また当時は受戒のための戒壇が、全国で東大寺・筑紫観世音寺と下野薬師寺の三ヵ寺のみに置かれており、東国の沙弥（見習い僧）が比丘（一人前の出家僧）となるための受戒の場として、薬師寺戒壇院が重要な役割を果たしていた。

この下野薬師寺が中世以降どのように存続したのか、関心を引くことは少なく、また、鎌倉幕府の有力御家人であった金沢氏（金沢流北条氏）の氏寺として創建された称名寺が、下野薬師寺から審海を迎え、戒律の実践を掲げた律院として再出発をした経緯に、目を向けられることも決して多くはなかった。

しかし、下野薬師寺や称名寺で修学・伝受などのために撰述・書写された神奈川県立金沢文庫管理の聖教類（国宝）を一見するならば、戒律・真言宗をはじめ諸宗にわたる教学を受容した中世東国仏教の実像を知ることができる。そこで、慈猛による下野薬師寺の再興に至る足取りと、その弟子審海による律院称名寺の創建をたどることにしたい。

1　下野薬師寺と受戒

授戒と戒壇

日本における如法授戒（本書では、戒を与える側からは「授戒」、受者の側からは「受戒」と表記する）、つまり戒律の定めに従い、如法比丘（正式の受戒を受けた比丘）を職衆に請じて行なわれた最初の授戒作法は、天平勝宝六年（七五四）に来朝した鑑真により催された。大仏殿の前に設けられた戒壇に登壇した僧俗へ菩薩戒（大乗戒）が授けられた後、沙弥・比丘（「旧戒」比丘）への声聞戒（小乗戒）の授戒が行なわれた。さらに翌天平勝宝七年には大仏殿西方に戒壇院が創建され、如法授戒と講律の道場とされた。凝然撰述の「律宗綱要」巻下には、次のようにある。

> 日本国では三戒壇を立てた。一には東大寺戒壇、二には西国の観世音寺戒壇、三には東国の薬師寺戒壇である。いずれも公家を崇めて授戒を催した。東大寺戒壇は、戒師に十人の如法比丘を請じる中国の式による十人戒壇、他の両戒壇は、五人の如法比丘を請じる辺国の式による五人戒壇となっている。

> 日本国に於いて三戒壇を結ぶ。一は東大寺戒壇、二は西国観世音寺戒壇、三は東国薬師寺戒壇なり。并に天恩を崇め受戒の事を行なう。東大寺戒壇は十人戒壇、中国の式に準じ、両国の戒壇は五人戒壇、辺国の式に準ず。

東大寺戒壇院では、中国の式により三師（戒和上・羯磨師・教授師）と七証（七口の証明師）が出仕する十人戒壇として、また東国の沙弥に授戒する薬師寺戒壇では、辺国の式として三師・二証による五人戒壇として、授戒がなされた。

この戒壇とは具体的には三重の土壇であり、その壇上で授戒作法が行なわれる。凝然撰述の「三国仏法伝通縁起」には、次のように述べられる。

> 立てられた戒場（戒壇）には、三重の壇が設けられており、これは大乗仏教で説かれる、菩薩が保つべき三種類

の戒を象徴している。この三種類の戒の三聚浄戒とは、比丘が受持すべき一切の戒律を示す摂律儀戒、一切の善法を示す摂善法戒、一切の衆生への利益を示す饒益衆生戒を示すもので、菩薩戒・大乗戒とも呼ばれる。三重の壇の最上には、釈迦・多宝如来を納めた多宝塔を置き、これは一乗の教えの理・智が一体である姿を象徴している。

　立つるところの戒場（戒壇）には三重の壇あり。大乗菩薩の三聚浄戒を表す。故に第三重に於いては多宝塔を安じ、塔中に釈迦・多宝二仏の像を安じて、一乗深妙の理智冥合の相を表す。

沙弥はこの戒壇上に登り三師から戒を与えられ、その受持を誓うことにより授戒作法が完結し、ここに比丘が生まれることになる（「関中創立戒壇図経」）。

受戒の功能

古代の日本における授戒制度の一端を語る史料として、貞観七年（八六五）三月二十五日の太政官符（「類聚三代格」巻二）がある。この太政官符は、僧綱（僧侶の統轄組織）の上申にもとづき、太政官から「旧例に従って得度者が受戒すべき事」（応に一に旧例に拠り、得度者に受戒すべき事）が治部省に命じられたものである。日本での授戒は、治部省玄蕃寮と僧綱が関与して催され、得度を受けて度縁（得度証明書）を得た沙弥が、授戒を経て戒牒（受戒証明書）を交付され、比丘として認定された。

東国・西国を除く畿内の諸国諸寺に止住し得度を経た沙弥は、本寺の申請により僧綱所に集められ、「法花（華）・最勝・威儀三部経」に関わる課試（試験）を受けた。さらに本寺で悔過（犯戒を懺悔する作法）を修した後に、三戒壇のいずれかで受戒を受けることになる。受者は年齢が二十五歳以上で六十歳以下とされ、受戒に先立ち二年もしくは三年の「沙弥の行」を終えた後に、受者の資質としてはふさわしくない「十三難十遮」に当たらぬことが確認された上で、受戒が許される。しかし、時代とともに受戒の「旧例」は軽視されるようになり、受者の資質も大きく変わることになった。

たとえば、受戒に先立って「沙弥の行」を積まず、受戒直前に剃髪して袈裟を着し、また十四歳以下の「年少の人」が事前の修行を果たさぬままに受戒に臨み、さらに戒壇の場において「登壇の次」（受戒の順序）を争うなど、目に余る事態が次々に生まれた。そこで改めて「旧例」にもとづいて受戒を行なうことが、右の太政官符で定められたわけである。

ところで、この太政官符には、僧侶にとっての受戒の意義が以下のように記されている。

そもそも表戒・無表戒を体得することを受戒と名づける。戒壇の上において三師七証に向かい、心を込めて敬いの態度を示し、戒和上に戒の授与を乞い、防非・止悪（非法を防ぎ悪事を止める）の功力を我が身が得ることを表戒と名づける。また受戒の資質を認められ、非色・非心（物質的でも精神的でもない）の悟りに至る勝れた能力を得ることを無表戒と名づける。そこで戒師に対して敬いの心がなければ、どうして表戒を得ることができようか。また、表戒を得ることができなければ、どうして無表戒を得ることができようか。さらには、表戒・無表戒を得ることができなければ、どうして受戒作法により得戒したと言うことができようか。

それ表・無表戒を受得するを名づけて受戒と曰う。三師七証の前に於いて、慇懃至誠に敬礼し、乞戒のもとに防非・止悪の功能を発得するを、名づけて表戒と曰う。羯磨のもとに非色・非心にして成仏殊勝の功能を発得するを、名づけて無表戒という。既に至誠礼敬の心無くんば、安んぞ表戒を得んや。表戒を未だ得ざれば、何ぞ無表戒を得んや。既に表戒・無表戒を得ざれば、何ぞ得戒と名づけん。

受戒の作法とは、戒師から示される戒の遵守を誓約する行為であるが、その根底には、受者にとって右のような意義があると考えられていた。すなわち受戒とは、戒師に受戒を乞うことにより「防非・止悪の功能」を得る表戒と、戒師に受戒の資質を認められて与えられた戒により「成仏殊勝の功能」を得る無表戒、この両者を体得することである。そこで表戒が得られなければ無表戒は得られず、この表戒と無表戒が得られなければ、「得戒」つまり受戒を果たした比丘とは言えない。このように、比丘の仏道修行に不可欠な「防非・止悪」と「成仏」の「功能」を得るために、受戒は不可欠とされたわけである。

さらに受者は受戒の後、夏月の間（夏安居の間）は戒壇院に住し、教授師より戒律の詳細に関わる「比丘二百五十戒・三千威儀」を修学し、さらに自らの本寺にもどって、師僧から戒律を体系的に学ぶことになっていた。受者が戒壇上に登り戒師から戒を受ける登壇受戒は、戒律にもとづく正規の受戒作法を示すが、戒壇上で戒師から戒律の内実を学ぶということではない。すなわち、仏道修行の前提となる「防非・止悪」と「成仏」を実現するための、受者による戒律遵守の誓約であり、ここに寺僧の本宗にかかわらず、すべての寺僧が受戒を不可欠とした根本的な理由がある。

2　下野薬師寺の再興

東大寺末寺

平安院政期に生まれた東大寺の寺誌「東大寺要録」の末寺章に、「下野薬師寺」が掲げられる。東大寺では、この時代までに下野薬師寺を末寺と認識していたが、両寺の間で本末関係が生まれた経緯は、実は明らかではない。

前述の通り、下野薬師寺の戒壇院は「本朝三戒壇」の一つとして成立した。東大寺との人的交流としては、嘉祥元年（八四八）に下野薬師寺へ、筑紫観世音寺の例に准じて、「雑事」を取り仕切り「授戒の阿闍梨」を勤める講師に東大寺の「戒壇十師」が派遣されることになったことがあげられる（「続日本紀」同年十一月己未条）。実際に延喜二年（九〇二）の太政官牒に、寺主大法師賢永が「講師の替」として下野薬師寺に下っており（「東南院文書」）、東大寺僧の下向があったことは確かである。このように、東大寺と下野薬師寺との寺僧の交流のなかに、本末関係の端緒が見いだされるが、両寺の本末関係が実質的に機能していたかは、大いに疑問がのこるところである。

さて、東国における沙弥の登壇受戒の戒場を設けたものの、戒律を尊重する意識の低下と受戒制度の衰退は、下野薬師寺を荒廃に導くことになった。寛治六年（一〇九二）、下野薬師寺僧の慶順は、東大寺別当の顕恵に、以下の解状（げじょう）（「東大寺文書」）を呈して寺家の窮状を訴え、再建の助力を求めた。

薬師寺住僧慶順が東大寺別当御房のお裁きを願い上げます。

特に別当御房のお力により、太政官のお裁きをいただき、下野薬師寺を再建させていただきたく、お願い申し上げます。下野国河内郡に寺域を占める薬師寺は、文武天皇の御願（ぎょがん）として創建され、東大寺の末寺とされました。ところが時代が下り近年に至り、寺内の建物は壊れ倒れ、まるで荒野のようになりました。そこで寺域を改めてお認めいただき、もとの通り堂宇を建立し、朝家へのご奉仕をさせていただきたく、訴え申し上げる次第です。

寺家の注文壱通を副え進めます。

8 **「下野薬師寺慶順解」**（東大寺所蔵　1/24/179）

右のことにつきまして、慶順が謹んで事情を考えてみますと、下野薬師寺は往古、文武天皇の御願として創建され、東大寺の末寺となりました。そこで三年に一度は太政官符が下され、得度者への受戒を行なってきました。ところが今では、堂宇は壊れ倒れて惨憺たるありさまで、すでに猪鹿のすみかのようになっています。寺内では永く念誦・講読の勤行も絶え、公家の御願による祈禱も一切行なわれておりません。そればかりか仏像は塵土にまみれ、護法を任とする四天王はしきりに警告を発しています。ところが東大寺は本寺として、末寺の現状をまったくご存知ではありません。そこで下野薬師寺の寺域を改めて公家にお認めいただき、公家の鎮護と衆生の安穏を祈るためにも、もとの通り堂宇を再建していただきたいと欲するところです。なお、寺領としては田畠二百余町があるはずで、年貢についても八丈絹や駒を細布で寺納することになります。お願いいたしたいのは、別当御房の御裁定を経て、一つには太政官への御取りなしにより、その裁きを経て再建を命じる宣旨をお下しいただき、今一つには太政官符にもとづき寺職に補任され、寺家の運営をお任せいただければ、公家による正しい道理に浴することになりましょう。そこで解状を記し、謹んで訴え申します。

寛治六年（一〇九二）正月十日　　僧慶順

薬師寺住僧慶順解し申し請う東大寺別当御房の裁きの事

殊に貴恩の御勢を蒙り、官裁を経て沙汰し立てられんことを請う、下野国河内郡に御坐の薬師寺と号するは、往古は国王文武天皇の御願にして、東大寺の末寺なり。而るに末代の近来、破壊顚倒し已に了ぬ。荒野の聚落と成るなり。これによりて彼の所を罷り預り、本の如く建立し奉り、朝家に勤仕せんと欲する子細の愁いの状

　副え進むる寺家の注文壱通、

右、慶順謹んで案内を検ずるに、件の寺はこれ往古は国王文武天皇の御願にして、東大寺の末寺なり。然るに則ち三年に一度、太政官符罷り下りて、得度を受戒するを始行するところなり。然りといえども今においては、破壊顚倒し已に

以て甚だし。既に猪鹿の薗と成り、永く念誦講読の勤め絶え、更に聖朝御願の祈禱に至らず。しかのみならず仏像は塵土と成り、四天の護法は頻りに示現を致す。而るに則ち東大寺分の沙汰として、今永く知らざるところなり。これにより彼の所を罷り預り、朝家鎮護・吏民快楽のため、本の如く建立し奉らんと欲するところなり。但し彼寺分の田畠二百余町なり者。年貢に於いては、八丈絹并に駒共、乃至以て細布の如きを以て進済すべきものなり。望み請うらくは裁定せられ、且つうは官裁を経て宣旨を申し下され、且つうは符職に任せて預り行なわるれば、将に正理の貴きを仰がんとす。仍って状を勒し謹んで解す。

寛治六年正月十日　　僧慶順

この解状には、下野薬師寺の創建から東大寺末寺として受戒を勤修してきた足跡とともに、寺内の荒廃のなかから本寺たる東大寺の支援を受けて再建を図ろうとする意図が記される。本寺としての東大寺の別当に対しては、奈良時代から続くとする本末関係を強調するとともに、「寺分の田畠」と上納すべき年貢をことさらに掲げ、東大寺の仲介による、公家からの再建支援を求めている。平安時代後期の下野薬師寺のあり様、実態は明らかではないが、東大寺との本末関係を手がかりに、公家と本寺東大寺の支援を得て再興を図ろうとした政治的な思惑がうかがわれる。

なお、下野薬師寺の再建については、本寺たる東大寺から具体的な後援はなされなかったようで、以後に両寺の交流の痕跡を見いだすことができない。そして東大寺側には、名目のみの末寺下野薬師寺が記憶されることになった。なお下野薬師寺が本格的な再建を果たしたのは、鎌倉時代以降のことである。

密厳と慈猛―二つの僧伝―

ところで、下野薬師寺の中興にあたり、二人の僧侶名が江戸時代に撰述された僧伝に登場する。一人は前述の慈猛であり、今一人が密厳である。

まず真言宗の僧伝「続伝燈広録」には、「小野方下　下野州薬師寺長老総州古閑徳星寺開山上人慈猛伝」として、次のように記され、慈猛を薬師寺の「再興長老」としている。長老は法名を慈猛、通称を頼賢と言い、再興上人とも呼ばれ、薬師寺の長老である。

長老、慈猛と名づく、字は良賢、再興長老と称す、薬師寺の上座なり。

また、律宗の僧伝「招提千歳伝記」には、「下野州薬師寺中興密厳律師伝」として、次のように記されている。律師は法名を密厳と言い、良遍僧都のもとで受戒した。（中略）ある年、東国の下野国に下り、薬師寺にとどまってその再興を果たした。この寺には関八州の沙弥が受戒する戒壇があり、天平宝字年中に、律宗の高祖鑑真和上が勅を受け、初めてこの戒壇を立てた。しかし時代が下り荒廃して再建されることはなかった。密厳はこれを歎いて、ついに再興を果たした。

律師、諱は密厳、信願僧都に就きて大僧戒を受く。（中略）某年の間、錫を東関下野州に垂れ、薬師寺を中興す。寺はこれ当時東八州の戒場たり、天平宝字年中、吾が高祖、勅を奉り、初めて戒壇を立つ。しかる後久しく荒れて興る無し、師深くこれを慨き、終に再興す。

このように、慈猛による「再興」、密厳による戒壇の「再興」とあるように、下野薬師寺には二人の中興開山がいたことになる。一見すると、慈猛が薬師寺の再興を果たし、密厳が戒壇の再興をなした、つまり両者が併存しているようにも読み取ることもできる。ところが、呆気ない結論であるが、この二人の中興の祖は同一人物なのである。これを示す史料が、撰述「雑談集」巻四に見られる。

下野薬師寺の長老である故密厳上人は、天台・東寺両流を相承する真言・顕密の学問僧で、大変な碩学でした。この密厳も「立腹の上人」と呼ばれていました。上人が私に語られるには、何代にもわたって召し仕われてきた下法師がおりますが、これが不心得者でした。自分（密厳）以外には憐れむ人もいないだろうと考え、召し仕ってきました。私がある人のもとに説戒（戒律の説教）に出かけることがあり、その者を力者として引き連れておりました。この下法師は、多くの人が聴聞している場所で酒に酔い、聴衆の中にいながら、私が怒り恨みの科につ いて説戒しているのを聞いて、このように言うのです。「まあお聞きなさい、師僧はあのようにおっしゃいますが、腹の中はなかなか悪いのです。夏には大豆が通るほどに目の粗い帷子一枚を、冬は網のような小袖一枚を給するだけで、蓼を擂って食べるような生活をさせられているのです」などと語るのです。朋輩が「どうしてそのようなことを言うのか」と止めたのですが、「さてさて、そのようなことですよ」などと声高に言い立てまして、何とも情けないことでした。慈猛を信じて聴聞に訪れた尼公たちも、「あのような法師をお伴にお連れになるのは、お恥ではありませんか」と申します。とはいえ、後々、連れていかぬとしても、慈猛にとっては必要な力者ですから、飯・酒も振る舞われてきたわけです。今さら連れていかぬなどとは言えないと我慢して召し連れているのですが、そのたびごとに悪口を言う始末です。これは上人のお話のなかでお聞きしたことです。

下野ノ薬師寺ノ長老密厳故上人ハ、天台・東寺両流ノ真言・顕密ノ学生ニテ、随分ノ名人也。彼モ立腹ノ上人也。我レト語ラレシハ、重代シテ召仕下法師、不得心ノ者也。慈猛カ外ニアハレムヘキ人ナシト思ヒテ、召仕ヒ侍ルカ、或人ノ許へ行テ、説戒スル事アリシニ、力者ニテ侍シカ、人多ク聴聞スル庭ニテ、酒ニスコシ酔ヒテ、聴衆ノ中ニテ、瞋恚ノ過ヲ説戒ニスルヲ聞テ、ヤ聴タマヘ、僧ハアレ躰ニノ給ヘトモ、マスコシ腹ハアシクヲハスルソ。夏ハ大豆打トヲス程ノ帷一枚、冬ハアミノ様ナル小袖一ツタヒテ、蓼ヲスルヤウニセヽルソト云ニ、同僚イカニカクハト制スレハ、サテサナキ事カト高声ニ云程ニ、中々云ニ不及。慈猛信シタル尼公トモ、聴聞シテ、アノ法師御伴ニ召具シタルハ、御恥ニテ候也ト云アイタ、後ニ具セシト云ハ、力者ニトコソ飯酒モ用ル程ニ、イマハサヤウノ事申候ハシト、タイハウスレハ、サテハトテ具スレハ、タヒコトニ悪口スルヨシ、上人ノ物語ニ承侍シ事也。

右の説話は、真言・顕密の碩学とされた薬師寺の長老密厳が、「立腹ノ上人」と呼ばれ、酒癖の悪い力者に手を焼く、いたって人間的な一面を語る内容である。そのなかで密厳が自らの心情を語る「慈猛カ外ニアハレムヘキ人ナシト思ヒテ」の一文から、「密厳」が「慈猛」と同一人物であることが確認されよう。

そして真言宗では慈猛として、律宗では密厳として、両宗で編纂された僧伝に別々に登場する。しかし「雑談集」の一話から、両者が同一人物であることは明らかであり、鎌倉時代の下野薬師寺で興隆した真言宗と律宗の再興が、慈猛・密厳によりなされたと伝えられたことから、両宗の僧伝には別名でその事績が掲げられたわけである。

慈猛（密厳）によって中興された下野薬師寺では、僧伝による限り、戒律の復興とあわせて、真言宗の興隆が注目されている。しかし真言宗の興隆は、伝来する聖教類から裏づけられるものの、戒律復興の実態については、戒壇の再興を除いて、決して多くを具体的に知ることはできないのである。

3　「僧所」称名寺

称名寺の創建

再建された下野薬師寺と交流をもつ武蔵国の金沢（かねざわ）称名寺には、両寺の関係を示す多くの真言聖教が伝来している。現在は神奈川県立金沢文庫に管理される称名寺伝来の「金剛界見聞」は、その奥書から、文永十年（一二七三）に下野薬師寺の「護摩堂西寮」にて書写された後、その写本が永仁五年（一二九七）に「金沢寺」（称名寺）にもたらされ、智海により書写され伝来したことが知られる。このほか称名寺には、下野薬師寺で書写された「金剛頂瑜伽（ゆが）略述三十七尊出生義」「金剛頂一切如来真実摂大乗現證大教王経」など、真言関係の経巻類が伝わる。両寺間では寺僧とともに経巻や聖教類が行き来していたのである。

さて、この金沢称名寺には、弘長二年（一二六二）に、奈良の西大寺長老叡尊（えいそん）が、称名寺の開基北条実時（さねとき）の懇請を受けて関東下向するにあたり、随従した弟子性海の手で記録された「関東往還記」が伝えられるが、同年二月二十七日条に、実時の叡尊への対応について、次のように記される。

また鎌倉を出てからいかほども行かぬところに一寺があり、称名寺と号した。年ごろは、不断念仏衆が置かれていたが、この法儀は開基の意向で停止されており、この寺を長老（叡尊）の居所にしようということであった。長老はこの申し出に、以下のように答えた。「私は遁世してから誓願を立てており、資財をもつ寺には住まないようにしてきました。ところがこの寺には多くの所領があり、これはかねてからの誓いに大いに背くことになります。また私の居所とするために、日頃から勤められてきた念仏の停止は、まったく願うところではありません。いずれにしてもこの寺に住むことはできません」と言われた。そこで北条実時殿が言うには、「長老の仰せられたことは大変に純粋であり、このお考えに従うことにしたい」ということであった。

> また鎌倉を立ちて幾ばくならずして一寺あり。称名寺と号す。年来、不断念仏衆を置くといえども、停止せしめ畢ぬ。件の寺を以て御住所に擬すると云々。長老（叡尊）報ぜられて云く、遁世してより以降、別願あるに依り、未だ資縁ある所に住さず。而るに件の寺に数多の領所あり。頗る素意に背く。次いで愚老の住処に宛てんがため、日来の念仏を停止するの条、はなはだ以て庶幾せず。かたがた止住し難しと云々。越州（北条実時）云わく、仰せの旨、清浄甚深なり。須く相計らうべしと云々。

称名寺は、その寺号からも明らかなように、実時により創建された時には「称名」念仏を掲げる念仏道場であった。「称名寺結界図」（称名寺絵図）に「阿弥陀院」と墨書される一宇が当初の堂宇にあたり、本院には「不断念仏衆」が止住していた。同寺が創建された由緒であるが、実時は父母追善のため六浦に称名寺を創建し（「常福寺阿弥陀三尊像修理願文」）、その時期は正嘉二年（一二五八）までさかのぼる。のちに実時は、名声高い叡尊を西大寺から迎え、この称名寺に住寺することを求めたが、叡尊は同寺が「資縁」（寺家経営のための資産）を保有していることを理由にその申し出を固辞し、それとともに、念仏停止もこれを望まぬこととした。

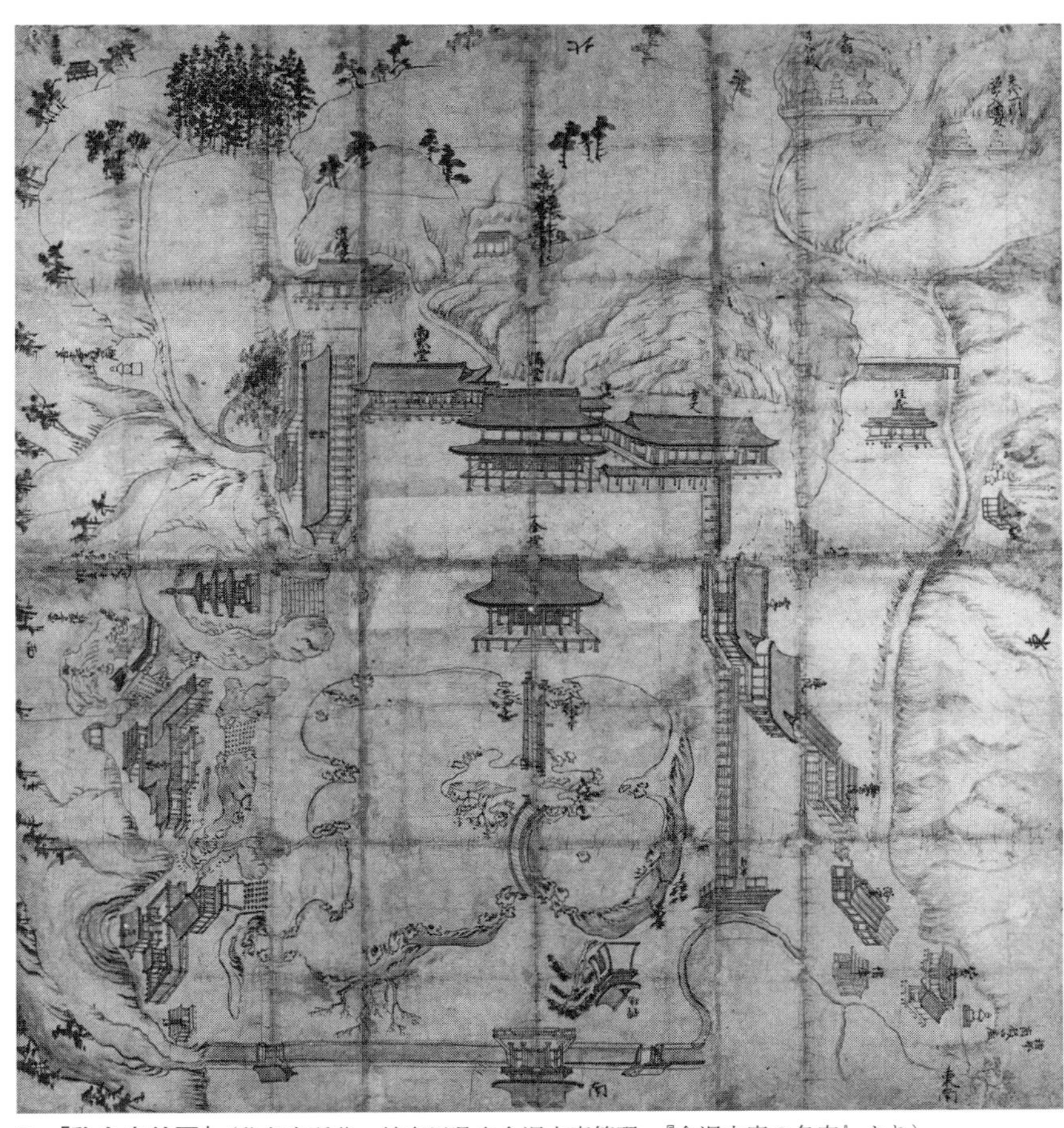

9 **「称名寺絵図」**（称名寺所蔵　神奈川県立金沢文庫管理　『金沢文庫の名宝』より）

この史料から、称名寺が創建された経緯と念仏道場としての当初の姿、あわせて実時が叡尊を熱心に招請した様が読み取れる。実は叡尊下向の前年に、実時は使者を西大寺に遣わし、西大寺に「一切経一蔵」の寄進を申し出るとともに、関東への下向を懇請している。しかし、叡尊は難事が重なっていることを理由にこれを断った。この返事を受けた実時は、下向の有無にかかわらず、一切経は寄進するつもりであると返事している。

翌二年、実時の使者が西大寺を再度訪れ、携えた書状のなかで、前執権で得宗（とくそう）でもある北条時頼（ときより）の「興法」と「受戒」の希望を伝えたため、ついに叡尊は関東下向を決意した（「金剛仏子叡尊感身学正記」）。実時が熱心に叡尊の下向を求めたのは、称名寺の住僧と寺内の現状に不満があったからに他ならない。この不満については、「関東往還記」の弘長三年（一二六三）三月一日条に、次のように記される。

観證〈菅原為長卿の孫で、実時殿の後見、〉乗臺〈称名寺別当、実時殿の外舅、〉眞鏡の三人に、称名寺の僧事を取り計らうよう実時殿は命じたが、それは承りかねるとして、三人は同寺の僧房とは別に宿所を設け、各々移住してしまった。また、寺内には男女が雑居して秩序が失われており、寺域を世俗の喧噪から隔てるために三方に築地を造り、このほかに寺内の修理や掃除など、あれこれ実時殿が指示して事にあたらせたという。

観證為長卿の孫、越州の後見、乗臺称名寺別当、越州の外舅、眞鏡等三人に、一向僧事を沙汰すべきの由、越州申し付くるの間、宿所を僧房の辺にトし、おのおの移住せしむ。また男女雑居し、仏庭狼藉の間、喧塵を隔てんがため、三方に外郭を構え、このほか修理・掃除、連々沙汰致すべしと云々。

このように、実時は「僧事」（戒律にもとづく寺内の運営）を、自らの縁者を含む「不断念仏衆」に求めていた。しかし、それには対応できぬとして念仏僧は寺内を離れたため、実時は自ら「男女雑居」「仏庭狼藉」という称名寺の現状を改善し、静謐な寺内環境の整備を進めていた。実は、実時や時頼が叡尊に関東下向を求めた理由として、鎌倉における興法や受戒があるが、称名寺における「僧事」の企てにうかがわれるように、鎌倉の寺院や僧侶の実情への強い不審と不満があったことは確かであろう。

この二ヵ月後、叡尊の講説を聴聞した一人の「念仏者」が、「日比の邪義」を改めて「断悪修善を専らにすべきの由」を誓約したという記事（「関東往還記」弘長三年五月三日条）にも、鎌倉において教化（布教）を行なう僧侶の実態がうかがえよう。この実時の不審・不満こそ、称名寺が念仏道場から律院へと大きく性格を変えるきっかけでもあった。以下に掲げる審海書状からも、その理由が読み取れる。

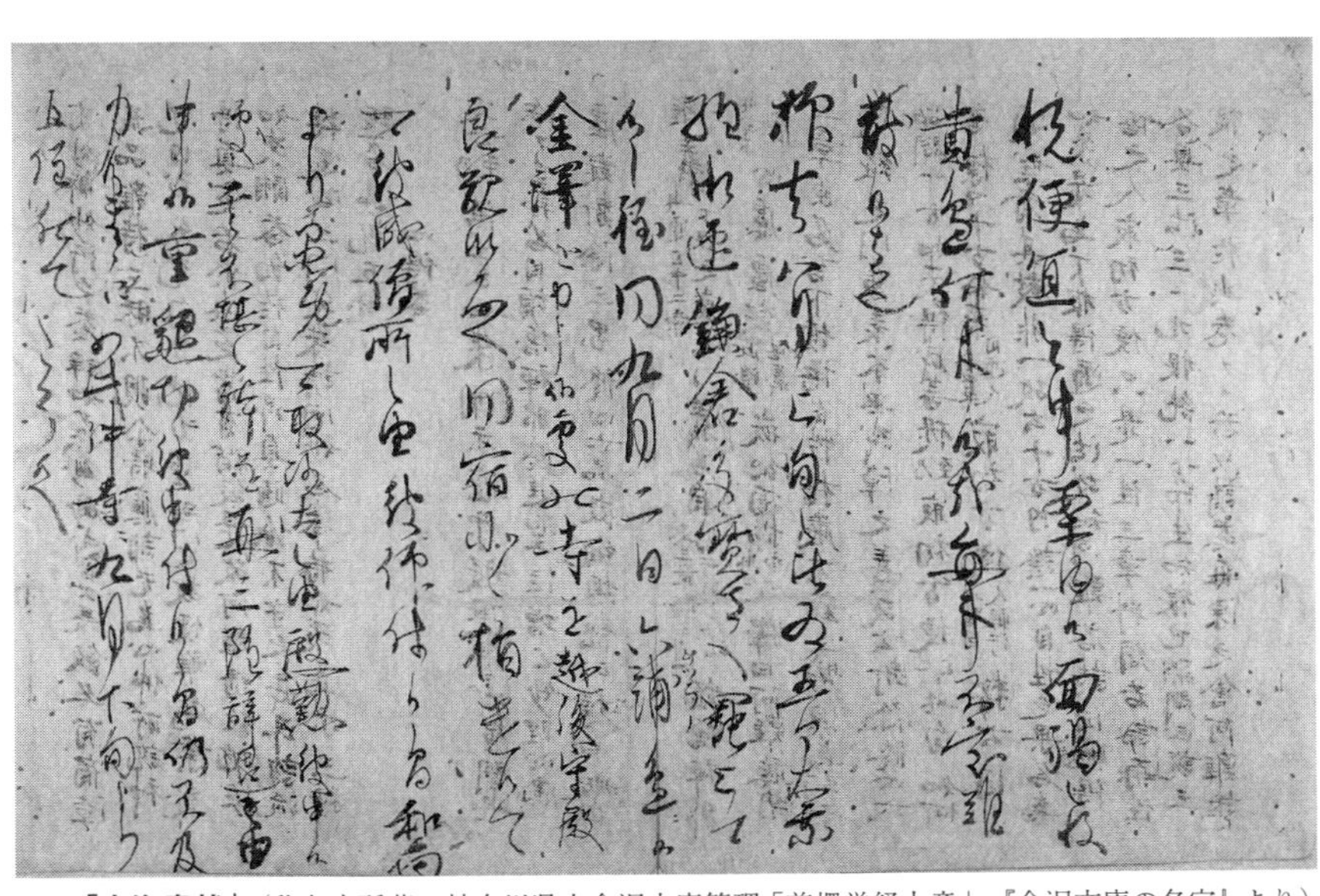

10 「審海書状」（称名寺所蔵　神奈川県立金沢文庫管理「首楞厳経大意」『金沢文庫の名宝』より）

「僧所」称名寺と審海

称名寺に伝わった「首楞厳経大意」の紙背文書に、文永四年（一二六七）のものと思われる審海書状が見られる。

機会を得て悦んでお便り申し上げます。お目にかかって以後、いかがお過ごしでしょうか。何かと気にかけておりました。さて去る八月上旬の頃、五部大乗経を受け取るために、下野薬師寺から鎌倉多宝寺へ上りました折のことですが、九月二日に、北条実時殿が忍性御房に次のように依頼しました。それは六浦の近くの金沢と申すところの寺（称名寺）に、忍性御房の同朋の律僧を少々遣わしていただき、「僧所」（律院）にしたいというご意向でした。そこで忍性御房から愚身（審海）に住持を引き受けるよう、丁寧に依頼されましたので、その任には堪えがたいと再三辞退いたしました。しかし重ねて懇ろに申し付けられましたので、もはやお断りすることもできず、九月の下旬からこの寺に止住することになりました。

便宜に悦び案内を申さしめ候。面謁の後、貴辺何事か候や。毎時不審散じ難く候者なり。そもそも去る八月上旬の比、五部大乗経をお迎えのため、鎌倉多宝寺へ罷り上り候し程、同九月二日、六浦辺に金沢と申し候ところの寺を越後守殿（北条実時）、良観御房（忍性）へ、同宿少々指し遣わし候て、僧所と成さるべきの由、仰せ付けられ候の間、和尚（忍性）より愚身（審海）に取り沙汰すべきの由、慇懃に申され候ところ、その堪えざるの躰（てい）を再三辞退の由申し候といえども、重ねて懇切に申し付けられ候の間、よって力及ばず候ままに、此の如く件の寺に、九月下旬より止住仕りてこそ候へ。

この書状が誰に宛てられたものであったのかは明らかではないが、その内容から見て審海書状の土代（下書き）と判断される。下野薬師寺に止住していた審海は、しばしば鎌倉と往復していたようで、多宝寺から「五部大乗経」を持ち帰るために鎌倉に赴いた折に、忍性から称名寺に住持するよう依頼を受けていた。少なくとも、審海はこれ以前から忍性と面識をもっており、また忍性は審海の能力や品性などを知悉していたのである。

さて、北条実時による叡尊の称名寺招請は実現しなかったが、寺を律院（「僧所」）にしたいという実時の念願は変わることがなく、叡尊の朋輩である忍性に「同宿」（同朋の「律僧」）の推薦を求めていた。そして、忍性が称名寺を「僧所」とするにふさわしいと見込んだ「同宿」こそが審海であった。審海は忍性からの依頼をいったんは断ったものの、懇ろな申し出を断りきれず、文永四年九月から称名寺に住持することになり、ここから律院としての称名寺の

11　審海上人像（称名寺所蔵　神奈川県立金沢文庫管理　一山一寧賛　『金沢文庫の名宝』より）

歴史が始まることになった。

称名寺の「僧事」

「僧事」「僧所」の「僧」とは、個々の僧侶という意味ではなく「僧伽（そうぎゃ）」を示す。この「僧伽」とは、戒律により修行のためのまとまりをもつ比丘集団の意味である。また「僧事」とは、戒律にもとづき受戒・説戒をはじめとする法儀を実践することであり、「僧所」とは、戒律にもとづき運営される「僧伽」の拠点としての寺院、つまり律院ということになる。

この律院とは、一見すると戒律を学ぶ寺院と思われがちであるが、実は戒律の修得を踏まえ、戒律を実践する寺院であり、寺内に止住する僧侶が、戒律のみならず諸宗を修学する場であり、これは称名寺に伝来する諸宗聖教の存在からも裏づけられる。そして、律院における戒律の実践とは、言うまでもなく清浄の維持である。この律院における清浄を維持するための実践方法とは、一つには、寺域という空間を清浄に保つための結界作法であり、今一つには、日常的に住僧の清浄を保つため毎月定期的に集まり、戒本を誦しておのれの持戒・破戒を省みるための布薩（ふさつ）作法であろう。そして結界作法は「称名寺結界図」に象徴的に示されており、布薩作法は以下の「称名寺規式」から読み取ることができる。

当寺で定められた規式の条々の事について

一毎月、四分説戒（しぶんせっかい）（比丘戒本）の広誦を欠かさぬ事。寺内に現住する比丘は、その総数を確認し、臈次（ろうじ）（出家後の年数）に従い決められた比丘の発音のもとに、比丘戒本を誦するように〈ただし白月（びゃくげつ）は十四日とし、黒月（こくげつ）は必ずしも定めはない。〉もし比丘でありながら戒本を暗誦（あんじゅ）していなければ、寺内での共住は許さない〈夏安居の最中は毎日同誦するように。〉

一寺内に現住する沙弥は、今年の夏安居より以前に沙弥十戒儀則経を暗誦し、夏安居の九旬の間は、毎日同誦するように。もし今年の夏安居以前に暗誦を終えていない沙弥は、旧住・新住を問わず住寺することは許さない。

一毎月八日に、寺内の比丘はすべて一処に集まり、比丘戒本を同誦するように。沙弥衆もまた別堂に集まり、沙弥十戒儀則経を同誦するように。

一僧徒が寺外に出かける時には、必ず戒律に適う同伴者の行者・浄人を召し連れなければ、外出は許されない。

一寺内の要務を除いて、軽々しく行人・浄人を召し仕い、また寺外に遣わし、もしくは寺外に出かける時に召し連れるなどして、寺の運営を妨げてはならない。

右の五ヵ条の規則を定め置くところである。その理由であるが、第一・二・三条は、戒律の本意にしたがい、比丘としての仏道修行を増進させるためである。第四条の意図は、在家からの不審を避け、破戒の原因を作らぬためである。第五条は、一つには寺の経営をになう知事の心配を止め、一つには寺の運営を円滑に進めるために定めた規則である。そこで一条ごとの真意を理解し、決して違うことがあってはならない。

弘安七年（一二八四）二月　日
住持比丘審海

定む
当寺条々規式の事
一毎月四分説戒の広誦を闕さざる事。現住比丘の数に随い、その臈次の位に当て、比丘戒本を誦すべし但し白月は十四日なり。黒月は未だ必定ならず。若し比丘の位に在りて、戒本を暗誦せざるの人は、共住を許さず夏中は毎日同誦あるべし。
一現住の沙弥、今夏以前に沙弥経を暗誦し、安居九旬の間、毎日同誦すべし。若し今夏以前に暗誦畢らざる沙弥は、旧住・新住を簡ばず、住寺を許すべからず。
一毎月八日、諸比丘共に一処に集まり、比丘戒本を同誦すべし。沙弥衆は同じく別堂に雲集し、沙弥経を誦せらるべし。

一僧徒他行の時、必ず如法の同伴を用うべし。□行者・浄人を伴と為さざれば、遊行を許さず。

一寺中の公役を除き、輙く行人・浄人を召し、或いは他処に遣わし、若くは出行の所従と為し、庫裏の雑務を妨ぐべからず。

右、五ヶ条の規式、定め置くところ件の如し。所以然らば、第一・二・三式目は、戒律の意に順い、自行の増進に備えんがためなり。第四の制の意は、在家の譏嫌を除き、犯戒の悪縁を遁れんがためなり。第五の禁制は、且つは知事の憂いを止めんがため、且つは僧家の作務を成さんがため、儲くるところの憲章なり。よって一々の科条を、深く違失すべからず。

弘安七年二月　日

住持比丘審海

このように寺内に止住する比丘が、月の前半（「白月」）と後半（「黒月」）、さらに八日と合わせて三日、夏安居（陰暦四月十六日より三ヵ月間にわたり寺内に留まり仏道修行する）の間は、毎日に和合（一同に集会する）して、「比丘戒本」を広誦する、つまり布薩を行なう定めとなっており、戒本を暗誦していない比丘は寺内から退居させられることになっていた。また沙弥も同様に、毎月八日と夏安居の間、「沙弥十戒儀則経」の暗誦を行なう定めであった。毎月三度にわたり催される布薩の場では、臈次の順に指名された比丘が「四分律比丘戒本」を読み上げ、他の比丘は戒ごとに自らの行動に破戒がなかったかを反芻し、破戒があれば懺悔により身心を持戒にもどすことになっていた。そのためにも、比丘にとって戒本の暗誦が、寺内止住の条件とされたわけである。

また戒律では、比丘が外出するに際して、「如法の同伴」として行者・浄人を召し連れることになっていたが、これは寺外に出た比丘が世俗と接する場面で、破戒を犯し清浄さを失うことを防ぐためである。このように、比丘の義務とされた布薩は、清浄な身心による「自行の増進」とともに「犯戒」を回避するための法儀であった。

また「称名寺規式」では、比丘が行者・浄人を自らの私用に使役し、寺の経営に支障を来すことを禁じている。これは、戒律に触れる破戒というよりも、世俗の評判を意識し、また称名寺の円滑な運営のための条項であった。このように律院としての称名寺では、その寺域と寺僧を常に清浄に保つために、戒律にもとづく結界と布薩を催したわけで、これこそ「僧事」の実践と言うことができる。

なお、律院に止住する律僧は、遁世僧として僧階（僧位、僧官、学階など）をもたないが、「称名寺三重塔供養僧衆交名」に列記される寺僧は、「比丘卅五人」と、「法同九人」「形同十一人」の沙弥とを区別した表記があり、これこそ称名寺の律院としての性格を如実に示すものであろう。また、律院は戒律を実践する寺院であり、そこで修学される諸宗は、当然のことながら戒律に制約されることはなかったことを再確認しておきたい。

〔参考文献〕

永村　眞「中世律院の戒儀と戒法」（『金沢文庫研究』三三二、二〇一四年）
『南河内町史』通史編原始・古代・中世（栃木県南河内町教育委員会、一九九八年）

四章　釼阿と湛睿
——律院の修学——

神奈川県横浜市金沢区に所在する称名寺は、東国の諸寺院のなかで際立った質・量の国宝「金沢文庫古文書・称名寺聖教」を伝えることで知られる。それらは博物館施設である神奈川県立金沢文庫において管理され、同文庫ではこの史料群を活用した多彩な展示が開催されてきた。

さて国宝「金沢文庫古文書・称名寺聖教」のうちで、「金沢文庫古文書」（実は「称名寺聖教」に含まれるべき聖教の紙背文書）は、武蔵国金沢称名寺を氏寺とする金沢流北条氏（金沢氏）と称名寺僧との日常的な交流のなかで授受され、特に鎌倉時代後期の幕府政治にも関わる貴重な文書群である。また「称名寺聖教」であるが、鎌倉時代から南北朝時代を通して称名寺で書写・撰述された、諸宗にわたる聖教、特に真言聖教が過半を占めており、東国において受容された仏法の姿を語る貴重な史料群といえる。

前節（Ⅰ—三章—3）で触れたように、「僧所」としての称名寺では、律院にふさわしく「説戒」「夏安居」や結界という戒儀が確実に実践され、さらに「戒本」をめぐる「講談」により、戒学が盛んに修学されており、戒儀・戒学が併存して受容された様相を確認することができる。また、審海を開山とする「僧所」称名寺の住持（長老）は、その弟子の釼阿から湛睿へと引き継がれるなかで、慈猛から審海に伝受された真言密教の法脈も、また釼阿・湛睿の両長老に相承された。そして審海が伝えた小野流（醍醐寺三宝院流）とともに、新たに広沢流（仁和寺御流）などが加わり、これらが称名寺の密教法流として相承されることになった。そこで、律院としての称名寺で、その長老のもとで、いかに諸宗の修学がなされたかを考えることにしたい。

1　釼阿と金沢貞顕

書状のやりとり

称名寺はその創建期より檀越金沢氏との間に、護持（祈禱により檀越〈檀家〉を護る）と外護（げご）（檀越から寺院が保護される）という双務関係をもったが、この関係が維持されたのは、金沢氏当主による氏寺の住持・住僧への崇敬の念によるものであった。忍性の懇請を受けて称名寺に住持した審海が、嘉元二年（一三〇四）に示寂して後、その跡を継いで明忍房釼阿が延慶元年（一三〇八）前後に住持に就くことになる。そして金沢（北条）実時（さねとき）から顕時を経て家督を継いだ貞顕（さだあき）が、称名寺住持の釼阿に送った書状は、寺内でその紙背を聖教料紙として用いたため、多数が称名寺に伝わることになった。たとえば、「金沢文庫文書」として伝えられる、正安四年（一三〇二）に金沢貞顕から釼阿に送られた書状（前闕）には、次のようにある。

（前闕）ご推察ください。さて亡父の月忌仏事の勤修（ごんしゅ）や、称名寺の堂舎以下の損壊修理については、明忍御房（釼阿）から審海長老にご相談いただき、また二宮覚恵にも督促していただけないでしょうか。このようなことについて、いずれもあなたがおいでですので、私は安心しております。常々申す通りです。またご都合の良いときにお知らせいただければ幸いです。何かありましたらお手紙を差し上げるつもりです。謹んで申し上げます。

八月四日　　左近将監（貞顕）（花押）

明忍御坊

（前闕）賢察せらるべく候。なかんづく先考の月忌仏事并（ならび）に堂舎已下の破壊、或いは長老（審海）に勧め申され、或いは二宮（覚恵）を譴責せらるべく候。かくの如き事、一向貴辺おわし、心安く思い給い候。常に申すべく候。また便風に漏れず承り候はば、本意に候。毎事文々に啓すべく候也。恐々謹言。

八月四日　　左近将監(貞顕)（花押）

明忍(釼阿)御坊

この貞顕書状には、亡父顕時の月忌法会の勤修と、「堂舎已下」の修理について、長老の審海との相談を促すとともに、代官の二宮覚恵にも直接に働きかけるよう釼阿に求めている。この書状が送られたのは審海の存命中であり、審海が示寂した延慶元年をさかのぼって、貞顕は長老に就く前の釼阿と緊密な交渉をもっていたことになる。なお貞顕は、この書状の前月より六波羅探題として在京し、以後延慶元年まで、京都から称名寺にある釼阿に書状を送っており、これらが「金沢文庫文書」として伝わっている。

瀬戸橋の完成

嘉元三年（一三〇五）十一月十六日、在京していた貞顕は、釼阿から書状を受け取り、翌十二月九日に返事を送っている。

去月十六日のあなたのお手紙、確かに拝見いたしました。さて瀬戸橋が完成した由、誠に悦ばしく存じます。寺中でも鎌倉でも、大変なお悦びでしょう。京都ではさしたる大事はありません。また真願房の跡職(あとしき)のことについては、倉栖兼雄からも報告を受けております。なお他に申し上げることもありますが、後便にいたしたいと思います。謹んで申し上げます。

十二月九日　　越後守（花押）

明忍御房御返事

去月十六日の禅札、委細承り候い畢(おわ)んぬ。そもそも瀬戸橋造畢(ぞうひつ)の条、誠に悦び入り候。寺中・世上何条に候か。京都殊なる事無く候。真願房跡の事、兼雄(倉栖)申し候。猶他事は後信を期し候。恐々謹言。

十二月九日　　　越後守（花押）

明忍御房御返事

貞顕の書状に先立ち送られた釼阿の書状は、瀬戸橋の完成を報告し、寺僧の真願房の跡職（遺された所領・所職）の処分についてその承認を求め、さらに京都の様子を尋ねたもので、これに対する貞顕の返事が右の通りである。なお、真願房の跡職であるが、亡くなった寺僧が保有していた諸職の継承を、氏寺の檀越（檀家）である貞顕が、被官の報告を得て、その意向を伝えており、金沢氏の氏寺への関わりの深さがうかがわれる。

また、実時の所領は六浦庄にあり、瀬戸の内海と外海（平潟湾）の間の狭窄部にかけられた瀬戸橋の完成によって、六浦本郷と金沢が直結することになった。瀬戸橋の造営費用は、金沢氏と称名寺の所領に賦課された棟別銭によりまかなわれており、ここからも氏寺と檀越との緊密な関係が知られよう。

この貞顕の書状で注目されるのは、今日にも構造を変えて残る瀬戸橋の完成である。鎌倉の外港とされる六浦津と金沢とを結ぶ架橋が実現したが、それから六年後の延慶四年（一三一一）に称名寺長老釼阿に宛てた貞顕書状には、次のように書かれている。

称名寺の寺域内の山木や山畠の支配とともに、金沢瀬戸の内海における殺生禁断のことについて、その由を記した事書一通をお届けします。厳格にそれらを実行していただきたく存じます。なお殺生禁断については、すでに金沢の政所や瀬戸の内海に面する所領の給主には命令を伝えてあります。決してその指示を蔑ろにするようなことがあってはなりません。謹んで申し上げます。

三月二十二日　　　右馬権頭(貞顕)（花押）

謹上　称名寺長老

称名寺々内の山木・山畠并に金沢瀬戸内海の殺生禁断の事、々書一通これを進む。厳密の沙汰を致さしめ給うべく候。且つ殺生禁断においては、政所（代官）・給主等に相触れ候い了ぬ。緩怠の儀有るべからず候か。恐々謹言。

三月廿二日　右馬権頭（貞顕）（花押）

謹上　称名寺長老

清浄を旨とする律院称名寺では、寺域のみならず寺辺でのさまざまな穢れを忌避するため、檀越の貞顕に対し、釼阿は殺生禁断の実施を求めていた。そこで称名寺の寺域内にある山木の伐採、山畠の刈取とともに、瀬戸の内海での殺生禁断（漁労）が厳禁された。これらの命令は、称名寺に隣接する、金沢氏の代官が置かれた政所や、瀬戸内海に面した所領の代官（「給主」）にも伝えられていた。このように貞顕は称名寺に対して、寺域内のみならず、瀬戸橋内側の内海にも一定の影響力を認めていたことになる。先に掲げた嘉元三年（一三〇五）十一月十六日に瀬戸橋の完成を報じた釼阿の書状を受けて、これを大いに慶ぶ貞顕の返事の背景には、檀越と氏寺の連携による橋の造営とともに、橋により区画された瀬戸の内海における殺生禁断という、両者により共有された宗教的実践があった。

このような檀越と氏寺との関係は、実は貞顕と釼阿との個人的な信頼関係のもとで維持されていたと思われる。そして称名寺の住持釼阿と檀越貞顕の間には緊密な交流があり、特に両者の書状によって、称名寺の経営や造営、さらには幕府政治の一齣（ひとこま）を知ることができるのである。

「金沢文庫」の由来

金沢氏の歴代当主は、学問に強い関心をもった。実時は、唐魏徴編「群書治要」や「春秋経伝集解」（現在は宮内庁書陵部に所蔵される）など、さまざまな和漢の典籍を入手して鎌倉に取り寄せ、その孫の貞顕も、在京中に手に入れた典籍を鎌倉に送っている。これらの典籍は、称名寺に隣接する別業の地に建てられた蔵に納められたが、これが「金沢文庫」（かねざわのふみくら）と呼ばれるようになった。また実時や貞顕は、入手した典籍を、時に在京・在鎌倉の儒者に校訂や訓点の記入を依頼し、自らそれらを読み解いているのである。ただし「金沢文庫」印が捺された典籍類は、金沢北条氏により蒐集され鎌倉の武家社会で共有された由緒ゆえに、室町時代以降も、北条氏康や上杉謙信、さらに徳川家康などにより「金沢文庫」から持ち出されており、残念ながら現在の神奈川県立金沢文庫には、「文選集註」などわずかが伝わるのみである。

2　釼阿と真言聖教

伝法灌頂と許可灌頂

釼阿の出自は明らかではないが、乾元元年（一三〇二）に長老審海より、弟子と認める許可灌頂（こかかんじょう）を受けている。灌頂とは、一定の覚悟に達した弟子に対し、師僧が密教秘法を伝授する儀式である。弟子位を得る許可灌頂や、師位を得る伝法灌頂の後に、伝授の証明として師僧から弟子に交付される公験（くげん）（証明書）が印信（いんじん）であり、密教では平安時代から今日に至るまで継続して発給されている。

神奈川県立金沢文庫が管理する「芹沢家寄託文書」には、審海が釼阿に対する許可灌頂の際に交付された次掲の「審海授釼阿許可灌頂印信印明」（金沢文庫管理）が伝わる（現代語訳省略）。

授与する　伝法灌頂職位（しきい）

胎蔵界

外五古印

五字明（梵字：阿（ア）・毘（ビ）・羅（ラ）・吽（ウン）・欠（ケン））

金剛界

　無所不至印

　一字明（梵字：鑁）

右、金沢称名寺灌頂道場に於いて、伝法職位を釼阿大法師に授け畢ぬ。

　乾元々年壬寅十二月十八日軫宿、日曜、

　伝授阿闍梨伝燈大法師審海（花押）

称名寺の「灌頂道場」において、審海から釼阿に「伝法職位」が授けられたが、この灌頂は実は弟子位を与える許可灌頂であり、この場で胎蔵界と金剛界の印明と口決（口伝）が授けられている。許可灌頂は受明灌頂とも呼ばれており、新義真言宗の先師頼瑜の撰述にかかる「真俗雑記問答鈔」第八によれば、次のように記される。

報恩院（憲深）の御口決によれば、伝教灌頂とは受明灌頂のことである。伝教灌頂は受明灌頂と名づけられるが、これは十八道、金剛界・胎蔵界念誦法、諸尊法を弟子に授けるに先立ち、必ず受明灌頂を行ない弟子位としての印明が伝授され、その後に十八道以下が授けられる。（中略）伝法灌頂は、四度加行（十八道、金剛界、胎蔵界、不動護摩の四段階にわたる基本的な密教作法の伝授）の後に、その印明が授けられる。

　報恩院御口決に云く、伝教灌頂とは受明灌頂なり。伝教は亦受明灌頂と名づくるの事、これ十八道・両界・諸尊法等を弟子に授くるの時、皆悉く受明灌頂の印明これを授く。而して後に彼法を授くるなり。（中略）伝法灌頂は両界・護摩等を悉く授くるの後にこれを授く。

すなわち醍醐寺報恩院憲深の口決によれば、弟子位を得るための許可灌頂（受明灌頂、伝教灌頂）は、法流伝授に先立って行なわれ、また師位を得るための伝法灌頂により阿闍梨位が与えられるという頼瑜の説明である。

本来、伝法灌頂に先立ち、十八道以下の伝授に先立ち許可灌頂が受者に授けられていたが、鎌倉時代以降には、已灌頂（すでに特定法流の伝法灌頂を受けた真言行者）の受者に対して、他の法流の相承や他流の諸尊法伝授等にあたり、伝法灌頂の所作を省略し、他の師僧から許可灌頂が授けられた上で伝授を受けるようになった。諸尊法とは、大日如来を中心とする曼荼羅のなかの配置される多数の仏・菩薩・明王・諸天などを供養する密教祈禱の作法であり、僧俗にわたるさまざまな所願の実現が祈念された秘法である。

釼阿は、審海からの法流伝授に先立ち、すでに伝法灌頂を受けた已灌頂の受者であり、さらなる法流相承の前提として、弟子位としての許可灌頂が与えられたわけである。では、なぜに釼阿は審海から再度の灌頂を受けたのであろうか。

右の許可灌頂では、胎蔵界・金剛界の順で印明が授けられており、審海は仁和寺に拠点を置く広沢流の法流作法に従って、釼阿に許可を与えていることになる。醍醐寺に拠点を置く小野流では、金剛界に次いで胎蔵界の印明が与えられる。審海は下野薬師寺で、文永元年（一二六四）に慈猛上人から伝法灌頂の印信を交付されていた（「慈猛授審海傳法灌頂印信紹文」神奈川県立金沢文庫管理）。その法流は、醍醐寺成賢の弟子の意教上人頼賢を経て慈猛上人に伝えられたものであり、小野流（醍醐寺三宝院流）を相承したことは言うまでもない。そこで審海が釼阿に授与した法流の中核は、小野流であった。しかし、審海は自ら相承した小野・広沢両流を釼阿に伝授するため、まず広沢流の許可灌頂を授けた上で、広沢流の秘法伝授を、段階を逐って弟子釼阿に相承させたわけである。

釼阿への仁和寺御流伝授

さて、釼阿は称名寺において、思いもかけず広沢流の中核にある仁和寺御流を伝授される機会を得た。延慶二年（一三〇九）、鎌倉佐々目の遺身院に下向していた亀山天皇の皇子で仁和寺上乗院宮の益性法親王から、釼阿は直接に仁和寺御流を伝授されている。伝授は秘事（宗大事）・秘法（諸尊法）にわたり、「御流目録」（神奈川県立金沢文庫管理）によれば、次の通りである。

第一

灌頂書六帖（覚法）高野御室御自筆

伝法灌頂三昧耶戒作法一帖

胎蔵界伝法灌頂作法一帖

金剛界伝法灌頂作法一帖

（中略）

又三巻（守覚）愚作

伝法灌頂三昧耶戒作法一巻

胎蔵界伝法灌頂作法一巻

金剛界伝法灌頂作法一巻

灌頂印明一巻沢、野、御、

（中略）

支度巻数三巻

上大法、秘法　中小御修法

下護摩、供、鎮、

孔雀経御修法雑事一巻

仁王経御修法雑事一巻

（中略）

如法愛染王御修法雑事一巻

小御修法雑事一巻

此の納書は、いずれもが愚作である。延慶弐年（一三〇九）十月二十九日、上乗院宮（益性法親王）の御本をお下しいただき書写を終えた。上乗院の宮の御誡めとして、これは御流の嫡弟が相承する秘事・秘法の目録であり、断じて他人に見せてはならないということである。しかし今、私のような愚か者が、貴種により伝えられた秘法を相承させていただいた。恐れ多いことで、感激に胸が塞がる思いである。（釼阿）梵字

（書名省略〈前掲〉）

此の納書、しかしながら是愚作なり。延慶弐年十月廿九日、上乗院宮（益性法親王）の御本を下し賜り、書写せしめ畢ぬ。御所の御誡に云く、これ則ち敵（嫡）流相承の目録なり。敢えて以て他見に及ばずと云々。而るに今、魯愚（ろぐ）の羊質（ようしつ）を以て、竹薗の鍵鑰（けんやく）に預かる。喜懼（きく）相交わり、感激胸を塞ぐものなり。（釼阿）梵字

右にあるように、延慶二年に釼阿は益性法親王より、仁和寺御室の覚法・守覚（しゅうかく）法親王の手になる「灌頂書六帖」「灌頂印明」などの灌頂秘事と、「支度巻数」や「孔雀経御修法雑事」などの秘法に関わる「御本」を借用して書写を果たし、その上で伝授を受けている。秘書の書写にあたり、釼阿は益性から「目録」を借用しているが、この「目録」は御流の嫡弟が相承すべき秘事・秘法に関わる聖教を掲げたもので、それ自体が聖教でもあり、他見を厳しく禁じる「御誡」を受けたことは首肯できる。そしてこのような秘書により伝授を受けることに、釼阿は強く感激を覚えたのである。

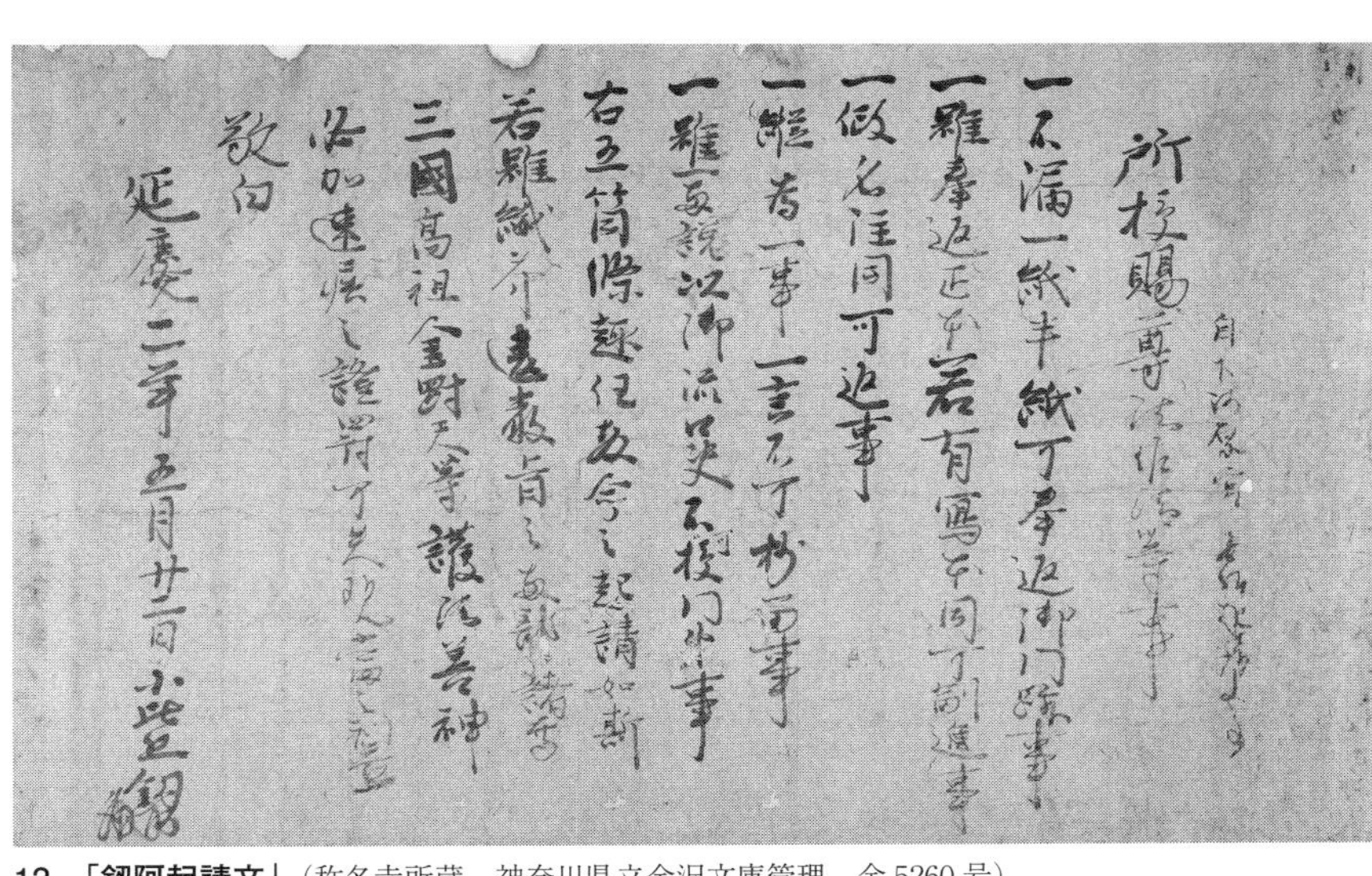

12　**「釼阿起請文」**（称名寺所蔵　神奈川県立金沢文庫管理　金5260号）

御流伝授の起請文

この伝授に先立って、釼阿は益性法親王に、以下の「起請文」（神奈川県立金沢文庫管理）を呈している。この起請文は、のちに釼阿のもとに返却され、称名寺に伝来することになった。

下河原宮（益性法親王）よりお返しいただいた起請文の事。

益性法親王から授けてくださった諸尊法作法等の事について。

一伝授された秘事は、一紙半紙であっても、漏れることなく御門跡（益性法親王）にお返し申し上げるべき事。

一伝授された内容を記す聖教の正本をお返しするとともに、もし写本が有れば、これも同じく正本に添えてお返し申し上げるべき事。

一伝授された仮名注も同じくお返し申し上げるべき事。

一たとえ伝授された秘事は、一事一言であっても抄記し手許に留めてはならぬ事。

一他に諸説があっても、御流の口決を門弟に授けてはならぬ事。

右の五ヵ条の内容は、益性法親王のご命令に従って起請したものである。もし、わずかでもご命令に違うことがあれば、両界曼荼羅の諸尊をはじめ三国の諸高祖や、金剛天などの護法善神が、さっそくに仏罰を加えられ、現世・来世にわたる利益を失うことになろう。敬って白します。

（一三〇九）
延慶二年五月二十二日　　小比丘釼阿（花押）
（益性法親王）
下河原宮より返し給う起請文の事、

授け賜るところの尊法作法等の事、

一一紙半紙も漏れず、（益性法親王）御門跡に返し奉るべきの事、

一正本を返し奉るといえども、もし写本有らば、同じく副え進らすべきの事、

一仮名注も同じく返すべきの事、

一縦い一事一言たりといえども、抄し留むべからざるの事、

一一両説といえども、御流の口決を以て、門弟に授くべからざるの事、

右の五箇条の趣、教命に任せての起請、斯の如し。もし纎芥といえども厳旨に違わば、両部の諸尊、三国の高祖、金剛天等の護法の善神、必ず速疾の証罰を加え、現当の利益を失うべし。敬白。

延慶二年五月廿二日　　小比丘釼阿（花押）

この起請文から、益性法親王は釼阿への法流伝授にあたり、かなり厳しい条件をつけていたことが知られる。すなわち、伝授にあたり用いられた聖教の正本やその写本、聖教に付された「仮名注」（要語に付けられた傍訓等）は、いずれも釼阿一代に限り伝授を許されたもので、その一期の後は伝授を行なった「御門跡」に返還される定めであり、また秘事相承にあたり与えられた口伝（「御口」）の「抄留」（筆録）や弟子への伝授も堅く禁じられていた。しかし、これほど厳しい条件であっても、釼阿は仁和寺御流の正嫡たる益性法親王から直接に伝授を受けることができたわけで、「恐れ多いことで、感激に胸が塞がる」（喜懼相交わり、感激胸を塞ぐ）という感想は首肯できよう。なお、益性から釼阿

への諸尊法伝授にあたり用いられた聖教は、「秘抄」「野月抄」「沢見抄」など抄物（しょうもつ）であり、御流では特に「秘抄」が格別の秘書として重視されており、釼阿から門弟への伝授は厳禁されていた。ただし、これほどに厳しい内容の起請文を呈したにもかかわらず、実のところ釼阿は弟子に対して、これらの秘法の伝授を行なっているのである。

称名寺には、審海・益性から釼阿への密教相承に関わって生まれた聖教が数多く伝来する。そして「称名寺聖教」には、小野・広沢両流から細分化された諸流の印信・口決や抄物類が多数見られ、密教興隆の様を物語っている。

3　湛睿と華厳聖教

湛睿の受法

釼阿が暦応元年（一三三八）に示寂したあと、称名寺第三代の住持に就いたのは湛睿であった。元応二年（一三二〇）に湛睿は釼阿より許可灌頂を授けられ、次掲の「釼阿授湛睿許可灌頂印信印明」（神奈川県立金沢文庫管理）を与えられた（現代語訳省略）。

胎蔵界　外五股印　五字明
（梵字：阿（ア）・毘（ビ）・羅（ラ）・吽（ウン）・欠（ケン））
金剛名号　遍照金剛
金剛界　大率都婆印　普賢一字明
帰命（梵字：鑁（バン））
金剛名号　遍照金剛
右、武蔵国称名寺灌頂道場に於いて、両部印可を湛叡大法師に授け畢ぬ。

13　伝湛睿上人像（称名寺所蔵　神奈川県立金沢文庫管理　『金沢文庫の名宝』より）

元応二年（一三二〇）歳次庚申正月晦日奎宿、月曜、

大阿闍梨釼阿

元応二年に釼阿から湛睿に交付された右の印信には、投花得仏（灌頂檀上の敷曼荼羅に受者が花を投じ、花が落下した仏菩薩を結縁する本尊と定める所作）による諸尊の「金剛名号」が記されている（ただし許可灌頂では、投花得仏の作法が省略されることが一般的であるが、金剛名号が記される事例も見られる）。しかし金剛界と胎蔵界の「両部印可」の伝授であり、湛睿へ授けられたのは、已灌頂の受者への重受のための許可灌頂と判断される。釼阿は審海から相承した広沢流の「両部印可」を、湛睿に重授したわけである。これに先立つ正和元年（一三一二）、釼阿は湛睿に小野流（三宝院流）の「伝法灌頂印信」（神奈川県立金沢文庫管理）を交付しており、この時点ですでに湛睿は伝法灌頂を授与され、已灌頂の行者となっていた。そして元応二年の許可灌頂を経て、釼阿は湛睿に広沢流の宗大事（秘事）、自らが伝授された広沢流の秘法（諸尊法）を授けたのである。

和泉久米寺での修学と師禅爾

さて、称名寺第三世住持（長老）の湛睿については、「招提千歳伝記」巻中の「称名寺湛睿律師伝」に以下の記述が見られる。

律師の諱は湛睿、字は本如である。竹林寺円戒律師（禅爾）の弟子として、戒律と華厳の二宗を学んだ湛睿は、その学識を高く評価されており、優れた仏法の理解は深奥に至るものがあった。禅爾弟子の湛睿は、師と学識をめぐる栄誉を共にし、律・華厳両宗の長者としてあり、湛睿のもとに入室し修学に励む多くの弟子を擁した。教理抄および纂釈などの著述がある。ただその終焉は、いまだに明らかではない。

律師、諱は湛睿、字は本如なり。竹林寺円戒（禅爾）律師の徒として、毘尼・華厳二宗を学ぶ。人として美めらるところなり。妙なること玄微に入る。戒公の門中に、師と盛誉を与にす。律教・華厳の長たるなり。入室・修学尤も多し。教理抄及び纂釈等、若干の巻なり。その終わりは未だこれを考えざるなり。

湛睿の出自は、釼阿と同様に明らかではない。その師とされる禅爾は、東大寺戒壇院の再興開山である円照上人から受戒し、その弟子で戒壇院再興二世の凝然より華厳宗を学び、「戒律・華厳二宗」に通達しており、戒壇院において「華厳及び三大部」を講じたという（「伝律図源解集」下）。さらに禅爾は、西大寺叡尊らにより再興された生駒竹林寺に止住した後、和泉久米田寺（「久米多寺」）に移って住持した。湛睿も正和二年（一三一三）にこの和泉久米田寺に赴き、師禅爾のもとで修学に励んでいる。

修学を重ねるなかで、湛睿は法蔵述「華厳経旨帰」「華厳経関脈義記」などの写本や、澄観述「華厳経随疏演義鈔」を註釈した「華厳演義鈔纂釈」などを撰述しており、これらが称名寺に伝来している。なお、弘安六年（一二八三）に東大寺にて禅爾が開版した、華厳宗第三祖法蔵述の「華厳一乗教分記」（「華厳五教章」）の版本が、湛睿の手で称名寺にもたらされた。

正和五年、久米田寺に止住していた湛睿は、澄観述「華厳経随疏演義鈔」を読み解き、「華厳演義鈔纂釈」（神奈川県立金沢文庫管理）を撰述している。その巻十七の奥書には、次のように記されている。

正和五年丙辰閏十月二十二日、始めてこの書の抄出に着手し、同十二月十日未剋に、その作業を終えた。華厳経随疏演義鈔の第十六下はその内実が特に深淵で、愚昧な私には理解しがたいところであるが、ある時には師僧の教えに従い、ある時には祖師の手になる聖教の文を読み、自分なりの理解に随って、大まかながらその要諦を抄出した。もしその一句であっても祖説に符合する理解があれば、これは生きとし生けるものへの利益の因となろう。私の願いに他の意図はない。釈尊にあっては是非ともこの思いをご理解いただきたい。文保元年乙巳（一三一七）十月十二日に、久米田寺で改めて八九輩の学侶に向かってこの抄出に従い講説した。これは唯々聴聞者に信心の種を蒔くためだけではなく、華厳経をめぐる講説の場を開いて大きな利益を得るためであり、私は喜んで心肝を摧（くだ）いて講説を行なった。講を終える日に、この由を注記した。

貧道湛睿〈通二十三、俗四十七、〉

正和五年丙辰潤十月廿二日、始めてこれを抄す。同十二月十日未剋、功を終え了ぬ。当巻第十六下は文義殊に深広にして、愚昧には測り難しといえども、或いは師承の旨に任せ、或いは聖教の文を伺い、勘え得るところに随い、粗（あらあら）これを抄記す。若し一句に符理の徳要あらば、四生斉益の縁たり。愚願さらに他意なし。仏祖宜しく護念を加うべし。文保元年乙巳十月十二日、久米田寺にて更に八九輩の学侶に対して、一遍これを談ず。唯に見聞の信種を植うるのみに非ず、剰（あまつさ）えまた大法の講肆を開き、過分の巨益、随喜して心肝を摧き畢ぬ。終講の日、即ち注記し了ぬ。

貧道湛睿通廿三、俗四十七、

ここからは、正和五年（一三一六）に湛睿が久米田寺で、「華厳経随疏演義鈔」により華厳教学を学ぶ姿、そして難解な内容を、師禅爾の教えや祖師の著述をよりどころにして、自分なりの理解を加え抄出した要文を「華厳演義鈔纂釈」としてまとめた経緯を、知ることができる。

さらに湛睿は、自ら撰述した「華厳演義鈔纂釈」を用いて、文保元年（一三一七）に久米田寺で、同寺の学侶に向かって講説を行ない、華厳経の理解を広めるために「心肝を摧」いている。このように「華厳経」の疏釈（しょしゃく）（註釈）である「華厳経随疏演義鈔」を読み解きながら、その内容を理解するための抄出として「華厳演義鈔纂釈」を撰述し、それを用いた講説により、その内容に再治（再編集）を加え、より精緻なものにする試みを続けていたのである。

湛睿、称名寺に帰寺する

久米田寺に赴いた湛睿は、文保二年（一三一八）に称名寺に帰寺し、先に掲げた釼阿からの密教伝授を継続して受けた。また修学を踏まえ、湛睿は称名寺でも「華厳経」の疏釈を用いた講説を催している。法蔵による「華厳経」の註釈書である「華厳五教章」を、さらに註釈した「華厳五教章纂釈」（神奈川県立金沢文庫管理）の奥書に、この書が生まれた経緯が記される。

建武元年甲戌（一三三四）四月二十七日に、金沢称名寺で始めて講説の場を催した。同日から同年九月十九日までに、華厳五教章三巻を講説し終えた。その間に休んだのは二十五、六日で、それ以外は他の所用を入れず、熱心に本文を精読した。願うところは仏法僧がこの修学を知見することであり、祈るところは当寺における仏法の興隆である。去年から世上は大きく遷り変わり、都も田舎も戦乱で静まることはない。世の中が戦乱で動揺するなかで、仏法はどうして教えを存続させることができようか。悲しむべきである。

　建武元年甲戌四月廿七日、金沢称名寺に於いて始めて講席を開く。同じく九月十九日に至り、当章三巻を読み了ぬ。闕日は廿五六日なり。其の余は他事を交えず、志を励ましこれを精読せしむ。仰ぐところは常住三宝の知見、祈るところは当寺二諦の紹隆なり。去年世上転辺により、都鄙（とひ）の闘乱未だ静まらず。世法これに依り正しからず。仏法如何に存するを得ん。悲しきかな嗚呼。

湛睿は、内乱により世上が動揺するなかで、称名寺において四ヵ月余の間、「華厳五教章」三巻を精読・講釈し、その要諦をまとめ「華厳五教章纂釈」を撰述した。この「講席」では、湛睿が「華厳五教章」の本文を逐条で読み解釈し、聴聞者との問答により不審を解消する、いわゆる談義によって講説が進められた。その成果として、聞書（ききがき）としての「華厳五教章纂釈」が生まれたのである。

このように、華厳教学の原典というべき「華厳五教章」を修学するための談義という方法、その成果として生まれる聞書という形式をとる聖教が、称名寺における湛睿による華厳宗興隆を支えたといえよう。なお湛睿は禅爾から華厳宗と戒律を学んだが、戒律についても次掲の「戒本見聞集」（神奈川県立金沢文庫管理）の奥書に、

元亨四年（一三二四）甲子正月晦日に、この書を抄出し終えた。武州六浦庄金沢称名寺において春の初めに談義を開いた。日ごとに講読した内容については、いささかの私見に従い、談義の場で確認された見解を集めて忘備とした。その内容であるが、急ぎまとめたもので誤りは避けられない。わが余命はいくばくもないが、是非とも再編集をいたしたいものである。釈迦の護りをうけたならば、我が願いは必ずや成就しよう。

貧道湛睿〈通夏二十八、俗年五十四、〉

元亨四年甲子正月晦日、これを抄し了ぬ。

武州六浦庄金沢称名寺に、春初を相迎え、講席を開き展ぶ。日別の所読に就きて、聊か愚案を廻らし、当座の見聞を集め、方に廃忘に備えんとす。■事実に率爾なり。いかでか紕謬なからん。余命幾ばく無しといえども、後年の再治を望む。仏祖護念を加うれば、志願蓋し成し遂げん。

貧道湛睿通夏廿八、俗年五十四、

とあるように、元亨四年（一三二四）正月に称名寺で催された「講席」（談義）で、湛睿は「戒本」の逐条を講「読」しながら、「愚案」（私見）に「当座の見聞」（その場で確認された見解）を加えて、「戒本見聞集」を撰述した。先の「華厳演義鈔纂釈」や「華厳五教章纂釈」と同様に、湛睿が称名寺において「戒本」の談義を催し、その場で示された湛睿の「愚案」と、聴聞衆の意見を加えた聞書として「戒本見聞集」が生まれた。「戒本見聞集」は、以後に催された別の「講肆」（談義）の場でも講読され、引用された「勘文」（典拠）を含めて添削され、再治がはかられている。すなわち、称名寺における「華厳五教章」などの疏釈を用いた談義の場で、講師湛睿と聴聞衆の「講」・「談」・問答から、その内容を記す聞書という形式の聖教が撰述され、これらが湛睿の称名寺での華厳宗修学の重要な成果となった。

元弘三年（正慶二、一三三三）五月二十二日、新田義貞の攻撃を受けた北条高時以下の北条氏一族は、菩提寺である東勝寺に拠り、金沢貞顕も同所において戦って、一族とともにに自刃した。幕府滅亡後、有力な檀越を失った称名寺が、どのような足取りをたどったかは明らかではない。しかし、前掲の「華厳五教章纂釈」の奥書にあるように、翌建武元年（一三三四）には称名寺で談義が行なわれており、一見平穏に寺内で修学活動が続けられていたように見える。しかし、「去年世上転辺により、都鄙の闘乱未だ静まらず。世法これに依り正しからず。仏法如何に存するを得ん。悲しきかな嗚呼」との一文から、世上の戦乱のなかで仏法をいかに護っていくか、苦慮する湛睿の姿がうかがわれる。

それから五年後の暦応元年（一三三八）、釼阿は示寂し、翌二年に湛睿は足利直義から安堵状を受けて称名寺第三代の住持に就くことになった。これ以降、称名寺はその由緒によるものか、鎌倉公方の外護を受けて存続されるが、その詳細を語る史料は少ない。

律院称名寺において、審海がもたらした戒律や真言密教が盛んに修学されたことは言うまでもない。さらに釼阿による広範な真言密教の受容、湛睿による華厳聖教の撰述により、幅広い諸宗兼学がなされ、南北朝時代以降も相承されるが、ここに中世の東国における仏法相承の具体的な姿を見ることができよう。

〔参考文献〕

金沢文庫企画展図録『学僧湛睿の軌跡』（神奈川県立金沢文庫、二〇〇七年）
永村　眞「「印信」試論―主に三宝院流印信を素材として―」（『三浦古文化』五五、一九九四年）
同　　右「鎌倉仏教―密教「聖教」の視点から―」（『智山学報』六六、二〇一七年）

納富常天『金沢文庫資料の研究』（法蔵館、一九八二年）
福島金治『金沢北条氏と称名寺』（吉川弘文館、一九九七年）

五章　賢俊と尊氏
——出家の忠節——

延文二年（一三五七）閏七月十六日、足利尊氏の帰依（きえ）のもとに、当時の聖俗両界に権勢を誇った醍醐寺三宝院（さんぼういん）の賢俊が示寂した。尊氏は四十九日の法要のために、自ら「理趣経」を写経し、末尾に以下の奥書を記している。

三宝院大僧正賢俊の四十九日の仏事に当たり、その法要のために般若理趣経一巻を自ら書写した。
　延文二年八月二十八日　　　　正二位源朝臣尊氏

三宝院大僧正賢俊の四十九日の仏事に相当たり、般若理趣経一巻を自ら書写するものなり。
　延文二年八月廿八日　　　　正二位源朝臣尊氏

この尊氏自筆の「理趣経」は、賢俊追善の法要が催された醍醐寺に伝わり、打紙に銀界を施した料紙に、青墨で一字一字たどるように経文を写した筆遣いは、決して手慣れたとは言いがたいものの、ここに尊氏の賢俊への思いの一端がうかがわれよう。帰依を媒介とした為政者と僧侶との交流は他にも多々見られるが、尊氏と賢俊ほどに緊密な関係は類例を見ない。そこでこの二人の関係を、鎌倉時代末から南北朝時代の混乱期のなかでたどることにしたい。

1　足利尊氏の挙兵

朝敵尊氏

時代をさかのぼる元弘元年（一三三一）八月、後醍醐天皇による倒幕の命に応じて挙兵した楠木正成らの軍勢に対して、幕府から討伐を命じられた足利高氏（尊氏）は畿内に上った。このとき天皇は、高氏ら幕府方との戦闘に敗れ、廃位の上で隠岐に流された。ところが同三年閏二月、後醍醐天皇は再度倒幕を企てて隠岐を脱出し、伯耆国（鳥取県）から諸方に倒幕を命じる綸旨を発給したのである。再び鎌倉から上洛の途上にあった高氏は、その一通を受け取った。そして同年四月、高氏は丹波国篠村八幡宮（京都府亀岡市）の宝前で倒幕のための挙兵を決意し、宝前に次掲の願文を奉呈している。

　立願（りゅうがん）する事について、
　敬（うやま）って白（もう）し上げる。

右の立願について、八幡大菩薩は王城を鎮護する神であり、我が家の祭神でもある。ところで高氏は神の末孫として、我が氏の家督である。弓馬の道では誰か我に優れたものがいようか。そこで我が氏は代々にわたり朝敵を滅ぼし、各世にわたり凶徒を討ってきた。時に元弘の明君は、神を尊び、仏法を興し、民を益し、世を救うために、倒幕を命じる綸旨をお出しになり、私はこの勅命に

14　「足利尊氏筆理趣経」（醍醐寺所蔵）

随って義兵を挙げることになった。そして丹波国の篠村にとどまり、白旗を柳の木の根本に立てた。柳の木の下に一つの社がある。これを村民に尋ねてみると、大菩薩の社壇であるという。これこそ義挙が成就する兆しであり、武威をすみやかに実現できるしるしである。感激に涙が流れ、信心の思いを深くした。我が願いがすみやかに成就し、我が家が再び栄えることになれば、社壇をかざりたて、田地を寄進するつもりである。そこでこのように願を立てた。

元弘三年（一三三三）四月二十九日　　前治部大輔源朝臣高氏敬って白す

敬いて白す。

立願の事、

右、八幡大菩薩は王城の鎮護にして、我が家の廟神なり。而る（しか）に高氏、神の苗裔として、氏の家督たり。弓馬の道に於いては、誰人か優異ならざらんや。これに依り、代々朝敵を滅し、世々凶徒を誅す。時に元弘の明君は、崇神のため、興法のため、利民のため、救世のため、綸旨を成さるの間、勅命に随い義兵を挙ぐるところなり。然る間、丹州の篠村宿を占め、白旗を楊木の本に立つ。ここに彼の木の本に於いて一の社有り。これを村民に尋ぬるに、謂うところは大菩薩の社壇なり。義兵成就の先兆にして、武将頓速の霊瑞なり。感涙暗に催し、仰信憑み有り。この願忽ちに成り、我が家再栄せば、社壇を荘厳（しょうごん）せしめ、田地を寄進すべきなり。仍って立願すること件の如し。

元弘三年四月廿九日　　前治部大輔源朝臣高氏敬いて白す

（裏花押）

この足利高氏願文（篠村八幡宮所蔵）であるが、近年まで尊氏自筆の願文とは考えがたいとの評価を受けており、その筆跡を一見して江戸時代の成立とする見解もあった。しかし原本を実見する機会を得て、筆跡・料紙等から当該時代のものであるとの確信を得た（二〇〇六年に京都府有形文化財に指定）。ただし本願文が、元弘三年四月に篠村八幡宮の神宝で書かれたものとは断定しがたく、時代が下り、世上が落ち着き、尊氏が社壇への奉斎を考える時点で記され、奉納されたものではなかろうか。

さて、尊氏挙兵の翌月には、鎌倉幕府が滅亡した。これより後醍醐天皇による建武新政の時代を経て、建武三年（一三三六）に尊氏に擁立された光明天皇（北朝）のもとで幕府が開設され、ここに足利将軍の時代を迎えることになる。しかし、江戸時代より南北両朝の正閏（いずれが正統か）が論じられるなかで、「勅命に随い義兵を挙」げたはずの尊氏は、後醍醐天皇に反旗をひるがえし、天皇を吉野に追ったことから、朝敵・逆賊としての厳しい歴史的な評価を与えられることになった。現在ではその評価は再考されているが、日本の歴史のなかで長きにわたり、尊氏が朝敵の代表とされてきたことは確かであろう。

光厳上皇院宣

元弘三年（一三三三）六月、京都にもどった後醍醐天皇は、先立つ元弘元年に、幕府による廃位後に即位した光厳天皇を廃して自ら復位し、翌年には建武と改元し、ここに天皇親政を実現することになった。なお、足利高氏が天皇の諱（いみな）を受けて「尊氏」を名乗るのは、この時期からである。しかし天皇は親政を強力に推し進めるなかで、倒幕にあたり功ある武士への配慮を欠き、政権内では重要な立場にあった尊氏との間にも亀裂が入ることになる。

建武二年（一三三五）、鎌倉幕府の滅亡時に難を逃れ信濃国に落ちのびた北条時行（北条高時の次男）が挙兵した。この中先代（なかせんだい）の乱にあたり、ただちに東下した尊氏は、関東の武士を糾合した。この尊氏の行動を謀反と断じた天皇は、尊氏追討のため新田義貞を下向させた。同年十二月の箱根・竹ノ下（現静岡県小山町）の合戦で新田軍に勝利した尊氏軍は、その勢いのまま義貞勢を追って西上した。しかし翌建武三年正月、京の賀茂河原の合戦に敗れ、さらに二月には摂津国打出・西宮浜（現兵庫県芦屋市・西宮市）の合戦で楠木正成らに敗北した。『梅松論』によれば、再度上洛して戦いを続けようとする尊氏に向かって、赤松円心（則村）はいったん軍勢を西国に移し、体勢を整えてから上洛すべきであると進言した。さらに、円心は言葉を重ねた。

そもそも合戦では旗が大変に重要である。官軍は錦の御旗を軍勢の先頭に立てているが、味方はいずれもこれに対向する旗がないため、まるで朝敵のようである。そこで持明院殿（光厳院）は天子の正統におられ、先代の光厳天皇が廃位されて、きっと心中はご不快であろう。急ぎ院宣をお下していただければ、我が方も錦の御旗を立てることができましょう。

凡合戦には旗を以て本とす。官軍は錦の御旗を先たつ。御方（足利尊氏）は何れも是に対向の旗なきゆえに、朝敵に相似たり。所詮持明院殿（光厳院）は天子の正統にて御座あれば、先代（光厳天皇）滅亡以後、定て叡慮心よくもあるべからす。急き院宣を申しくだされて、錦の御旗を先立てらるべき也。

円心は、軍勢の先頭に掲げる旗について、強いこだわりを語ったのである。「官軍」が「錦の御旗」を立て、「御方」にそれがなければ、まるで「朝敵」にも見えようから、正規の皇統である「持明院殿」から院宣をいただければ「錦の御旗」が立てられる、という意見であった。なお、このとき「持明院殿」とは光厳院のことであるが、この進言を容れた尊氏は、京都の光厳上皇に働きかけることになる。『太平記』巻十五によれば、尊氏は摂津に移った時に、参陣していた熊野別当道有の息薬師丸を使者として日野大納言資名のもとに送り、「持明院殿の院宣を申賜」ることにしたという。この「持明院殿の院宣」について相談したのは、『梅松論』では打出・西宮浜の合戦後、『太平記』ではその前とされるが、いずれにしても「院宣」を請うために尊氏が京都に使者を送ったことは確かであろう。

ここで『梅松論』に、醍醐寺三宝院の賢俊と尊氏の接点が記される。

備後の鞆に尊氏公がお着きになったところに、三宝院僧正賢俊が勅使として光厳上皇の院宣を持参し、これを下された。この院宣によって軍勢の人々は大いに勇気づけられた。今や朝敵ではないわけで、錦の御旗を立てるようにと、国々に配置した大将にご指示されたことはめでたいことである。

> 備後の鞆に御著有所に、三宝院僧正賢俊、勅使として持明院より院宣を下さる。是に依て人々勇(いさみ)あへり。今は朝敵の義あるべからずとて、錦の御旗を上べきよし、国々の大将に仰遣されけるこそめでたけれ。

先の『太平記』によれば、尊氏が院宣を得るために使者を遣わした相手は日野資名であり、賢俊は資名の実弟である。尊氏が「朝敵」の汚名を返上するための光厳上皇院宣の発給には、持明院統と関わりをもつ日野資名が介在し、その院宣を尊氏に届けた勅使が、弟の賢俊であった。

賢俊と尊氏との邂逅を見てみよう。真言宗僧の伝記を醍醐寺祐宝が江戸時代後期に著した『続伝燈広録』によれば、後醍醐天皇の後ろ盾により醍醐寺座主に就いた文観弘真に対して、賢俊は「我が宗を汚穢するを患(うれ)」えていた。そこで、在鎌倉の醍醐寺報恩院隆舜に仲介を依頼し、尊氏に面拝の機会を得て、弘真を放逐するに至ったとする。ただし、この記述を裏づける有力な傍証は見いだしがたい。また元弘三年（一三三三）に両者が接点をもったとの説もあるが、この説の問題点をかつて論じたことがあり、詳細はそちらを参照いただきたい（拙稿「三宝院賢俊と尊氏」）。やはり両者が初対面したのは、『梅松論』が語る建武三年（一三三六）の備後国鞆（現広島県福山市）としておきたい。

さて、尊氏は海路で西進する途上で、院宣にもとづき諸方に軍勢催促などの文書を下しており、「大友文書」には、以下の大友氏泰への尊氏書下が伝来している。

> 光厳上皇の御意向により、貴方を頼みとして鎮西に下向します。貴方の忠節は他に比べものになりませんから、貴方とご兄弟は、私の猶子となっていただきたい。謹んで申し上げます。
>
> 「建武三」二月十五日　尊氏御判
>
> 大友千代松殿(氏泰)
>
> 新院(光厳上皇)の御気色によりて、御辺を相憑て鎮西に発向候也。忠節他にことに候間、兄弟におきては、猶子の儀にてあるへく候。謹言。

尊氏御判

「建武三」二月十五日

大友千代松殿

「新院の御気色」を掲げた文書を発給できる尊氏は、もはや朝敵ではなく、その立場を実現したのは、賢俊がもたらした院宣であったことは言うまでもない。京都から備後国鞆まで、戦乱のなかで安全とは言えない路次を、賢俊は院宣を携え尊氏に届けたわけで、その政治的な貢献度はきわめて高く、これこそが尊氏の賢俊への帰依と処遇の根源にあったといえる。

2　「賢俊書状」

賢俊の出頭

延元元年（一三三六）四月に九州を平定した尊氏は、ただちに反転して上洛の途につき、同年五月に摂津国兵庫湊川の合戦で楠木正成らを破り、入京を果たした。さかのぼる同年二月、鞆にあった尊氏のもとに光厳上皇院宣を届けた後の、賢俊の行動は明らかではない。ただ、江戸時代前期に静基により撰述された『密宗血脈鈔』（寛永八年〈一六三一〉刊）には、

尊氏が九州に下る時に、賢俊はこれに付き随った。さらに九州からは、乞食（こつじき）修行者の風体で上洛した。（中略）尊氏が九州勢を率いて上洛の時は、賢俊はわずかも尊氏から離れることなく付き随った。このように賢俊の忠節は比類ないものであった。

尊氏、筑紫に下向の時、随身申さる。その時、筑紫より乞食修行者の有様で上洛す。（中略）仍って九州勢を引卒して上洛す。惣じて彼此遂に寸も尊氏を離れず随身す。かくのごとく忠節無二なり。

15　賢俊像（醍醐寺所蔵）

と記される。残念ながら、この記述についても裏づける傍証は得られないが、「忠節無二」の賢俊の姿は、その生涯に多々見いだすことができるのである。

さて同年六月三日、三宝院賢俊は光厳上皇より権僧正に任じられ、さらに醍醐寺座主に就いたことが、「醍醐寺座主次第」や「醍醐寺新要録」に見られる。また「醍醐寺座主次第」には、賢俊が享受した処遇を記す次の一文が見られる。

第六十五代は法印権大僧都の三宝院賢俊である〈賢助僧正より伝法灌頂を受けた弟子であり、弘真僧正からも伝法灌頂を重受した。日野大納言俊光の息である。〉（中略）同年（建武三年）十二月に東寺長者（真言宗の長官）に加任される。同四年には後七日法（後七日御修法）を勤修した。

三宝院・遍智院・金剛王院・西南院・悉地院・大慈院等、これら醍醐寺の諸院家を賜って管領したということである。もとは金剛輪院・宝池院・竹内・日輪院〈新熊野定親法務の跡職。〉の四ヵ所を管領していた。さらに東寺一長者、六条若宮の社務、根来寺座主をはじめとして、新恩として下された庄園等は数十ヵ所があり、醍醐寺では、古今これに比肩できる所領・所職を管領した寺僧はいなかった。仁王経以下の大法や秘法を、時に禁裏・仙洞で勤修し、時に将軍亭で勤修することが数ヵ度あった。その子細は細々に記録するいとまはない。

第六十五法印権大僧都三宝院賢俊〈賢助僧正灌頂の資、弘真僧正より重受、日野大納言俊光卿の息、〉（中略）同年十二月加任す。同四年、後七日法これを勤む。

三宝院・遍智院・金剛王院・西南院・悉地院・大慈院等、これを申し賜り管領すと云々。もとは金剛輪院・宝池院・竹内・日輪院新熊野定親法務の跡職、四箇所の管領なり。東寺一長者、若宮社務、根来寺座主以下、新恩の庄園など数十箇所、当寺に於いては古今比類無きものなり。仁王経以下の大法、また秘法、或いは禁裏・仙洞に於いて勤修し、或いは武家の亭においてこれを修すること数箇度なり。子細は記録するに遑あらざるのみ。

この記事によれば、建武三年（一三三六）十二月、「東寺長者」に加任され、同四年正月には後七日御修法の大阿闍梨を勤修している（「東寺長者補任」）。後七日御修法とは、前七日（元日から正月七日まで）の神事に続く、後七日（正月八日から十四日まで）に宮中真言院で行なわれる鎮護国家の修法（密教祈禱）である。また「東寺長者」とは、真言宗の根本道場である東寺の寺務であるばかりでなく、真言宗の教団全体の長官でもあった。賢俊はさらに根来寺座主・六条八幡宮社務に補任され、醍醐寺座主・東寺長者とあわせて重要な寺社の貫首（長官）に就くことになるが、この補任に尊氏の強い意向があったことは容易に想像できよう。また賢俊は、院家として醍醐寺内の金剛輪院・宝池院と寺外の「竹内・日輪院」の四ヵ所を管領していたが、これに加えて「三宝院・遍智院・金剛王院・西南院・悉地院・大慈院等」という重要な醍醐寺内の院家を管領することになり、さらに「庄園など数十箇所」の寄進を受け、「公家・武家に権勢比肩無きの人」（「園太暦」延文二年〈一三五七〉閏七月十七日条）と評されるほどに、聖俗両界に大きな力を及ぼすことになった。

賢俊の忠節

ところで、笠松宏至氏の「僧の忠節」（同氏著『法と言葉の中世史』）は、大変に示唆に富む論文である。そのなかでは賢俊について、次掲の書状によりながら、社会から距離を保つべき僧侶としての生き方と、尊氏へ忠節を尽くすという世俗的な生き方、その矛盾した立場に惑う姿を論じられている。

観応元年（一三五〇）十月に始まった尊氏と実弟直義との、観応の擾乱と呼ばれる戦いの渦中、同年十一月に進発した尊氏の軍勢に賢俊は加わっている（「園太暦」観応元年十一月二日条）。そして翌二年正月、直義に敗れて西下する尊氏の陣にあった賢俊は、弟子の光済に以下の書状（「醍醐寺文書」一〇函三四号）を送っている。

三宝院流の相承（そうじょう）については、去年の冬、将軍に随従した時に、すでに申し置いたところです。嫡流相承の重事としての宗の大事も、同じくすでに授けてあります。しかし、なお心苦しく思い、今後も修学・伝授の手助けをするように定超法印に指示しました。定超法印には、先年神宮に参詣した時、このことを申し置いていますので、今は安心しています。そのことは貴方に申し伝えました。定超法印には是非とも何かとお尋ねになってください。門跡の所職などのことについても、個々について記し置きました。決して違うことはないでしょう。弟子たちはこの文書の内容を守り、争いを起こしてはなりません。将軍に同道いたすことになり、私の行動についてはすべて将軍の意思のもとにあります。このように私が戦場に供奉することなど、僧侶としてふさわしいものではありません。我が法流（ほうりゅう）にとっても恥となることは、聖俗にわたり情けなく思います。このことはお察しいただきたい。とはいえ目前の現実は抗しがたいところです。旅先で私の身にまさかのことがあったならば、世の中が落ち着いた時に、弟子たちの面々で談合を遂げ、私の跡を是非とも再興してもらいたいと思います。元弘の動乱の時も、私は師跡をお譲りをいただいた後、困難のなかで、いったん

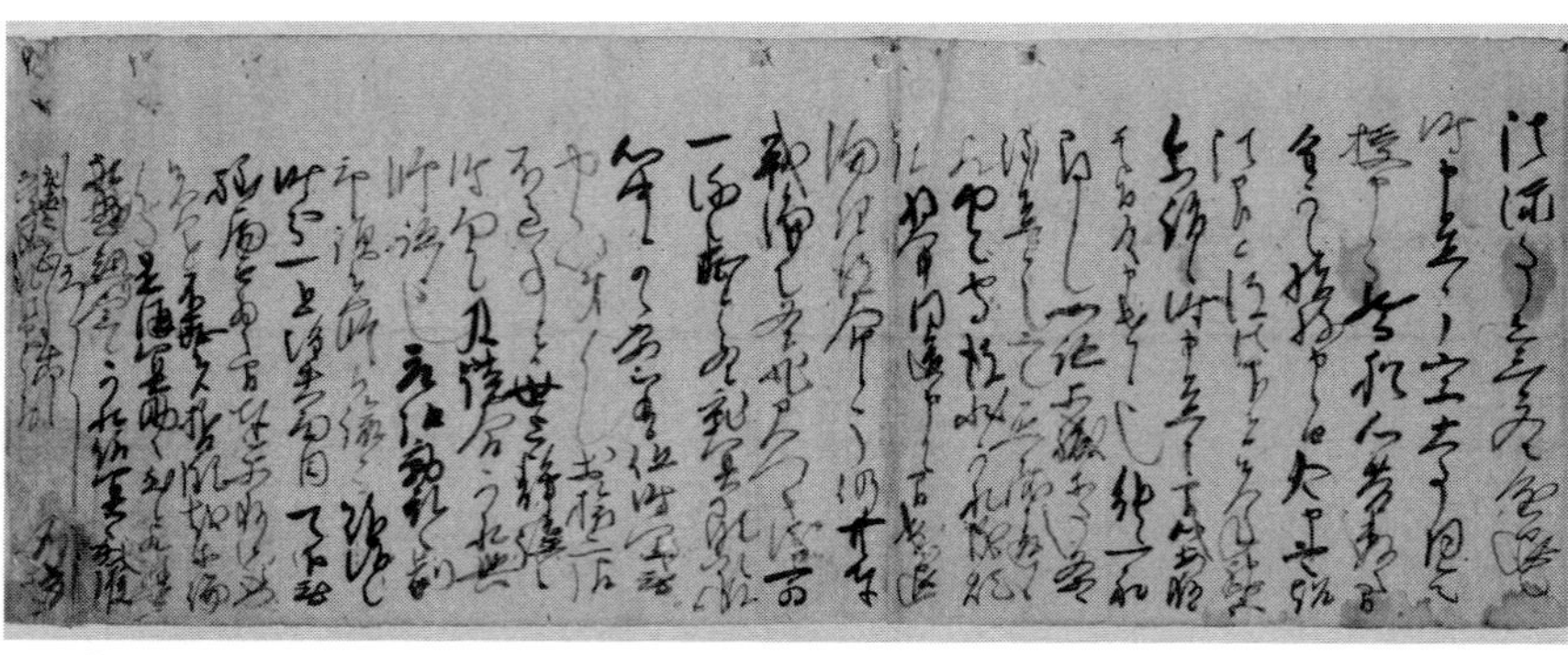

16　「賢俊書状」観応2年正月14日（醍醐寺所蔵　10函34号）

は面目を失うようなこともありました。しかし天下がほどなく平穏となり、かねてからの所存を達することができ、厚遇を受けることによって、先師に恥じることなく、朋輩を大きく越えることができました。これは言うまでもなく仏の加護によるものです。いっそう懇ろに仏の加護を念じていただきたい。恐れながら申し上げます。

観応二（一三五一）正月十四日　賢俊

宝池院法印御房

法流の事、旧冬進退の時、申し置き候い了ぬ。宗の大事、同じく授け申さしめ了ぬ。然而猶を心苦しきの間、重ねて扶持申さしむべきの由、定超法印に申さしめ候。彼の法印へは、先年神宮参詣の時、申し置き候の間、心安く存じ候。その旨申し遣わさしめ候なり。能々尋ねらるべく候なり。門跡の所職等の事、条々注し置き候なり。定めて依違せしむべからず候か。面々彼の状を守り、煩いを成さるべからず候。将軍に同道申し候の間、進退は偏に彼の命に任せ候い了ぬ。仍って戦場に共奉の条、尺門の儀に非ず。一流の恥たるべきの条、冥顕に就きて歎き存じ候心中に候。察し給わしむべく候。ただし時宜無力の次第に候なり。旅店に於いて不慮の事候はば、世上静謐の時、面々談合に及び、師跡を興さるべく候なり。元弘動乱の刻、予、先師の御譲りに預かり候て、難治の時分、一旦は面目を失うといえども、天下程無く無為に属するの間、所存を達し候て、先途の如く先哲に恥じず、頗る等倫を越え候い了ぬ。これしかしながら冥助の至りに候か。殊に懇念を尽さるべく候。冥々の加護を仰がるべく候なり。あなかしく。

観応二正月十四日　賢俊

宝池院法印御房

賢俊が尊氏と行動を共にして二ヵ月余、その軍勢のなかにあって賢俊が、尊氏に対し日々の祈禱を勧め、忠節を尽くしていたことは想像できるとしても、その詳細は明らかではない。この戦陣の中から、賢俊は法流の後事を託した甥の光済のもとに右の書状を送り、その修行についても定超法印を後見と定めるなど、細々にわたる弟子への配慮を記している。すなわち光済を三宝院流の嫡弟とするとともに、法流の秘事にあたる「宗の大事」の伝授を行なった。しかしその伝授が充分ではないと考え、光済の修学への「扶持」を定超に委ねたのである。また門跡所領の配分についても、自ら記した配分状の遵守を弟子の面々に求めている。

さらに、賢俊が尊氏の軍勢に付き随った事情が記されるが、これは笠松氏が前掲の論文で注目されたところである。ここで注目すべきは、「将軍に同道申し候の間、進退は偏に彼の命に任せ候」とあるように、いったん将軍に随従すれば、自らの行動はすべて尊氏の意向に従わざるをえないという認識である。ここには崇敬を媒介とする出家と檀越、つまり僧と信徒という両者の距離はもはやなく、俗人の主従にも似た関係が語られている。しかし尊氏への随従が決して強制ではなく、「時宜無力」と考えた賢俊自らの判断によることも確かであり、ここに賢俊の出家らしからぬ思い切りも見られよう。

その心中を語るものが、「戦場に共奉の条、尺門の儀に非ず。一流の恥たるべきの条」との一文である。将軍に随従して戦場に赴くなど出家のなすべき行動とは言えず、弟子への伝授を果たすことなく「共奉」することを決意した自分は、法流に連なる門葉にとっても大きな恥となると言い切る。この「恥」と感じる社会的な意識と、「時宜無力の次第」という逃れがたい現実への諦念の間に、賢俊の心中の大きな振幅が見られる。しかし賢俊は「恥」を意識しながらも、あえて「共奉」を強行したわけで、その根底には、輙に院宣を届けてから続く、尊氏とのきわめて緊密な関係があったことは確かであろう。

また、賢俊は尊氏に従うなかで、自らの命が失われた時には、三宝院とその法流の再興を果たすよう弟子の面々に求めている。元弘の動乱のなかで、先師賢助から三宝院を譲られた賢俊は、文観弘真の座主就任などにより面目を失いながらも、尊氏の外護を得て醍醐寺座主等に就任し、師に恥じることない処遇を得たことを、ただただ「冥助」(神仏の加護)によるものとし、光済にも「冥々の加護」を祈るよう言い置いている。戦陣のなかにあっても、困難を乗り越え「先哲に恥」じぬ立場を得た過去を振り返り、今度の難事も「冥助」により克服できると、賢俊は自らを鼓舞しているのかもしれない。この光済への書状から、自らの行動を「一流の恥」と語りながらも、その根底にある尊氏の恩とそれを享受してきた自らの立場、そして望外の結果をもたらした「冥助」を堅く信じる賢俊の心中の襞をうかがうことができよう。

3　賢俊の願文

護持僧賢俊

醍醐寺に伝わる『五八代記』は、江戸時代前期に三宝院門跡の義演が編述した僧伝である。これによれば、尊氏が京都にもどり幕府を開いた翌年の建武四年（一三三七）正月、賢俊は「後七日御修法を勤修」し、以後「持明院に於いて五壇」法、「東寺講堂に於いて、仁王経大法これを勤仕」するなど、公家（こうけ）主催の修法に出仕するその姿が見られる。また同五年四月四日には、次のように記される。

　将軍の御所で、彗星に起因する攘災のため、五大虚空蔵法を勤修した。私が自らこの修法を勤修した。私は護持僧五人の最末に連なり、初めて将軍の御願（ぎょがん）修法に出仕して、大いに面目を施した。この修法の勤修はこれを初例とする。そもそもこの修法は、真言宗の根本をなす重要な祈禱である。

　将軍に於いて客星祈禱のため、五大虚空蔵法を修せらる。この法、予これを勤仕す。護持僧五人の最末として、最初の御願を勤仕す。頗る面目の至りか。修法これを以て始めとす。そもそもこの法は、宗の源底なり。

賢俊は「護持僧五人の最末」に列しながらも、自ら「客星祈禱」のため五大虚空蔵法を勤修し、真言宗僧としての面目を施した。当初の護持僧とは、平安時代中期に天皇を護持するため、天台・真言両宗から任じられた公家護持僧であるが、賢俊が任じられたのは、これに准じ将軍等を護持する武家護持僧であった。なお貞和二年（一三四六）三月二十三日に、賢俊は公家より宣旨を受けて公家護持僧にも列している（「賢俊僧正日記」）。

『五八代記』には、以下のように、康永三年（一三四四）より正平七年（一三五二）に至る、賢俊が出仕した武家護持僧としての事績が列記されている（現代語訳省略）。

一同（康永）三甲申年
　五月廿四日　将軍御台（赤橋登子）の御祈、普賢延命法、伴僧十口、
　同十月十四日　将軍家（足利尊氏）に於いて、十一面法、伴僧六口、
　同十二月十五日　仙洞（光厳上皇）御悩の御修法、仏眼法、伴僧八口、
　同月　仙洞の御祈り、延命法、六口、
一同四年（一三四五）
　三月十六日　仙洞の御祈り、北斗法、
　同四月十八日　三条坊門（足利直義）に於いて、六字御修法、伴僧八口、
　同五月　将軍家に於いて、不動法、六口、
　同八月十五日　仙洞の御祈り、五壇法降三世、伴僧四口、
　　彗星の御祈り、持明院殿（光厳上皇）、
一貞和二年丙午年（一三四六）
　同正月十九日　将軍の重厄（大厄）の御祈り、普賢延命法、伴僧十口、
　同二月廿五日　三条坊門亭に於いて、六字護摩を始行す、
（中略）
一正平七年（一三五一）
　二月七日　三条殿に於いて、相染〔愛〕王法、伴僧六口、

このように賢俊は、公・武家のための祈禱を継続的に勤修している。これら祈禱の施主は、光厳上皇（「仙洞」「持明院殿」）をはじめ、足利尊氏（「将軍家」）、赤橋登子（「将軍御台」）、足利直義（「三条坊門」）ら、賢俊にとって近しい関係

をもつ公・武家であったことは言うまでもない。

「賢俊僧正日記」によれば、将軍家への祈禱は、「将軍は松橋僧正(賢季)、三条は定讃律師なり」とあるように、賢俊配下の真言宗僧が出仕して勤修する「武家御祈当番」の祈禱とともに、前述の尊氏以下の公・武家に、賢俊自らが伴僧を率いて行なう恒例・臨時の修法があった。そして光厳上皇・尊氏・直義らへの修法は、後七日御修法などの公家修法とは次元を異にした、公・武家の安穏や病疫などに対応する、個人に密着した祈禱ということになる。

なお『五八代記』には、貞和二年（一三四六）正月十九日、「将軍の重厄」（大厄）の祈禱とあるが、「賢俊僧正日記」の同年正月四日条には、

将軍重厄の御祈として、去月二十七日から始行した不動護摩が本日結願した。御巻数を将軍御所に進めて、今日万里小路の法身院に帰った。後七日御修法の準備のためである。

将軍重厄の御祈り、去月廿七日より始行せる不動護摩、結願す。御巻数を彼亭に進らせ、今日万里小路(法身院)に帰る。後七日の為なり。

として、先月末から不動護摩を勤修し、さらに同月十九日にも「普賢延命法を始行」しており、尊氏の「重厄」に対する賢俊の祈禱が手厚く行なわれていた。このように尊氏の個人を護持するための多くの修法が継続的に勤修され、これが尊氏と賢俊の紐帯となっていたことは確かであろう。

賢俊願文

貞和二年（一三四六）正月八日、後七日御修法に、賢俊は大阿闍梨として出仕した。翌九日には、尊氏が後七日御修法の聴聞のため、宮中真言院を訪れている。その帰路、「将軍御帰りの時、伴を仰せらるの間、すなわち三条坊門に参る」として、尊氏から「伴」を命じられた賢俊は、直義亭（「三条坊門亭」）まで付き随い、その場で一献と被物を賜った（「賢俊僧正日記」同日条）。このように両者の交流は公私にわたり、賢俊は護持僧としての奉仕を越えて、尊氏

と接していたわけである。

ここで賢俊が石清水八幡宮寺に奉納した願文の案文が、醍醐寺に伝わる（「醍醐寺文書」二二函五八号）。

敬って白（もう）します　石清水八幡宮の宝前にて、

立願する事

右について、立願する旨趣は、源尊氏卿が今年は慎みの歳となりますので、仏神に祈念し万年までもその御寿命を延したく願うところです。ここで金剛仏子賢俊は、尊氏卿とは多年にわたる深いご縁を結んできまして、いくつもの重恩をいただいております。そこで謝意を明らかに示し、そのご恩に酬いるためにも、無力な我が身を、大樹（足利尊氏）の命に代えたいと願うところです。すみやかに神のご威光を賜り、我が願いを必ずや実現していただきたい。願い乞うところは、八幡三所若宮武内一社とその眷属、満山の護法神が、すみやかに慈悲のお力を下され、是非とも仏法のお助けをいただき、願いを実現していただきたい。そこでこのように立願するところです。敬って白します。

延文二年丁酉（一三五七）二月十日　　　金剛仏子賢俊敬いて白す　判

この立願文は、祖師の前大僧正賢俊の自筆の草案である。正文は石清水八幡宮の宝前に奉納したということである。この願はただちに成就した。これは懇ろの祈りの結果であり、大きな感動を禁じ得ない。後の人々に伝えるためにこれを記した。（満済）（花押）

敬いて白す　石清水八幡宮の宝前

立願の事

右、立願の旨趣は、源亜相尊氏卿今年慎みの歳なり。将に仏神に祈謝し万年の寿算を延さんとす。ここに金剛仏子賢俊、多年の芳契浅からず。数箇の重恩尤も深し。これに依り彼の志を顕（あきら）めんがため、その恩に酬いんがため、小量の身を以て、大樹（足利尊氏）の命に代えんと祈る。速やかに神威を垂れ、我が願を空しうすること莫かれ。仰ぎ願い乞うらくは、八幡三所若宮武内一社の眷属、満山護法、速やかに大慈大悲の方便を廻らし、宜しく仏力法力の加被を垂るべし。仍って立願すること件の如し。敬いて白す。

延文二年丁酉二月十日

金剛仏子賢俊敬いて白す　判

この立願文は祖師前大僧正賢俊の自筆の草案なり。正文に於いては神殿に奉納すと云々。この願即時に成就す。懇篤の所致、尤も感働に堪えざるものなり。後人に知らしめんがため、これを記す。（満済）（花押）

延文二年（一三五七）閏七月に、賢俊が示寂したことは本章の冒頭に述べたところであるが、その半年前に賢俊は、右の願文を石清水八幡宮寺に奉納している。当年は尊氏の厄歳にあたり、息義詮が同年正月二十八日、父尊氏の「慎みの年」に「寿命長久」を祈願する願文を稲荷社・祇園社に奉呈し、また三月二十六日には東寺・実相寺・桂宮院・妙顕寺に「将軍家の祈禱」を依頼している（『大日本史料』六編二十一）。

しかし、賢俊の願文は、義詮の願文と大きく異なっており、長年の厚誼への報恩として、尊氏の「命」に関わる変事には自らが身代わりとなりたいと祈願し、神仏の加護を求めている。尊氏の厄歳に、自らの身を投げ出そうという賢俊の覚悟は驚くべきもので、この思いがあってこそ、尊氏の「理趣経」写経も納得できよう。ところが、この願文を奉呈してから半年後に賢俊は示寂し、さらに翌年の延文三年四月には、尊氏も薨去した。

なお、右の願文案は、賢俊自筆の「草案」を、半世紀ほどのちに三宝院満済が書写したものである。賢俊の懇篤な祈願によって尊氏の身に変事は起きることなく、この結末に感激した満済は、奥書にその結果を記した。

尊氏の写経奥書、賢俊の願文、この二点の史料から両者のきわめて親密な関係を確認することができよう。賢俊が尊氏に忠節を尽くす立場にあることは、通例の出家と在家の関係としてはあり得ない。しかし尊氏との「芳契」とその「重恩」によって、賢俊は醍醐寺内における「難事」を乗り越え、失った「面目」を取りもどせたわけで、尊氏への強い信頼感とともに、出家にふさわしくない行動によって、希有ともいえる交流を保ち続けたのである。そして尊氏との交流が、賢俊の相承する三宝院流と醍醐寺を維持し、発展させる重要な条件となっていたことを、再確認しておきたい。

〔参考文献〕

上島　有『足利尊氏文書の総合的研究』（国書刊行会、二〇〇一年）
笠松宏至「僧の忠節」（同著『法と言葉の中世史』平凡社、一九八四年）
永村　眞「三宝院賢俊と尊氏」（峰岸純夫他編『足利尊氏―激動の生涯とゆかりの人々―』戎光祥出版、二〇一六年）
藤井雅子「南北朝時代の動乱と醍醐寺―主に報恩院隆舜を通して―」（永村眞編『醍醐寺の歴史と文化財』勉誠出版、二〇一一年）

Ⅱ 密教の伝授と法流

一章　空海と最澄
――密教の請来――

平安時代の初頭、日本の政治と仏教は大きな変革期を迎えていた。桓武天皇のもとで平安京への遷都がなされ、南都「六宗」により支えられた日本仏教には、天台宗と真言宗という新たな仏教の潮流が加わり、「八宗」という構成で新たな展開を見せることになる。最澄と空海によって、天台宗と真言宗が立宗され、平安時代以降の日本仏教はその様相を大きく変えることになった。

この両祖師は、修行の一つの目標とした禅定を達成するための道場を深山静所の地に求め、最澄は比叡山に「禅院」を、空海は高野山に「修禅院」を建立した。また、禅定を実現するための修行や教説のよりどころとして天台・真言両宗が立宗されるとともに、両山は天台・真言両宗が大きく発展を遂げるに不可欠の拠点となった（「叡山大師伝」「高野雑筆集」）。

最澄は、「釈迦一代の教え」が「天台の玄疏（げんしょ）」（中国天台宗の開祖智顗（ちぎ）が著した『法華玄義』『法華文句』など）に包括されており、天台教学こそ、あらゆる生きとし生けるものの救済を目的とする大乗仏教の中核をなすとして、比叡山において「天台の法華玄義等」を講じた。最澄による天台講説を聴き、その教説の概略を理解した桓武天皇は、「天台の教迹（きょうしゃく）」（教説）こそが「諸宗」（「六宗」）を超える教えであるとして、最澄を内供奉十禅師（ないぐぶじゅうぜんじ）（宮中で天皇の安穏を祈る僧）に任じるとともに、その教学の大成を命じた。延暦二十一年（八〇二）、最澄は上表文を呈し、桓武天皇の治世のもとで、是非とも唐に赴き天台教学を学び、その基礎となる「法華経」の重要な教えを本朝にもたらしたい（「伏して願わくは、我が聖皇の御代に、円宗の妙義を唐朝に学ばしめ、法華の宝車をこの間に運ばしめん」と請願し、「天台法華宗還学生」としての渡唐が許された（「叡山大師伝」）。

また空海は、善無畏三蔵（東インドの王族出身の僧で中国へ真言密教を伝えた）が、来朝してもたらしたとされる「大日経」を、大和国武市郡久米寺の東塔下において思いがけなく感得し、これを契機として入唐を意図したとされる（「二十五箇条御遺告」「三国仏法伝通縁起」）。

唐に渡り新たな仏法を請来しようとの意思をもった最澄と空海が、奇しくも延暦二十三年（八〇四）に、乗った船は異なるものの、同じ遣唐使船で渡唐することになった。そしてこの二人は帰朝後に交流をもつことになり、この時代としては類例が少ない、相互に意思を交わした書札が今日に伝来している。

そこで、この二人の祖師によりもたらされた顕密両教に注目し、その受容の実相について考えたい。なお、日本仏教の大きな柱である真言宗と天台宗の両祖師が、同時代に活躍するなかでの交流については、古代からさまざまに取り沙汰され、多くの解釈がなされ、諸説が生まれて今日に至っている。それらを参照しつつ、改めて両者の文書や著述を見直すことにしたい。

1　密教請来

最澄の受法

延暦二十三年（八〇四）七月、遣唐使船は、肥前国田浦（諸説あるが五島列島内）を出て唐を目指した。その第一船には空海が、第二船には最澄が乗船していた。ところが、暴風のなかで四隻の遣唐使船の船団は四散し、八月に第二船は目的の明州へ、第一船は明州より南の福州に着岸した。最澄は明州から台州の天台山に向かい、当初の目的であっ

17　**最澄像**（一乗寺所蔵）

た「天台法門」の蒐集・書写を果たし、個々の書目とその撰述者や紙数などを列記した「台州録」（「伝教大師請来目録」）を作成した。この目録に掲げられた「天台智者大師所釈の大乗経等、并に所説の教迹」以下の経・疏などが、日本（「本朝」）にもたらされた（「叡山大師伝」）。

翌延暦二十四年（唐貞元二十一年）四月、最澄は多くの仏典を携えて帰朝するため明州にもどった後、さらに「真言」の経疏（経典の註釈書）を求めて、越州の龍興寺へ向かった。そして、不空三蔵（唐に密教を定着させた祖師）の門葉に連なる順暁から灌頂を受け、「付法書」とともに「三部三昧耶」の図様・契印・法文・道具などを授与された。「三部三昧耶」とは、仏部三昧耶、蓮華部三昧耶、金剛部三昧耶の総称で、口に真言を唱え手で印契を結ぶ護身法のことである。ここで最澄は、善無畏・義林・順暁との流れで相承された密教の奥義である「第四付嘱伝授」を受け、その法脈に連なったとされる。比叡山において、天台宗の密教（台密）が生まれる端緒がここに生まれた（同前）。なおこの時に書写した真言の「念誦法門」に関わる経・儀軌（儀式規則）などを書き上げた目録が「越州録」である。

最澄は、同年六月に帰朝した。そして、「台州録」「越州録」に掲げられた書目を携えて帰朝したことを、「進官録上表」に記して桓武天皇に復命した（「伝教大師請来目録」）。その年の九月には、順暁からの伝受にもとづき、天皇の勅により、高雄山寺（神護寺）に「大壇」を設け、「三部三昧耶の妙法」としての灌頂を催している（「叡山大師伝」）。

空海の受法

一方、遣唐使船の第一船に乗った空海は、八月に福州赤岸鎮に着岸した。「弘法大師御請来目録」には、長安の青龍寺で、師僧恵果（不空三蔵の弟子で三代にわたり皇帝の崇敬を受ける）から真言伝授を受けた経緯が記されている。

延暦二十四年（八〇五）三月十日、勅にしたがって西明寺に止住した。ここで長安城内の諸寺をめぐり、密教を受法するための師僧を求めたところ、幸いにして青龍寺灌頂阿闍梨で法号恵果和尚に逢い、師主と仰ぐことになった。この大徳は、大興善寺大広智不空三蔵の付法の弟子であり、経論を正しく理解し、密教の経典については幅広い知識をもっていた。不空三蔵は仏法布弘の支えであり、皇帝が国の師と仰いだ。恵果和尚は仏法の流布を重んじ、仏法こそが人々の煩悩を離れる術であると賛嘆してきた。私に対しては、まず悟りに向かうための最初の戒を授けられ、さらに密教伝授のための灌頂道場に入ることを許された。まず灌頂道場において、弟子位を得るための受明灌頂を再三受け、さらに師位としての阿闍梨位を一度受けた。

（延暦）廿四年三月十日、勅に准じて西明寺に配住す。爰に則ち諸寺を周遊し、師依を訪い択ぶに、幸い青龍寺灌頂阿闍梨、法号恵果和尚に遇いて、以て師主と為す。其の大徳は、則ち大興善寺大広智不空三蔵の付法の弟子なり。経論に弋釣し、密蔵に該通す。法の綱紀にして、国の師とするところなり。大師、仏法の流布を尚び、生民の抜すべきを歎ず。我に授くるに発菩提心戒を以てし、我に許すに灌頂道場に入るを以てす。受明灌頂に沐すること再三なり。阿闍梨位を受くること一度なり。

空海は、延暦二十四年（八〇五）三月から長安城内の西明寺に止住し、密教受法のための師を求めて城内の諸寺をめぐり、青龍寺の恵果和尚より真言密教の伝授（受明灌頂、阿闍梨位）を受けた。さらに恵果の配慮により、真言の経・論・儀軌などを書写している。

大同元年（八〇六）に帰朝した空海は、請来した経論・疏・曼荼羅・道具などを列記した「弘法大師御請来目録」

18　空海坐像（醍醐寺所蔵「善通寺御影」）

を記し、平城天皇に奉呈している。なお奉呈された本目録は、帰朝した最澄が書写して延暦寺に伝来し、この写本が南北朝時代に東寺にもたらされ、今日に至るまで同寺に伝来している。

天台宗公許

奈良時代の日本仏教は、南都「六宗」と呼ばれるように、倶舎・成実・律・三論・法相・華厳の六宗から構成され、各宗には学頭のもとで宗僧集団が置かれ、鎮護国家の法会の勤修と修学活動に励んでいた。最澄が六宗をどのように見ていたかは、弟子の仁忠が「叡山大師伝」に次のように記している。

　我が国には六宗が有り、その教義は各々異なる。ところで近年、三論・法相両宗は盛んに修学され大いに興隆した。ただ残りの華厳・毘尼（律）・成実・倶舎四宗はわずかに宗名を残すのみで、教学の実態はない。六宗の一宗でも廃絶すれば、衆生は拠るべき仏道を失うことになろう。

　国に於いて六宗有り。所学は各異なる。然るに頃年、三論・法相の二宗、盛んに興隆すること有り。但し華厳・毘尼・成実・倶舎等の四宗は纔にその名のみ有りて、既にその業無し。恐るらくは一宗堕落せば、万生道を失わん。

最澄は三論・法相両宗が興隆するなかで、「六宗」の併存が不可欠であることを強調する。さらに同書には、最澄が年分度者（一年に得度できる定数の枠）に踏み込んで主張していた様子も記されている。

　そこで諸宗の修学を促し、大・小乗にわたる仏法の教えを相承し、さらに天台法華宗を加えるために、延暦二十五年（八〇六）正月三日の上表を呈し、これに以下のように奏請している。（中略）願わくは音階の十二律呂に準じて、年分度者の数を定めていただきたい。（中略）宗別に年分度者を二人と定め、華厳宗には二人、天台法華宗には二人、律宗には二人、三論宗には成実宗を加えて三人、法相宗には倶舎宗を加えて三人としていただきたい。

ここに於いて諸宗の業を勧め、普く大・小教を続がしめ、さらに天台法華宗を加えんがため、（延暦）廿五年正月三日に上表して云く、（中略）誠に願わくは十二律呂に準じて、年分度者の数を定め、（中略）宗別に二人を度せん者れば、華厳宗に二人、天台法華宗に二人、律宗に二人、三論宗に三人、小乗成実宗を加え、法相宗に三人、小乗倶舎宗を加えん。

延暦二十五年（八〇六）正月、最澄は「六宗」実質的には「五宗」に、十二人の年分度者を配分し、その一宗に新たに天台法華宗（天台宗）を加えることを桓武天皇に請い、この奏請には勅許がなされた。「六宗」と並び年分度者を天皇から認められた天台法華宗は、延暦二十五年に一宗として公許され、ここに天台宗は独立した宗としての承認を得たとすることができる。天台宗では二人の年分度者を、止観業（「摩訶止観」を修学）と遮那業（「大日経」を修学）に各一人を配し、文字により説かれる釈尊の教えとしての顕教と、秘密の教義と儀礼により説かれる大日の教えとしての密教、この顕・密が併存する天台宗の教学相承が図られたのである。

真言宗公許

真言宗については、天台宗の年分度者の勅許から二十九年後の承和二年（八三五）、空海が「真言宗年分僧三人」を奏請し、ただちにそれを許す太政官符が下された。この奏請のなかで、空海は以下のように主張している。

華厳・天台・律・三論・法相の七宗（倶舎・成実二宗は法相・三論宗に含められる）の教えは、いずれも先代の天皇や臣下が十三大寺を建立し、十二人の年分度者を賜り、広く田地や利稲を寄進されて、経論を講説するための料所に宛てられ、各宗が各の学業を習学させてきました。（中略）今真言宗は、宗僧もその仏法も新たなもので、広まる時代も浅いことから、独り天恩に漏れており、後学にとって頼みがたいところです。謹んで太政官が去る弘仁十四年（八二三）十月に下した符を検討してみますと、そこに以下のように記されています。右大臣（藤原冬嗣）が宣する。天皇の勅を奉るに、真言僧五十人を今後東寺に止住させるようにということです。伏して請うには、七宗の例に準じて、真言宗にも年分度者を賜りたい。

華厳・天台・律・三論・法相の七宗の教えは、皆これ先代の聖帝・賢臣、十三大寺を建立し、十二人の年分度者を賜り、広く田園利稲を入れて、経論を講説する料に宛て、業を分かち習学せしむ。（中略）今真言一宗は、人法新たに起きて、流伝年浅ければ、独り天恩に漏れて後学憑む無し。謹んで太政官去る弘仁十四年十月の符を案ずるに偁く、右大臣宣す、勅を奉るに、真言僧五十人、自今以後東寺に住せしむ者り。伏して望むらくは、彼の七宗の例に準じて、年分を蒙り賜らんことを者り。

空海が奏請した承和二年（八三五）には、南都六宗と天台を加えた「七宗」のすべてに、各十二人の年分度者が配当されており、新たに請来された真言宗にはその配当はなかった。この時に初めて真言宗は年分度者三人（金剛頂業、胎蔵業、声明業）が認められたが、これに先立つ弘仁十四年（八二三）に、「鎮護国家」のため東寺に「真言僧五十人」の止住を命じる「勅」が下されていた。つまり真言宗は、十二年前の弘仁十四年には天皇から一宗として認められた存在であり、すでに公許がなされていたことになる。

「鎮護国家」を掲げた密教による祈禱は、空海が弘仁元年十月に「国家の奉為に修法せんと請う表一首」（天皇の御為に修法を勤修させていただきたいと請う上表文）を嵯峨天皇に奉呈した時までさかのぼる。そのなかで空海は、唐の宮中内道場で勤修される「護国護家」のための「仁王経」などの念誦法会にならい、次のように鎮護国家のための修法（密教祈禱）の勤修に勅許を請うた（『性霊集』巻四）。

望み請うところは、天皇の御為に、弟子等を率い高雄山寺（神護寺）において、来月一日から法力による効験が成就するまで祈禱を修したい。

望み請うらくは、国家の奉為に、諸弟子等を率い、高雄山門において、来月一日より起首し、法力の成就するに至るまで、且つは教え、且つは修せん。

この「国家の奉為」を掲げた修法の勤修を請う空海の奏請に、いかなる勅許が下されたか明証はないが、少なくとも空海はこの修法を勤修しており、勅許は得られていたわけである。

鎮護国家の修法であるが、承和元年（八三四）の空海の奏請により、翌二年に後七日御修法（ごしちにちのみしほ）が創始され、宮中真言院を道場として以後、勤修が恒例とされた。この後七日御修法は、前七日（元日から正月七日まで）の神事に続く、後七日（正月八日から十四日まで）の修法という意味であり、「御修法（みしほ）」と呼ばれて今日に続いている。

このように空海がもたらした真言密教が、鎮護国家の役割を果たすことを天皇は認識した上で、修法の勤修を勅許していたわけである。そして弘仁十三年（八二二）に、空海は嵯峨天皇の勅を受けて、東大寺に真言院を創建することになった。

承和三年五月九日の太政官符（「類聚三代格」巻二）に引用される弘仁十三年の官符に以下の勅が見られる。

勅を承るに、去年の冬に雷雨が降り、必ずや洪水により疫病が蔓延するであろう。そこで空海法師に命じて、東大寺で天皇のために灌頂道場を建立し、夏安居（げあんご）中と三長斎月に、息災・増益（ぞうやく）の修法を勤修し、これにより公家（こうけ）（「国家」、天皇・上皇）の安穏を祈らせるように。

勅を奉るに、去年の冬雷あり。恐るらくは疫水有らん。宜しく空海法師をして、東大寺において国家の為に灌頂道場を建立し、夏中（げちゅう）及び三長斎月に、息災・増益の法を修し、以て国家を鎮ましめん。

つまり南都六宗の大道場である東大寺内に灌頂道場（真言院）を建立し、夏安居（僧侶の陰暦四月十六日より三ヵ月の入籠修行）と三長斎月（在家信者が精進する正月・五月・九月の三つの月）の期間には、鎮護国家のための密教にもとづく「息災・増益の法」の勤修が、勅により命じられた。聖武天皇の勅願によって建立された東大寺における灌頂道場としての真言院の建立は、まさに真言宗公許を明示するものであった。このように空海は、鎮護国家を掲げた修法勤修により、実質的に公許を得ており、この東大寺における真言院の創建はその象徴的な出来事と言えよう。

2　面受と筆授

最澄と密教

延暦二十三年（八〇四）七月に渡唐した最澄は、翌年の六月に帰朝し、彼がもたらした多くの天台宗の「法文」は、桓武天皇の意向により、南都諸寺でその書写と講論が進められた。また天皇は最澄に対して、次に掲げる「大日本国に初めて灌頂道場を建て、受法の弟子を定むる内侍宣」を下した。

昔、天竺の上人が自ら本朝に訪れたが、誰もこれを重んじ訪ねて受法しようとはせぬままにむなしく時が遷り、ついに真言の妙法（深い教え）が本朝に伝わることはなかった。これは大いに嘆かわしいことである。今、最澄阿闍梨は海原をこえ、不空三蔵が遺された教えを伝受しており、自らの存命中に是非ともこの法を伝えたいと念願している。

> 昔、天竺の上人、自ら降臨するといえども、勤めて訪受せず、いたずらに壑舟を遷す。遂に真言の妙法をして絶えて伝うること無からしむ。深く歎息すべし。まさに今、最澄闍梨、溟波を渉りて不空の貽訓を受け、近くは無常を畏れてこの法の伝有らんことを冀う。

この一文には、かつて善無畏三蔵が本朝に真言密教をもたらしたとされる話が取り上げられ、それにもかかわらず、誰も積極的に受法しようとしなかったことを嘆かわしく思い、最澄が渡唐して不空三蔵から伝えられてきた真言密教を受法し、自らその伝授を望んだことから、天皇も灌頂道場を建てて密教伝授を命じた経緯が記される。すなわち、最澄の意向はあるものの、真言密教の受容がなされなかったことを大いに「歎息」した天皇は、その受法のため「灌頂」の実現を命じた。そして延暦二十四年九月、最澄が「三部三昧耶」の伝授を行なうため、高雄山寺（神護寺）に設けられた灌頂道場において、「灌頂」が催されたわけである（「顕戒論縁起」巻上）。

ところが、最澄が「不空の貽訓」を受けてきたという天皇の理解は、最澄の帰朝報告にもとづくものと思われるが、厳密に言えば最澄自身の認識とは異なっていたようである。七年後の弘仁三年（八一二）、最澄は藤原冬嗣に書状を送り、自らが高雄山寺で灌頂を受けるにあたり、援助を請うたのが次掲の「藤朝臣に与うる灌頂の資を乞う具書」（『伝教大師全集』第五）である。

最澄が申し上げます。私は渡唐して仏法の修得を図り、自らの命を軽んじて教えを請うべき師僧を求め、笈を負い杖をついて遠方まで足をのばしました。このように仏道を重んじて労を厭わず、自らの得ていない教えを探し、欠けた知識を補おうとしたのです。私は海外に足を運んだとはいえ、真言密教については修得していないことが多々あります。ところが留学生の空海阿闍梨は、幸いにも長安に赴いて、具さに真言密教を修得しました。今は己のはかなさを思い、高雄山寺に隠居しています。そこで私と弟子たちは、真言密教の伝授を受けるために空海阿闍梨の住房に赴き、来月十三日に灌頂を受けることになりましたが、私にはその資具を整える余裕がありません。この受法の由を記した書状をご一見いただき、貴方様にご援助をお願いいたします。謹んで申し上げます。

受法僧最澄状を上る

弘仁三年十一月十九日

左衛士府藤原朝臣督閣下

最澄言す。身を外にして法を求め、命を忘れて師を尋ね、笈を負いて津を問い、杖を策きて遠行す。これ乃ち道を重んじて労を致し、未を習い、闕を補わんとす。最澄海外に進むといえども、然も真言道を闕くなり。留学生海阿闍梨、幸いに長安に達して、具にこの道を得る。今無常を告げて高雄に隠居す。最澄等、この道の為に彼の室に向かい、来月十三日を以て灌頂を受くべし。貧道、その具を備え難し。謹んで受法の状を録し、伏して聞かす。恩助せられよ、不宣、謹んで状す。

弘仁三年十一月十九日　受法僧最澄状を上る

左衛士府藤原朝臣督閣下

この文書によれば、「天台の法文」を求めて渡唐した最澄は、帰路に真言密教の伝授を受けたものの、自らは「真言道を闕く」という認識をもっており、それを補うために、長安で「真言道」を修得した空海から「灌頂」を受けようとしていた。越州龍興寺の順暁から伝授された「三部三昧耶」により、高雄山寺で「灌頂」を催した最澄であるが、真言密教の伝授としては全く不十分であると認識しており、すでにこの書状に先立ち、密教の伝授を求めて空海に接近を図っていたのである。

空海への接近

前年の弘仁二年（八一一）、最澄は空海に書状を送り、空海の援助を受けて「秘密宗」（真言密教）を修学したいという自らの意向を伝えていた（「伝教大師消息」『伝教大師全集』第五）。さらに二十年後の天長八年（八三一）には、最澄の弟子円澄が、空海にしたがって真言の法文を受学することを願い、以下のような書状（「伝教大師求法書」）を送っている。

去る弘仁三年（八一二）冬、先師最澄大徳は、大悲胎蔵・金剛界の両部大法の灌頂の法を受けるために、このように上表しました。「私は大唐に渡りましたが、真言を学ぶことはありませんでした。今、高雄山寺の空海阿闍梨のもとで、真言密教の秘法の伝授を受けたいと思います」と。また空海阿闍梨に差し上げた書状には、このように書かれています。「私は大唐に渡りましたが、まだ真言密教の法門を学んでいません。今こそ大毘盧遮那（だいびるしゃな）の胎蔵・金剛頂の法門を受学したいと望んでいます」と。この懇（ねんご）ろな要請を受けて、空海阿闍梨は同年十二月十五日に灌頂道場を開き、百余の弟子とともに受明灌頂を授け、十八道の真言を修学させました。梵字の真言の受学はなかなか難しいものです。そこで最澄大徳は空海阿闍梨に、真言大法の儀軌を伝受されるのに、どれほどの時間が必要になるかと問われました。この問いに空海阿闍梨は、三年で伝受を終えることができると答えられました。これを聞いて最澄大徳は落胆し、「私はかねてから三ヵ月ほどだと思っていました。もしも数年を要するということであれば、しばらく延暦寺にもどり、まずは天台宗運営の要務を果たした後に、改めて参上して学ぶことにしたいと思います。そこで弘仁四年正月には、真言法門を受学するため、弟子の円澄・泰範・賢栄らを空海阿闍梨のもとに参上させていただきたい。しかしながら、私は近年、わずらわしい要務に追われ、いまだ真言法門の受学という本意を遂げることができぬまま、朝夕にこのことを思い、寝食も安らかではありません」と。

去る弘仁三年冬、先師最澄大徳、大悲胎蔵・金剛界の両部大法の灌頂の法を受けんがために上表して云く、最澄、大唐に渡るといえども、真言を学ばず。今、高雄寺空海阿闍梨において真言秘法を受けんと云々。また大阿闍梨に奉る書に云く、最澄、大唐に渡るといえども、未だ真言の法を学ばず。今、望むらくは、大毘盧遮那胎蔵および金剛頂の法を受学せん者(てへ)り。この誠請によりて、その年十二月十五日を以て灌頂道場を開き、百余の弟子とともに持明灌頂の誓水に沐し、十八道の真言を学す。梵字真言の受学、稍々難し。即ち和上に問うて云く、大法の儀軌を受けんこと幾月にか得さしめんやと。答えて曰く、三年にして功を畢(お)えんと。歎じて曰く、本より一夏を期す。もし数年を経べくんば、暫(しばら)く本居に帰り、かつがつ本宗の事を遂げ、後日に来たり学ぶに若(し)かずと。即ち四年正月を以て、真言を受学せしめんがため、円澄・泰範・賢栄等を以て、大阿闍梨に属し奉り畢ぬ。然りといえども、比年、限るに煩砕を以てし、未だ本意を遂げず。朝夕に思いを顧み、寝食安からず。

円澄が師最澄から耳にしていたこととして、空海に送った書状に、自らが「真言を学ばず」「真言の法を学ばず」と語り、空海からは「大毘盧遮那胎蔵および金剛頂の法を受学」することを望み、弘仁三年十二月、「灌頂道場」において「持明灌頂」を受け「十八道の真言」を学んだとある。このあとに最澄は空海に向かって、受明灌頂の後に「十八道」の伝授を経て「大法の儀軌」の伝受、つまりさまざまな儀軌による密教伝授を受けるには、いかほどの時間を要するかと尋ねたところ、「三年」との答えを聞いて大いに落胆したという。最澄は長くとも「一夏」（九十日）ほどと思っており、三年間も延暦寺を留守にはできないため、自らは要務を終えた後に受学することとし、代わりに弟子の円澄・泰範・賢栄らを空海に委ね、密教の受学を果たさせることにした。空海は、短期間のうちに伝受が可能だと思い込んでいた最澄の期待を、あっけなくも崩してしまったのである。

空海の真意

最澄は熱心に空海からの「真言道」の伝受を求める一方で、空海が唐から持ち帰った真言密教の経・儀軌などを借用して、積極的に書写を進めていた。空海から借用する経・論・疏などを選別するにあたり、すでに最澄自身が書写していた、空海奉呈の「弘法大師御請来目録」が参照されたことは言うまでもない。たとえば、弘仁四年（八一三）に、最澄は空海のもとに以下の「借書」の依頼状を送っている（「伝教大師求法書」）。

弟子最澄が敬い申し上げます、

以下の書物をお借りいたしたくお願い申し上げます、

新撰の文殊讃法身礼、方円図并に義注、釈理趣経一巻、

右の書物につきまして、来月中旬を限りとして、お借りいたしたくお願い申し上げます。先日にお借りしました経と目録などは、お返しのため自ら持参するつもりであり、決して損ずることはありません。弟子の貞聡に本状を託して、お願いいたします。弟子最澄が敬い申し上げます。

小弟子最澄状上

弘仁四年十一月二十五日

高雄遍照大阿闍梨座下

弟子最澄和南す、

借書を請うの事、

新撰の文殊讃法身礼、方円図并に義注、釈理趣経一巻、

右、来月中旬を限りて、請うるところ件の如し。先日借るところの経并に目録等は、正身に持参し、敢えて誑損せざれ。謹んで貞聡仏子に附して申し上ぐ。弟子最澄和南す。

弘仁四年十一月廿五日　　　　小弟子最澄状上

高雄遍照大阿闍梨座下

著名な最澄の尺牘（せきとく）（書状）である「久隔帖（きゅうかくじょう）」にも登場する「方円図」などの儀軌や、「義注」などの疏釈（しょしゃく）（経・論の註釈）を、最澄は空海より借用して書写を続けていた。しかし、修法作法に関わる儀軌・次第などは、いずれも師僧からの伝授により内容を理解し、口伝で伝えられる所作によって初めて自ら勤修することが可能となり、書写だけで作法ができるものではない。密教の秘法は書写による書授ではなく、師僧と相対、つまり面授で初めて伝授が実現するわけである。

空海から最澄もしくはその弟子に送られたと思われる、年未詳の書状を集めた「髙野雑筆集」（平安後期成立・編者未詳）には、秘法の伝授をめぐる規則が、次のように記されている。

信満が貴所にうかがった折、私の消息について問われた由、かたじけないことです。さらに結構な紙・筆などを下さり、お礼の言葉もありません。まだ寒さが続いていますが、お変わりはありませんか。私は安穏に過ごしています。お互い東西に住まいを分かちていますが、思いやる気持ちはいつも変わりありません。さて貴方がお求めの経法（きょうぼう）についてですが、これは伝授の手続きを経てなされるもので、このことは先年にも申し上げた通りです。しかしながら、もう一度伝授の規則を説くことにしましょう。まず曼荼羅に象徴される真言密教の経法や諸仏の秘印は、その伝授にあたり時を選びます。また伝授の前提として、受者には相応の資質が求められます。仏陀は伝授の規則を説かれ、その末葉として仏法を伝える者は、決してその規則に違うことのないように誡（いまし）められてい

ます。経法の伝授は私の意向によるものではなく、その判断は仏陀の情によります。ただ師資の間で、手から手に口から口に伝え、心から心に授けることが目指されるのです。このことをご理解ください。使者がもどりますので、ここまでといたします。

> 信満至るによりて問を辱なうし、兼ねて紙筆等を恵まれ、珍荷言うべからず。余寒未だ退かず。惟んみるに法体如何。貧道、易量なり。居は則ち東西なれども、志は常に松柏たり。要むるところの経法は伝授の道、往年に陳じ申し訖んぬ。然れども重ねて紀綱を説かん。夫れ曼荼の深法、諸仏の秘印は談説に時あり。流伝は機に逗まる。大師、伝授の法を説きたまう。末葉を伝うる者、敢えて三昧耶に違越せざれと。与奪は我が志に非ず。得否は公の情に繋がる。ただ手を握りて契約し、口に伝えて心に授くを期すのみ。惟うにこれを悉くせよ。還るによりて不具。

ここで密教の伝授にあたり、基本的な規則として、その前提となる受者の「機」の認定と、「手を握りて契約し、口に伝えて心に授くを期す」という「談説」、つまり面授の手続きを遵守することが師資の双方に求められる。この規則を軽視して「経法」の伝授を求めることを、空海はきびしく批判しているのである。

空海は、最澄を特別扱いすることなく、その伝授には「三年」を要し、しかも伝授はすべて口授・面授によることを伝えている。この姿勢に対して、常に教えを請う立場から空海に慇懃な態度をとり続けてきた最澄も、反発を感じたことであろう。最澄が著した「依憑天台集序」には次の一文が見られる。

海外より伝わる仏教教学は、まず梵字の音を理解する必要があり、知識が少なければその誤りを判別することができない。ところが新たに密教を請来した真言家は、筆授による仏法の相承を認めようとしない。

> 海外の内学、但に吠音の労有りて、未だ少知の曲を解せず。新来の真言家は、則ち筆授の相承を泯せず。

ここには最澄から「真言家」、つまり空海に対する批判がうかがわれる。しかし、面授を密教伝授の唯一の方法と確信している空海が、この批判を容認するはずもない。真言密教を修得するために筆授（書授）は不可避であると考える最澄と、それを否定する空海、この二人の間に伝授をめぐり溝が生まれ、それが次第に広がっていったのである。

3 真言と天台

天台と遮那宗

延暦二十五年（八〇六）、最澄は天台宗に年分度者二人を認める旨の勅許を受け、その一人を「遮那業」に配したことは、先述した通りである。つまり、天台宗には立宗当初より、密教修学の宗僧が属していたのである。しかし、最澄自身が、自らの「灌頂」では密教の体系的な相承は実現できないと考え、空海に接近してその伝授を受けようとしていたのである。

ところが、最澄は天台宗に「遮那業」を置くにあたり、教学的な確信を持っていたことが、弘仁三年（八一二）に最澄が空海に送った以下の最澄書状（「伝教大師消息」『伝教大師全集』第五）から読み取れる。

かたじけなくも貴札を賜り、伝法をお許しの由をお伝えくださり、悦ばしい限りです。かねてから変わらぬお心遣い、うれしく存じます。真言・天台両宗の仏法相承について、朝夕に思いを至しています。今はご配慮をいただき、唯々お頼りするところです。しかしながら今の人々の心を導くことは大変に難しく、また官が行なう課試も、これに及第することが大変に困難です。ただ真言宗と天台宗とは相互に通用することがあり、教説の解釈についても同じ内容が見られます。まことに両宗が志を同じくして、共に門葉を育むべきです。どうして自らの宗にのみ執着することなどありましょうか。法華経・金光明経を重んじているのは、先帝の御願（ぎょがん）によります。また法華一乗の教説は、真言と異なることがありません。願うところは真言宗を受容できる能力をもった門葉を探し求め、年ごとに配慮して伝通させることです。詳細については、わずかしかお伝えできません。我が思いを書きとどめ、貴方のお考えを待ちたいと思います。弟子老僧最澄謹んで申し上げます。

弘仁三年（八一二）八月十九日　東山資最澄状を上る

西山遍照闍梨侍者謹空

辱(かたじけな)くも金札を枉(ま)げ、伝法の旨を告げらる。歓ばしき哉。先期を忘れず、今に膠漆(こうしつ)を存ず。両家の伝方、朝夕に慮(うれい)を為す。今は高計を承け、仰ぎ憑むこと極まり無し。然れども今人の心、教導すること甚だ難く、また官の試みるところ、相応すること甚だ艱(かた)し。但し遮那宗と天台と融通し、疏宗もまた同じ。誠に須(すべから)く彼此志を同じくして、倶(とも)に彼の人を覓(もと)むべし。豈(あ)に己法に愛憎有らんや。法華・金光明は先帝の御願なり。また一乗の旨は、真言と異なること無し。伏して乞うらくは、遮那の機を覓めて、年々相計らいて伝通せしめん。委曲の状、十の一二を具(つぶさ)に陳上せん。惟意を留めて相待たん。弟子老僧最澄和南す。

弘仁三年八月十九日　東山資最澄状を上る

西山遍照闍梨侍者謹空

最澄は、空海に対して腰を低くして密教伝授を請うており、この書状ではまず空海から受明灌頂の許しを得たことへの謝意が記される。ただ、最澄には密教伝授によって空海の弟子となるという考えは一切なかったようで、常に天台・真言の両宗（「両家」）の併存を意図していた。これは、「遮那宗（真言宗）と天台と融通」「一乗の旨は、真言と異なること無し」との表現からも裏づけられる。つまり真言宗と天台宗の間に教学上の隔たりはなく、また真言宗と法華一乗にもとづく天台宗とは、その教学的な内実に異なることがないとする。この認識のもとで最澄は、天台宗の年分度者として止観業と並び遮那業を置き、止観業とともに、「遮那の機を覓め」て遮那業の存続を図ったわけである。

法華一乗と真言一乗

前述の通り、弘仁四年（八一三）正月、空海から真言法門の伝授に「三年」を要することを伝えられた最澄は、当面自らの受法を諦め、その代わりに法門を受学するために、弟子の円澄・泰範・賢栄らを空海のもとに遣わすとともに、自らは重ねて伝授を請うていた。しかし、空海のもとで伝授を受けた弟子のなかには、泰範のように最澄のもとにもどることなく、真言宗僧として修行を続けた僧侶がおり、これは最澄に大きな衝撃を与えることになった。弘仁七年に、泰範の許に送られた以下の最澄書状（「伝教大師求法書」）には、驚くほどに率直な最澄の心情が記されている。

　老僧最澄は世寿五十に及び、余命は幾ばくもありません。次の延暦寺住持もいまだ決まっていませんし、同法の僧たちを見ても、皆が心を一致させた姿など全く見られません。私は独り一乗の教え（一切の衆生を成仏させる教え）により、世間への教化(きょうけ)を続けています。ただ恨(お)しむらくは、居所を別にしている貴方とは、かつて共に天台宗のためにわが身を忘れ、心をかけて宗の興隆を図ったのです。すでに天台宗に年分度者が勅許され、また延暦寺では長講会（法華経を講説する法会）を創始しました。その折の貴方の功績を片時も忘れることはありません。また高雄山寺（神護寺）での灌頂では、志を同じくして仏道を求め、共に覚りを目指しました。その貴方が、永きにわたりいだいてきた本願に背き、久しく居所を別にすることになるとは思いもよりませんでした。考えてみますと、劣っていることを捨てて、勝っていることを取るのは世間の常です。しかしながら法華一乗と真言一乗とを比べて、どうして優劣が付けられましょうか。同法として同じ教えを捨てがたく思う、これを善友と呼びます。私と貴方とは、この世にあって仏縁を得て、弥勒の下生(げしょう)（兜率天にある弥勒が、この世に下り衆生を救済する）を待つことになります。もし私たちの間に深い縁があるならば、生死を共にして、衆生の教化に従うことになります。私は来春には東国に下り頭陀行(ずだぎょう)を行ない、次いで南に向かい、さらに西・北に向かった後に、延暦寺にもどり生涯を終えるつもりです。過去も未来も、貴方とともに日本を廻り、共に善根を施し、善き悪しき評判などを顧みることなく、かねてからの本意を遂げたいものです。私が心底から望むところを謹んで書札に託し、貴方に申し上げます。不宣、謹んで状を差し上げます。

小釈最澄状上

弘仁七年五月一日（八一六）

範闍梨座前

老僧最澄、年五十。生涯久しからず、住持未だ定まらず。同法おのおの見るに、六和都て無し。独り一乗を荷（にない）て、俗間に流連す。但し恨むらくは別居闍梨、往年期するところは、法の為に身を忘れ、発心は法に資（よ）る。已に年分を建て、また長講を興す。闍梨の功片時も忘れず。また高雄（神護寺）の灌頂には、志を同じくして道を求め、倶に仏恵を期す。何ぞ図らん、闍梨永く本願に背き、久しく別処に住せんとは。蓋（けだ）し劣を捨て勝を取るは、世上の常理なり。然れども法華一乗と真言一乗と何ぞ優劣有らん。同法同恋、これを善友と謂う。我と公とこの生に縁を結び、弥勒を見んことを待つ。儻（も）し各深縁有らば、倶に生死に住して同じく群生を負う。来春の節を以て、東遊して頭陀し、次第に南遊して、更に西遊北遊し、永く叡山に入りて、生涯を待つ。去来何ぞ日本を廻遊して、同じく徳本を殖えん。譏誉（きよ）を顧みず、本意を遂げんことを。これ深く望むところ、謹んで便信に附して、状を奉りて奏上す。不宣、謹んで状す。

弘仁七年五月一日　小釈最澄状上

範闍梨座前

五十歳を迎え、先行きも不安な最澄は、いまだ混乱が続く延暦寺と宗僧集団の様を見るにつけて、「独り一乗を荷」なう孤独を痛感していたことであろう。それにしても、自らのもとから離れていった泰範に向かって、年分度者の勅許を受け、法華長講を創始し、高雄山寺における灌頂を勤修するなど、共に天台宗の基盤を固めてきた足跡を思い起こしながら、貴方の功績は片時も忘れることはないと語る最澄の心情に、いささかの痛々しさを感じざるをえない。さらに、天台宗つまり最澄を捨て、真言宗つまり空海を選んだ泰範に、劣っていることを捨てて、勝っていることを取るのは世間の常と言いながら、まさかそのようなことではなかろうと言葉を重ねる。この一文を、いかほどの真意をもって最澄が語ったのかは明らかではないが、法華一乗と真言一乗とを比べて、どうして優劣が付けられようかとして、天台宗（「法華一乗」）が、真言宗（「真言一乗」）に比して、断じて「劣」ではあり得ないとの確信をいだいていた、最澄は、この世にあって仏縁を結んだ泰範に、もし私たちの間に深い縁があるならば、生死を共にし、衆生の教化に従うことになろうと語り、その翻意を強く促している。この泰範に語りかける文言をたどりながら、最澄のきわめて人間的な一面とともに、真言宗に対して天台宗は断じて「優劣」なしと断言する、強固な矜持を見ることができよう。もちろんこのような最澄の確信を、空海は決して認めることはなかったと思われる。

この書状を受けながら、泰範は最澄のもとにもどることなく、その姿は高野山の創建事業のなかに見いだされる。そして信頼すべき弟子からの、真言・天台両宗の「優劣」をめぐり、無言の回答を受けた最澄は、書授（「筆授」）を認めない空海とは、次第に距離をとることになったのである。そして、南都仏教の諸宗・諸寺とは円滑な関係をもちながら、真言宗を実質的に受容させた空海の姿勢とは対照的に、天台宗を掲げて既存の寺院社会と対立的な対応をとり続けた最澄の生涯があった。

空海と最澄、いずれもが後世に大きな影響を及ぼした真言・天台両宗の祖師であるだけに、その二人の交流と離反には、当該の時代から今日に至るまで大きな関心が寄せられてきた。その人格を含めて、両宗の教学的な特質が語られるなかで、日本仏教史のなかで希有な交流をもった空海と最澄は、以後もさまざまに取り沙汰されることになる。

〔参考文献〕

永村　眞「（最澄）帰朝後の活動」（大久保良峻編『山家の大師　最澄』吉川弘文館、二〇〇四年）
堀池春峰「東大寺と真言宗」（同著『南都仏教史の研究』上、法蔵館、一九八二年）

二章　勝覚と定海

——密教法流の相承——

今日に相承される真言密教のなかで最も広く受容された密教法流は、三宝院流憲深方（三憲）と言えよう（憲深についてはII—三章で詳説）。その根源をたどると、永久三年（一一一五）、京都伏見の醍醐寺内に創建された院家の三宝院に至る。この三宝院を創建したのが勝覚、さらに三宝院に諸堂を建立し発展に尽くしたのが弟子の定海である。

創建当初の三宝院は、寺内の仁王門を入って北側の一角にあり、灌頂堂（密教伝承のための灌頂の作法を行なう仏堂）を中心とする堂宇群から構成されていたが、鎌倉時代以降に焼失と再建を繰り返し、そのつど再建された灌頂堂も、室町中期の兵火により焼失後、再建されることはなかった。そして今日の醍醐寺三宝院は、豊臣秀吉の外護を受けた座主の義演准后が、近世初頭、旧三宝院西側の金剛輪院の地に堂宇・書院・庭園などを造建した院家であり、以後、今日に至るまで醍醐寺の本坊として存続してきた。

貞観十六年（八七四）、空海の孫弟子となる理源大師聖宝が、上醍醐（笠取峰）に堂宇群を創建して生まれた醍醐寺であるが、造営事業の拠点として設けられた下醍醐の地から大きく発展を遂げることになる。金堂・講堂・五重塔をはじめとする堂塔群を囲繞するように、仁王門から築地に沿って北・南方さらに東方に、三宝院をはじめとする院家が次々生まれ、これらが醍醐寺における仏法興隆の拠点となった。

そこで醍醐寺の発展に重要な役割を果たした、開山聖宝の法脈に連なる勝覚・定海による、三宝院の創建と三宝院流の相承について考えることにしたい。

1　三宝院の創建

創建

醍醐寺三宝院は、開山聖宝の末葉に連なる勝覚・定海の師資により創建された。平安時代の醍醐寺がたどった足跡を記す寺誌の「醍醐雑事記」巻四には、その創建期について以下のように記されている。

権僧正勝覚が三宝院（灌頂院）を建立された。永久三年（一一一五）十一月二十五日に落慶供養が行なわれ、厳覚僧都が導師をつとめ、本堂の額字は左大臣源俊房公が染筆された。次いで大僧正定海が三宝院の諸堂宇を造営し、鳥羽院に寄進されて御願寺（ぎょがんじ）となった。三宝院には供僧十五口が置かれ、毎日の供養法は、白月（びゃくげつ）（暦法で新月から満月まで）の十五日間に金剛頂経に依拠した金剛界、黒月（こくげつ）（満月翌日から月が欠けるまで）の十五日間に大日経に依拠した胎蔵界で勤修（ごんしゅ）された。

権僧正（勝覚）御房、三宝院を建立せしむ。永久三年十一月廿五日に供養す。導師は厳覚僧都なり。額字は堀川左大臣源朝臣俊房の御手書なり。次いで大僧正（定海）御房、大廈（たいか）これを造営し、鳥羽院の御願に寄進せらる。供僧十五人を定め置き、毎日供養法を修す。白月十五日は金剛界、黒月十五日は胎蔵界なり。

永久三年（一一一五）に勝覚により創建された三宝院は、その弟子定海の手で多くの堂宇が整備され、さらに鳥羽院の御願寺とされて、高い寺格をもつことになる。勝覚と定海がどの堂宇を建立したか明確には区別しがたいが、三宝院の本堂と言うべき五間四面の灌頂堂を勝覚が建立し、この灌頂堂を中心に、御願寺にふさわしい規模の「灌頂院」（「三宝院」）の堂宇を造建したのが定海であると考える。なお、勝覚の実父源俊房の手になる寺額は、灌頂堂に掲げられたものであろう。また「醍醐雑事記」巻四には、「灌頂院」の別称をもつ三宝院の堂宇が、次のように列記されている（現代語訳省略）。

三宝院また灌頂院と号す、五間四面、

大日・薬師・釈迦各三尺、白檀、定肇作と云々、

礼堂六間、　廊一宇五間二面、　中門一宇并ならびに廊九間、　四足門一宇已上、檜皮葺、

経蔵一宇五間、瓦葺、　寝殿一宇七間四面、

侍廊一宇五間一面、　客待一宇三間二面、　護摩堂一宇三間、　持仏堂一宇三間三面、　随身所一宇三間二面、已上檜皮葺、

雑舎一宇十間、板葺、　湯屋一宇三間四面、

厩一宇二間、板葺、

19　**勝覚像**（醍醐寺所蔵）

このように五間四面の灌頂堂には、三尺（約九十チセン）「大日・薬師・釈迦」の白檀像が安置され、この堂に付属して礼堂・廊・中門・廻廊により一画が構成され、さらに廻廊外に経蔵・護摩堂・持仏堂などの宗教施設とともに、寝殿・侍廊・客待・湯屋などの生活空間が加わり、築地で囲まれた院地の南側には四足門が設けられていた。

また三宝院の院地では、廻廊に囲まれた灌頂堂において、伝法灌頂とは別に、供僧十五口による「毎日供養法」（「毎日勤修両界供養法」）や月々の「八大祖師等御影供」、毎年一度の「結縁灌頂大会」が勤修されていた。保延二年（一一三六）には、三宝院の供僧は当初の十五口に加えて、定海による待賢門院の「御瘧病」平癒祈禱の賞として「三宝院灌頂堂」に六口の供僧が、さらに同六年には同じく定海による「仁王経法賞」として「灌頂堂」に五口の供僧が寄進されている（「醍醐寺新要録」三宝院篇）。

このように定海らによる祈禱の法験に対して、公家（こうけ）から供僧（有職（うしき））が三宝院に勅施され、この三宝院に配された供僧が真言密教を相承する醍醐寺学侶の中核となって、古代・中世を通して教学活動と法会勤修を支えることになった。

院号の諸説

「三宝院」の院号が生まれた理由については諸説が見られる。義演准后により編述された創建期より江戸初期に至る寺誌「醍醐寺新要録」三宝院篇の「院号習の事」には、次のような説が掲げられる。

ある記にこのように云っている。三宝院の称号について、一説には、義範・範俊・定賢の三師の法流を継承するゆえであるという。またある人の語る一説として、秘仏〈勝光明院に伝わる宝珠、〉秘万タラ〈仁王経法本尊〉カコ切の釼の三点が納められているという。ただし、この説は信用することはできない。

　或記に云く、三宝院の称号の事、一説に、義範・範俊・定賢、この三師の伝を含蔵する故なりと云々。一或人云く、秘仏〈勝光明院、宝珠、〉秘万タラ〈仁王経法、本尊〉カコ切の釼なりと云々。この三を納めらる歟。この説は曽て以て信用すべからず。

このような二説があげられ、一説としては、義範・範俊・定賢の三師の法流を継承することから院号が生まれたとするもので、これが最も広く流布している説である。また一説には、秘仏・秘曼荼羅・秘剣を納めることから生まれたとするが、引用した「或記」では「信用すべからず」と断じている。

さらに室町時代に印融が書写した「寺号大事」（「三宝院私口決（くけつ）」）にも、三宝院の院号をめぐる諸説が列記されている。「一義」として「三宝」（仏宝・法宝・僧宝）を納めた厨子を安置することにより、「一義」に五鈷（ごこ）（密教仏具）・打刀（うちがたな）（長刀）・東寺仏舎利の重宝を院家に納めたことから、「一義」に本院家において伝法灌頂（阿闍梨（あじゃり）位を授ける儀式）・両部（りょうぶ）印可（いんか）（金剛・胎蔵両界にわたる秘印・明を授ける儀式）・一印明（いちいんみょう）（手に結ぶ印と口に唱える明）の大事を相承することにより、さらに「一義」として、義範・範俊・定賢の三師が伝える「深秘の法門」を勝覚が相承し、本院に安置していることによるとして、「三宝院」の院号が生まれた諸説を列記する。この最後の「一義」は、前掲の「醍醐寺新要録」の第一説と変わらず、三師の法流を一括して伝えるという説が最も有力な説として伝えられている。

なお、三師の法流については以下の異説が「寺号大事」に見られる。

一説にこのように言っている。勝覚僧正は義範・範俊・定賢の三人の優れた師僧から三つの最極の秘事を伝えられ、経蔵に納め三宝院と名づけたもので、院家の名称ではなくあくまで経蔵の名である。院家は灌頂院と呼ばれ、これは勝覚僧正の住坊であった。経蔵には三宝院の額が掲げられた。この経蔵内には三方に棚が設けられ、三人の師僧から相伝した具書や三大事を記した秘書が納められた。その三大事とは、一に義範から相伝した（梵字：阿・鑁・覧・吽・欠）、二に範俊から相伝した（梵字：阿・毘・羅・吽・欠）、三に定賢から相伝した（梵字：阿・鑁・覧・吽・欠・吽）である。

> 一義に云く、勝覚僧正は三人の明師より三大事を伝え、経蔵に納むる故に三宝院と名づく。院家の名に非ず、経蔵の名なり。院家は灌頂院と号し、是れ勝覚僧正の御住坊なり。経蔵の額に三宝院を打つ。この経蔵の内に三方の棚を拵えて、三人の方より相伝せる具書并に三大事を納むるなり。その三大事とは、一に（梵字：阿・鑁・覧・吽・欠）、これは義範よりの相伝なり。二に（梵字：阿・毘・羅・吽・欠）、これは竹人（範俊）よりの相伝なり。三に（梵字：阿・鑁・覧・吽・欠・吽）、これは定賢よりの相伝なり。

ここには、三師の法流を象徴する印明を記す「具書并に三大事」を納めた経蔵の呼称が、「額」に記された「三宝院」であり、院家の呼称は勝覚が住坊とした「灌頂院」であるという。特に三師の法流の継承とは、その秘法を記す「具書并に三大事」を記した聖教を相承することであるという説は、傾聴できる。しかし「三宝院」は経蔵の名称であり、院号は「灌頂院」であるという説は、本院が成立し発展した経緯を考えあわせるならば、やはり納得しがたい。

いずれにしても、院号をめぐってさまざまな説が語りつがれているが、基本的には義範・範俊・定賢の三師の法流を継承するゆえに「三宝院」の院号が定まったという、最も流布してきた説によることにしたい。

2 三宝院流の相承

伝法灌頂

三宝院の院号の有力な起源と考えられる、開祖勝覚が相承し一体化した三師の法流は、以後三宝院流として広まることになる。その「深秘の法門」とは具体的には、伝法灌頂をはじめとする宗大事（秘事）、伝法灌頂を授けられた後に伝授される諸尊法（秘法）を柱とする。この諸尊法とは、大日如来を中心に曼荼羅のなかに配置される多数の仏・菩薩・明王・諸天などを供養する密教祈禱の作法であり、僧俗にわたるさまざまな所願が祈念された。

渡唐した空海は、長安青龍寺の恵果和尚から、金剛界・胎蔵界にわたる受明灌頂により弟子位を、さらに「阿闍梨位」の伝授により師位を得たが、この「阿闍梨位」を得た伝授作法こそが伝法灌頂であった。真言行者は、受明灌頂（許可灌頂）の後に、四度加行（十八道、金剛界、胎蔵界、不動護摩の四段階にわたる基本的な密教作法の伝授）を経て伝法灌頂を受け、已灌頂（すでに特定法流の伝法灌頂を受けた真言行者）の行者として諸尊法を体系的に伝授され、ここに一人前の阿闍梨として修法（密教祈禱）を勤修するとともに、自ら伝授阿闍梨として弟子に伝法灌頂を授けることが許された。なお已灌頂の行者は、さらに宗大事（法流に固有の極秘事）の伝受を重ねることになる。

受明灌頂・四度加行・伝法灌頂から諸尊法の伝授に至る、師僧から弟子への伝授の作法は、諸法流ごとに多様にわたり、真言行者は自らの師僧からその法流による伝授を受けた後に、他の師僧からも他流を伝授されることも多々あった。

さて三宝院流の出発点というべき、康和三年（一一〇一）に勝覚が弟子定海に与えた伝法灌頂の印信（勝覚授元海伝法灌頂印信紹文）を以下に掲げる（「祖師印信」「醍醐寺文書聖教」七六函二七号）。この印信は平安時代中期に登場するもので、秘法伝授の証として、伝授阿闍梨から受者に交付される公験（くげん）（証明書）である。

鎌倉時代には紹文（伝授にいたる経緯を記す）、印明（伝授された印・明を記す）、血脈（大日如来から受者に至る伝授の系譜）の三様が、印信として一括して付与されることになるが、次に掲げる印信はその紹文である。

　最極秘密法界躰伝法灌頂阿闍梨職位の事

むかし大日如来は、大悲胎蔵界と金剛界の諸尊による覚り（さと）の世界を開き、これらの教えを金剛（こんごう）薩埵（さった）に授けた。金剛薩埵は数百年の後にこれらを龍猛（りゅうみょう）菩薩に授けた。このように金剛界の秘密の教えの伝授は、大日如来より祖師弘法大師空海まで八代を数え、今私に至るまで十八代となる。また胎蔵界の教えは、十七代を数える。この両界の伝授次第は、師資の血脈相承に明らかに記されており、広く密教行者の知るところ

20　「勝覚授定海伝法灌頂印信紹文写」（醍醐寺所蔵　76函27号）

である。私は応徳三年（一〇八六）七月二十三日に、少僧都法眼和尚位義範に随って伝法灌頂を初受した。また嘉保二年（一〇九五）十二月八日には、法務法印（ほういん）大和尚位定賢より伝法灌頂を重受した。ここで真言宗僧である定海は、親しく私に付き随って承仕（じょうじ）の功労を尽くし、また広く諸尊の印明を学んできた。かねがねの勤修の姿を見ると、常に観念を怠ることなく、四等の印契（いんげい）（観念の術（すべ）としての大印・三昧耶印・羯磨（こんま）印・法印の印）の修得に励み、着々と禅定の達成につとめた。これによって今は、私が先師から授けられた伝法灌頂を金剛弟子の元海に授与する。能（よ）く煩悩の因となる世間の穢れを洗い流し、曼荼羅八葉の仏菩薩の覚りを尋ね求めるように。これこそ三世にわたる仏恩に酬（むく）い、現世の師徳に答えることである。私の願いは以上であり、決して雑念をいだいてはならない。

康和三年（一一〇一）十月二十六日　　金剛弟子定海に授与する

伝授阿闍梨法眼和尚位勝覚

最極秘密法界躰伝法灌頂阿闍梨職位の事

在昔（むかし）、大日如来、大悲胎蔵・金剛秘密両部界会を開き、金剛薩埵に授く。薩埵数百歳の後、龍猛菩薩に授く。是の如（ごと）く金剛秘密の道を伝授すること、祖師弘法大師（空海）まで八葉を経、今余に至り即ち第十八葉たり。大悲胎蔵の道に拠（よ）らば、第十七葉に当たる。伝授の次第は師資血脈相承に明鏡なり。普く秘密家に在り。方今小僧、去る応徳三年七月廿三日、少僧都法眼和尚位義範に随い、伝法印可を初受す。また嘉保二年十二月八日、法務法印大和尚位定賢に就きて、灌頂職位を重伝す。爰に東寺阿闍梨定海、親しく承仕の功労を致し、普く諸尊の印明を学ぶ。年来その勤修を見るに、三時の観念を怠らず、四等の印契いよいよ修練に勤め、漸く持念更に深し。これに因り今、先師所授の伝法印可を以て、金剛弟子に授与す。能く世間五塵の染を洗い、出世八葉の蓮を尋ぬべし。是即ち三世の仏恩に酬い、一世の師徳に答うるなり。余の願いは是の如し。余念すべからず。

康和三年十月廿六日　　金剛弟子定海に授与す

伝授阿闍梨法眼和尚位勝覚

印信の紹文には、大日如来から空海（弘法大師）を経て勝覚自身に至る金剛・胎蔵両界の教えの継承と、自らが師義範・定賢から伝法灌頂を授けられたこと、定海が自らに師事して密教修行に励んで相応の成果を得たことにより、定海への伝法灌頂を授けるに至った経緯を記し、末尾に弟子への教誡を付言している。

印信の文面には、伝授阿闍梨の勝覚が、自ら義範・定賢から伝法灌頂を受け、その法流相承の由緒のなかに、三宝院流の特徴が語られる。さらに伝法灌頂の作法と、その場で授けられる印明に、三宝院流における教学上の独自の意味づけがあったことは確かであろう。

諸尊法の伝授―「薄草子」―

この伝法灌頂により伝法職位を得た受者は、さらに諸尊法の伝授を受けることになる。真言行者が勤修する多くの修法は、個々に師僧から秘事の伝授を受けてはじめて勤修が可能とされた。その伝授に用いられるのが、次第本と抄物である。尊法個々の所作次第を掲げたものが次第本で、さらに多くの諸尊法の次第本を集成したものが抄物である。これらには折本・折紙や粘葉装などさまざまの形態が見られ、各々に固有の書名が付けられていた。

三宝院成賢が鎌倉前期に編述した「薄草子」は、その書名の通り、一尊法ごとの次第を折紙に記し、さらに枡形に折込んだものを複数帖重ねて畳紙でまとめたものである。伝授にあたっては、畳紙でまとめられた「薄草子」の個々の尊法を、その次第によりながら、法流に特有の所作や解釈を、口決（口伝）として師僧から受者に伝えられる。このように次第本に列記された所作の流れと、その要所における口決が、法流の独自性を支えたのである。

さて、伝授の際に師僧から受者に開示される口決であるが、報恩院憲深から「薄草子」を用いて伝授を受けた根来寺頼瑜は、自身が伝授された諸尊法の口決を、尊法ごとに整理し「薄草子口決」としてまとめた。この尊法ごとに作成される口決集も抄物の一種であり、以後の三宝院流の伝授において、優先的に参照されるようになる。

この「薄草子口決」が生まれた経緯が、のちにこの書を書写した東大寺東南院聖忠が記した奥書（巻二十）に、以下の通りに記されている。

正安元年（一二九九）八月二十六日、醍醐寺阿弥陀院中屋西向きの学問所において、悪筆ながら書写を終えた。そもそもこの抄物は、高野山伝法院の頼瑜法印が、極楽房（報恩院）憲深僧正から「薄草子」により諸尊法を伝受された際に与えられた口決を記したものである。僧正はこの抄記を一見し、所々に自筆で私見を付記されたという。そこでこの書は三宝院流の重宝であり、また末資にとって拠るべき手本とされた。さて阿弥陀院々主の兼朝法印は頼瑜法印の門弟であり、師の頼瑜から正本を借り請け書写を果たしていた。ところで南都の東大寺・興福寺の両寺は、河上庄の支配をめぐり去年から対立し、しばしば合戦に及ぶなかで東南院以下の諸坊が破却された。この事態のなかで私は南都を転々としたが、拠るべき場所もなく、去年十二月からこの醍醐寺阿弥陀院に滞在することになり、思いもかけずこのように真言伝受のための稽古を行なうことになった。ここで院主法印は、私が求法の志を強くもつことから、事相・教相に関わる秘抄などを多く書写のため借与された。しかるべき時期がきたならば、三宝のお助けがあるものと確信し、この抄物は他者の手助けを求めず、すべて私が悪筆で書写を終えた。今は旅宿にあるため、料紙などを用意できず、反古を裏がえして用いている。後日、能筆の人に相談し、料紙などを確保して書き直すことになろう。この抄物は二十巻であるが、院主法印が書写したものは十四巻であり、残りの六巻はまだ書写を終えていないということである。書写の後に、同じくこれを補写しなければならない。願わくはこの抄物を書写した功によって、必ずや現世には三宝の加護をいただき、後生には浄土に生まれたい。

金剛仏子聖忠

正安元年八月廿六日、醍醐寺阿弥陀院中屋西向きの学問所に於いて、悪筆を馳せ畢ぬ。そもそも此の抄物は、高野伝法院頼瑜法印、極楽房（憲深）僧正に対し、薄草子を伝受するの時、これを抄記す。即ち僧正一見し、所々に自筆を加え所存を述せらると云々。仍って一流の重宝にして、末資の亀鏡なり。而して阿弥陀院々主兼朝法印は頼瑜法印の門弟たるの間、彼の頼瑜の手より正本を借り請け、書写せしめ畢ぬ。然る間、愚身また南都東大・興福両寺、河上庄の事により去年より不快、合戦は度々に及び、東南院以下の諸房は破却せらるの間、折節南都を経廻するも便宜無きの間、去年十二月より此の醍醐寺阿弥陀院に経廻するの間、不慮に此の如く真言の事稽古致し、院主法印、求法の志を盛んにするかの間、此の如く事相・教相の秘抄等、多く以て借与せらる。然るべき機縁の時至らば、三宝冥助を加え給うかの由、存ずるの間、此の抄物に於いては、他筆を交えず、一向に悪筆を馳せ畢ぬ。折節旅宿の間、料帋等用意無きの間、反古を裏がえし畢ぬ。後日、堪筆の仁に相語らい、料帋等を結構し、書き直すべきものなり。此の抄物、廿巻と為すといえども、此の院主法印の書写分は十四巻なり。残りの六巻は未だ書写せずと云々。書写の後、同じくこれを書き継ぐべし。願わくは此の抄物を書写する微功に依り、必ず現世には三宝の加護を蒙り、後生には安楽国に生ぜん。

金剛仏子聖忠

右の奥書によれば、正安元年（一二九九）に東大寺の聖忠は、醍醐寺阿弥陀院の学問所で、院主兼朝が所持する「薄草子口決」の写本を書写した。兼朝は頼瑜の弟子であり、師の手になるこの書の正本を借りて書写していた。この頼瑜編述の「薄草子口決」は、三宝院流の正統を引く報恩院憲深から、「薄草子」により諸尊法の伝授を受けた際に、憲深から授けられた口決を尊法ごとにまとめ、全二十巻とした抄物であることは、前述の通りである。この編述にあたり、頼瑜が記した口決の抄記について、師の憲深は自ら目を通すのみならず、要所に自説を追記するという手厚い配慮を見せており、まさに「一流の重宝」と呼ぶにふさわしい内容をもっていたことも首肯できる。

なお聖忠は、東大寺東南院に住持して三論・真言両宗を兼学するとともに、頼瑜から伝法灌頂を重受され、徳治二年（一三〇七）には醍醐寺座主に就いている。そして東大寺東南院に住持していた折に、河上庄をめぐる興福寺との相論のなかで東南院を破却されたため、醍醐寺阿弥陀院に移り、院主の兼朝の導きを受けて真言宗の修学に励み、その過程で「薄草子口決」を書写した。そして「薄草子口決」は、「事相・教相の秘抄」と呼ぶにふさわしい、諸尊法の所作・次第という事相と、口決として与えられた所作の教学的な解釈という教相を併せ持った抄物として、三宝院流の末葉に高く評価され、書写が重ねられたのである。

仁王経法

抄物により諸尊法を伝授された真言行者は、その尊法の勤修が許されたことは、先に触れた。もちろん諸尊法の次第や所作は法流ごとに異なり、修法勤修の効験によって行者はさまざまな勧賞（修法勤修への褒賞）に与るとともに、その効験は修法の由緒のなかに記憶された。そして、この効験を実現した修法をめぐり、勤修した行者の実績のみならず、その修法勤修にあたり準備された次第・荘厳（道具などの設え）、さらには勧賞を得た法流そのものが注目され、行者や寺院社会の関心を引くことになった。

ここで、醍醐寺のみならず諸寺で勤修された、鎮護国家を目的とする仁王経法に注目したい。南北朝期に東寺の碩学杲宝が著した「東宝記」巻五には、その由緒が次のように記されている。

道宝僧正の奏状にこのように言っている。仁王経法は、根本大師空海が勤行された後、当流祖師である聖宝僧正・観賢僧正・仁海・範俊・勝覚・厳覚・定海・元海・明海などの小野流の先師が、保元三年（一一五八）に至るまで、代々変わらず勤修してきた。ところが永暦元年（一一六〇）、広沢流である二品親王守覚が、この修法を初めて勤修された。これは代々の仁和寺御室が、小野の碩学を召して当流の大事などを伝受されており、その知見を明らかに示すために勤修なさったということである。

> 道宝僧正の奏状に云く、仁王経法は、根本大師御勤行の後、当流祖師聖宝僧正・観賢僧正・仁海・範俊・勝覚・厳覚・定海・元海・明海等、保元三年に至るまで代々同辺に小野流これを修す。而るに永暦元年、二品親王（守覚）、始めて修せしめ給う。これ則ち代々の御室、小野の法匠を召して習学せしむ。当流の大事等を給うの間、博学を顕らかにせんがため、

勤修せしめ給うところなり。

このように仁王経法は、空海の勤修を初例として、小野流祖師の聖宝から三宝院流の嫡流により相承されてきた。永暦元年（一一六〇）以降、「小野の法匠」を召して伝授を受けた仁和寺御室の守覚法親王（父は後白河天皇）から、広沢流でもこれを勤修することになったとする。いずれにしても鎮護国家の修法としての仁王経法が、三宝院流により相承されることにより、自ずからこの法流への評価が高まったことは確かであろう。

また醍醐寺における仁王経法の勤修については、「醍醐寺新要録」三宝院篇に、「仁王経法の事」が記録されている。座主次第にはこのように言っている。長寛二年（一一六四）三月二十六日、本寺三宝院に於いて仁王経法を「三七ヶ日」（二十一日）にわたり修した。勧賞として同年五月十日に阿闍梨三口を賜り、これは山上の准胝堂（じゅんていどう）に配当された。その時に座主が記した文書に、このように言っている。「今後永代にわたり阿闍梨三口を山上に配当した。できれば宿老に依頼して器量の寺僧を撰び、阿闍梨に補任（ぶにん）するように」という内容を起請文に記し、上醍醐の経蔵に納めたということである〈その時の座主は大法師乗海である。〉

座主次第に云く、長寛二年三月廿六日、本寺三宝院に於いて仁王経法三七ヶ日を修す。勧賞は、同年五月十日に阿闍梨三口を賜り、准胝堂に寄せ置く。彼の状に云く、永代を限り山上に付し了ぬ。或いは宿老を用いて器量を撰び、補し来るべきの由、起請文を注し、峰の経蔵の箱中に納むと云々〈時に座主大法師乗海なり。〉

長寛二年（一一六四）に、三宝院において「三七ヶ日」（二十一日間）にわたり勤修された仁王経法は、一定の法験が得られたことから、勧賞として「阿闍梨」（有職・供僧）三口が勅施された。座主の乗海は、この三口を上醍醐准胝堂に置くことと定め、起請文を草している。この仁王経会は臨時の法会（ほうえ）であるが、その勧賞として准胝堂に勅施された三口の「阿闍梨」は、「山上の人の分」つまり上醍醐の寺僧分とされ、さらに「学道分」「君達分」「老僧分」に配分されて各々が補任された（「醍醐寺新要録」准胝堂篇）。修法勤修による法験への勧賞は、被物（かずけもの）から有職の勅施まで多々あり、その法験とともに修法に関わる寺僧にとって大きな関心の対象であった。

また、法会勤修にあたって安置された本尊から道場の荘厳（設え）まで、いずれも法験を実現する条件となるわけで、各法流が強くこだわりをもった。「遍口鈔」巻一の「遍智院護摩堂の事仁王経曼荼羅」には、寛喜三年（一二三一）の聞書として、醍醐寺遍智院の護摩堂における仁王経法勤修に際しての堂内荘厳と、その教学的な解釈が記されている。

寛喜三年七月二日に、この由緒を承った。三宝院流を相承する遍智院の護摩堂は、鎮護国家のために建立された、仁王経により曼荼羅世界を体現化した堂宇である。堂内南方から並ぶ息災五大尊は、東寺講堂を強く意識して造立された。これは真言密教の甚秘を示すものである。その理由を知る手がかりとして、不動尊の後ろに般若菩薩六臂像の図像を懸けている。その真意であるが、仁王経法の勤修にあたり掲げる甚秘の本尊は、ただの般若菩薩ではなく、またただの不動明王でもなく、両仏の合体尊である。これは相承されてきた秘口決により、不動尊と般若菩薩六臂像を安置する意味を明らかにしたものである。広沢流ではただの般若菩薩、勧修寺流ではただ不動明王を本尊とする習いである。しかし三宝院流では、合体尊を本尊とする習いを重視してきた。これは成尊僧都が、両様を両弟子である義範・範俊に授与されたためであり、義範には般若菩薩を本尊とするように、範俊には不動明王を本尊とするように伝授された。ただし示寂される時に、合体尊の秘事は義範一人にお授けになった。すなわち合体尊の法曼荼羅を義範にお授けになったため、当流ではことさらに合体尊を掲げた仁王経法を秘して伝えてきた。これらのことは、以前に申し上げた通りである。護摩堂では、義範が授けられた法曼荼羅を尊重して道場を設えることについては、まだ明確には申していないが、内院には般若菩薩・五大尊、外院には八方天を安置している。また大般若経や五部大乗経等を安置している。深くこの教説を熟考なさるべきであるということである。

寛喜三年七月二日、これを承く。当流の護摩堂は、鎮護国家のために建立せしむる所なり。これ仁王経一曼荼羅なり。南方の息災五大尊は、東寺講堂を思い入れて建立す。但し法の甚秘を顕すなり。この故は不動尊の後に般若菩薩六臂像を図絵し奉りこれを懸く。その心は仁王経法の甚秘の本尊は、唯の般若菩薩に非ず、唯の不動に非ず。合体尊を以て本尊と為す。これ相承の秘口決なり。この義を顕かにせんがためなり。広沢には唯の般若菩薩、勧修寺には唯の不動と習う歟。当流には合体の習いを以て規模と為すなり。その故は成尊僧都、両様を両御弟子に授与せらる。義範には般若菩薩を本尊と為す様にさずけ、範俊には不動を本尊と為す様にさずけ給う。但し最後の時合体の事、只義範一人に授け奉る。即ち彼の法曼荼羅を義範に附属し奉る。仍って当流には殊更に仁王経法を秘蔵し奉る。これ等の趣、前前に申し旧り候歟。護摩堂の一段、彼の法曼荼羅を思い入れてシツライて候事、未だ申さず。内院に般若菩薩・五大尊、外院に八方天これを安置す。また大般若五部大乗経等これを安置す。深くこれを察せらるべしと云云。

鎮護国家を掲げて建立された下醍醐の遍智院護摩堂は、「仁王経曼荼羅」の諸仏を配置した堂内荘厳の形をとり、特に南方に安置された息災五大尊（不動・降三世・軍荼利・大威徳・金剛夜叉明王）は、東寺講堂内の諸仏配置を意識したものであった。また、不動明王の背後に般若菩薩六臂像を掲げているが、この理由として、仁王経法を勤修する際の主尊（法会勤修に際して安置される本尊）は、般若菩薩・不動明王のいずれでもなく、秘口決により両仏合体尊とされた。諸流における仁王経法の主尊について、広沢流では般若菩薩、勧修寺流では不動明王であるが、三宝院流では両仏合体尊とされていた。このように仁王経法を勤修する道場に、いかなる主尊を安置するかは、諸流によって異なる。そして三宝院流が合体尊を掲げる理由として、同院始祖の勝覚の師である義範・範俊が、その師成尊から各々般若菩薩と不動明王を一尊ずつ伝授された。ところが成尊は、自らの示寂に先立ち、義範に対してのみ合体尊を伝授し、その「法曼荼羅」を授与したことから、三宝院流に相承される仁王経法は、合体尊を安置して勤修することになったという。このように道場内に主尊を安置し、また道具などを配置する荘厳は、法流個々に特質があり、それを継承することにより法流の独自性が維持されたのである。

3　三宝院と三宝院流

定海譲状

醍醐寺の創建以来、上醍醐・下醍醐には多くの院家が創建され、仏法の興隆と相承を支える拠点とされた。三宝院もはじめはその一院であったが、前述の通り、卓越した真言法流が相承され、のちに醍醐寺座主の住坊とされ、今日に醍醐寺の本坊として、その院号が継承されている。

この三宝院が相承される端緒は、言うまでもなく勝覚から定海への院家譲与である。さらに康治二年（一一四三）に、定海から弟子元海への相承にあたり作成された譲状から、院家と寺家の関係などが明らかになり、以下に掲げる（「醍醐寺文書聖教」七六函五六号）。

醍醐寺を譲り与えるにあたり定める雑事の条条について

合せて次の四件である、

一灌頂院の事について、

右の灌頂院は、定海自らが建立した院家である。ところで天承元年（一一三一）に御願寺として鳥羽上皇に寄進して以降、毎年の結縁灌頂の大会を勤修し法皇の現世・来世にわたる安穏をお祈り申し、併せて万代にかわらぬ鎮護国家の祈禱を催してきた。なお寺辺の小田畠を仏聖料として寄進した〈坪付は別に記してある。〉

一円光院・無量光院・三宅寺の事について、〈なお円光院・無量光院は別個の院家であるが、すべて三宝院主の管領（かんれい）下に置かれ、また末寺である三宅寺も同様に院主の支配に属する。〉

譲与
合
醍醐寺條條雜事
一 灌頂院事
右件院定海私建立也、而從天承元年寄進
御願以降、修每年結縁灌頂之大會、奉祈
世御願兼期万代不朽之勤、鎮護 國家矣、寺邊
小田畠、佛聖料寄之、坪付在別
一 圓光院并無量光院二宇寺事 圓光院無量光院雖各別、寺務是一也、已上二宇寺共末寺也、因茲屬一矣
右件院付醍醐代代座主、可令執行之由、去年以右
大将相具書状、經 院奏畢、随被補任元海畢、雖
末代他人更不可執行之
一 別院末寺等事
觀音堂　延命院　大智院　定水寺 成覺寺屬之
東院　菩提寺　小野寺 号東寺　亭子院
寶塔院　清住寺 師資相承寺也、仍新寄之　王丸寺 在伊勢國
一乗院 是圓光院別院也、因之以彼院供僧等衣服用途所與与一乗院供僧也、若寺務各別者觸事有煩歟、仍本院別當可執行之
右或根本末寺、或新立別院也、件寺別當或号先祖
相傳、或稱師資相承、雖補任來、皆是本寺之所攝
座主之進退也、而後代自號廃之輩、為別當之職若任
他所致寺務、若輕本寺寄權門、若蔑長吏違背其
命、若稱私領沽却他人之輩出来者、永停止寺務、可
改定其職矣
一 経蔵一宇
奉安置顕密正教并代代先徳自筆書籍本尊
秘曼荼羅道具等 目録在別
以前條條、譲与座主權少僧都元海畢、一族之上、為
入室瀉瓶之弟子、仍委付万事之状如件
康治二年六月一日
大僧正定海

21　**「定海譲状」**（醍醐寺所蔵　76 函 56 号）

右の諸院家は、醍醐寺の代々座主の管領下に置かれるべきであるが、去年に左大将の書状を副えて、院に奏上した結果、元海が住持に認められた。末代に及んでも、元海の法流に属さぬ人が住持となることは許されない。

一別院・末寺の事について、

観音堂・延命院・大智院・定水寺〈成覚寺はこれに属す。〉・東院・菩提寺・小野寺〈東安寺と号する。〉・亭子院・宝塔院・清住寺〈師資相承して管領される寺であり、新たに寄進する。〉・玉丸寺〈伊勢国に在る。〉・一乗院〈これは円光院の別院なり。そこで円光院供僧の衣服料に余りがあれば、一乗院供僧等に与えられる。もし院家の院主が別個であると何かと混乱があろうから、その際には本院の院主が兼職する。〉

右の院家は、昔からの末寺であったり、新たに創建された別院である。これらの院家の院主（別当）は、あるいは先祖相伝であると主張し、あるいは師資相承と言い立てて、院主に補任されてきたが、いずれも本来は本寺座主の管領下にあり、その意向に従うべきものであった。ところが時代とともに道理を弁えぬ寺僧が、院主に就きながら寺外に住したまま院務を行なうようになり、また本寺を軽侮して院家を権門に寄進し、または座主を軽んじてその命に従わず、若しくは院家を私領と称して寺僧以外に売却する者も現れ、永く寺家の経営を阻害することもあった。そのような場合には、その院主職を改定するように。

一経蔵一字について

この経蔵には、顕密聖教や代々先徳の自筆の書籍・本尊・秘曼荼羅・道具等〈その目録は別にある。〉を安置している。

これらの条々を定めた上で、座主権少僧都元海に譲り与えるところである。元海は一族である上に、私の門室に入室し教えをすべて伝授された弟子である。そこで院家等のすべてを元海に委ねることにした。

康治二年（一一四三）六月一日

譲り与う　醍醐寺条条の雑事

合せて

一灌頂院の事、

右、件の院は定海私に建立するなり。而（しか）して天承元年より御願に寄進して以降、毎年結縁灌頂の大会を修し、法皇二世の御願を祈り奉る。兼ねて万代不朽の勤めを期し、国家を鎮護す。寺辺の小田畠を仏聖料にこれを寄す（坪付は別に在り）、

一円光院并に無量光院・三宅寺の事（円光院・無量光院は各別といえども、寺務はこれ一つなり。また三宅寺は末寺なり。ここに因り一に属す。）

右、件の院は醍醐代代の座主に付し、執行せしむべきの由、去年を以て、左大将の書状を相具し、院奏を経畢ぬ。随って元海に補任せられ畢ぬ。末代といえども他人更にこれを執行すべからず。

一別院・末寺の事、

観音堂　延命院　大智院　定水寺（成覚寺これに属す）、　東院　菩提寺　小野寺（東安寺と号す）、　亭子院　宝塔院

清住寺（師資相承の寺なり。仍って新たにこれを寄す。）　玉丸寺（伊勢国に在り）、　一乗院（これ円光院の別院なり。これに因り、以て彼の院の供僧等の衣服に用い、残るところは一乗院供僧等に曳き与うるところなり。もし寺務各別たらば、事に触れて煩い有るか。仍って本院別当、これを執行すべし。）

右、或いは根本の末寺、或いは新立の別院なり。件の寺の別当、或いは先祖相伝と号し、或いは師資相承と称し、補任し来たるといえども、皆これ本寺の所摂にして、座主の進退なり。而るに後代狼戻（ろうれい）の輩より、別当の職として、若しくは他所に住し寺務を致し、若しくは本寺を軽ろんじ権門に寄せ、若しくは長吏を蔑ろにし其命に違背し、若しくは私領と称し他人に沽却するの輩出来せば、永く寺務を停止しその職を改定すべし。

一経蔵一宇、

顕密正〔聖〕教并に代代先徳の自筆の書籍・本尊・秘曼荼羅・道具等（目録は別に在り）、を安置し奉る。

大僧正定海

以前の条々、座主権少僧都元海に譲り与え畢ぬ。一族の上、入室瀉瓶の弟子たり。仍て万事を委付するの状、件の如し。

康治二年六月一日

大僧正定海

右の定海譲状は、「灌頂院」「別院・末寺」「経蔵」に関わる定めを掲げており、その内容から、以下に述べる通り、三宝院の寺内外における立場、そして院家と寺家との関係を示唆している。

院家の相承

勝覚が醍醐寺内に創建した灌頂堂から発展した「灌頂院」（三宝院）は、定海の手で堂宇が増建され、天承元年（一一三一）の鳥羽院への寄進によりその御願寺となって以後、毎年の結縁灌頂を勤修するなど、鎮護国家の役割を果たした。このように創建の由緒と高い寺格をもつ三宝院が、寺内外で格別の処遇を享受することは首肯できよう。

醍醐寺には創建期より上醍醐・下醍醐や寺辺に、相次いで院家・末寺が生まれた。鳥羽院は、円光院・無量光院や三宅寺など院家や末寺を、醍醐寺座主の管領下に置くよう院宣を下した。さらに、醍醐寺座主は、定海の先々代の覚源以降、師資相承によってその法流の中から補任されることになった（「醍醐寺新要録」濫觴篇）。定海門徒の中から嫡弟が座主に就いたことから、三宝院を定海から相承した元海が、必然的に円光院などの院家・末寺を管領することになった。

円光院・無量光院・三宅寺とともに、観音堂や定水寺などの「別院」（院家）と末寺が、本譲状に掲げられているように、同じく三宝院の院主の支配下に置かれていた。そのなかには、円光院の「別院」として、その院主が「執行」する一乗院も含まれている。そして三宝院の管領下に置かれた院家・末寺が、本寺に対して独自の経営・相承を主張する経緯が、この譲状に記されている。

まず、寺内外の「根本の末寺」「新立の別院」は、本来ならば「本寺の所摂」「座主の進退」とされていた。しかし時代とともに、その原則が軽視され、院家・末寺の住持が寺外に止住（しじゅう）することもあり、本寺とは距離をもつようになった。さらに院家・末寺の「寺務」（住持）は、創建の由緒を強調し、師資相承を主張してその職に就くとともに、本寺を軽んじて院家などを権門に寄進し、座主を蔑ろにしてその命に従わず、「私領」と称して他人に沽却するなど、本寺から距離をとり、別相伝（べつのそうでん）（本寺の命によらぬ相伝）を主張するようになった。このような事態に、座主を兼ねる三宝院の院主定海は、寺家の影響力を維持するために、独立を図ろうとする院家・末寺の住持を改替するよう、弟子元海に記し置いたのである。

しかしながら、鎌倉中期以降に、醍醐寺座主と三宝院の院主が一体との慣例が崩れるなかで、法流の正統を維持する三宝院のみならず、その法流の庶流としての理性院・金剛王院、さらに報恩院・無量寿院・地蔵院などの院家が、寺内で確固たる立場を占めるなかで、院家は寺家の管領下に置かれるべきであるという原則もその実質を失うことになり、院家と寺家との距離はますます拡がることになった。

また三宝院流の優位は、同院が相承する三法流とともに、その相承を支える聖教（経論の註釈や論義草など）によっても維持された。経蔵に納められる「顕密正教〔聖〕并に代代先徳の自筆の書籍・本尊・秘曼荼羅・道具等」は、三宝院流の内実を支えることになる。とりわけ師資間で授受される「代代先徳の自筆の書籍」とその「目録」は、法流相承の証と言うべきものであった。

定海が自らの甥である元海に譲った三宝院は、醍醐寺内で優越した立場にあったが、その基底には、東密（真言密教、東寺〈教王護国寺〉を根本道場とすることに由来）正統の三宝院流と、その法流を共有する院家・末寺の存在があった。

真言宗の教団内での醍醐寺の優越した立場を支えた一因としては、三宝院創建以降の発展と、三宝院に相承された三宝院流の東密の諸法流内で占めた優位性であった。つまり三師（義範・範俊・定賢）の法流を一体として継承したとされる三宝院流は、大事・秘法に関わる秘事の相承と、大法・如法にわたる諸尊法のなかで個性的な秘法を伝えるという縦のネットワークによって、東密のなかで最も優越した法流として、後世まで存続することになった。そして三宝院流は、醍醐寺のみならず真言宗を掲げる諸寺において、さらには顕密諸寺においても伝授がなされ、近世以降も古義・新義の真言宗にも相承されたのである。

〔参考文献〕
永村　眞「「印信」試論―主に三宝院流印信を素材として―」（同著『中世寺院史料論』吉川弘文館、二〇〇〇年）
同　　右「醍醐寺三宝院の法流と聖教」（同著『中世醍醐寺の仏法と院家』吉川弘文館、二〇二〇年、初出二〇一五年）
藤井雅子『中世醍醐寺と真言密教』（勉誠出版、二〇〇八年）

三章　憲深と頼瑜

――密教教学の再検討――

真言密教（東密）は本来、その理論的な側面の教相と、実践的な側面の事相の、両面からの修得が求められていた。ところが、世俗社会の俗的な要望を無視しがたい密教寺院では、修法（密教祈禱）により現世利益を実現する事相が、その理論的な裏づけをなす教相に比して重視されることになった。もちろん事相には、密教行者が現世で覚りを得るための所作という聖的な目的があった。しかし、世俗社会のなかで存続を図る寺院・寺僧にとって、俗人が求める現世利益を実現させるための宗教行為（修法）が重視されたのは当然といえよう。

寺院社会を支える寺僧にとって、仏法の理論と実践のいずれが重視されるかといえば、通例ならば理論が実践に優先されるが、密教の寺院社会では全く逆となる。つまり南都北嶺の諸寺院では、主に教学活動に携わる学侶が、実践活動に従う堂衆に対して、寺内階層として優位を占めていた。その一方で、平安時代中期から相次いで創建された真言密教を掲げる諸寺院では、世俗社会に具体的な利益を供し、その成果に関心が集まる事相が重視された。そこで、現世利益の実現のための作法などは秘事化され、その相承には、密教行者が出自とする世俗社会の階層が反映されることになった。

つまり、出自の高い寺僧が止住する密教寺院では事相を、見るべき出自をもたぬ寺僧が止住する寺院では教相を、それぞれに偏重する傾向が見られ、鎌倉時代以降に、前者は門跡、後者は道場と呼ばれる寺院も現れ、各々で独自性にこだわった修学が重ねられた。たとえば、京都の醍醐寺・仁和寺・大覚寺などは門跡として事相が重んじられたのに対し、東寺・高野山・根来寺などは道場として教相が重視され、この区分は事相本寺・教相本寺という形で江戸時代まで存続することになった。

さて、本来は事相と教相が両者一体で修学されるべき真言密教は、特に鎌倉時代以降、各々の体系化が図られることになった。事相では、伝授を意図した秘事・秘法の集成と体系化が進められ、その次第や所作を記した膨大な事相の聖教が生まれた。一方、教相では、空海の著述をはじめ、密教の経論や経論疏の註釈とともに、事相の所作をめぐる教理的な解釈とその集成が進められ、疏釈（註釈）や聞書（先師の講説）などの形をとる教相の聖教が撰述された。さらには、秘法伝授による事相の相承とともに、教相もまた口伝重視の秘事化を遂げることになる。

真言宗の教団は江戸時代前期以降、大きく新義真言宗と古義真言宗に大別されることになる。新義と古義について「見聞随筆」には、事相法流のいかんを問わず、教相が「高野の流」であれば「古義」、「根来の教相」であれば「新義」という新義教団の見解を掲げている。この認識はあくまで新義真言宗側のものであり、古義側に同様の見解は見いだしがたい。

今日では、新義真言宗として、興教大師覚鑁を始祖と仰ぐ豊山派（本山長谷寺）、智山派（本山智積院）、新義真言宗（本山根来寺）に対して、古義真言宗としては、高野山、醍醐寺、仁和寺（御室派）、大覚寺、東寺（東寺真言宗、真言宗東寺派）、善通寺、泉涌寺、勧修寺（山科派）などが並び立っている。

真言宗が大きく「新義」と「古義」に分岐するにあたって重要な役割を果たしたのが、醍醐寺報恩院の憲深と、根来寺中性院の頼瑜であろう。そこで、空海以来の真言宗が、「新義」と「古義」という二つの流れへの分岐点となった、この二人の祖師に注目したい。

1　報恩院憲深と頼瑜

憲深とその法流

憲深は、鎌倉時代の前半期に、醍醐寺三宝院の院主（後の門跡）として密教興隆に貢献した碩学である。侍従藤原通成の息である憲深は、三宝院の始祖である勝覚の末葉に連なった。また三宝院流の祖師として多くの弟子を育んだ叔父の成賢から伝法灌頂を授けられている。さらに成賢の嫡弟として、師僧が「閑居終焉の地」とした極楽坊を相承している。三宝院流の「正統」を引きその高い学識を知られた憲深は、師の成賢から継承した極楽坊を報恩院と改号し、「所受の宝刹を樹て、甘露の法門を開く」とあるように、この報恩院は、憲深が成賢から相承した密教法流の拠点として発展を遂げることになった（「醍醐寺新要録」報恩院篇）。

さて三宝院を開創した勝覚より以降、醍醐寺座主は同院の院主が相承したことから、三宝院は醍醐寺の座主坊となった。ところが、貞永元年（一二三二）に座主に就いた賢海から実賢・勝尊の三代は、いずれも三宝院の嫡流に連なることのない、金剛王院の院主として座主を継承している。しかし建長三年（一二五一）に、憲深が三宝院流の門徒中で最も仏法の見識に優れるとされたことから、後深草天皇から座主に撰補され、ここに座主職が三宝院にもどることになった（「醍醐寺新要録」座主次第篇）。

この後、建長五年八月には、「請雨の験」により報恩院に「阿闍梨三口」が勅施され、さらに正元元年（一二五九）四月、勅を受けて冷泉殿で勤修した「仁王大法」の法験（祈禱の成果）の賞として「阿闍梨三口」を賜っている。また正元二年二月、亀山天皇皇后の安産祈願のため「如法愛染王供」を勤修し、その賞として弟子定済が法務に叙された。加えて弘長元年（一二六一）七月には、五大虚空蔵法の勤修により、報恩院に「阿闍梨三口」が置かれている。このように請雨・安産などのために修法を相次いで勤修し、相応の法験により勧賞（褒賞）として、「阿闍梨」（供僧）職が勅施された。憲深の法力へ高い評価が与えられるとともに、止住する報恩院には勧賞として置かれた「阿闍梨」職により、多くの院僧を擁することになったのである（「続伝燈広録」巻十一）。

ここで憲深の門葉は、

付法十一人、光賢　親快再受　親尊　俊誉松橋　弘義　宗円　玄慶　実深瀉瓶　定済座主　頼瑜根来　教舜根来寺

として、法流を代表する弟子が並ぶ（同前）。さらに「其の密灌を受くる者、五十五人有り」（「本朝高僧伝」第十五）とあるように、嫡弟の実深や根来寺の頼瑜のほか、東大寺の聖守らを含む「五十五人」の門弟が、その門葉に連なったとされる。

さて成賢・憲深らにより大きく興隆した三宝院流は、その本院たる三宝院が焼失と再建を繰り返したため、憲深が継承した報恩院を拠点として相承が図られた。「今や醍醐山に盛んなるは、ただこの流派のみなり」（同前）とされるように、報恩院に相承された三宝院流は、醍醐寺を代表する法流となり、さらに、三宝院流憲深方（三憲）として、後世まで東密、すなわち真言密教の嫡流として広く門葉を拡げることになる。そして憲深の門葉に、根来寺の頼瑜が連なっていたのである。

頼瑜の交衆と伝授口決

さて、頼瑜自らが撰述した「真俗雑記問答鈔」巻十の「醍醐寺交衆に入る事」には、以下のような記事が記される。

問うに、どのようなことなのかと云々。答えるに、弘長元年（一二六一）六月十二日午刻、醍醐寺報恩院に止住することになった。同十四日に、僧正御房（憲深）のご指示に従い、醍醐寺に交衆（寺僧に加わる）し、同十五日には法衣を賜った。付衣に生絹の五帖袈裟、大帷と小帷、これらを賜った。同十七日、清瀧宮御遷宮の法会のため、同拝殿に出仕し所作を勤修した。同二十三日には報恩院の供僧に補任された。時に生年三十六歳であった。

問う、何んが。答う、弘長元年六月十二日午刻、醍醐寺報恩寺〔院〕に参住す。同十四日、僧正（憲深）御房の仰せに依りて、交衆に入り畢ぬ。同十五日、装束を賜る。付衣、生絹の五帖袈裟、大帷并に小帷これを賜る。同十七日、御遷宮（清瀧拝殿）に出仕しこれを勤む。同廿三日、有職に成し補され畢ぬ（生年三十六なり。）

頼瑜は弘長元年（一二六一）六月より、憲深の命により醍醐寺報恩院に止住し、また醍醐寺の寺僧に加わり、寺僧としての衣体（法衣）を賜った。ただちに清瀧宮遷宮の法会に出仕し、時を置かず報恩院の供僧（有職）に補任されており、師憲深から格別の処遇を受けたことは言うまでもない。これより頼瑜は、憲深から三宝院流の事相を伝授され、それを契機として根来寺に中性院流を立ち上げ、その流祖となる。

ところで、憲深と頼瑜の関係を物語る聖教として、「薄草子口決」がある。頼瑜は弘長二年、憲深から「薄草子」により諸尊法の伝授を受けたが、その折に口決として授与された「秘法の幽旨」の「梗概」を記したものが「薄草子口決」である。前章（Ⅱ—二章—2）で引用した奥書には、頼瑜の手になる「薄草子」伝授に関わる由緒に次いで、正安元年（一二九九）、頼瑜から伝法灌頂を受けた東大寺東南院の聖忠による「薄草子口決」撰述の経緯が記される。憲深から「薄草子」を伝授された際に、頼瑜が授与された口決などを記した「抄記」を、改めて憲深自身が一見した上で、思うことを自筆で加筆したものが「薄草子口決」であった。この書が三宝院流の伝授にあたって参照されるべき重書となるが、その撰述にあたり頼瑜は、憲深から格別の配慮を受けており、ここに両者の緊密な関係がうかがわれよう。

師僧憲淳から「薄草子」を伝授された頼瑜は、尊法の個々について、教示された口決などを配列し、その所作に関わる教学的な裏づけを記した。この「薄草子口決」こそ、事相との接点を記した新たな教相の聖教であることは前述の通りである。頼瑜の手になる「薄草子口決」や「秘鈔問答」は、密教経論や空海の著述に関わる疏釈とは別に、事相の所作に密着した教相聖教として、以後の伝授のよりどころとされたことは首肯できる。

2　頼瑜の修学

頼瑜の生涯

頼瑜が醍醐寺へ入寺するまでの足跡を、「密教伝来三国祖師血脈鈔」に掲載された「根山伝法院学頭歴代　第一中性院始祖頼瑜和尚」により、たどってみたい。

法名は頼瑜、通称は俊音房、紀州那賀郡の人である。源氏を俗系とし、姓は土生川（はぶかわ）氏を名乗り、父の名は源四郎である。（中略）建長年中（一二四九～五六）の初めに、頼瑜は二十余歳で南都に赴き、東大寺に止住して三論（さんろん）・華厳（けごん）宗を学び、さらに興福寺に止住して密教と唯識を学んだ。

22　**頼瑜像**（根来寺所蔵）

一人皇八十八代後深草院の治世である康元々年（一二五六）に、仁和寺に止住して広沢流を修めた。弘長二年（一二六二）の秋に、醍醐寺報恩院に止住した。三十余歳まで生きてきた人生など一夕の夢のようなものである。早々に文殊菩薩が説く般若の教えの註釈を、多くの同門の学侶から幾たびもその撰述を求められてきた。その需めを断りがたく、伝受の余暇を用いて秘鍵開蔵鈔二巻を著した。

一康元二年（一二五七）、高野山に在って釈論開解鈔の著述に着手した。文応元年（一二六〇）に、木幡観音院に止住し、秘密口訣を中観上人（真空）から伝受され、同じくその教えにより諸宗章疏の疑問点を解決することができた。上人は名を中観、法名は真空、通称は廻心であり、幅広く顕密を兼学しており、野・沢諸流の秘事を伝授されていた。頼瑜の著作中にしばしば木幡の説と称されるのは、この中観上人の説である。弘長元年（一二六一）正月に、木幡観音院の道場において、中観上人から広沢流の伝法灌頂を受けた。

一弘長元年六月、初めて醍醐山に登り、報恩院憲深僧正〈頼瑜が三十六歳の時、〉に面謁した。憲深公は三宝院の正嫡であり、知恵は深く徳は高く醍醐寺の座主としてあった。頼瑜は憲深から親しく秘決を相承し、醍醐寺に久住しようと思った。また憲深僧正は頼瑜が博識かつ高才であることを聞き、醍醐寺住侶にしたいと考えた。そこで頼瑜は醍醐寺僧に加わり、報恩院に止住することになった。時に醍醐寺僧は頼瑜を甲斐阿闍梨と呼び、のちに甲法印とも称した。この年に、憲深僧正から十八印契を伝受され、日々に伝えられた秘事を記して野道鈔と名づけた。

諱は頼瑜、字は俊音房、紀州那賀郡の人なり。俗系は源、姓は土生川氏、父の名は源四郎。（中略）

一建長の初め、二十有余歳にして南京（南都）に住す。東大寺に寓して三論・華厳を学び、興福寺に住して瑜伽・唯識を習う。

一人皇八十八代後深草院の康元々年、仁和寺に住し錫を広沢の法流に駐む。弘長二年秋、醍醐寺報恩院に寓す。卅有余歳は一夕の夢なり。須く文殊の疏を作るべし。且つまた同門の学侶の悃請再三なり。已むを得ず、伝受の余暇に就きて、秘鍵開蔵鈔弐巻を著す。

一康元二年、高野に在りて釈論開解鈔を始む。文応元年、木幡観音院に寓し、秘密口訣を中観上人(真空)に受け、同じく諸宗章疏の疑いを決す。名は中観、諱は真空、字は廻心、広く顕密を兼学し、野沢諸流の秘璽を括嚢す。頼瑜書中に多く木幡の説と称するは是なり。弘長元年正月、観音院道場に於いて、灌頂を中観上人に受具す。広沢流なり。

一弘長元年六月、初めて醍醐山に登り、報恩院憲深僧正(卅六歳の時)に謁す。深公は三宝院の正嫡たり。知法高徳にして当寺に冠す。和尚(頼瑜)、親しく秘決を承け久住せんと欲す。僧正また博識高才なるを聞き、醍醐住侶と成さんと欲す。よって和尚、醍醐に交衆し、報恩院の山坊に居す。時に衆、呼びて甲斐阿闍梨と号す。後に甲法印と称す。この年、僧正に従い、十八印契を受け、日々に聞くところを記し、野道鈔と名づく。

頼瑜は、紀伊国那珂郡の土豪の土生川源四郎の子息として生まれ、出家後、建長年中（一二四九〜五六）に南都に遊学し、東大寺で三論・華厳、興福寺で密教と唯識（法相(ほっそう)）を学んだ。さらに康元元年（一二五六）、仁和寺で広沢流の密教事相を修め、文応元年（一二六〇）には木幡観音院で、中観上人真空より野・沢諸流の秘事を伝授された。その翌年の弘長元年（一二六一）には、真空から広沢流の伝法灌頂を受け、その後に真空の推挙によるものか、醍醐寺に赴いて、三宝院流の正嫡である報恩院の憲深に面謁を果たした。憲深からその博識・高才を評価された頼瑜は、翌二年に醍醐寺に交衆し、三宝院流の秘事を伝授されたことは前述の通りである。ここに顕密にわたる仏法に通暁した頼瑜が、真空・憲深から広沢・小野(おの)両流の事相を伝授され、また高野山・醍醐寺などにおいて、顕密の聖教を著すことになった。そして頼瑜の学識への憲深による高い評価を明示するものが、前述した「薄草子口決」である。

頼瑜と中性院

この「根山伝法院学頭歴代　第一中性院始祖頼瑜和尚」によれば、「仁治年中」（一二四〇〜四三）に焼失した高野山伝法院が再建され、頼瑜は文永三年（一二六六）に伝法院学頭に就いたとされる。さらに憲深の寂後四年を経た文永四年（一二六七）に、その後嗣である報恩院実深の招請を受けて醍醐寺中性院に住持することになり、同九年には高野山中性院にも住持している。次いで弘安元年（一二七八）には高野山において、覚洞院実勝から「妙鈔」などにより諸尊法を伝授され、さらに翌二年には実勝から改めて伝法灌頂と宗大事（しゅうのだいじ）の伝授を受け、三宝院流の正統を相承し、自らを流祖とする法流を「中性院流」とした。

また、頼瑜は正応元年（一二八八）に、大伝法院・密厳院を高野山から根来寺に移し、根来寺では伝法大会を勤修するとともに、神宮寺西僧坊を根来寺中性院として止住することになった。なお、永仁五年（一二九七）には、憲深から伝授された多様な「諸流次第・秘記等」を類聚・校合し、「秘鈔問答」を撰述している。頼瑜は嘉元二年（一三〇四）に示寂するまでに、「秘鍵開蔵鈔」「釈論開解鈔」「野道鈔」「釈論愚草」や「薄草子口決」「秘鈔問答」など「三百余種、四百五十余巻」の著述を残している。

このように頼瑜は、南都の東大寺・興福寺ほか、仁和寺・高野山・木幡観音院・醍醐寺で、顕密にわたる修学を重ね、高野山伝法院学頭・根来寺伝法院学頭を勤め、醍醐寺中性院・高野山中性院・根来寺中性院に住持して、教相・事相にわたる多くの著述を残した。これらが、以後の真言教学における重要なよりどころとなったことは注目しておきたい。

3　頼瑜の教説

仏の三身

仏法継承のなかで、絶対的な真理を悟った「仏」の身体をめぐり、その実体と機能についての議論が、長年にわたってさまざまに重ねられた。空海の手になる「弁顕密二教論」では、「仏」の三身と顕・密二教の存在を、次のように説いている。

「仏」の身体には、法身（絶対的な真理）・応身（十地以上の菩薩を教化する仏身）・化身（十地以前の菩薩と声聞・縁覚二乗、凡夫を教化する仏身）の三種があり、またその教説には顕教・密教の二種がある。応身・化身が説く教えが顕教であり、説かれる内容は簡略ながら明快で、聴聞者の能力に応じたものである。これに対して、法身の語る教えが密蔵（密教）であり、その内容は容易に理解できぬものであるが、深淵な真理である。

> 其れ仏に三身有り。教に則ち二種あり。応・化の開説、名づけて顕教と曰う。言は顕略にして機に逗う。法仏の談話、これを密蔵と謂う。言は秘奥にして実説なり。

つまり、仏身（「三身」）と仏教（「二教」）との関係のなかで、「密蔵」（密教）とは、法身（大日如来）と究極の悟りに達した如来との間での「談話」、つまり大日如来とその眷属である如来と交わす教えの世界であるとする。この教えの世界は、如来に至らぬ菩薩と、声聞（釈尊の教えにより自らの悟りのための修行する行者）・縁覚（自らの悟りを自らの方法で修行する行者、声聞とともに自利をはかる）の二乗や凡夫（仏の教えを理解していない人）には、理解の外にある「秘密」であり、ここから「秘密仏教」（「密教」）との表現が生まれた。

ここで空海は、「密教」について、顕教が否定している法身説法説を主張している。絶対的な真理として、具体的な形をもたぬ法身（大日如来）が説法を行なうとする法身説法説（自証説）は、専ら高野山をはじめとする古義真言宗により継承されることになった。

法身説法

この「法身説法」について、頼瑜は「真俗雑記問答鈔」巻六で、「法身説法に二義有る事」として、以下のように記している。

問うに、これはいかなることであるか。答えるに、弘法大師は一切経の釈でこのように説いている。まず、大日如来（法身）は法身相互にあらゆる真理を語りあい、これを説法と名づける。また別の解釈として、言語という側面から見るならば、すなわち法身が自らの悟りを語るということである。ただし法身による説法の内容は、仏（法身）のみがこれを理解できるが、もろもろの声聞・縁覚には知りえないものである。

重誉はこのように説いている。覚りの境地には二種類ある。一つ目は法界虚融門（融通無碍な真理の世界）であり、これは真諦（至上の真理）とも言われる。真諦により理（真理の筋道）が明らかにされるからである。二つ目は自差別門（個別的な観念の世界）であり、または世諦（世俗の真理、それを語る言語）とも言われる。この世諦により自己を明らかに表現できるからである。ここで法界虚融門によって法身説法を説明するならば、法性（法身がもつ絶対的な真理）にはあらゆる仏徳が備わっており、そのなかには言語に関わる舌根・声塵などの機能が含まれ、これらの行使こそが説法である。一方、自差別門によって法身説法を説明するならば、すなわち法身は自らの眷属にのみ自らの悟りを説法することを常としており、眷属以外の凡夫などへの言説など、あり得ぬということになる。

問う、何んぞ。答う、大師の一切経の釈に云く、若しくは法身に対し法身は万法を具す。是れを説法と名づく。更に一釈有り。世諦に約して言はば、即ち是れ法身説法するなり。法身の説法は、唯だ仏と仏と能くこれを知る。諸二乗の知見するところに非ずと云々。

（重誉）光明山の義に云く、実相の境界に就きて二門有り。一は法界虚融門、また真諦と云う。理を真諦に開くの故なり。二は自差別門、または世諦と云う。自らを世諦に開くの故なり。若しくは虚融門に約して法身説法を言はば、法性は万徳を具す。その中に舌根・声塵等の功徳有り。これを指して説法と言う。若しくは自相門に約し、法身説法を言はば、即ち法仏、自内を眷属に対し、常恒に説法するなりと云々。

このように頼瑜の認識として、弘法大師の説（『一切経の釈』）により、「法身説法」の内容は、大日如来（法身）とその眷属のみが理解できるもので、そこには仏の本性にもとづく言語の「功徳」（獲得された機能）があるとする。また

「法身説法」は、大日如来が眷属のみに自らの悟りを語るもので、声聞・縁覚の「二乗」は理解し得ず、いわんや凡夫の理解など望み得ぬものである。

また重誉の説（「光明山の義」）によるならば、悟りの境地には、一つに「法界虚融門」（「真諦」）、今一つに「自差別門」（「世諦」）の二様がある。まず真諦の側面から見るならば、「法身説法」とは、万徳を供える「法性」に内在する言語に依拠している。一方、世諦の側面から見るならば、「法身説法」は、常に法身が獲得した真理（自内証）を眷属のみに語る言説とする。

すなわち頼瑜は、空海・重誉の説により二様の「法身説法」があると理解した。一つは法身同士があらゆる真理（「万法」）を語る（「談話」）、今一つは法身が獲得した真理（「自内証」）を「法性」に備わる言語により眷属に語る、というものである。そしてこの「真諦」による「秘密」の「説法」とは別に、「世諦」による言語による「説法」があるとして、ここに「説法」の媒体としての言語の存在が認められるのである。

ところで、我々が目にする「大日経」や「金剛頂経」などの経典は、「法仏の談話」としての「密蔵」とする限りは仏のみしか理解できず、凡夫たる我々にとっては理解の範囲を超えるはずである。ところが、文字により記される「諸経」は、いささかなりとも我々のような凡夫にも理解できる。この「法身説法」をいかに考えるかについて、筆者は以前から個人的に素朴な疑問をいだいてきた。そして、頼瑜は、空海の解釈によって多くの「流布の諸経」を、「他受用の見説」つまり衆生を導く役割の仏身による「説法」の成果、と理解しているのである。

加持身説法

さらに頼瑜は、「真俗雑記問答鈔」巻六の「真言教能説の教主料簡の事」で、このように述べる。

問うに、大日経・金剛頂経で説かれる密教は、自性身（法身）の説であるか、いかが。答えるに、まず大日経の教主を考えた上で、他の密教経典はこの理解に准ずることになろう。大日経の第一にこのように言っている。あ

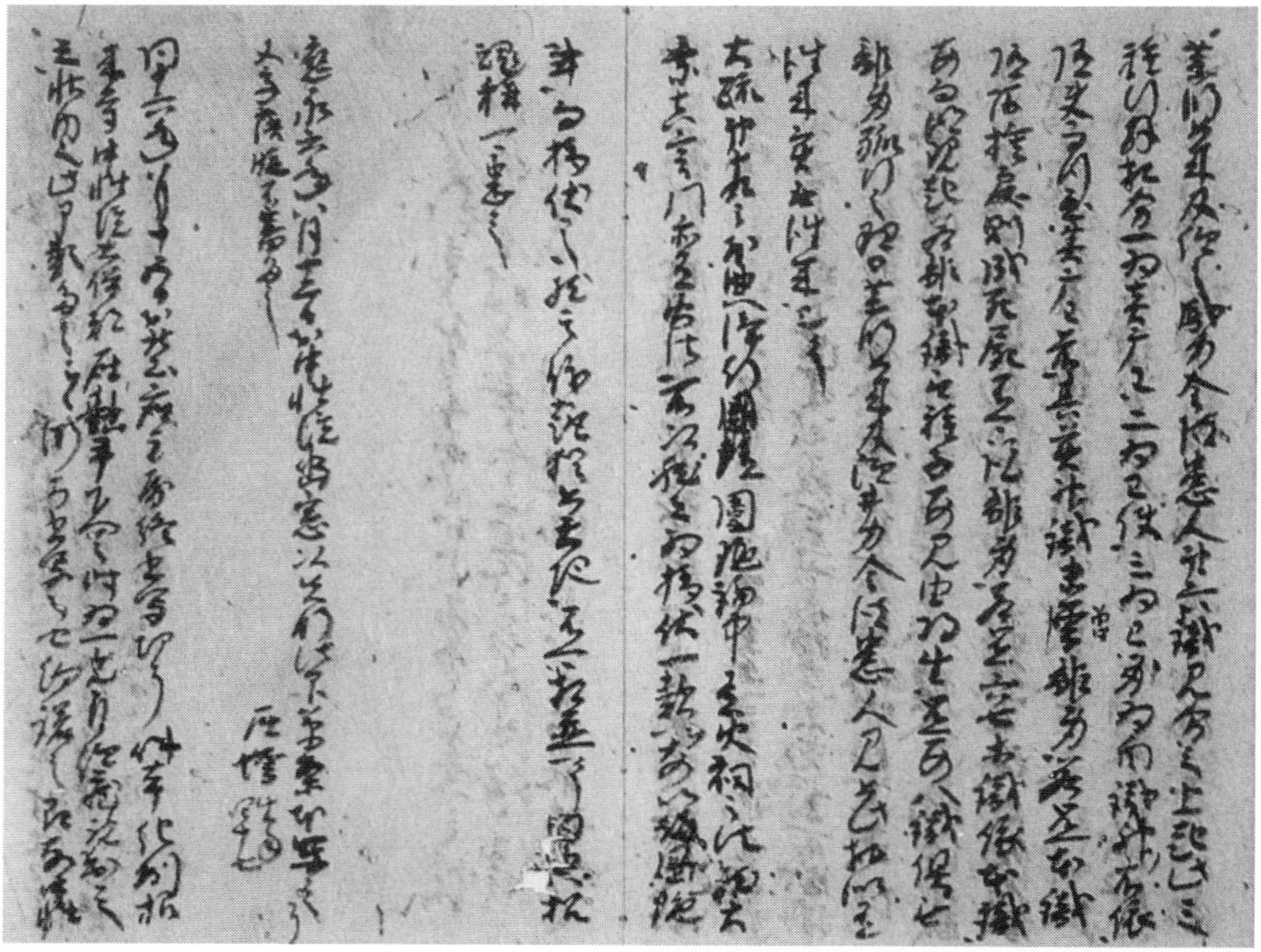

23　「真俗雑記問答抄」巻16（醍醐寺所蔵　319函51号）

る時、薄伽梵は、如来加持大金剛法界宮に住したという。また、大日経疏にはこのように言っている。薄伽梵とは、すなわち毘盧遮那（大日如来）の本地法身（法身）である。また如来とは、仏の加持身（衆生を教化する機能を果たす仏身）であり、その果たす役割から仏の受用身（衆生に法を説く仏身）ということになる。そこでこの仏身こそが、加持（衆生への働きかけ）をなす仏の実体ということになる。そして如来の心王（認識の主体）は、諸仏がその役割を果たすため、各々に内在するという。さらに大日経疏の第二にはこのように言っている。如来を仏の加持身とするが、これは他受用（衆生に法を語る）という役割を果たす応身（衆生を教化する仏身）である。また如来の心王とあるが、如来は応身の実体であり、心王はその仏身の役割の根源である。そこで一切諸仏が行なう説法は、応身が役割を果たしている姿である。そこで加持身の根源にある本地身こそが教主となる。（中略）私見として、このように考えている。この考え方によれば、加持身説が成立することになる。あるいは依憑義(えひょうぎ)によれば、経中の薄伽梵の句を、疏中では本地法身と解釈しており、諸経の通序によれば、これを教主のことを示すとする。大日経の「住如来」已下の部分は、教主の実体を語る文言である。経疏の解釈に異同はなく、本地身を教主としている。その実体は法界宮にあるが、その機能を果たすのは自性身に他ならない。そこで弘法大師は、この文によって自性身の説法を明らかにし、また法身の談話を密蔵とした、このように考えざるを得ない。

問う、大日・金剛等の密教は、自性身(法身)の説たるや、如何が。答う、且(しばら)く大日経の教主を料簡して、余経はこれに準ずべし。彼経の第一に云く、一時薄伽梵、住如来加持大金剛法界宮といえり。疏に云く、薄伽梵とは即ち毘盧遮那(大日如来)の本地法身(法身)なり。次いで如来と云うは是れ仏の加持身なり。その処住の処を仏の受用身と名づく。即ちこの身を以て、仏の加持の住処と為す。如来の心王は、諸仏の住としてその中に住すといえり。抄[疏カ]の第二に云く、次いで如来はこれ仏の加持身と云うは、即ち応身の他受用なり。如来の心王等とは、如来はこれ所住なり、心王は能住たり。一切諸仏の説法の儀式の如きは、皆応身に住す。即ち本地身を教主と為すなりといえり。（中略）私に云く、この義の意は、加持身説と成るなり。或いは云く、依憑義に云く、経の薄伽梵の句を以て、疏中に本地法身と釈す。諸経の通序に準ずれば、これ教主を挙ぐるの文句なり。住如来已下は、住処を示す文言なり。経疏の意諍い無し。本地身を以て教主と為すなり。所住は既に法界宮なり。能住豈(あ)に自性身に非ざらんや。これに依り大師この文を以て、自性身の説法を明らめ判じ終んぬ。また法仏の談話、これを密蔵と謂うといえり。豈に夫れ爾(しか)らざらんや。

頼瑜は、まず「大日経」「金剛頂経」などの経が説く密教が、法身（「自性身」）の説法であるか否かを問い、その答えとして、法身こそが「大日経の教主」であり、他の経もこの説に依拠しているとする。また「大日経」の「薄伽梵、住如来加持大金剛法界宮」の一文については、「大日経疏」によって、「薄伽梵」は法身としての大日如来であり（「毘盧遮那の本地法身」）、如来は仏の加持身、仏の受用身であるとする。如来は、応身の他受用身、つまり衆生に教えを説く応身の立場にあって、可視的な説法・儀式などを行なうが、その本源をたどるならば法身（＝本地身）が「教主」であることに帰着する。

なお、重誉の説によれば、「四種法身」の第一である「自性身」（法身）が、衆生に直接に関わりをもつ「他受用」の役割を果たすのは、仏が神通力により衆生を加護する（＝神力加持門）という説にもとづくという。この加持の機能によって、衆生に利益をもたらすことになる「衆生説法」が可能となる。つまり、「大日経疏」では、「自性身」が加持により「他受有身」となるという「義説」によって、「仏の受用身」を説明するのである。

法身が「自性身」としてありながら、衆生を教化する「他受用」の役割を果たすのは、「自性身」がもつ加持力によるもので、その教説を他に見聞させることにより、「他受用」の「応身」となるからである。そこで、「法身」のみが理解する真理（＝自内証）についても、「自性身」が加持（＝加被）の力で「他受用身」となって衆生に説くことにより、その内容が衆生の認識に届くことになる。頼瑜は、「大日経」「大日経疏」などの解釈から、「加持身説」がこのような筋道で成り立つと強調する。

また頼瑜は「大日経疏指心鈔」において、次のように述べる。

「自性身」（法身）には、本地身と加持身がある。大日如来（本地身）の「無相の自証」（形を持たぬ悟り）を、加持身が自ら理解して、衆生に説法を行なう。

　自性身に本地・加持の二義有り。加持身の、自受法楽の説を以て、本地無相の自証を領解す。

「自性身」には本地身・加持身があり、この加持身が衆生に説法を行なうとするのである。そして頼瑜は、「大日経」「金剛頂経」などの経により密教は流布するが、「自性身」が加持によって得た「加持身」が、衆生に向き合う立場にあっても、これらの経の「教主」であるとした。そこで、衆生に対して、自性身（本地身）は言語なく無説法であるが、「加持身」は言語・言説により説法する、という加持身説法が説かれた。そして頼瑜により提示された加持身説法説は、その門葉により発展が図られ、中世から近世にわたり、新義真言宗の教説として継承されたのである。

平安前期に空海により請来された真言密教は、高い教学的な完成度を得るが、その教学面での本格的な再検討は、鎌倉後期に頼瑜によりなされたといっても過言ではない。

まず憲深からの伝授を契機に撰述された「薄草子口決」などの抄物（しょうもつ）により、併存してきた事相と教相との緊密な連携が実現した。

また、法身説法と加持身説法の基本的な違いに、真正面から教学的な解釈が加えられた。これにより、衆生への説法という仏法にとっては基本的な機能を、法身が加持の力で生み出した加持身が果たすとする加持身説法説が、真言宗の教学に新たな教説として受容されることになったのである。

この両説について頼瑜は、円珍の説を参照し、「加持身」は「受用身」として説法を行なうが、「自性身」はあくまで無説法であると主張している。そして、その理解をいっそう前進させ、「言語」のない法身が、仏身の一相である加持身により、衆生への「説法」を実現したという理解が受容されたことも納得できよう。

なお、筆者は個人的には、曼荼羅上に「中台尊」として可視的に現出する加持身こそ、法仏の「密蔵」であるという、容易には理解しがたい空海の主張についても、頼瑜によって納得できる解釈がなされたと考えている。

〔参考文献〕

永村　眞「中世の醍醐寺と根来寺」（頼瑜僧正七百年御遠忌記念論集『新義真言教学の研究』大蔵出版、二〇〇二年）
同　右「頼瑜法印と醍醐寺」（智山勧学会編『中世の仏教―頼瑜僧正を中心として―』青史出版、二〇〇五年）
同　右「中世根来寺の教学とその聖教」（山岸常人編『歴史のなかの根来寺―教学継承と聖俗連環の場―』勉誠出版、二〇一七年）

同　　右「中世根来寺の法儀と聖教」（『中世文学』六三、二〇一八年）
藤井雅子「三宝院・三宝院流と醍醐寺座主」（同著『中世醍醐寺と真言密教』勉誠出版、二〇〇八年）

四章　後宇多法皇と報恩院憲淳

——真言密教への傾倒のなかで——

神奈川県藤沢市の清浄光寺に伝来する「後醍醐天皇御影」をめぐっては、描かれた天皇の特異な姿にさまざまな解釈が試みられている（網野善彦『異形の王権』、内田啓一『後醍醐天皇と密教』など）。この絵像は、天皇を象徴する冕冠・袞衣の姿で描かれているが、天皇が着用する冕冠は、建国の天皇とされる神武天皇の「冠」、天皇の礼服である袞衣は、日本武尊の子とされる第十四代の仲哀天皇の「袞衣」が描かれているという。

しかも俗躰の後醍醐天皇がまとう九条袈裟（古代インドで定められた比丘の三衣から生まれた、細長布を横に九幅綴った袈裟）は、空海が中国からもたらした三国相承（真言宗の祖師龍猛からインド・中国を経て日本へ請来された）の犍陀穀子袈裟であるという。また、絵像で、天皇は右手に金剛杵、左手に金剛鈴を持しているが、これは金剛薩埵（大日如来に次ぐ真言密教の第二祖）の姿を示し、具体的には、元徳二年（一三三〇）に後醍醐天皇が瑜祇灌頂（真言密教における至上の灌頂）を受けた時の、その姿を描いたものとされる。

後醍醐天皇は延元四年（一三三九）に崩御するが、その五七日仏事に掲げられた御影がこの絵像であり、ここには真言密教に深く傾倒する後醍醐天皇の俗躰としての姿が描き出されている。

ところで、俗躰の真言行者として描かれた後醍醐天皇は、実はその父後宇多法皇の強い影響を受けていたと思われる。平安前期に仁和寺御室を開創した宇多法皇をはじめとして、仏教に深く帰依し、自らも仏教者として修行に励む公家（天皇、上皇）は、決して少なくない。そこで、真言密教に深く傾倒した公家の好例として、後醍醐天皇に大きな影響を与えた後宇多法皇の、特異な信仰生活に注目し、真言密教を媒介として僧・俗間に生まれた求法のネットワークを描いてみたい。

1 「金剛性」——後宇多法皇の受法——

密教への傾倒

大覚寺所蔵の、後宇多法皇の手になる「御手印御遺告」には、以下のような自らの半生が記される。少々長文ではあるが、その幼年時代からの姿をたどってみたい。

私は皇家に生をうけた。二歳で皇太子となり、八歳で天皇に即位した。さて私が誕生する日に、虚空に両部曼荼羅が現れたという。外祖である前左大臣洞院実雄公は、この奇瑞から、心中にこの児は必ずや皇統を継ぐべき大器に違いないと大いに感じ入った。もしくは皇位に就くことがなければ、仏門に入る兆であろうかと、ひそかに思い惑ったが、人に語ることはなかった。しかし、ついに皇位に就き、天下を統治することになった。

私は子供の頃から仏法への帰依の心が深く、幼年にあっては折敷（角盆）に土器を並べ、火を灯して護摩法になぞらえ、高座に登り論義のまねをした。成長するに及んでは学問を好み、儒教・歴史・仏典を広く学び、とりわけ顕・密にわたる仏法を求法した。優れた師僧が見つかれば、必ず質問を投げかけた。年が十四、五の頃に、禁中にあって、僧正道宝・勝信が相続いで東寺長者（真言宗の長官）として夜居（天皇の寝所に伺候し玉躰を護持する）に侍ることになった。そこでこの両師から十八道契印・両部大法・諸尊瑜伽を学び、密教の奥義となる多くの印明を究めた。この深い求法の念には、間違いなく神仏の報いがあった。そのほか、広沢・小野両流の碩学が阿闍梨として夜居に侍するごとに、必ず各々の法流を受習した。広沢流では奝助・道耀・了遍、小野流では定済・覚済・親玄・厳家らが師僧となった。併せて慈覚・智証両大師の門葉に連なる台密（天台宗の密教）諸流の先師は、いずれも私の志を理解し、自ら伝える秘法を惜しむことなく伝授してくれた。退位の後は、憲淳僧正に随って伝法灌頂と秘事を授けられ、ついには三宝院流の法統を伝えることになった。

さて先年、仁和寺性仁法親王は私のいだく求法の志を理解し、伝法灌頂を催して、宇多法皇以来の法流の正統を私に授けようとしたが、早世されたため、その遺命を受けた前大僧正禅助から、この正流を相承した。私は出家前より深く禅助僧正を頼り、私が出家の時には、必ずや禅助を師と仰いで仏道に入り、いずれは密教法流の伝持につとめたいと考えていた。（中略）徳治三年（一三〇八）正月二十六日、東寺灌頂院を道場として、宇多上皇の先例にならい、八十余僧を招請し、禅助を大阿闍梨として伝法灌頂を受けた。加行（伝法灌頂に先立つ修行）の間は大覚寺で精進を重ねたが、この時に霊瑞がしばしば現れ、神仏の感応は明らかであった。伝法灌頂が行なわれる当日、地は震い天には光耀が現れた。これより以降、ますます修練に励み、高祖弘法大師の遺訓に従い、堅く顕・密の二戒を守った。（中略）夏臈四十臈にして、禅助の許しを得て、大覚寺仏母心院で伝法灌頂を性円法親王に授与した。これに先立ち、五大尊護摩を各七ヵ日にわたり勤修し、親王は百ヵ日にわたる加行を勤め、師資ともに神仏の感応を祈り、霊夢のなかに好相を得て、ついにその大願を果たすことができた。その後、道順・実助が相続いで、私が大阿闍梨を勤める灌頂壇に入り伝法灌頂を受けた。

吾が生は皇家にあり。二歳にして春儲に備わり、八歳にして大極に登る。而るに初めて珠胎を出るの日、虚空に両部曼荼羅現る。外祖前左大臣実雄公（洞院）、この事を感じ見て、意におもえらく、この児は皇統を継ぐべきの大器なり。何ぞこの事を感じざらんや。若しこれ膺籙を遂げざれば、仏家に入るべきの兆なるか。竊に以て憂愕し、更に人には語らず。しかれども遂に皇祚を践し、天下を御す。

幼日より仏法に帰して、童幼の間、土器を列して折敷を焼き、護摩法を摸し、高座に昇り講論を擬す。成人にして学を

> 好み、経史を博渉し、顕蜜の法を求む。明師有らば必ずこれに問訊す。年十有四五にして禁内に在り。僧正道宝・勝信、相い続いで東寺長者として夜居に侍す。受学するに十八道契印・両部大法・諸尊瑜伽を以てし、乃至深蜜の印明、究め習わざること無し。以て求法の志深く、冥感の応有るなり。その外広沢・小野の法匠、一阿闍梨として夜居に侍するごとに、その法流を受習せざること無し。広沢は則ち奝助・道耀・了遍、小野はまた定済・覚済・親玄・厳家等これなり。兼ねてまた慈覚（円仁）・智証（円珍）の諸流を護持するの輩、皆その志に感じ、敢えて所伝を秘惜すること無し。脱屣の後、憲淳僧正に随い伝法職位・秘奥の印明を受け、遂に一流の法統を伝う。
>
> そもそも先年、仁和寺一品法親王（性仁）、特に帰法の志に感じ、授くるに法皇の正流を以てし、遙に寛平法帝の先跡を約す。将に秘蜜の源底を究めんとす。而るに天命に限り有り、徒に以て早世帰寂せられ、唯に十八契印を授け、未だ両部大法に及ばす。前大僧正（禅助）その遺命を受け、この正流を続ぎ伝う。未だ落飾に及ばざるの昔、深く僧正に約し、釈家に入る時、必ずかの人を以て師となし本懐を遂げ、法流を伝持せん。（中略）徳治二〔三カ〕年春正月廿六日におよび、東寺灌頂院を排し、延喜の嘉躅に任せ、八十余僧を屈し、伝法灌頂阿闍梨位を前大僧正に受く。加行の間、当寺（大覚寺）に於いて精進の力を励まし、霊瑞しばしば示し、冥応掲焉たり。当日入壇の時剋、地は震い動き、天には光耀現れ、爾りしよりこのかた、いよいよ修練を励まし、高祖の遺訓を守り、堅く顕密の二戒を持する。（中略）夏臈四十歳に及び、大僧正の聴許を蒙り、当寺（大覚寺）仏母心院において、伝法灌頂を性円法親王に授与す。先んじて五大尊護摩各七ヶ日を行ない、彼親王百箇日の加行を始行す。師資共に冥応を祈り、霊夢好相を得て、遂にその大願を得て既に畢ぬ。その後道順・実助、相続いで灌頂壇に入る。

このように、亀山天皇を父にもつ後宇多法皇は、二歳で皇太子に、八歳にして践祚した。その誕生にあたり、虚空に「両部曼荼羅」が現れるという奇瑞があり、祖父の洞院実雄はこの外孫が「皇統を継ぐべきの大器」である、もしくは「仏家に入るべきの兆」があると実感し、その予想は見事的中することになった。

後宇多法皇は幼年より仏法に帰依し、幼児の遊びのなかで「護摩法」や「講論」を真似たという。また「経論」を学び「顕蜜の法」を求法し、近侍する高僧のなかから「明師」を得て仏法を問い、十四、五歳に及んでは天皇に近侍する小野・広沢両流の真言護持僧から密教の秘事を学んだ。さらに「慈覚・智証の諸流を護持するの輩」つまり天台護持僧も、天皇の熱心な崇敬を理解して、秘事の伝授を惜しむことはなかった。このように、後宇多法皇の幼少からの振舞には、多くの天皇には見られない驚くべき仏教崇敬の念が現れていた。

さて、後宇多上皇が仏道に入るには、相応の理由があった。「花園天皇宸記」元亨四年（一三二四）六月二十五日条に、出家をめぐる事情が記される。

徳治年中（一三〇六～八一）に皇后遊義門院の早世を機に、剃髪して仏道に入った。次いで実子である後二条院が崩御し、ますます俗世を厭うようになり、仏道に帰依することになった。戒律と密教を学び、洛西大覚寺を御所としたが、これは宇多法皇が仁和寺に御室を設けたことにならったものである。徳治年中に大僧正禅助から秘蜜灌頂（伝法灌頂）を受けたが、密教の高徳のなかに法皇に比肩する者は少なかった。

徳治中、遊義門院の早世に遇い、一旦は落飾し仏道に入る。続いで後二条院の晏駕有り。いよいよ俗塵を厭い深く釈家に帰する。律義を習い蜜宗を学ぶ。西郊大覚寺を以て栖遅の仙居と為し、寛平法皇（宇多法皇）の仁和寺に坐すに擬す。徳治中、前大僧正禅助に対し秘蜜灌頂を受け、以来蜜宗の高徳に比肩する者少なし。

すなわち、徳治二年（一三〇七）に皇后「遊義門院」（後深草天皇の皇女姈子内親王）の薨去と、息後二条院の崩御による傷心のなかで、後宇多上皇は出家を果たした後、大覚寺に止住し、翌徳治三年に禅助から伝法灌頂を受け、密教行者としての本格的な修行の道に入った。

時代をさかのぼる正安三年（一三〇一）、天皇は退位の後、報恩院憲淳から「伝法職位・秘奥印明」を受け「一流の法統」を継承したと認識したようであるが、この時点で上皇は正規の受戒を受けておらず、この俗躰の上皇による法流相承には、寺院社会からいささかの批判が向けられていた。そこで後宇多上皇は、徳治二年十一月に東大寺戒壇院において登壇受戒を果たした後（『東宝記』巻四）、改めて翌三年正月に、真光院禅助を大阿闍梨として、東寺灌頂院で伝法灌頂を受け、さらに三宝院憲淳より三宝院流の嫡弟としての伝授を受けることになったが、これについては後述したい。

「天子灌頂」

徳治三年（一三〇八）正月二十六日、東寺灌頂院で行なわれた大阿闍梨禅助から後宇多法皇への伝法灌頂の様子が、次掲の「後宇多院御灌頂記」に記されている。

徳治三年正月二十六日、朝の間は陰雲が空をおおい、時々春雨が降ったが、午後になると晴天となった。今日は東寺において後宇多法皇の伝法灌頂が催された。（中略）大阿闍梨の前大僧正禅助は灌頂院に参じ、法具を設置し道場を整えた。（中略）さて先例を勘えてみると、平城・嵯峨両帝は、弘法大師空海に逢って結縁灌頂を受けたが、これが真言宗による天子への灌頂の初例であろうか。これより宇多・円融両院は、東寺灌頂院において伝法灌頂を受け、弘法大師の法流に連なり、阿闍梨位を授けられた。しかし天子への灌頂は久しく中絶し、先例から大きく時を隔てることになった。ここに後宇多法皇は、ひたすらに仏の悟りを求め、遠く宇多法皇らの先蹤をたどり、東寺灌頂院において勅願にもとづく伝法灌頂を催したことは、希代の重事であるとともに、後世にわたる美談である。

> 徳治三年正月廿六日丙戌日曜、虚宿、朝の間は陰雲処々を掩い、春雨時々に灑ぐ。午後天晴る。今日太上天皇、東寺において御伝法灌頂の事有り。（中略）大阿闍梨前大僧正禅助、灌頂院に参ぜしめ、支具を調うるところなり。（中略）抑先規を勘うるに、平城・嵯峨の二代は、弘法大師に逢いて灌頂有り。已に自宗の濫觴たるか。爾りしよりこのかた宇多・円融の両院は、この精舎に於いて大師の法流を稟け、覚王の職位を受けらる。而るに道儀久しく絶え、源流寔に隔つ。ここに我君太上法皇、偏に自ら無上菩提の叡情を起こし、緬かに古先の帝王の佳蹤を尋ね、彼の仁祠に就きてこの勅願を行

なわる。希代の重事にして、後世の美談なり。

後宇多法皇は東寺灌頂院で伝法灌頂を受けたわけであるが、この「天子灌頂」の先蹤としては、平城・嵯峨両帝が空海から結縁「灌頂」を受け、宇多・円融両帝は伝法灌頂を受けて「大師の法流」に連なった。結縁灌頂はさておき、密教行者となるための伝法灌頂を受けたのは宇多・円融両帝であり、その先蹤にしたがって、後宇多法皇への伝法灌頂が催された。

歴代天皇・上皇のなかには、仏教への崇敬にとどまらず、右のように、自ら伝法灌頂を受け、一阿闍梨として法流を相承する「天子灌頂」の事例が見られる。特に宇多・後宇多両帝は、伝法灌頂を受けた後、各々仁和寺・大覚寺で真言行者としての修行に励んでいる。この両帝による仏道修行が、真言密教を相承する諸寺院に大きな影響を及ぼしたことは言うまでもない。

「法流一揆」

後宇多法皇は、徳治三年（一三〇八）正月に禅助から伝法灌頂を受けた後、時を隔てず翌二月に、醍醐寺報恩院の憲淳に、以下の宸翰を送っている。なお、法皇の意向は近侍する道順が憲淳に伝えているが、この道順は憲淳の弟子であり、これがのちに報恩院の相承をめぐり混乱の一因となる。

ご病気が再発された由、道順から耳にいたしました。大変に驚いております。密教を興隆すべき時にこそ、ご寿命を長らえていただきたい

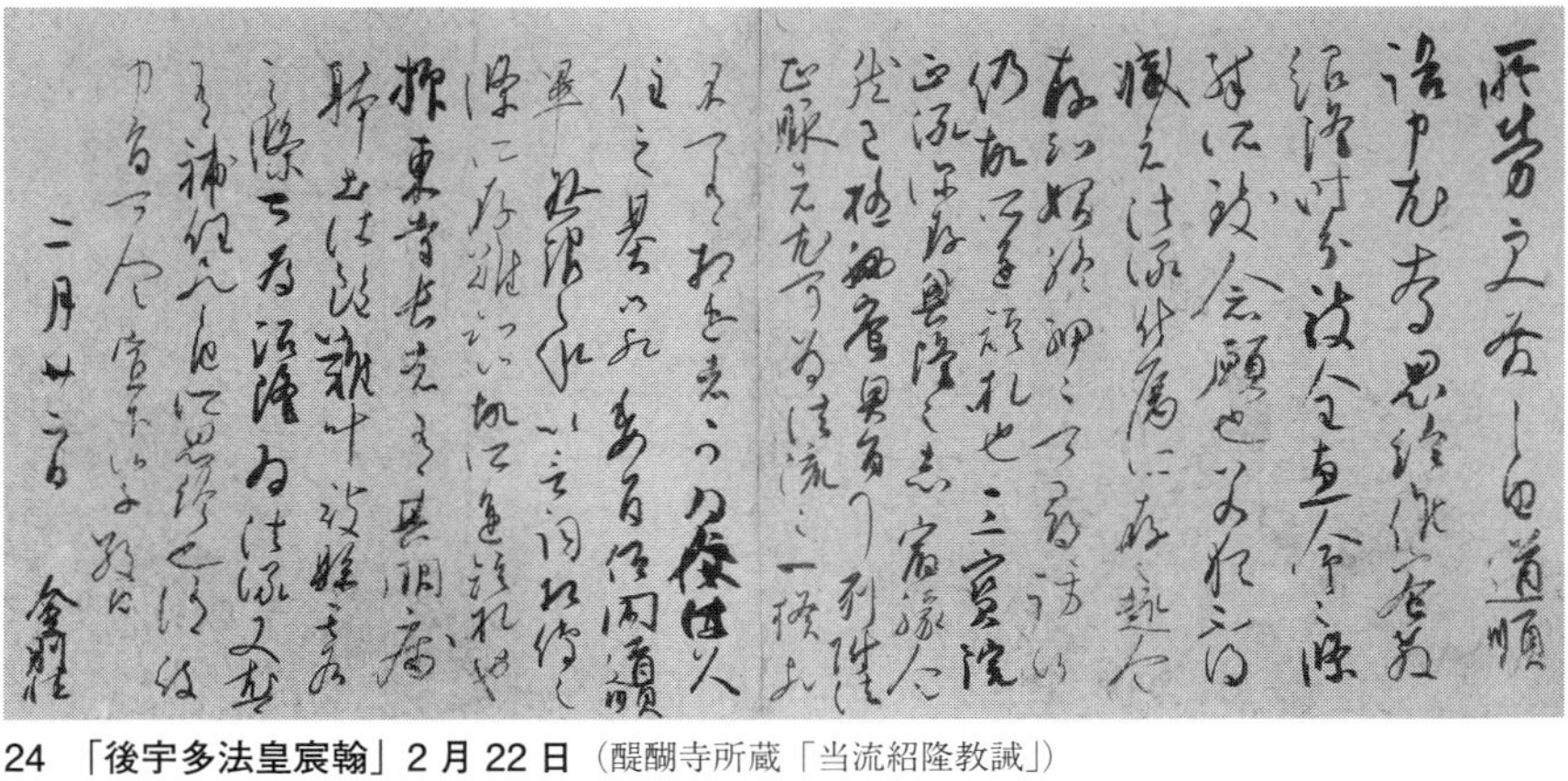

24　「後宇多法皇宸翰」2月22日（醍醐寺所蔵「当流紹隆教誡」）

と強く念願しています。もしご病気がなかなか回復されなければ、私に法流を付属していただきたいと思います。この思いをご理解いただけましたならば、細々にわたりご伝受いただくため、貴寺にうかがうつもりで、特にこの手紙を差し上げたところです。三宝院（さんぼういん）正流については、その正統を認め興隆を図ろうとの意図をもっております。前世の縁により、すでに伝法灌頂を授けられ、密教の奥旨を極めています。三宝院流の正嫡に列することができましたならば、小野・広沢両流を一統することになりましょう。法流付属をお許しくださったならば、令法久住（くじゅう）の基（もと）いとなるはずです。私の真意については、道順に仰せ付けていますので、これをお聞きください。さて東寺長者について、伝言では本意を正確に知ることはできませんので、短くともお手紙をお送りください。返報に欠員があります。ご病気で出仕が難しいとしても、貴名だけでも東寺長者として掲げられたならば、当流の興隆となりましょう。三宝院流のためにも、是非とも東寺長者にお就きになるべきではないでしょうか。貴僧のご意思に随い、補任の宣下を行なうことにいたします。敬ってかく申し上げます。

二月二十二日　金剛性（後宇多法皇）

所労更発の由、道順語り申す。尤も驚き思い給い候。蜜教紹隆の時分、恵命を全うせらるの条、殊に念願致すところなり。若し猶得減せざれば、法流付属の所存の趣、存知せしめ、始終細々に尋ね訪うべく候、仍て故に短札を進むるところなり。三宝院正流、深く興隆の志を存す。宿縁然らしめ、已に秘蜜の奥旨を極め了ぬ。附法の正脈に列せば、尤も法流の一揆たるべきか。相違有るべからざれば、令法久住の基たるべく候か。委しき旨は道順に仰せ聞かせ畢ぬ。返報の趣は、言詞を以て相伝うるの条、所存知り難く候故に、短札を進むべきなり。そもそも東寺長者にその闕あり。病躰の出仕叶い難しといえども、其名を懸けらるの条、紹隆たるべし。法流のためにまた尤も補任あるべき歟の由、思い給うところなり。申さるる旨に随い、宣せしむべく候か。敬いて白さく。

二月廿二日　金剛性（後宇多法皇）

後宇多法皇は、近侍する道順からその師である憲淳の病が再発したことを耳にして、その長寿を念じながらも、もし病気快癒の兆しがない時には、憲淳が相承する三宝院流の法流を自らに付属してもらいたいとの意向を記し送った。また、法皇は憲淳に配慮して、相承する「三宝院正流」の正統性とその興隆を強調するとともに、自らが法流を相承し「附法の正脈」に連なれば、禅助から相承した広沢流、憲淳から相承するであろう小野流、この両流に分かれた「法流の一揆」が実現することになると語る。空海から真言密教が相承されるなかで、法流は大きく小野・広沢両流に分かれ、さらに各々が細分化を遂げた。法皇は細分化した法流を「一揆」する、つまり統一して分化以前にもどし、大師への回帰を図ろうと意図していた。実はこの試みは、鎌倉前期における仁和寺御室の守覚（しゅうかく）法親王にも見られるものであった。

さらに、法皇は自らが「法流の一揆」をなすにふさわしい存在であり、伝法灌頂を受け「秘蜜の奥旨」を極めていることを強調している。さらに、憲淳への強引とも見える三宝院流の伝授への見返りとして、東寺長者に欠員があり、これに補任する意向があることを伝え、三宝院流の面目のためにもこの申し出を受けるように熱心に勧めている。法皇は、自らがもつ世俗的な権威を背景として、憲淳からの法流相承により「法流の一揆」を実現するという、密教行者としての強い意思をもっていた。しかし伝授への勧賞（けんじょう）としての東寺長者の補任は、自らの世俗的な力によることも弁（わきま）えた上での提案に他ならない。

幼少期から強い求法の念をもつ後宇多法皇が、伝法灌頂を経て「法流の一揆」を自らの目標としたことは首肯できる。しかし、法皇の受法をめぐる思いが純粋であったとしても、その意向を受けた寺院社会側は、その思いとは全く別次元の思惑をいだいたことも確かであった。

2　報恩院憲淳の法流伝授

三宝院流と報恩院

醍醐寺三宝院を拠点に相承された三宝院流は、この院を創建した勝覚を流祖に仰ぎ、真言宗の密教（東密）の嫡流として、後世まで多くの門葉により学ばれ相承された。三宝院流が東密の嫡流であったことから、後宇多法皇は法流の正嫡にある報恩院憲淳に、自らへの法流伝授を求めたわけである。

そこで三宝院流の流れを確認しておきたい。Ⅱ―三章「憲深と頼瑜」で述べたように、頼瑜（らいゆ）により撰述された「薄草子口決（うすぞうしくけつ）」巻一によれば、弘長二年（一二六二）正月に、憲淳にとっては先師である報恩院憲深から、頼瑜は「薄草子」などの抄物（しょうもつ）により諸尊法の伝受を受けた。ここで、遍智院成賢が「閑居終焉の地」として創建した極楽坊から生まれた「報恩院」は、「三宝院の正流」を継承することになった。「報恩院」は、成賢が多くの門葉を育んだ院家であった。

さて三宝院は、鎌倉時代の正治二年（一二〇〇）、貞永元年（一二三二）、文保二年（一三一八）の三度、火災により堂宇が焼失したが、中核となる灌頂堂はそのつど再建され、この堂で三宝院流の伝法灌頂が催された（「醍醐寺新要録」三宝院篇）。しかし、先述の通り三宝院に相承されていた法流は、成賢の弟子である憲深によって報恩院に移され、同院が三宝院流の正統を継承する院家として存続することになる。「醍醐寺新要録」報恩院篇には、「血脈の事」として以下の通り、憲深の弟子実深からの相承血脈が記されている。

元祖実深――覚雅――憲淳┬隆勝
　　　　　　　　　　　├後宇多院
　　　　　　　　　　　└道順――太上天皇（後宇多院）印可

このように血脈には憲淳の弟子として「後宇多院」が釣られ、また憲淳の弟子である道順の「印可」の弟子としても「太上天皇」（後宇多院）が釣られており、寺内では法皇が三宝院流を受法したと認識されていたのである。

なお後述するが、憲淳の弟子である道順は、憲淳から後宇多法皇への法流伝授にあたり、法皇の意向のもとに、法流預りとしていったんは憲淳の法流を道順が預かり、改めて道順から法皇への法流相承がなされた。道順の下に「太上天皇」が釣られていることも納得できるものである。しかし、のちに法皇が「後宇多院御法流」の流祖として法流伝授を行なうなかで、道順も法皇から伝授を受けており、法皇の師の立場にあったはずの道順が、逆に門葉に列することになった。

法皇の三宝院流受法

後宇多法皇から、いささか強引な法流相承の要望を受けた憲淳は、翌月には法皇に対して次掲の「請文」を送り、付法の条件をめぐりその意向を確認している。

憲淳僧正の請文案徳治三年（一三〇八）三月二十五日

一弘法大師が相承した経典や秘事は、醍醐寺報恩院に伝わっています。そこで小野流（三宝院流）を、真言宗の本流とお認めいただければ、祖師の置文（おきぶみ）に叶います。

一現在も未来も、わずか一事でも秘法・秘事を広沢流などの他流・他寺にお渡しにならないように。

一本尊や道具以下を寺外に流出させてはならないことは、祖師代々の起請文に記されています。そこで諸流に本尊などが分散することがあっても、当三宝院流では一巻も分散することはありません。

一一尊法・一印契であっても、伝授を受けなければ、その次第を記す聖教（しょうぎょう）を安易に開くことはあってはなりません。これは越法三摩耶（おっぽうさまや）（真言行者が守るべき三昧耶戒を破る）の誡があるからです。そこで御伝授を受けることなく、修法の次第をご覧になってはいけません。これは戒律を守ることにより、法皇の聖寿を長久にするためです。

一十八道から諸尊法に至る、灌頂や諸尊法の所作をはじめ、教相・事相に通暁することがなければ、伝授を行なう大阿闍梨としては、ふさわしくありません。

一もし戒律に違うことがあれば、正しい仏法は乱れます。そこで真言宗としての道儀を整えてきましたが、これは仏法興隆にとって不可欠なことです。

一女人の御雑住は是非ともご遠慮いただきたい。すべてご浄行を旨とすべきです。

以上、心がけいただきたい要点をとりまとめました。この条々について、もしお守りいただける限り、東密法流の御正統を相承されることに、全く異存はありません。勅答に随って必ず秘事・秘法の奥旨を記した付法状を書き置くつもりです。院家・聖教・本尊・道具などは、寺家の外に出さぬよう起請文に記していますので、この旨を門弟らに申し付けており、御用の時はご臨幸いただき、仏法興隆を図っていただければ、令法久住の基（もと）いとなります。要するに嫡々に相承される秘奥の秘事は、密教の肝心です。その外の重事は、おのずからの功徳にしたがい取り計らうことになります。龍智菩薩が説くには、自分が宝とするところは心であり、眼前の宝ではありません。以心伝心の仏法によって存命することができれば、丹誠を尽くし、この由を申し上げる次第です。この願いは心中の大願であり、ただに神仏の御意向を仰ぐところです。

なお東寺長者のことにつきましては、法皇の御意向にお応えしなければ、祖師の遺告に違うことになりましょうが、やはり事情を慮って申し入れませんでした。仰せ下されたことは恐悦に存じまして、六条大納言殿（六条有房）を通して申状を捧げました。すでにご披露されているでしょうか。委細については法皇の内意を得た上で、奏上していただくつもりです。憲淳誠恐謹言。

（徳治三年）三月二十五日　　権僧正憲淳上

憲淳僧正請文案同三月廿五日

一大師相承の法呂・秘奥は当寺（醍醐寺報恩院）に在り。然らば小野を以て、御本流に宛てらるべくんば、祖師の置文に違うべからざる歟の事、

一当時と云い未来と云い、一事といえども、広沢等の他家に渡さるべからざるの事、

一本尊・道具已下、寺家を出すべからざるの由、祖師代々の起請文有り。仍って諸流に分散すといえども、当流に於いては一巻といえども未だ分散せざるの事、

一一尊・一契といえども、伝受なくば、輙く(たやす)これを開かず。越法三摩耶の誡有るの故なり。然らば御伝受の法無くば、輙く叡覧有るべからず。これ法律を守り、聖運を久しくし奉らんがためなり、

一十八契印より始め、諸尊瑜伽に至り、重々の灌頂、内外の事理、通達無くんば、都法の大阿闍梨に叶わざるの事、

一依法、若しくは法律に違わば、正法また乱るべく候。仍って秘家の道儀を整う。これ紹隆の本たるべき事、

一女人御雑住、御禁制有るべきか。凡そ始終御浄行の事、

詮するところに候。この条々、若し相違無く候はば、御正統の条、勿論の御事たるべく候。勅答に随い必ず一紙の状を書き置くべく候。院家・聖教・本尊・道具等は、起請文等に本所を出さず候の間、門弟等に申し付け、而して御用の時は臨幸有りて御紹隆候はば、かつがつ令法久住の基たるべく候。所詮、嫡々相承の秘要肝心に候。その外の事は、有無只に自然の徳用に任すべく候。龍智菩薩曰く、吾が宝とする所は心なり。この宝に非ざるなりと云々。以心伝心の法を以て、若し存命候はば、丹棘(たんきょく)を尽くし、申し入るべく候。この願は心中の大願なり。只に冥慮を仰ぎ候。

東寺長者の事、御願に応ぜざれば、祖師の遺告たりといえども、猶時議〔宜カ〕を恐れ、申し入れず候のところ、仰せ下され候の趣、恐喜相半ばに候。則ち六条大納言（有房）に属して、申状を捧げ候い了ぬ。定めて披露候か。委細は殊に御意を得て、洩れ奏さしめ給うべく候。憲淳誠恐謹言。

（徳治三年）三月廿五日　　　　権僧正憲淳上

憲淳が法皇に確認した内容は、まず第一に小野流とりわけ三宝院流を真言宗の「本流」と認めること、第二に受法した三宝院流の秘事・秘法や、本尊・道具・聖教などを寺外に流出させぬこと、第三に密教行者にふさわしい修行の姿勢を取るべきこと、であった。特に第二では、「広沢等の他家」へ法流の流出をされぬように記しており、ここにも広沢流への強い競争意識がうかがわれる。第四では、伝授なしに諸尊法の次第本を開いてはならず、四度加行（十八道、金剛界、胎蔵界、不動護摩の四段階にわたる基本的な密教作法の伝授）から灌頂などの所作について、大阿闍梨にふさわしい深い理解をもつこと、持戒を保ち、女人の寺内雑住を止め、浄行を専一とすることが求められた。

これらの条々が受け容れられたならば、法流相承を認めた上で、伝授にあたって醍醐寺への「臨幸」を求めている。また、伝授の勧賞として東寺長者に補任しようとの法皇の意向を受け、これは容れざるを得ないという思いで、この「請文」を草したようである。

時を置かず、法皇は翌四月三日に、この「請文」に対して宸筆の返書を憲深に送った。

法皇宸筆の　勅書案　（徳治三年）同四月三日

細々にわたり申された内容は、いずれももっとものことで、仏法の令法久住の要件です。いずれも祖師のご配慮に叶うことです。とりわけ、すべて宇多法皇の旧儀にしたがい、伝法阿闍梨として専ら戒律を守り、密教紹隆を果たすべきことを深く心に誓い、この遵守を決意しています。決してこの誓いに違うことはありません。女房との雑住ですが、今は別棟に居住しており、今後はさらに僧家としての戒律を専らにするため、案をめぐらしているところです。また小野・広沢両流の秘事・秘法を混乱させぬことについては、特にこの由を十分に理解しており、すでに申し上げている通りです。なおご不審に思われることでしょうが、その事情は道順に指示しています。今後、三宝院流の秘法・秘事については、一印一明（いちいんいちみょう）であっても、当流を相承しない者に、その聖教を決して見せることはありません。いわんや伝授については、一切これを許容するつもりはありません。三宝院流の興隆を深く心に懸けており、その子細はやはり道順に仰せ聞かせてあります。また、法流の奥旨を付法状に記し置き下される由、一見の後は道順に預け置くつもりです。しかるべき時期が来たならば、醍醐寺に住寺し、法流の法則に従い、所作を果たすつもりです。そして弘法大師から代々の祖師に相承された法流を興隆することは、諸先師の拠るべきご意向に沿うことになります。この意向に背くならば、法流相承にふさわしい器とは言いがたく、奥旨を記した付法状を持つにふさわしくないことであり、住寺している間も道順に預けておくつもりです。これらの条々をご存知いただくため、一々につき染筆したところです。

（徳治三年）四月三日　　阿闍梨金剛性（後宇多法皇）

法皇宸筆　勅書案　（徳治三年）同四月三日

委細申さるの趣、尤も以て然るべし。併しながら令法久住の至要なり。条々祖師の用心に相叶わざる無し。就中（なかんずく）始終寛平の旧儀に任せ、伝法闍梨として、専ら戒行を護り、紹隆致すべきの由、深く誓心に憶するところ、既に決定せしめ畢ぬ。敢えて依違有るべからざるものなり。女房雑住の分、当時大略別郭に沙汰致すといえども、猶次第に僧家の法を専らにすべき由、案を廻らすところなり。兼ねてまた両流混雑すべからざるの事、殊にこの事を存知せしむべし。先達ての所為なり。なお以て不審に思い給う事なり。その子細は道順に仰せ談じ候き。向後といえども、当流の事、一印一明といえども、本流を専らにせざるの輩は、見知の事有るべからず。況んや伝授の儀、一切許容せしむべからざるものなり。当流紹隆の事、深く中心に挿む子細、同じく道順に仰せ聞かせ了ぬ。且つ一紙に書き置かるべき状の事、一見の後、道順に預け置かしむべし。時機純熟を以て、住寺紹隆の時分、次第相承の法則を致すべきものなり。これ等の趣、高祖弘法大師以下、代々祖々別当の流を以て、先師等の冥鑒、証と為し奉るところなり。若しこれ等の趣に依違せしむれば、相承の器たるべからざるの間、彼の一紙の状を随身有るべからざるの義、住寺の間、道順に預け置かるべきものなり。

条々存知のため、委しく染筆せしむるのみ。

（徳治三年）四月二日

阿闍梨金剛性（後宇多法皇）

この返書で後宇多法皇は、まず憲淳の申し出を受け容れ、三宝院流の興隆を専一とし、宇多法皇の先蹤により、伝法阿闍梨として持戒を心がけ、「女房雑住」は時とともに徹底を図り、小野流の秘事・秘法を広沢流と混乱させず、他流へ秘事伝授は決してなさないと明記している。ただし、法流の奥旨を記す付法状の一紙は、一見の後に道順に預けられ、後日に醍醐寺に「住寺」して、その「法則」を修めるつもりであるとして、遠回しながら遵守を約束している。ここでは、ただちに法皇が醍醐寺に移り修行に励むわけではなく、あくまで時期を見てそれを実行したいということであり、その意向を具体化する際にも、また伝受後の振舞についても、法皇に近侍する道順が重要な役割を果たす存在となっていた。

とはいえ、法皇が醍醐寺に「住寺」するつもりであるとの一言は、憲淳に強い衝撃を与えたことであろう。法皇の「住寺」により醍醐寺と三宝院流は、寺院社会のなかでは格別の立場を得るわけで、これこそ憲淳の大きな関心事であったと考えられるが、その一方で、法皇はこの重大な約定をただちに実行するとは、全く語っていないのである。

この宸翰が送られてまもなく、同年四月十四日には「輪王（転輪聖王）の職位を備」えるとする法皇への三宝院流嫡流の伝授が催され、以下の通り附法の由を明記した「附法状」（『鎌倉遺文』二三二四二号）が奉呈されている。

道場・法具を整え、後宇多法皇に許可灌頂（こかかんじょう）を授け奉りました。次いで「宗の大事」については、修行の進展を待つべきではありますが、法皇の修行への強い信念を察し申し上げ、早々に嫡々相承してきた秘事を授け申し上げました。

具支の道儀を整えて、両部灌頂を授け奉り畢ぬ。宗の大事に於いては、須く命正（マヽ）を期すべきといえども、上々信解の震（宸）襟を察し奉り、早く嫡々相承の秘奥を授け奉り畢ぬ。

この「附法状」のなかで憲淳は、法皇がただちに寺内止住する意思が希薄なことについては半ば諦めながらも、次のように語り、宇多法皇が仁和寺を「皇居」としたように、醍醐寺が後宇多法皇の「仙洞」となれば三宝院流は真言密教の「本流」となるはずと、一縷の望みを持ち続けていた。

宇多法皇が仁和寺を皇居となされ、密教を伝持されたように、後宇多法皇が醍醐寺にお移りになり仙洞となれば、今後の三宝院流は真言密教の本流に定まります。

寛平法皇（宇多法皇）、仁和寺を以て皇居となし、秘教を御伝持の如く、今また醍醐を以て仙洞に摸され、当流を以て御本流に定めらる。

憲淳からの「附法状」を受けた法皇は、四月二十九日に以下の宸筆の返書（『鎌倉遺文』二三二四六号）を送った。

（端裏書）「法皇の宸筆　勅書案同月二十九日」

貴僧の書状を確かにいただきました。何事についても、三宝院流の紹隆を第一に考えています。決して一つもこれに違うことはありません。お約束したことはいずれも遵守するつもりです。授けてくださる本尊・聖教などについて、これらを確認するためにも目録を当方にお送りいただけないでしょうか。詳細は道順から申し上げることになります。ご病気のこと、いつも心配しております。必ずや治療をお受けになり、ご健康を取りもどされたならば、弘法利生につながることでしょう。特に治療をお受けいただきたいものです。敬白。

（徳治二年）四月二十九日　　　金剛性（後宇多法皇）

（端裏書）「法皇の宸筆　勅書案同月廿九日」

一通慥かに賜り畢ぬ。始終偏に当流紹隆の謀を廻らすものなり。努々(ゆめゆめ)一事も依違有るべからざる事、殊に条々の旨を守るべきものなり。本尊・聖教以下、存知のため目録を取り進めらるべくそうろう哉。委しき旨は道順申さしめそうろうか。所労の躰、その後不審なり。相構えて療治を加え、恵命を全うせられば、尤も弘法利生の道たるべし。殊に医術を施さるべきものなり。敬白。

（徳治三年）四月廿九日　　　　　　　　　　（後宇多法皇）金剛性

ここで法皇は、自ら法流相承を果たした「三宝院流」の興隆を図るとともに、憲淳がきびしく求めた条々の遵守を約し、そのうえ、相承にあたり法皇が継承した「本尊・聖教以下」の目録を求め、さらに憲淳の「所労」に対して「療治を加」えるよう勧めている。この返書には、もはや醍醐寺に住寺するということは記されず、また授与されたはずの「本尊・聖教以下」についても、道順の仲介により目録を求めるにとどまっており、法流相承を象徴するはずの「本尊・聖教」への強い執着は見られない。憲淳に法流相承を求めた強い熱意はここでは明らかに薄れており、附法という行為がなされ、形式的にせよ三宝院流を継承したことで、法皇の目的は達せられたということであろうか。この後に醍醐寺に赴いてさらなる受法を得ようという真意があったのかは、きわめて疑問である。一方、憲淳は、法流相承により醍醐寺にもたらされる寺院社会における優位性にこだわり、法皇の「住寺」にいささかの希望をつないでいたことは確かであろう。

3　憲淳と隆勝

報恩院と隆勝

先に掲げた報恩院の附法血脈には、憲淳の弟子として隆勝と道順が釣られている。先述の通り、道順は後宇多法皇に近侍し、その寵愛を受けており、法皇の法流相承にあたって、憲淳との間を取り持つ重要な役割を果たしていた。また、法皇が寺内に止住した場合に、当然ながら報恩院はその管領下に入るが、それまでは同院が保有する「秘仏・秘曼荼羅・重書・道具并に院家等」は、しかるべき門弟を選び、その管理を委ねられるよう、憲淳は「附法状」で法皇に求めている。そして報恩院の管領を行なう「門弟」が道順となるのは、自然の成り行きであろう。

ところが、憲淳はかねてから報恩院と三宝院流の嫡流、そして同院が果たしてきた「武家護持」の修法を、道順ではなく隆勝に委ねることにしていた。永仁五年（一二九七）、憲淳は隆勝に、以下の付属状（大日本古文書『醍醐寺文書』二―三五一）を与えている。

三宝院流に伝わる宗の大事や秘法などは、一事も残すことなく釈迦院法印隆勝に授与いたしました。必ず密教の法灯をかかげて衆生を救済し、世の汚れや災異を攘うことにより、公家の恩に報いてくださるように。重書以下のことについては別紙に記します。病で他筆を誂えているため、くわしく書くことはできません。遺弟たちは疑いをいだいてはなりません。このように状を記します。

永仁五年（一二九七）二月一日　　法印権大僧都（憲淳）（花押）

一宗の大事、秘密の法呂、一事も残さず、釈迦院法印隆勝に授与し奉り了ぬ。宜しく三密の法灯を挑げ、以て群迷を跋済し、五濁の曉風を変じて、以て国恩に報いられん。重書以下の事、別紙に在り。病中右筆の間、委曲能わず。遺弟疑殆を残すべからざるの状、件の如し。

永仁五年二月一日　　法印権大僧都（憲淳）（花押）

この時に病床にあった憲淳は、三宝院流の秘事（「宗の大事」）と秘法（「諸尊法」）を、すべて釈迦院隆勝に付属していた。さらに憲淳は、「報恩院の堂塔・経蔵・僧坊并に本尊・聖教・道具」と所領を隆勝に譲与する旨を記した以下の譲状を草している。

譲り与える　報恩院の堂塔・経蔵・僧坊并に本尊・聖教・道具以下〈在り、野間・時重名・角坊・寺辺の田畠〉の事。

右について、房舎・聖教は相承次第の証文を相副え、釈迦院法印隆勝に譲り与えるところである。ただし、静運法印へ師資附法することになるならば、自分（憲淳）が死去した後に譲り与えるようにと、先師覚雅が遺言状に記しているが、静運法印は入壇を果たさぬままに瀕死の病に苦しんでいる。とりわけ報恩院は三宝院流を嫡々相承する院家であり、その由緒は他の院家と異なる。そこで貴僧は先師覚雅の弟子でもあり、憲淳の嫡弟として院家の管領にふさわしい仁である。もし静運が命を保ったならば、受法については、是非とも御扶持してもらいたい。自他共に平穏に師僧の遺跡を再興してもらいたいと考え、このように譲状を草する。

永仁五年（一二九七）二月七日

法印（憲淳）（花押）

譲り与うる　報恩院の堂塔・経蔵・僧坊并に本尊・聖教・道具以下在り、野間・時重名・角坊・寺辺の田畠、の事。

右、房舎・聖教は、次第の証文を相副え、釈迦院法印隆勝に譲り与うるところなり。但し静運法印に師資附法の義有らば、憲淳一期の後、譲り与うべきの旨、先師（覚雅）の遺状有りといえども、彼の法印、当時未だ入壇せざるなり。所労また万死一生なり。就中当院家は、嫡々相承の聖跡にして、由緒は他に異なる。而らば御辺は先師の遺弟たり。憲淳の嫡弟として、管領旁（かたがた）その仁に当たる。若し静運存命せしめば、受法の事、御扶持有るべし。自他和平せしめ、師跡を興さるべきの状、件の如し。

永仁五年二月七日

法印（憲淳）（花押）

このように、隆勝は師の憲淳から大きな信頼を受け、その法流と報恩院を委ねられたが、憲淳は病が癒えたものの、譲与は実施されぬままに、後宇多法皇への法流相承に至ったのである。しかし、徳治三年（一三〇八）四月の後宇多法皇への附法後、翌五月には、憲淳は自らが果たしてきた「関東護持」（武家護持）のための転法輪法の勤修に用いる、「仁王経曼荼羅一鋪大僧正（定海）図絵の本、転法輪筒一中安、後白河法皇の御影、小壇起戒等一合、修法道具関東に在り、」という本尊・法具などを隆勝に譲る譲状（大日本古文書『醍醐寺文書』七―一三六九）を草している。そのなかに、次のように記される。

法皇（後宇多法皇）が醍醐寺に御住持なさることがあっても、特にこれらの本尊・法具などは隆勝法印に譲るところである。関東護持を相承する法流として、変わらず祈禱を致すように申しつけた。

法皇（後宇多法皇）の御住持有りといえども、別して隆勝法印に譲るところなり。関東護持の門跡たるにより、相継いで祈禱を致すべきの由、申し了ぬ。

憲淳は、たとえ後宇多法皇が住寺したとしても、報恩院が果たしてきた「関東護持」の修法は、隆勝に相承させることとし、そのための本尊・道具などを与えたのである。

隆勝と道順

憲淳が隆勝に三宝院流と報恩院を継承させようとする意図を、後宇多法皇は承知していた。そこで法皇は自らの権威を用いて、憲淳に対して、法皇自身が醍醐寺に住寺するまでの間は、道順に院家と法流を委ねることを納得させ、事実上は道順に相承させることになった。そして法皇は、法流相承後、報恩院を管領する方法とともに、隆勝への配慮を記した宸筆の書状を憲淳に送っている。ただしこの書状は、端裏書に憲淳が自筆で「案　正文は勅定に随いこれを返し進らす」と記されているように、法皇の意向により憲淳のもとから回収され、案文（『鎌倉遺文』二三二九六号）のみが醍醐寺に伝来することになった。法皇がこの書状を返させた理由は明らかではないが、その内容が道順による報恩院の管領に差し障りがあると考えたからであろうか。そこで書状の本文を以下に掲げる。

院家・本尊・聖教・道具以下のことについて、先日委細を状に記し、これを当方（後宇多法皇）に送られましたが、その内容に間違いがあるはずはないでしょう。院家と聖教の重要性は格別であり、この他に仏法興隆の手立てとなるものではないでしょう。醍醐寺報恩院の仏法興行については、道順が取り沙汰していますが、いずれも定め置いた内容を弁（わきま）えた上でのことです。また隆勝については、門跡領から所領を一所ほどを宛行（あてが）うということに異存はありません。門流に連なる者は皆思いを一にし、面々が無二の志をもって、仏法興隆を行なうべきです。

（徳治三年）六月二十日

院家・本尊・聖教・道具以下の事、先日委細状に載せこれを進らさる上は、その趣、相違有るべからざるか。院家と聖教と各別の段、興隆の潤色たるべからず候や。□当寺興行を致すの間、道順申し沙汰の条、始終に於いては、殊に定むる旨を存じ候なり。隆勝の事、門跡領一所を仰せ付けられ候の条、何事有りや。門流の輩、皆以て憐愍せしむべきの上は、面々殊に無二の志を存じ、興隆の沙汰に随うべく、致すべきものか。

六月廿日

このように、法皇は法流伝授にあたり、相承した「院家・本尊・聖教・道具以下」を記した一書を憲淳から受領していた。特に法流を象徴する「院家と聖教」が重視され、それらに依拠した仏法興行は、かねてからの決定に従い、道順に委ねられていた。また、報恩院を離れた隆勝には「門跡領一所」を与えることを認めたが、隆勝に同院を相承させようとの憲淳の意図は、強引に否定されることになった。

ところで、この書状に先立ち、法皇の真意に不安を感じていた憲淳は、法皇へ法流を相承する直前の徳治三年四月十九日、得宗（とくそう）北条貞時を頼ることにして、その奉行である諏訪左衛門尉に挙状（『鎌倉遺文』二三二六四号）を送っている。

関東護持のための長日の祈禱のことについて、愚僧は病床にあるため、隆勝法印に勤仕させました。隆勝は先師覚雅法印の遺弟であり、愚僧のもとで、宗の大事、法流の故実などを、相継いで十分に修得しました。そこで法流が伝えてきた護持の修法について、隆勝に伝えるべきであると考えています。私が命あるうちに祈禱勤修の職衆に加えられるよう御教書を下されたならば、恐縮に存じます。併せて遺跡としての院家や秘典としての聖教などを隆勝に譲る所存であり、特に忠勤を尽くさせるつもりです。このことを内々に貞時様（北条）にご披露いただきたく

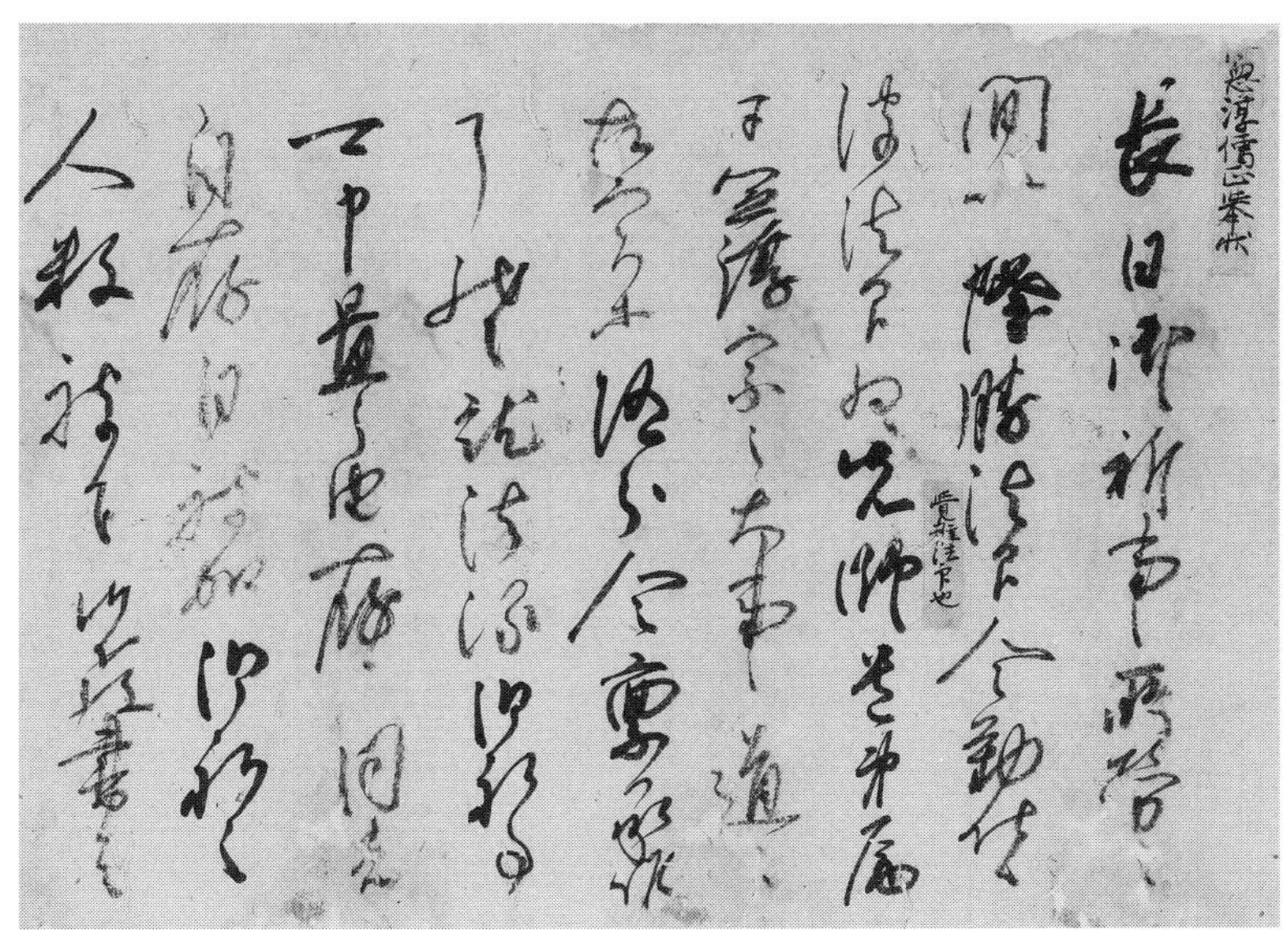

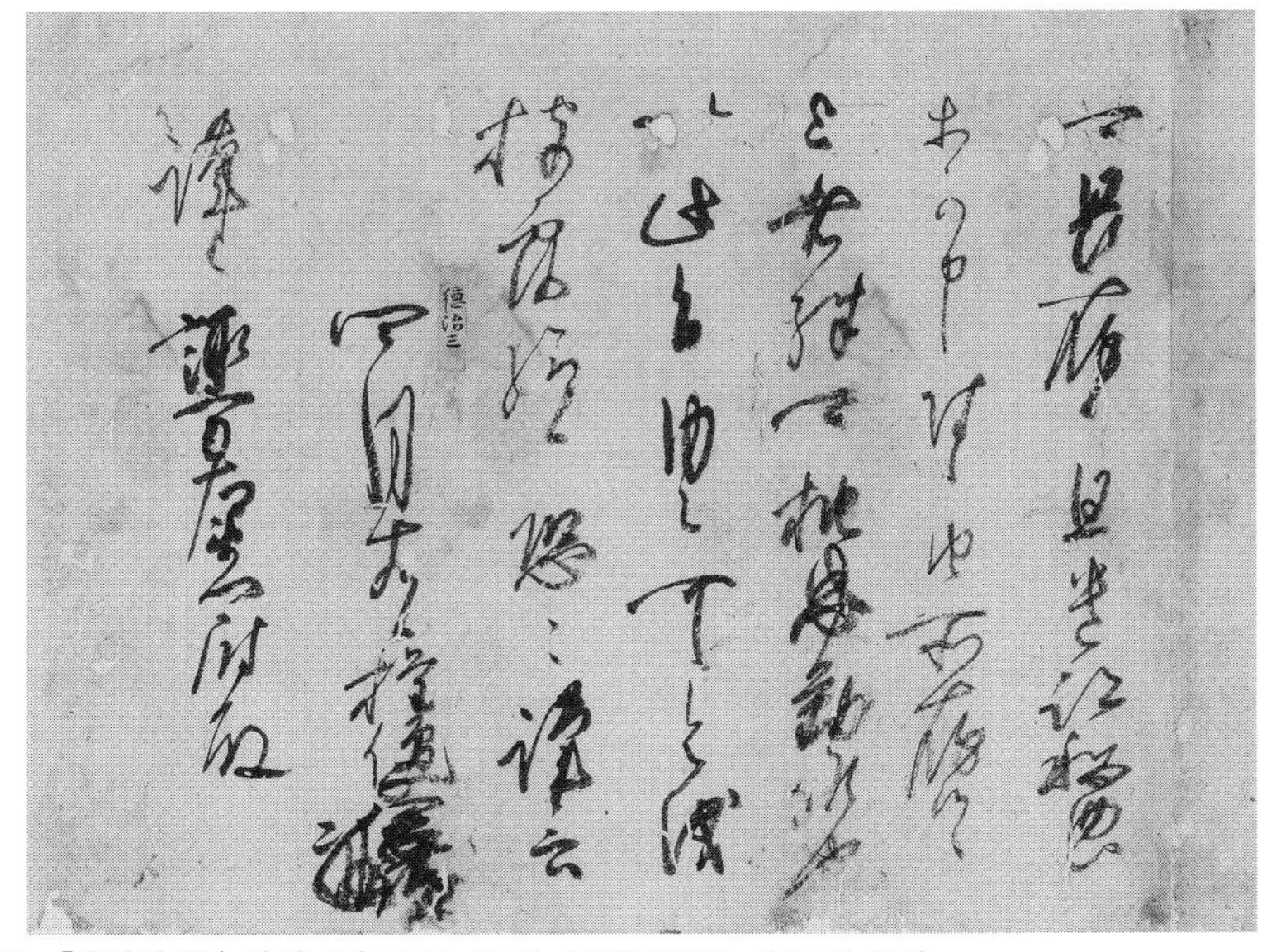

25　「憲淳書状」徳治3年4月19日（醍醐寺所蔵　2函89号2）

存じます。恐々謹言。

（徳治三年）四月十九日　　権僧正憲淳（花押）

謹上　（諏訪宗経）諏方左衛門尉殿

長日の御祈の事、所労の間、隆勝法印を以て勤仕せしめ候。彼の法印、勤仕せしめ候。彼の法印は先師（覚雅法印）の遺弟として、憲淳に属し、宗の大事、道の故実等を、随分に稟承（りんしょう）せしめ候い了ぬ。然らば、法流の御祈の事に就いて、申し置くべきの由存じ候。同じくは、存日より御祈の人数に加えられ、御教書を下さるれば、畏まり存ずべく候。且つ遺跡・秘典等、申し付くべく候由、所存に候の上は、殊に忠勤を抽ずべく候なり。此の旨を以て、内々に洩れ披露せしめ給うべく候。

恐々謹言。

四月十九日　　権僧正憲淳（花押）

謹上　諏方左衛門尉殿

憲淳はすでに永仁五年（一二九七）に報恩院と法流を隆勝に譲ることを決意していた。しかし前述の通り、病中にあった徳治三年（一三〇八）四月十四日に、後宇多法皇への法流相承が行なわれ、その強い意向により報恩院は事実上は道順に渡された。隆勝への譲りが困難と考えた憲淳が、関東護持のための本尊・道具などの譲状を草したことはすでに触れた。長年にわたり報恩院が担ってきた関東護持の修法を、憲淳から隆勝に譲るとともに、その承認と後援を得宗の北条貞時に求めたのである。

そして徳治三年五月二十二日、北条貞時から関東護持の祈禱を隆勝に委ねることを認める返書が憲淳に送られた（同前二三二六四号）。貞時が隆勝に関東護持の勤修を許したことは、事実上は隆勝が貞時、つまり武家の後ろ盾を得たことであり、これこそが憲淳による決断の結果であった。

同年八月に憲淳が示寂すると、報恩院と三宝院流の正統をめぐって隆勝と道順は、各々北条貞時と後宇多法皇という後援者を得て争いを続けることになり、その対立は隆勝の弟子隆舜に引き継がれ、南北朝時代まで続くことになる。

このように、後宇多法皇の強硬な法流相承の要求を、真正面からは断れなかった憲淳は、意にそわぬ弟子道順による報恩院の管領を容認した。その一方で、隆勝への院家・法流の相承は諦めたものの、その弱い立場を北条貞時の後援を受けて護ろうと企てた。法皇による「法流の一揆」への強い執着が、報恩院の管領と三宝院流の相承に、大きな混乱を生み出したことは確かである。

「後宇多院御法流」

後宇多法皇の生涯をたどると、仏法への熱心な帰依とともに、自ら密教行者としての修行の姿を見ることができる。そして禅助・憲淳からの付法により、法皇は「法流の一揆」を成し遂げたと確信したことであろう。このように広沢・小野両流からの法流相承を受けた後宇多法皇は、自ら大阿闍梨として伝法灌頂を弟子に授けようとの意図をもっていた。そして、法皇は禅助の許しを得て、正和二年（一三一三）に自らの皇子である大覚寺性円法親王への伝法灌頂を催し、続いて道順・実助に授けている。幼少より仏法に帰依し、とりわけ密教行者としての修行を重ねた後宇多法皇にとって、自らが法流（「御流」）の流祖として、相承した秘事・秘法を弟子に伝授することこそ、修行生活の重要な目標であったことは首肯できよう。

法皇を流祖とする法流は「後宇多院御法流」とも呼称され、正中三年（一三二六）に性円法親王の法流相承を安堵する、後醍醐天皇発給の綸旨案が大覚寺に伝わる。

後宇多院御法流を大覚寺二品親王（性円）が相承した承認を求める申状案の一通については、差し支えありません。後醍醐天皇のご意向はこの通りであり、この由をお伝えします。

正中三年（一三二六）二月九日　　左中将在判

謹上　太政大臣法務御房（道意）

後宇多院御法流の事、大覚寺二品親王申すの状案一通、相違有るべからず候者、天気此の如し。仍って執達すること件の如し。

正中三年二月九日　　　　　　　　　　左中将在判

謹上　太政大臣法務御房

この綸旨は、正中三年に大覚寺性円法親王の申請にもとづき、「後宇多院御法流」の相承を後醍醐天皇が認めたもので、同じくその法流を相承した法兄となる東寺長者の道意に送られている。ところで、「花園天皇宸記」元亨四年（一三二四）六月二十五日条には、後宇多法皇崩御の由が記されており、そのなかに法皇の類いまれな真言密教へ傾倒した生涯の末尾に、「二品親王（性円）・道意僧正以下、法皇の蜜灌を受くる者多し」とあり、性円・道意、さらには道順・実助など、「法皇の密灌（伝法灌頂）」を受けた弟子が列記される。この「後宇多院御法流」の伝授こそ、法皇の真言行者としての修学の仕上げであったと言えよう。

ただし、皮肉なことに「後宇多院御法流」の伝授は法皇の存世に限られ、崩御後に継承されることはなかったようである。法皇の「法流の一揆」、すなわち統一して法流分化の以前にもどすという思いを知りながら、報恩院憲淳は三宝院流こそが東密正統であることへの承認に強くこだわった。つまり、憲淳は「一揆」という法皇の意図とはまったく逆に、併存する諸法流のなかで、三宝院流を東密の正統とするとともに、法皇の住寺を実現して醍醐寺を「仙洞」としようという強いこだわりを持ち続けていたわけである。

〔参考文献〕
網野善彦『異形の王権』（平凡社、一九八六年）
内田啓一『後醍醐天皇と密教』（法蔵館、二〇一〇年）

辻善之助『日本仏教史』中世篇（岩波書店、一九四七年）
永村　眞「寺院と天皇」（永原慶二他編『講座・前近代の天皇』第3巻、青木書店、一九九三年）
同　　右「「印信」試論―主に三宝院流印信を素材として―」（『三浦古文化』五五、一九九四年）
藤井雅子「後宇多法皇と聖俗社会」（同著『中世醍醐寺と真言密教』勉誠出版、二〇〇八年）

五章　三宝院満済と報恩院隆源

——三宝院流の復活——

京都醍醐寺の公式ホームページに掲げられる、藤井雅子氏（日本女子大学教授）執筆の「醍醐寺文化財アーカイブズ」から、創建期以来の醍醐寺祖師のさまざまな事績を知ることができる。そのなかの「室町将軍と満済准后（まんさいじゅごう）」と「満済准后と三宝院（さんぼういん）門跡」の二項には、各々足利義持・義教期に幕府の政務に深く関わった満済と、三宝院門跡として三宝院流の興隆に尽力した満済という、聖俗両界にわたる活躍が描かれている。

三宝院門跡である満済准后は、武家護持僧として将軍家の祈禱をになうのみならず、義持・義教の崇敬を受けて幕政に参画し、後世に「黒衣の宰相」と呼ばれる一人として知られている。この満済を真言行者として導いたのが報恩院隆源であり、この隆源に満済の「師匠」となるよう命じたのは、足利義満であった。二条師冬を父（養子で実は実兄）に持つ満済は、貴種として三宝院門跡を継承するが、本章では、彼の教学活動を支えた「師匠」隆源との関わりについて考えてみたい。

1　満済の足跡

貴種の生涯

「醍醐寺新要録」座主次第篇には、満済について以下の事績が記される。

第七十三代の准三宮満済〈関白二条師冬の息で、准三后足利義満の猶子であった。実済僧正の入壇の弟子で、また隆源僧正から伝法灌頂を重受した。〉応永二年(一三九五)十二月二十九日に座主に任ずる宣下〈上卿は日野資教卿、職事は藤原朝臣経豊、〉を受け、同三年正月十四日に官符が到来した。永享六年(一四三四)四月三日に座主職を義賢にお譲りになった。同七年六月十三日に入滅された〈御年は五十八である。〉法身院准宮と号した。寺務は治三十九年にわたり、応永二年から同三十四年まで、さらに正長元年(一四二八)、永享元年(一四二九)より同四年に至る。

第七十三准三宮満済儀同三司師冬公の御息、鹿苑院太政大臣准三后義満の御猶子、実済僧正入壇の資、隆源僧正の重受。応永二年十二月廿九日、宣下あり上卿日野大納言資教卿、職事左小弁藤原朝臣経豊、同三年正月十四日、官符到来す。永享六年四月三日、座主職を義賢に譲らしめ給う。同七年六月十三日、御入滅す御年五十八。法身院准宮と号す。寺務の治卅九年応永二年より同卅四年、正長元、永享元・二・三・四に至る。

26　満済像（醍醐寺所蔵）

二条師冬の養子となった満済は、将軍足利義満の猶子として、応永二年（一三九五）に洛中の「京都門跡」と呼ばれた法身院に入寺し、十九歳にして醍醐寺座主の宣下を受けている。この後、永享六年（一四三四）に弟子義賢に譲るまで、三十九年にわたり座主の任にあった。満済は入寺後、貴種ながら同三年より五年にわたり、如法（戒律・規式に従う）の次第で、四度加行（十八道、金剛界、胎蔵界、不動護摩にわたる基本的な密教作法の伝授）を果たしたのち、応永七年に金剛輪院実済を大阿闍梨（あじゃり）として、三宝院流の正統を主張する宝池院方の伝法灌頂を、さらに同十九年には醍醐寺釈迦院で報恩院隆源から三宝院流の伝法灌頂を「重受」（伝法灌頂を重ねて受ける）している。

醍醐寺入寺の経緯

応永二年（一三九五）に法身院に入寺して以降、満済の修学の様子は、「師匠」の隆源が記した「座主満済御入室等記」（「醍醐寺文書聖教」一七四函一五号）に、以下の通り記されている。

応永二年乙亥

十二月一日晴、今日午剋に土御門万里小路の法身院で、新門主の左大臣禅師満済〈十九歳、〉が入室された。今小路一位大納言師冬（二条師冬）卿の息で、二条大閤良基公の御猶子である。さらに法身院に向かう牛車には、前将軍で准三后の足利義満が同車された。御猶子ということである。御共した児は愛光・尊若の二人で、参会した公卿は中山大納言入道（親雅）と日野中納言重光卿である。

去月、前門主定忠大納言僧正が突然に門跡を罷免され、醍醐寺から退居した。将軍義満公からのご命令によるということである。

また一昨日、長円法眼が以下の書状を醍醐本坊に送ってきた。この書状によれば、日野重光が義満公のご意向を受け、明朝に室町殿に参上するようにという由であった。その召しを受けて、私（隆源）は室町殿に参った。ただ参上すると、義満公は越後守の屋敷に湯治に出かけられていた。重光卿が義満公の意向を伺っていたので、御所内の休所で対面したが、結局その指示は、新門主満済を扶（たす）けるようにということであった。

この指示を受けて、私は老いて病いがちであり、何かにつけて心許ないことです。ただご指示を固辞いたすつもりはありません。法流相承（ほうりゅうそうじょう）などについて、もとより私的な事情を考えるはずもありません。私が相承した秘事・

口伝などを伝授いたすつもりです、と答えた。重光卿からは、「申すところは、はなはだ神妙である。法身院の坊務については、良快・朝秀・長円・賢円など院家に譜代の侍がおり、義満公から各々に詳細な指示が下された」ということであった。この四人は、先立って連日に御所に召し出され、坊領などは、各々その経営を委ねられており、指示内容は細々にわたっていた。私はこれらをうかがい、ただちに御所を退出しようとしたところ、重光卿からは、今日より法身院に止住（しじゅう）するようにという指示があった。新門主の入室は来月一日で、義満公の御湯治以後ということである。私はさしあたり法身院の北の対屋に移住することになるが、この住坊はかつて理性院僧正・金剛王院法印が、さらに昨冬からは長円法眼が居住していることから、当面私は醍醐寺に居住することになる。

応永二年乙亥

十二月一日天晴る、今日午剋法身院土御門万里小路にて、新門主左大臣禅師満済御才十九、御入室す。今小路一位大納言基冬〔師〕卿の息にして、二条大閤良基公の御猶子なり。室町准三后大相国（足利義満）禅閤道―御同車す。御猶子なりと云々。御共の児は二人愛光、尊若、参会の人々は、中山大納言入道――、日野中納言重光卿。

去月――、前門主定忠大納言僧正、忽ちに擯出（ひんずい）せられ逐電し了ぬ。准三宮（足利義満）よりの御使に依ると云々。

去々日、長円法眼、鳫札を醍醐本坊に送りて云く、日野中納言これを奉（うけたまわ）る。明暁室町殿に御参有るべき由と云々。予（隆源）召しによりて室町殿に参る但し越後守亭に御湯治中なり。重光卿奉るの間、彼の休所において対謁す。所詮新門主を扶佐申すべきの由と云々。

予申して云く、老病の質にて毎事不甲斐々々なり。但し仰せ出さるの趣、固辞申さんや。法流等の事に於いては、元より外物に非ず、存知の分を申し沙汰すべきの由なり。仰せて云く、尤も神妙なり。坊務の事に於いては、良快・朝秀・長円・賢円、是等、譜代の侍有るなり。委しくは仰せ付けらるところなりと云々。此の四僧、先立って連日に召し仰せられ、坊領等の事は、各これを拝領し、渕底を究め了ぬ。予、則ち退出す。重光卿云く、即ち今日より法身院に参住すべきなり。御入室は来月一日、御湯治以後なりと云々。予、先ず北の対屋（理性院僧正并に金剛王院法印、旧冬当時長円法眼の在所なり）、に移住し畢ぬ。此の間は、醍醐本山に居住するのみ。

ここには、満済が醍醐寺に入寺した経緯が記されている。応永二年（一三九五）十一月、三宝院定忠が、将軍の足利義満の譴責を受け、「京都門跡」と呼ばれる法身院を退去したため、満済が三宝院の「新門主」として法身院に入寺することになった。

満済は二条師冬の息（実は弟）であり、さらに義満の猶子として三宝院門跡として法身院に入寺した。入寺の折に義満が満済と「同車」しており、その親近の様がうかがわれる。高い出自をもつ貴種門跡として醍醐寺に入寺し、義満から手厚い外護を受けた満済が、聖俗両界で大きな影響力をもったことは納得できよう。

さて、前門跡定忠が退去した後に、その坊官で法身院に残っていた長円から、醍醐寺に止住する隆源に書状が届き、足利義満（「御所」）から参上の命が伝えられた。さっそく洛中に赴いた隆源は、日野重光を通して、法身院に入室する「新門主」の満済を「扶佐」するよう命じられた。この「扶佐」とは、「出世方・伝授等の事」、すなわち門跡の修学を導くとともに、法流伝授に関わるもので（同前一〇四函一四号）、この時点で義満は、三宝院門跡の後嗣となる満済を導くにふさわしい「師匠」として、隆源を高く評価していたわけである。

義満から満済の指導を命じられた隆源は、「老病の質」ながら、三宝院流の相承については、私儀なくこれを果たし、自ら相承する秘事・秘法を伝えるつもりであると返答している。また法身院の運営、特に院領の経営については、義満から譜代の坊官（侍）に細々にわたる指示が下されており、隆源はこれに納得した。

満済の入寺に先立ち、隆源は醍醐寺から法身院に移り、以後は「北の対屋」に居住して「新門跡」満済の修学を支えることになるが、「御師範」としての関わりは、隆源の晩年まで続くことになる。

2　三宝院と法身院

三宝院の焼失

勝覚により創建され、その弟子定海により院家として整備された三宝院は、鎌倉時代以降に幾度か火災により焼失を重ねている。「醍醐寺新要録」三宝院篇の「回禄類」には、「座主次第」を引用し、「正治炎上」では、正治二年（一二〇〇）の一度目の炎上を掲げ、この火災で「経蔵・宝蔵并に車宿一宇」が残った。その後、「貞永第二度炎上」では、貞永元年（一二三二）に「経蔵・宝蔵・四足門等」が焼け残り、「文保第三度炎上」では、文保二年（一三一八）に「経蔵・高倉許り」が焼け残っている。創建期より、三宝院の別称としての「灌頂院」を中心に、経蔵・宝蔵や寝殿・護摩堂・持仏堂・侍廊・湯屋などの諸堂を擁する同院であったが、鎌倉時代には三度の火災によって、「経蔵」を除く堂宇の多くを失っている。

室町時代に入ると、応仁元年（一四六七）から文明九年（一四七七）まで続いた応仁の乱で、文明二年の東西両軍の戦闘中、三宝院は「文明第四度兵火」を蒙ることになった。「灌頂院」をはじめ、下醍醐の諸堂宇のほとんどが灰燼と化し、義演の言によれば、文明二年から慶長年中（一五九六〜一六一五）まで「百卅余年」にわたり、三宝院は再建されることなく放置されたという。ただし、三宝院（「灌頂院」）の中核をなす灌頂堂は、文保二年の焼失後、少なくとも文明二年の寺内焼亡に至る間に再興されており、三宝院が当初の規模で再興されることはなかったものの、再建された灌頂堂において、三宝院流の伝法灌頂が催されたことであろう。

賢俊の住坊法身院

文保二年に三宝院が焼失した時の門跡は賢助であり、この後の三宝院門跡は賢俊・光済・光助・満済と続くことになる。なお、義満の叱責を受けて門跡を退いた定忠は、「座主次第」には光助に次いで宣下を受けているが、「五八代記」には「不慮に門跡を替退す。仍ってこれを除く」として、三宝院門跡の歴代からは除かれている。

さて、三宝院は文保二年に焼失して以後、灌頂堂を除き本格的な堂宇再建はなされなかったが、賢俊以降の歴代門跡はどこに止住したのであろうか。賢助から光助に至る歴代は、三宝院流の正統を主張する定済方（宝池院方）に属しており、満済もその法流に連なる実済から伝法灌頂を受けていた。この法流を相承するなかで、足利尊氏と密接な関係をもった賢俊は、師賢助から三宝院・宝池院・遍智院などを譲られ、延文二年（一三五七）に至り、これらの諸院家と庄園・本尊・聖教などを弟子の光済に譲っている（「醍醐寺新要録」宝池院篇）。つまり、三宝院が焼失した後、灌頂堂の再建はなされたが、三宝院が門跡止住の院家にふさわしい規模で再建されることはなく、院家名が譲与対象に掲げられたとしても、賢助の門葉が三宝院（「灌頂院」）に止住することはなかった。ただし、賢俊は師賢助より宝池院・遍智院を譲られており、醍醐寺にあってはこの両院を住所とした可能性がある。

賢俊は建武三年（一三三六）に、敗走中の尊氏に朝敵征伐を命じる光厳上皇院宣を届け、以後もその危機にあたって奉公を尽くした。尊氏から格別の処遇を受け、醍醐寺座主・東寺長者（真言宗の長官）・根来寺座主などに補任されたことは先にも触れた。元応三年（一三二一）に賢俊は、「今熊野坊」で師賢助から伝法灌頂を受け、正慶二年（一三三三）に院家・法流を譲与された後、建武三年に醍醐寺座主に就いて以後、護持僧として公武護持のための祈禱を頻繁に勤修している。

「五八代記」には、賢俊により勤修されたきわめて多彩な祈禱が列記されており、暦応五年（一三四二）には、「万里小路坊」にて観心院俊性に許可灌頂を授けている。この道場となった「万里小路坊」は、先に掲げた「座主満済御入室等記」にも見られるように「法身院」である。この後、貞和二年（一三四六）には、賢俊が成助に許可灌頂を、翌三年には嫡弟の光済に庭儀の伝法灌頂を、さらに同年のことになるが実済・頼甚に、文和四年（一三五五）には富士別当の賢秀に、いずれも「法身院」で許可灌頂を授けている。三宝院門跡としての付法活動が、洛中の「法身院」を拠点として継承されていたのである。

将軍家と法身院

「京都門跡」と呼ばれた法身院は、三宝院門跡の管領に帰しており、少なくとも賢俊が三宝院門跡を相承して以降、延文二年（一三五七）に入滅するまで、洛中における住坊としてあった。この法身院は三条坊門の尊氏御所の近隣にあり、日常的に将軍御所で修法が勤修されており、武家護持の門跡にふさわしい場所に寺域を占めていたことは首肯できる。

「醍醐寺新要録」法身院篇によれば、康永四年（一三四五）に催された法身院修正会には、「院主」の賢俊とともに、無量寿院賢季をはじめとする醍醐寺僧が多く出仕し、しかも将軍義満が法会を聴聞している。また貞和三年（一三四七）の法身院修正会には、賢俊が自ら導師として出仕し、その次第を自ら記した「菩提寺大僧正御自筆次第」が伝来しており、この修正会に義満も参会している。応永三十年（一四二三）の修正会には、将軍義持が聴聞しているが、その折に「故鹿苑院殿（足利義満）、毎度御車なり」とあることから、義満は継続して法身院に赴いていたことが知られる。

実は「法身院准后御記」（「満済准后日記」）によれば、永享七年（一四三五）の修正会にあたり、将軍足利義教も「御車」で「法身院門跡」に渡御しており、満済は将軍の御前に参上し、以下のように礼辞を言上した。

　修正会は、幾久しく将軍家の御寿命をお祈りする代々続く御法要であり、尊氏公よりかかわらず御出仕下さり、喜ばしいことと申し上げました。

　千秋万歳、代々の御佳例なり、等持寺（足利尊氏）以来相替らず、祝著の由、申し了ぬ。

法身院修正会への将軍渡御は、すでに尊氏の時代以来の先例となっていたと考えられる。このように尊氏から義教まで、歴代将軍が修正会の聴聞に参じるほどに、将軍家と法身院は緊密な関係を維持していた。

三宝院門跡の本坊

貞和三年(一三四七)に法身院で賢俊から伝法灌頂を受けた光済は、康暦元年(一三七九)に同院において入滅した。そして当夜のうちに、醍醐寺近隣の菩提寺で葬礼が行なわれた。また、「五八代記」によれば、観応二年(一三五一)には「三宝院光済僧正住坊」において、宸筆「般若心経」の経供養が催されている。光済は寺務(住持)の任にあった十余年間に、醍醐寺の山上・山下にわたる多くの堂宇や院家の建立・整備を進め、寺内でも高い評価を受けており、必ずしも光済が法身院にのみ止住したわけではなかったようである。

さて、「醍醐寺新要録」法身院篇によれば、賢俊から法身院において許可灌頂を受けた実済は、遍智院・金剛輪院や伝法院座主職等を相承した後、至徳二年(一三八五)には先の光済に伝法灌頂を授け、康応元年(一三八九)には定忠、さらに応永七年(一四〇〇)には満済に、いずれも法身院で伝法灌頂を授けている。

のちに法身院准三后(准后)と呼ばれた満済は、応永七年に四度加行を法身院において果たし、実済を大阿闍梨と仰いで宝池院流の伝法灌頂を受けた。さらに翌十年、満済は同院で報恩院隆源から三宝院流の許可灌頂を受けた後、応永十九年(一四一二)には醍醐寺の釈迦院道場において、隆源から三宝院流の伝法灌頂を重受した。なお、応永二十四年の東寺灌頂院御影供にあたり、満済は法身院から出仕しており、翌二十五年の嫡弟義賢への許可灌頂も法身院で行なっている。しかし同三十二年に義賢に授けた庭儀の伝法灌頂は、三宝院道場、つまり同院灌頂堂において催した。満済は洛中では法身院に止住していたものの、嫡弟義賢への伝法灌頂というような重要な法会は、醍醐寺三宝院で催していたのである。

さらに永享元年(一四二九)に満済は、師実済が賢俊から相承した金剛輪院を修築して「常御所」とし、翌二年には同院の庭園を整備し同院を「本坊」とした。このように、晩年の満済が「本坊」とした金剛輪院であるが、弘治二年(一五五六)に焼失した後、天正三年(一五七五)に至り、座主の義演准后により整備が進められることになる。そして勝覚が創建した「灌頂院」（三宝院）の西側に位置する金剛輪院の地に、現在の醍醐寺三宝院が生まれることになった（「醍醐寺新要録」金剛輪院篇）。

満済の嫡弟義賢は、永享六年（一四三四）に座主職と法身院を一体で満済より譲られ、しかも同院を「御本坊」としている。しかし、その一方で三宝院道場で、門葉への伝法・許可灌頂や、将軍追善の曼荼羅供・結縁灌頂を催している。なお、寛正二年（一四六一）の許可灌頂の道場は、「法身院仮御堂」とされており、この時期に法身院の堂宇は朽損していたのかもしれない。

このように、三宝院門跡となる賢俊がその居所とした「京都門跡」の法身院は、光済・光助・満済、さらに義賢と続く宝池院方の歴代門跡の住坊として、その宗教活動の拠点となっていたことは確かである。そして、法身院が門跡の住坊にとどまらぬ役割を果たしていたのは、足利尊氏への護持を果たした賢俊の時代、そして義満の寵愛を受け、義持・義教より政治向きの諮問を受けた満済の時代であったと言える。

3　隆源と報恩院

報恩院の法流

醍醐寺に伝来する膨大な聖教類を一覧すると、しばしば報恩院隆源の手になる特徴的な筆跡の、多彩かつ多数の聖教類を目にする。「続伝燈広録」巻十一によれば、隆勝から隆舜・経深・隆源に至る報恩院の歴代は、いずれも四条家を出自としている。四条隆家息とされる隆源は、北朝方に功あった祖父の四条隆蔭の猶子として、報恩院経深のもとに入室した。なお、隆蔭と報恩院隆舜・経深は、いずれも四条隆政の子息である。そして師の経深から報恩院を相承した隆源は、護持僧・東寺長者に就くことになる。この隆源が相承（そうじょう）する法流は、至徳年中（一三八四～八七）に幕府への訴訟にあたり作成された具書（「醍醐寺文書聖教」一一一函一〇号）に掲げられる「醍醐水本法流并に院家相承次第」に、以下の次第が記される。

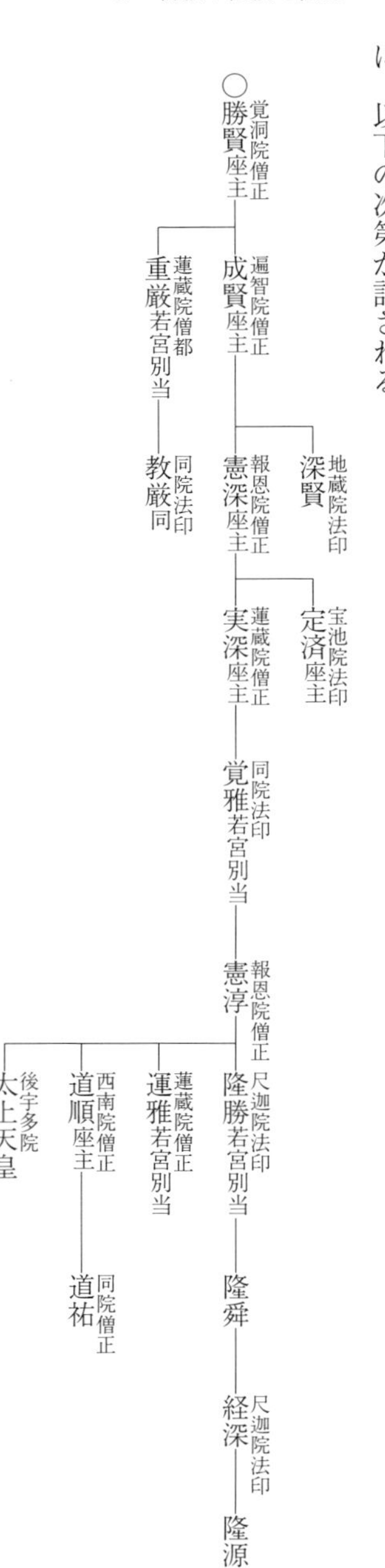

血脈の冒頭に掲げられる勝賢は、「鎌倉右大将家の護持として関東に参向」し、武家護持を掲げる「水本法流（報恩院）」の流祖である。勝覚・定海・元海・実運と続く法脈に連なり、実運の「入壇資」（伝法灌頂を受けた弟子）であり、言うまでもなく三宝院流の正嫡とされた。この勝賢から成賢・憲深・実深と続く、報恩院に拠（よ）り相承された三宝院流の正流は、さらに覚雅・憲淳と継承されるが、さかのぼって成賢から地蔵院深賢（地蔵院流）、憲深から宝池院定済（三宝院流定済方）の法流に分岐し、各々が三宝院流の嫡流を主張することになる。ちなみに満済が連なった法流は宝池院流（定済方）であった。

また、この具書は隆源により草されたが、そのなかで隆源は自らの法流上の立場を以下のように記す。

右のことについて、隆源は不肖の身であるが、報恩院と蓮蔵院という師僧の遺跡を受け継ぎ、分不相応ながら大法・秘法を相承した。その事情は、先師経深法印（ほういん）の附法状に記されている。また隆舜僧正の置文（おきぶみ）にはこのように記される。すなわち秘仏・秘曼荼羅・重書・道具は、嫡弟が相承すべき重宝であり、代々祖師の起請文などと共に相承され、決して他者に見せることはなかったとする。これこそ三宝院流の重事であり、醍醐寺にとっても導きとなる教えであることは、祖師の譲状にも明らかである已上。とりわけ後宇多院が在位されていた時、祖師憲淳僧正から三宝院流の灌頂をお受けになった。これこそ三宝院流の誉(ほま)れである。徳治三年(一三〇八)二月二十二日に憲淳僧正に下された勅書に、次のように述べられている。「三宝院の正流については、深く興隆の志をいだいています。宿縁により已に密教の奥旨を究めました。さらに三宝院流の血脈に列することになれば、まさに小野(おの)・広沢(ひろさわ)に分かれた法流を一統することになるはずです。〇さて東寺長者に闕員があります。病躰のままの出仕は難しいかもしれませんが、其の名を長者として掲げることは、法流の興隆となりましょう。法流のためにも、是非とも補任されるべきではないかと考えています」と。〈已上、勅書。〉

右、隆源不肖なりといへども、報恩院并に蓮蔵院の師跡をうけて、慭(なまじい)に大法・秘法の故実をつたふ。子細は先師経深法印が附法状に見たり。隆舜僧正の置文に云く、秘仏・秘曼荼羅・重書・道具は、嫡々相承の重宝たるに依て、代々祖師の起請等を相副て、更に他見なし。是則ち当流の肝心にして一寺の灯燭たる旨、祖師の譲状に分明なり已上。就中(なかんずく)に後宇多院御在位の時、祖師憲淳僧正に対して、当流の灌頂を遂しめ御す。誠に是一流の眉目なり。徳治三年二月廿二日、憲淳僧正に下さるの勅書に偁(いわ)く、三宝院の正流、深く興隆の志を存す。宿縁然らしめ已に秘密の奥旨を究め畢ぬ。附法の正脈に烈らば、尤も法流の一揆たるべきか。〇抑も東寺の長者其の闕あり。病躰の出仕叶がたしといふとも、其の名を懸けらるの条、紹隆たるべし。法流のため、尤も補任あるべきかの由、思い給うところなり。已上、勅書。

このように隆源は、師経深から報恩院・蓮蔵院と三宝院流の「大法・秘法」を相承するとともに、報恩院に止住して、三宝院流が相承してきた秘仏や重書など嫡流としての由緒を守った。三宝院流は、鎌倉後期以降に、報恩院のみならず地蔵院、宝池院などに相承されることになるが、前章でも触れたように、徳治三年（一三〇八）に後宇多法皇が報恩院憲淳に相承された法流は、東密三宝院流の正統と評価されており、東密正流の三宝院流はこの後、報恩院の院主である隆勝・隆舜・経深・隆源という歴代により継承された。

報恩院の法儀

鎌倉後期、報恩院は関東護持（武家護持）のため、転法輪法を継続的に勤修した。武家護持をになった報恩院の歴代のなかで、隆源は院家と法流に、具体的にどのような役割を果たしたのかを考えてみたい。

前掲した隆源草の具書のうち「御祈禱の忠節の事」には、報恩院による武家護持の足跡が、以下のように記されている。

祖師勝賢僧正は、鎌倉右大将家の護持のために鎌倉に下り、永福寺本尊の御衣木加持（みそぎかじ）等の修法を勤仕し、その門流は以後、代々にわたり武家護持を勤修してきた。近くはすなわち隆舜僧正が、将軍足利尊氏の御代に、武家護持のため京・鎌倉において公武の御祈禱を勤修した。また将軍足利義詮の御代には、幼少より近侍した由緒により、護持のための数えきれない恒例・臨時の祈禱を行なった。祈禱への謝意を伝える将軍の御教書や、巻数（かんず）への礼状などは、数多く文書函に納められている。経深法印も同じ役割を果たした。そして隆源は相承した祈禱を勤修し、とりわけ武家護持のための長日大勝金剛供は今も退転なく勤めている。しかし門流が次第に力を失うなかで、祈禱に出仕し奉公を果たすことが少なくなったが、これは報恩院の門流が無力であることの結果で、是非ともご理解賜りたいところである。

祖師勝賢僧正は、鎌倉右大将家の護持として関東に参向し、二階堂の本仏の御衣木加持等を勤仕せしより、代々相続の門流なり。近くは則ち隆舜僧正、等持院殿（足利尊氏）の御代、護持として京・鎌倉の御祈禱を致し畢ぬ。また宝篋寺殿（足利義詮）の御時、御幼稚の初めより、恒例・臨時の御祈り、その数をしらず。御感の御教書、巻数の御返状等、箱の底に秘せり。経深法印又これに同じ。隆源相続の分を以て、長日大勝金剛供、今に退転なし。然れども門流無力の間、細々出仕の奉公を致さず。是ちからのおよハさる次第なり。偏に御哀憐を蒙へきもの哉。

先師勝賢と源頼朝との関わりを発端として、勝賢の門葉は関東護持（武家護持）の機能を相承する門流となった。憲淳の嫡弟として北条貞時を頼り関東に下った隆勝と、その弟子である隆舜は、いずれも鎌倉に留まった。特に隆舜は伊豆山密厳院を拠点に、武家護持の祈禱を勤修した。また、将軍足利尊氏の時代に、隆舜は幕府や鎌倉府を護持するための祈禱を、将軍義詮の時代には、その幼少期を共にした縁で、多くの「恒例・臨時の御祈り」を勤修している。さらに、経深も同様の「御祈禱の忠節」を尽くし、これら先師の足跡を継承した隆源は、「大勝金剛供」などの護持祈禱を変わらず勤修していたが、次第に門流の力が衰えるなかで、武家への奉公に陰りが見えてきたという。この「門流無力」の原因がいずこにあるかは明らかではないが、憲深以来、三宝院流の正統継承を掲げる報恩院の法流（三宝院流憲深方）と並んで、宝池院実済（三宝院流実済方）が三宝院流を継承していた。そして、隆源の時代も、宝池院方の満済が三宝院門跡と座主に就いており、報恩院隆源がその師範の立場に甘んじていたことへの思いがあったのかもしれない。

4　隆源から満済への伝授

実済からの伝法灌頂

「五八代記」によれば、満済は応永二年（一三九五）に法身院に入寺し、ただちに醍醐寺座主の宣下を受けた後、同七年に伝法灌頂を受けている。「醍醐寺新要録」座主次第篇に「実済僧正入壇の資、隆源僧正の重受」とあるように、実済からは宝池院方の伝法灌頂を、さらに隆源からは報恩院方の伝法灌頂を「重受」されたが、これは前述の通りである。応永七年の伝法灌頂に先立ち、満済が実済から伝授された四度加行は、宝池院方の次第によっている。しかし同書によれば、満済の四度加行は、実済の病悩により、四度加行の最末の不動護摩の加行・正行は短縮され、ただちに実済を大阿闍梨としてして伝法灌頂が催されている。

ところで、満済が伝法灌頂に先立って行なった四度加行は、「座主満済御入室記」（「醍醐寺文書聖教」一七四函一五号）によれば、当初は略儀を排し、かなりの日数を費やしており、すでに応永三年（一三九六）から始められている。

十八道・金剛界・胎蔵界・不動護摩の順序で行なわれる小野方の四度加行を、満済の事例にみることにしたい。まず応永三年十月九日に、当日の初夜より礼拝を含む十八道の加行が始まる。翌四年正月二十日に加行が結願した後、ただちに七ヶ日の正行に入り、同二十八日に「日中一七ヶ日正行、御結願す」とある。次いで当日のうちに「百日正行」に入り、五月十一日に、都合二百九日にわたる十八道の加行・正行を終えている。この時代には宗僧の通例として、百日の加行、七日・百日の正行を、各々五十日、七日に省略される事例が多々あるが、満済の加行・正行はあえて規定の日数で行なわれた。

さらに応永四年八月二十一日、金剛界の加行に入り、十二月二日に「日中御加行、結願」し、当日の初夜に始行した「正行七ヶ日」が同月九日に結願した後、ただちに「百日正行」に入り、応永五年三月二十日に結願した。次いで同年八月二十一日に始まった胎蔵界加行は、十二月二日に「百一日御結願」し、同日夜に「七ヶ日正行」に入り、十二月九日に「七ヶ日御結願」した当日から「百日正行」に移った。

ところが前述の通り、時を置いて応永七年十月に不動護摩加行に入り、七十日目で日数を満たさぬまま、十二月二十九日に伝法灌頂が行なわれたわけである。なお当日の夜、満済は、加行を「結願」した後に師実済と「二階」に上る夢を見て、これを「夢記」に記しているが（同前九九函五八号）、この夢に、自らの伝法灌頂の行満を実感したのかもしれない。

このように満済は、不動護摩では加行を七十日で終え、加行・正行の日数は不足したままに伝法灌頂を受けている。しかし十八道・金剛界・胎蔵界の加行・正行は、各々二百日を超える日数を費やしており、略儀が通用している貴種の門跡としては珍しく、実に丁寧な加行・正行の伝授がなされたことは注目される。

隆源からの重受

「五八代記」によれば、応永十年（一四〇三）六月に、満済は隆源に面謁して改めて「重受」を請い、法身院で許可灌頂を受けている。時に満済二十六歳、隆源六十一歳であった（「醍醐寺文書聖教」九九函一一号）。

この折に交付された許可灌頂印信紹文には、まず隆源が師経深からの伝法灌頂、実舜からの許可灌頂を踏まえ、満済へ許可灌頂を授けた経緯が記される。ただし、満済は実済から宝池院方の伝法灌頂を受けており、まず弟子位の許可灌頂を受け、この後に報恩院方の四度加行を経て、応永十九年に醍醐寺釈迦院において、隆源から伝法灌頂を「重受」することになる。なお、この「重受」は、如法に職衆と道場・道具を整えた具支灌頂ではなく、略儀の荘厳と次第で行なわれたものであろう。

ところで、満済はいかなる理由で、実済とは別に、隆源から伝法灌頂を「重受」されたのであろうか。応永十九年に釈迦院において大阿闍梨隆源により催された伝法灌頂に

27　「隆源授満済伝法灌頂印信紹文案」（醍醐寺所蔵　99函19号2）

あたり、以下の印信紹文が満済に下された（同前九九函一九号）。

伝法灌頂阿闍梨位を授ける事

むかし大日如来は、大悲胎蔵・金剛両界の諸尊による悟りの世界を開き、これらを金剛薩埵(こんごうさつた)に授けた。金剛薩埵は数百年後に、これらの悟(さと)りを龍猛菩薩に授けた。このように密教の教えは伝えられて、吾が祖師である弘法大師まで八代を数え、今私までは三十代となる。その伝授の次第は師資相承の血脈に明らかである。私は数年にわたり求法(ぐほう)のための真摯な修行を重ね、幸いにして釈迦院の経深法印から伝法灌頂の奥義を伝受した。また密蔵院の実舜法印からは許可灌頂を受けている。ここで当寺座主の前大僧正満済は、久しく金剛・胎蔵両部の秘法を学んでおり、先年に許可灌頂を授けた。そして今、満済の資質と因縁が相まって、重ねて伝法職位を授けることになった。のちの阿闍梨のため、またのちの行者のためにも、この印信を満済に授けることにした。よく世俗の汚れを洗い流し、曼荼羅八葉に象徴される覚りを求めるように。これこそ三世にわたる仏恩に酬(むく)い、現世の師徳に答えることである。わが願いは以上の通りである。決して蔑ろにしてはならない。

応永十九年（一四一二）壬辰十二月二十一日氐、月、

伝授大阿闍梨法務大僧正隆源

伝法灌頂阿闍梨位の事

昔、大日如来、大悲胎蔵・金剛の秘密両部界会を開き、金剛薩埵に授く。数百歳の後、龍猛菩薩に授く。是の如く金剛秘密の道は、吾が祖師根本阿闍梨弘法大師まで既に八葉なり。今愚身に至り三十代なり。伝授の次第は師資血脈に相承明鏡なり。小僧数年の間、求法の誠を尽くし、幸いに釈迦院法印に随い、伝法灌頂の奥義を受く。重ねて密蔵院法印に逢い、許可の秘契を受け訖ぬ。爰に当寺座主前大僧正満済、久しく両部の大法を学び、先年密印許可を授く。今機縁相催し、重ねて伝法職位を授け奉るなり。次後の阿闍梨のため、後哲に示さんがためにしてこれを授く。能く五塵の染を

洗い、八葉の蓮を期すべし。是則ち仏恩に酬い、師徳に答うなり。吾が願い此くの如し。余念すべからざるのみ。

応永十九年壬辰十二月廿一日氐、月、

伝授大阿闍梨法務大僧正隆源

右の伝法灌頂印信紹文で、満済は先に隆源から受けた報恩院方の許可灌頂を踏まえ、伝法灌頂の「重受」を受けたことが明記される。そして隆源が満済に授けたのは、かつて後宇多法皇が三宝院流の正統の法流とした、報恩院方の伝法灌頂であり、ここに満済はこの法脈に連なることになった。

この法流伝授がなされた後、満済は隆源に以下の礼状を送っている（同前九九函六二号）。

このたびの伝法灌頂が無事に催され、長年にわたる受法の望みは一度に達成されることになりました。まさに仏菩薩の加護によるもので、その悦びは言葉に表すこともできません。また報恩院に伝わる根本祖師以来の御道具を拝見して、前世から因縁による利益を、大いに悦ばしく思っています。今は御法流の秘事を一事も漏らさず御免許いただきましたので、正に法流の興隆につながることでしょう。委細は御出京の時を待ちたいと思います。満済が謹んで申し上げます。

十二月二十六日　　　　　　　　　　　　　　万済

水本御房（隆源）

この度の入壇、毎事無為、多年の望み一時に達せしむるの条、且つ冥助の至り、言詞の演限に非ず候。根本の御道具拝見し、宿縁の多幸、旁自愛随喜の外、他無く候。今に於いては、御一流一事も残されず、免許を蒙り候はば、併しながらまた興隆たるべく候か。委曲は猶御出京の時を期し候なり。万済誠恐謹言。

十二月廿六日　　　　　　　　　　　　　　万済

水本御房

隆源からの伝法灌頂（「入壇」）により多年の望みを達した満済は、法流に伝わる「根本」の灌頂道具を拝見して、大いに感激している。この「重受」により、三宝院流の秘事・秘法を「一事も残」さず「免許」されたことこそ、法流にとっての「興隆」と語っている。このように、三宝院門跡の満済は、その立場にふさわしい法流の相承を、望外の悦びとしていたわけである。満済が門跡を継承してまもない応永七年（一四〇〇）に、病床（「中風所労」）にあった実済から受けた宝池院方とは別に、三宝院流の正統と評価される報恩院方の伝法灌頂を受けることこそ、三宝院門跡に最もふさわしいことと実感していたのではなかろうか。

なお、満済が報恩院方を相承した後、応永二十五年に嫡弟として三宝院門跡を継承することになる義賢に、法身院で許可灌頂を授け、さらに同三十二年には伝法灌頂を授けている（「醍醐寺新要録」法身院篇、三宝院篇）。つまり、義賢に三宝院門跡を相承させるためにも、満済は三宝院流正統の受法が不可欠と考えたのであろう。

隆源の秘法伝授

永享六年（一四三四）に三宝院門跡の満済が、嫡弟義賢に三宝院門跡を譲るにあたり記した「公家・武家の御祈以下条々置文」（「醍醐寺文書聖教」二五函二〇七号）には、門跡に随う門徒の諸院家とその所領の相承について細々にわたり指示しており、その一項に報恩院隆済について以下の記述が見られる。

隆済僧都の事については、報恩院以下の師跡を相続している。ただし笠取西庄領家〈光済僧正の時に報恩院領に加えられた。〉香庄〈神役の外を拝領。〉と尾張国のわずかな所領は、門跡からの給恩である。私が伝授された多くの秘事・秘法は、故隆源前大僧正からのものである。その恩は高山の高さにも比すべきものであろう。そこで隆済には、仏法についても、所領等についても、他の門徒とは異なる扶持を加えるように。

隆済僧都の事、報恩院以下の師跡を相続し了ぬ。笠取西庄領家光済僧正の時、相計い了ぬ、香庄神役外、尾州少所等は、門跡の給恩なり。予の受法以下一事以上は、故隆源前大僧正の庭訓なり。芳恩は山岳と謂うべきか。真俗他に異なり、御扶持を加えらるべきものなり。

満済は、伝法灌頂をはじめとして「武家・公家の御祈」以下の修法を、報恩院隆源から伝授されており、その導きと配慮（「庭訓」）に対して多大な恩義を感じ、報恩院を継承した隆済に対しては、格別の配慮を義賢に求めたわけである。満済は隆源を、自らの「受法の師匠」と言い切っている（同前二六函三八号）。

この置文に掲げられる「武家の御祈」としては、長日愛染王護摩、長日清瀧権現本地供、長日八幡本地護摩、長日天神本地供、長日愛染王供、長日不動供、長日薬師供、長日駄都供などの修法がある。満済はこれらの修法を、「公儀」の要務や「病悩」以外は、代理の僧（「手代」）を用いることなく自ら勤修してきた。これらの修法の次第が、すべて隆源から伝授されたとは言えないが、「受法以下一事以上」（受法を受けた多くの修法次第）とあることから、隆源が関わった重要な修法の伝授が少なからずあったことは確かであろう。

応永二十年（一四一三）に隆源が記した「阿闍梨位印明記」（同前四九二函五七号）の文中識語には、隆源は最極秘たる「唯授一人」の「重位」の印明を、自ら住持する醍醐寺報恩院において満済に授けたとある。また同二十二年には、隆源は満済からの要望を受け、「准胝法記」を「一本」書写し奉呈しているが、聖教の授与とともに、この書を用いた伝授が行なわれたことであろう（同前二七八函二六号）。

このように、満済にとって「受法の師匠」としての隆源は、満済の秘法伝受に関わるさまざまな場面で、その修学に具体的な助力を惜しまなかった。それゆえ「芳恩は山岳」に比すべきという満済の感謝の言葉も首肯できる。

また隆源も、門跡の「師範」「師匠」としての便宜を享受していたようで、たとえば地蔵院に伝来した「秘密要述法」の成賢写本と「秘密万タラ紙形」を、満済が書写するにあたり、隆源も借用して自ら写本を作成しており（同前二六八函三〇号）、門跡に随う「師匠」の立場にあって、寺内に伝わる秘書を入手できる便宜を得たことは想像に難くない。

十九歳で三宝院門跡を継ぎ、醍醐寺座主に就いた満済が、門跡として三宝院流の再興を実現するにあたり、報恩院隆源の「師範」としての役割はきわめて大きいものがあった。実済から伝法灌頂を受け、宝池院方を相承した満済にとって、三宝院門跡にふさわしい同流正統の相承は不可欠であり、そのためにも報恩院方を相承する隆源からの「重受」が求められたわけである。満済は、宝池院方の他に、遍智院方・妙法院方・岳西院流などを相承しているが（同前八一函八六号）、その中核にあったのが、憲淳の時代に改めて三宝院流の正統と認定された報恩院方であったことは言うまでもない。

〔参考文献〕

永村　眞「醍醐寺の史料とその仏法」（同著『中世醍醐寺の仏法と院家』吉川弘文館、二〇二〇年）
藤井雅子「南北朝期における三宝院門跡の確立」（同著『中世醍醐寺と真言密教』勉誠出版、二〇〇八年、初出二〇〇一年）

六章　三宝院義演と豊臣秀吉

――醍醐寺の再興――

豊臣秀吉が発した「天下惣無事」令により、戦国時代の混乱が一時的に沈静し、そのもとで社会的な再建・再編が進められたことは広く知られている。このような時代背景のもとで、応仁・文明の乱（一四六七〜七七）における兵火で、三宝院をはじめ下醍醐の伽藍の多くを失い、興廃のなかにあった醍醐寺も、豊臣秀吉・秀頼の二代にわたる積極的な後援により、寺内の堂塔の再建・修理がなされた。醍醐寺では、豊臣秀吉こそ醍醐寺再興を実現した立役者として、その謝意を込めて、今日も毎年四月に「豊太閤花見行列」が催されている。

荒廃した醍醐寺にあって、寺家の再建を果たすとともに、近世以降も広大な寺域を保持しつつ寺院としての発展を牽引したのは、座主の義演准后であった。「醍醐寺新要録」座主次第篇や「五八代記」によれば、関白二条晴良を父、伏見宮貞敦親王女を母として、永禄元年（一五五八）に生まれた義演准后は、同十二年に十二歳で、歴代門跡の通例とされていた将軍家（足利義昭）の猶子として醍醐寺に入寺した。義演は、上醍醐の光台院に止住して修行を重ね、天正十四年（一五八六）には報恩院雅厳僧正の「入壇資」（伝法灌頂を受けた弟子）となり、さらに光台院亮淳権僧正から遍智院方の「重受」を受けている。二条家を出自とする義演は、言うまでもなく貴種（高い出自をもつ僧侶）であり、天正四年に十九歳で醍醐寺座主に就き、同七年には大僧正、同十三年に二十八歳で准三后の勅許を受け、寛永三年（一六二六）に示寂するまで、長きにわたり醍醐寺の経営に尽力することになる。

さて、秀吉が醍醐寺に強固な関わりをもつことになったのは、死去する五ヵ月前の慶長三年（一五九八）三月に催された「醍醐の花見」であった。その詳細は後述するとして、義演が秀吉の存在を強く意識したのは、これを十六年ほどさかのぼる天正十年に始まる太閤検地のなかではなかろうか。

義演が醍醐寺の存続を支える寺領以下の所領を、秀吉から安堵されたことにより、同寺を支える外護者として、その存在を強く意識したことは容易に想像できる。しかし秀吉の醍醐寺への関わりは、この所領安堵にとどまるものではなかった。

本章では、醍醐寺の再建を主導した義演准后と、義演の再建事業を全面的に後援した秀吉、その没後にあって後援を継続した秀頼との交流をたどることにしたい。

1　義演の醍醐寺再興

醍醐寺の太閤検地

天正十八年（一五九〇）に記された「義演准后願文」（「醍醐寺文書聖教」一七八函一七号）に、以下の通り、秀吉が命じた検地の経緯が記される。醍醐寺は当初、寺領をはじめとして多くの所領が、検地によって収公されてしまうという状況に陥り、秀吉との関係の発端は、この寺領回復訴訟であった。

関白秀吉公により日本国中で残らず検地が行なわれ、在々所々でわずかの例外なく進めてきた。そのなかで当寺の山上・山下が保有してきた寺領は、その多くが失われることになった。これははなはだ歎かわしいことであり、訴訟に及んだところ、所司代の玄以法印の配慮により、失った寺領には悉く替地が宛てられ、門跡とその侯人、さらには寺内の院家・衆徒、山上・山下の寺僧に至るまで、関白から朱印状を拝領した。この訴訟への報謝のため、下醍醐の清瀧宮拝殿に、去る正月十七日から七日間にわたり参籠し、如意輪護摩を二十一座と愛染供を百座

28　義演像（醍醐寺所蔵）

を自ら勤修し、今日二十三日に結願した。即刻山上・山下の寺僧をすべて招請し、下醍醐清瀧宮の拝殿において理趣三昧を催した。供養法は私が自らこれを勤行した。初段の経頭は一臈の堯厳法印、讃は深重律師、調声は演賀大法師が勤めた。法会中の齋食は私が準備し、金剛輪院で衆僧の膳部を準備するように命じた。時に天正第十八年（一五九〇）正月二十三日にこれを記録した。准后義演

関白秀吉公として日本国残らず検地と云う事あって、在々所々毛頭用捨無し。これに依り、当寺山上・山下の寺領、既に以て相果て了んぬ。尤も歎かわしきに依り、訴訟に及ぶの間、所司代玄以法印の馳走に預かり、替地を悉く相渡され、門跡・候人并に院家・衆徒、次には山上下僧に至るまで、関白の朱印を拝領し了んぬ。この立願のため、山下の拝殿に於いて、去んぬる十七日より一七日の間、参籠せしめ、如意輪護摩廿一座并に愛染供百座を手づから修行せしめ、今日廿三日に結願す。則座に山上・山下皆請あって、拝殿にして理趣三昧を執行し了んぬ。供養法は予これを懃む。初段までは一臈堯厳法印、讃は深重律師、調声は演賀大法師なり。修中は予の齋食なり。金院に於いて衆僧の膳の儀を仰せ付け了んぬ。時に天正第十八年正月廿三日、これを誌し了んぬ。准后義演

天正十年に始まった太閤検地のなかで、醍醐寺の寺領をはじめ、門跡・院家・寺僧などの保有する所領が、個々の理由は明らかではないものの、収公されてしまった。その回復のため、ただちに訴訟を行なったところ、所司代の前田玄以の尽力により替地が給され、秀吉の朱印状を得て、改めて

寺領・院領・寺僧領が安堵された。その報謝として義演は、下醍醐の清瀧宮拝殿に参籠し、如意輪護摩・愛染供を勤修した。結願にあたっては、満山の寺僧を下醍醐の清瀧宮に招請し、自らが供養法を作法するなかで理趣三昧が勤修された。

満山寺僧の出仕により、自ら導師を勤め、清瀧宮拝殿において催した修法は、寺領回復をめぐる秀吉からの配慮に対する、義演の篤い感謝の念を示すものであろう。

下醍醐の荒廃

平安時代院政期から鎌倉中期まで、醍醐寺の法流（ほうりゅう）と経営の拠点として存続してきた三宝院であるが、幾度かの火災を被っている。そして、文明二年（一四七〇）、応仁・文明の乱における兵火により、再建が図られてきた堂宇のすべてを失うことになった。「醍醐寺新要録」三宝院篇には、以下の記事が見られる。

賢深僧正記にこのような記事がある。文明二年（一四七〇）八月十九日、勧修寺の城が落ち、武田方の軍勢が数多く打ち死した。翌日二十日に、軍勢が醍醐寺に押し入り、寺中の金堂をはじめ八足門と二天像、廻廊と三宝院など、寺内の諸堂はすべてが一挙に灰燼となった。〈義演が云うには、これより以後、下醍醐の堂宇が再興されることはなかった。慶長九年〈一六〇四〉に至るまでおよそ百三十余年の間、焼跡はむなしく松原となってしまった。はなはだ残念なことである。〉

賢深僧正記に云く、文明二年八月十九日、勧修寺の城破れ、武田方の軍勢多く打ち死し了んぬ。翌日廿日、当所に押し入り、寺中の金堂〇八足二天・廻廊・灌頂院〇諸堂残る無く一時に灰燼と成り了んぬ。寅（義演）云く、これ已後再興無し。慶長九年に至り、凡そ百卅余年、その跡空しく松原と成り了んぬ。遺恨々々。

下醍醐の堂宇は、中核的な金堂や三宝院をはじめ、主要な堂宇はほとんどが応仁・文明の乱で兵火により焼失し、その跡は「松原」となり、以後「百卅余年」にわたり、醍醐寺は荒廃のなかにあった。しかし、下醍醐の東側の峯上にある上醍醐では、薬師堂や開山堂などの根本堂宇とともに、小規模ながら五十を超す院家が、谷筋にそって点在していた。義演による下醍醐の本格的な再建がなされるまで、醍醐寺の存続、とりわけ法流の相承とその維持は、専ら上醍醐の院家がにない、義演自身も入寺後、修行を上醍醐の光台院で重ねてきたのである。

金剛輪院の再建

三宝院満済が師実済から相伝した金剛輪院を、永享元年（一四二九）に「常御所」として修築したことは、前章（Ⅱ—五章）で述べた。そして「醍醐寺新要録」金剛輪院篇には、それ以後の経緯が次のように記されている。

弘治二年（一五五六）に思いもかけず焼失して以降、金剛輪院は十九年にわたり荒れたままになっていた。そこで私は上醍醐の光台院に止住した。去る天正三年（一五七五）六月、時に私は十八歳であったが、山を下り下醍醐に移り金剛輪院を再建することになり、まずは小堂一宇を建立した。ある人の意見を受けて、庭の築山を崩し、泉水を埋めてしまったが、これは大いに後悔することになった。のちに改めて池を掘り、山を築き、石を畳み、滝を落として、ここに興ある庭の風情が復した。

　弘治二年不慮に回禄以来、十九箇年荒所たり。これに依り、予光台院に移住す。去る天正三年六月日（時に予十八歳）、山を下り、当院を再興し、小堂一宇を先ず建立す。その時、築山を崩し泉水を埋ずむ。これ或人の異見なり。後悔千万たり。その後池を掘り山を築き、石を畳み、瀧を落とす。誠にその興在り。

このように、満済が醍醐寺内で「本坊」とした金剛輪院は、弘治二年（一五五六）に焼失しており、義演が入寺した時にはすでに「荒所」となっており、やむを得ず上醍醐の光台院に止住したのである。そして天正三年（一五七五）に義演は下醍醐に移り、金剛輪院を再建して門跡の「本坊」とした。この再建された金剛輪院が今日の三宝院である。なお、義演が再建する際に、他者の意見を容れて、庭の築山・泉水を壊し堂宇を造立したが、これを深く後悔し、のちにその復旧を図ったのである。

さて「義演准后日記」によれば、慶長二年（一五九七）三月八日、再建された金剛輪院に、突然豊臣秀吉が、徳川家康をはじめ大名衆を引き連れて桜見物に来寺したという。その様子は以下の通りである。

太閤殿下が、急に醍醐寺の桜を御覧になるため来寺された。突然のことで大いに驚いたが、掃除以下はいつもの通りに指示した。巳剋（午前十時頃）においでになり、馬場の花を御覧になり、お喜びであった。さらに金剛輪院の南庭の桜を御覧になった後に、そこから寺内に足を向けられた。五重塔が損壊した様子をじっくりと御覧になり、ただちに修理料として千五百石を寄進されるとの由、大変にありがたいことである。そこから菩提寺に向かわれ、糸桜を御覧になった。御膳を差し上げ、私と家康公が御相伴した。その場で御歌を詠まれ、ご機嫌よく過ごされ、周りの人々は安堵した。それから上醍醐に登られたが、私は同道しなかった。御帰りの道々、桜の馬場で改めて御礼を申し上げた。その時にお側に召され、寺内の石木を採ることを禁制する朱印状を下されるとの仰せであった。大変にありがたいことである。諸大名も御供されており、秀吉公の一行を観るため多くの人々が驚くほどに群集していた。

太閤御所、俄に当寺花御覧に御成あり。仰天斜めならず。掃除以下形の如く仰せ付け了んぬ。巳剋に渡御す。馬場の花を御勝美す。則ち金剛輪院南庭の花を御覧あり。それより寺中へ御成あり。塔婆破壊の躰、具に御覧あり。則ち千五百石を先ず仰せ付けらると云々。珍重々々。それより菩提寺の糸桜を御覧あり。御膳を参らせ候。予并に家康（徳川）御相伴す。御詠を遊ばされ御機嫌なり。諸人安堵す。それより上醍醐へ御登あり。予は登山せず候。御帰路に桜の馬場にて又御礼を申し入る。則ち御そばへ召され候て、御朱印を下さるべく候間、石木を取る事、禁制致すべきの由仰せ出され候。珍重々々。諸大名御供なり。群集筆端に及び難し。

義演にとっては、この時が間近に秀吉に出会った初めての機会ではなかろうか。突然に来寺が伝えられ、慌ただしく「掃除」や「御膳」など、秀吉を迎える準備をした。秀吉は、徳川家康や「諸大名」を「御供」にして来寺し、金剛輪院の義演のもとを訪れ、「馬場の花」、金剛輪院の「南庭の花」を見た。さらに荒廃した「寺中」に赴いた秀吉は、地震により損傷していた五重塔の様子を実見し、即座に千五百石の寄進を申し出ている。さらに菩提寺で枝垂れ桜（「糸桜」）を観覧した後、金剛輪院にもどって「御膳」を差し上げたが、その折には義演や家康が相伴し、秀吉は和歌を詠じ機嫌よく過ごした。その後に、秀吉は下醍醐から上醍醐に向かい、義演は同道しなかったが、帰路に挨拶した折に、寺内の石木を勝手に採取することを禁ずる朱印状を交付すると伝えられ、一連の秀吉の配慮に、義演は大いに感激した。やはり五重塔の修理料が寄進され、寺内の石・竹木の採取を禁じた秀吉の配慮は、醍醐寺にとっては歓迎すべきことであり、この時の秀吉の来寺が、醍醐寺復興の重要な端緒となったのである。

2　醍醐の花見と寺内造営

秀吉の意向

慶長三年（一五九八）三月十五日、醍醐寺において、広く知られる醍醐の花見が催された。この経緯を、「義演准后日記」の同年三月条の記事に見ることにする。花見に先立って、きわめて短期間に「花御覧」のための準備がなされているが、実はこの準備作業が、醍醐寺再建の重要なきっかけとなったのである。まず「義演准后日記」同年二月九日条には、以下の記述が見られる。

九日、晴れ。太閤殿下（豊臣秀吉）が急に当寺（醍醐寺）へおいでになった。桜馬場から直接に金剛輪院においでになり、院内の諸堂・小座敷・常御所・台所まで、すべてを御覧になった。庭の泉水は、特にお褒めくださった。北政所をはじめ、秀頼様が桜を御覧になる準備のために、まずは自ら下見においでになった。そこでまず金剛輪院においでくださったわけである。また、五重塔は修理の最中であるが、その完成を厳しく命じられた。特に二王門（仁王門）についても、さっそくに修理すべきであると、同じくご指示になったが、これに過ぎる満足はない。また、山上へ向かう道筋にあるやり山の風景を、ことのほか気に入られ、やり山に御殿を数宇、花見の前にすべて完成させるようにと、奉行に命じられた。その後に、御帰りになる途上で、菓子折を進上した。一段と御機嫌良く、本当に安堵した。その後に、花見の奉行を勤める徳善院（前田玄以）・増田長盛・長束正家などが金剛輪院にやってきたので、非時食を振る舞ったが、まずは結構で悦ばしいことであった。

九日、晴れ。太閤御所頓みに当寺へ御成あり。則ち桜馬場より直に渡御し、堂・小座敷・常御所・台所に至るまで悉く御覧あり。泉水は事の外に御称美す。北政所を始めて秀頼様の、花を御覧有るべきの為に先ず御成あり。則ち当門へ御成あるべき分なり。塔婆修理の最中なり。いよいよ堅く仰せ付けられ了んぬ。殊に二王門は修理致すべきの旨、同じく仰せ出され了んぬ。満足只にこの事なり。山上やり山の景、以ての外に御意に入り、彼山に御殿数宇を、花の前に悉く周備候様にと、奉行に仰せ付けられ了んぬ。その後還御され、路次に於いて菓子折を進上す。御機嫌一段と快然なり。安堵この事なり。それ以後徳善院（前田玄以）・増田衛門（長盛）・長束大蔵大輔（正家）以下、門跡へ来る。非時これを賜う。仕合せなり。かたがた珍重々々。

初めて醍醐寺に足を運び「花御覧」をした翌年、秀吉は急にまた醍醐寺を訪れている。この時に秀吉は、北政所や秀頼とともに花見を催そうと考え、その下見に来寺したのであるが、どうも事前に義演には伝わっていなかったようである。桜の馬場から金剛輪院に入った秀吉は、院内の諸堂や常御所から台所まで見てまわった。特に庭には関心をもっていたようで、花見にあたっては同院を用いる意向であった。さらに、昨年に着手した五重塔の修理事業の推進とともに、仁王門の修理の完成を指示している。また花見の場所に予定していた、山上に向かう途中のやり山の風景をいたく気に入り、花見までに急ぎ数宇の御殿を造営するように命じている。秀吉からの指示を受け、前田玄以以下の奉行がさっそくに義演のもとに訪れ、短期間で完成させねばならない造営作業の打ち合わせを行なっている。なお、やり山に造営された「御殿数宇」の一棟は、江戸時代に現三宝院（元の金剛輪院）内に移建され、今日に残る純浄観がこれに当たるという。

門跡の再建

「義演准后日記」の慶長三年（一五九八）二月十六日条に見られる通り、秀吉は自ら詳細に検分した金剛輪院について、時を置かず醍醐寺に出向き、その造営の指示をしている。

十六日、晴れ。太閤殿下が門跡と馬場へ直においでになった。まず金剛輪院には寝殿を建立するようにというご意向である。桜の馬場を南の広庭の内に取り込み、南は馬場を隔てて勧心院・西方院と向かい合い、その間には築地を立てるというご意向である。北は東安寺の寺地を組み入れ、西は宝塔院までを敷地とした。東は灌頂院の院地の過半を金剛輪院の屋敷地とした。百二十間四方という規模にするようにというご指示である。寝殿は東西十五間、南北九間、台所は十間・九間、廊は八間の規模とし、護摩堂以下の堂宇はご自分で指図をお書きになった。寺領もさっそくにご寄進くださった。思いも寄らぬご配慮の数々、これに越える満足はない。また、寺中では五重塔と二王門の修理に加え、金堂も再興するようにというご意向である。このような密教の繁栄の姿は、はなはだ喜ばしいことである。

十六日、霽（はれ）。太閤御所門跡・馬場へ直に御成あり。寝殿を御建立有るべきの由なり。桜の馬場を南の広庭に構え入れ、南は勧心院・西方院を限り、築地との御意なり。北は東安寺も入れ了んぬ。西は宝塔院までなり。東は灌頂院も過半屋敷に成し了んぬ。百廿間四方との仰せなり。寝殿は東西十五間、南北九間、台所は十間・九間なり。廊は八間、護摩堂以下は御自身御指図を成され了んぬ。寺領も先ず仰せ出され了んぬ。存知寄らざる儀、満足は此事々々なり。寺中の塔婆・二王門の御修理、金堂も御再興有るべき御意なり。密法の繁昌、大慶々々なり。

この日に秀吉は醍醐寺を訪れると、「門跡」（金剛輪院）の敷地を一気に百二十間（約二百十八メートル）四方に拡張するとともに、院内に「寝殿」・台所・廊と護摩堂の造営を、自ら指図を作成し、指示を下している。この時に一挙に拡張された金剛輪院の敷地内に、新たに諸堂宇が建造され、今日の三宝院に継承されることになった。

秀吉は、桜見物のための施設として、この金剛輪院の敷地を大幅に拡張し、寝殿以下を造営している。醍醐寺にとっては、「門跡」にふさわしい寝殿以下が短期間のうちに建造されることになり、正に「密法の繁昌」が短期間に実現したと言える。さらに秀吉は、塔婆・仁王門の修理、金堂の再興とともに寺領寄進を約しており、秀吉は三宝院「門跡」や醍醐寺伽藍の再興を、花見の準備の一環として進めたのである。なお、醍醐寺の「深雪山」の山号は、二月十六日に門跡の整備などを詳細に指示した折に秀吉が定めたものであり、今日に至るまで変わらず用いられている。

庭園の造営

義演は、上醍醐から金剛輪院に移住した時に、庭の築山・泉水を壊したことを後悔し、復旧の思いがあったが、実現には至らなかった。しかし、秀吉の指示のもとに、金剛輪院の庭は改めて造営がなされた。二月二十日、わずか四日を隔てて秀吉は来寺し、以下の「義演准后日記」の記事のように、金剛輪院の庭の造作とともに、寝殿の造営、さらに仁王門の移建が命じられた。

二十日、晴れ。太閤殿下が今日おいでになった。直接にやり山に登山された。その後に金剛輪院においでになり、御膳を召し上がり、私が相伴した。泉水の縄張りについて、池の中島には檜皮葺の護摩堂一宇を建て、橋をかけ、滝を二筋を落とす設計である。聚楽第から名石を運ぶようにとの仰せであった。泉水からあふれ出る水は、桜の馬場の築地外に横三間の深溝を掘り流すようにと指示された。寝殿については、至急に造営資材を運び込むように命じられたということである。そこで番匠が、夜中に金剛輪院において資材注文を作成し手配している。また二王門を桜の馬場の奥に建てるようにとの仰せであった。すでに他寺の二王門を解体し取り寄せていたが、これは規模が小さく見劣りがするとのお考えで、別に二階門を探し出してこれを運び込むこととし、その造建はしばらく待つとのご決定であった。

廿日、霽れ。太閤、今日御成あり。直にやり山へ登山さる。その後門跡へ渡御あり。御膳を御賞翫あり、予御相伴す。泉水のなわばり（縄張）は、中島に護摩堂、檜皮葺一宇、橋をかけ、瀧二筋を落とさるべき御工（たくみ）なり。聚楽の御屋敷より、名石を引くべきの由、仰せ出され了んぬ。泉水の余水は、桜の馬場の中に、横三間に堀るべしと仰せ出され了んぬ。寝殿は火急に材木以下を着すべしと云々。よって番匠、夜中に注文これを認む。二王門をば馬場とおりに建つべしと仰せ出され了んぬ。既に二王門をこぼちおくなり。然りといえども少分にて見苦しき門と思し召さるの間、二階門を尋ねられ、渡さるべきの間、先ず当寺の門をば相待つべしとの御掟なり。

このように秀吉は、庭の泉水に護摩堂を置く中島と橋・滝を設け、池水の排水まで設計を示して工事を指示し、あわせて寝殿の資材確保を命じて、ただちに番匠がその設計作業を行なっている。そして秀吉の「御指図」にもとづき再建された金剛輪院の庭が、今日に残される三宝院庭園である。

また、仁王門は、醍醐寺にふさわしい規模の門を、畿内・近国の寺院から移建することになった。なお、金剛輪院の庭の整備は、聚楽第の庭からの名石「藤渡」をはじめとして、海からも多くの巨石が運ばれ、数百人の人夫を集めて昼夜兼行で行なわれた工事は、わずか四十日ほどで完成し、かつての泉水の「十倍」する規模の庭が生まれた（「醍醐寺新要録」金剛輪院篇）。このように、秀吉の指示にもとづいて、泉水の整備、寝殿の造営、仁王門の移建などがなされ、今日に残る三宝院の堂宇と寝殿、さらに桜の馬場の奥に建つ仁王門などが整備された。

寺家伽藍の再興

秀吉の腰の軽さとその決断の迅速さには驚くべきものがあるが、わずかの期間内に次々に出された造営をめぐる指示を見る限り、単に醍醐寺における一日だけの花見のためとは到底考えがたい。つまり、荒廃して、かつての隆盛を失った醍醐寺を再建して、花見にふさわしい場とするという明確な意図があった。次に掲げる「義演准后日記」の慶長三年（一五九八）年二月二十三日条には、秀吉の一歩踏み込んだ対応が見られる。

二十三日、晴れ。太閤殿下がおいでになった。まずはやり山に続く新道以下の工事をご覧になった。次に、やり山に足を向けられた後に、金剛輪院においでになった。常御所で御膳を差し上げた。まず院内をご覧になり、いろいろとご指示になった。また寺家の諸伽藍を再興するようお命じになった。すなわち、三宝院門跡は所領千石を拝領した。思いもかけぬことであり、これに過ぎる名誉はなく、その謝意を言葉で語り尽くすことは到底できない。この所領の内から三百石を割き、寺内の主要院家となる六坊を再興するようにお命じになった。残りの七百石は、門跡が収納するようにということである。また、寺内の金堂・講堂・食堂・鐘楼・経蔵・塔・湯屋・三門の以上八宇を整備する計画である。このうち五重塔は修理の最中である。ただ、仁王門と塔の二宇はまだ完成に至っていない。金堂以下については、和州（大和国）・河州（河内国）などの寺も荒廃しているが、探せば一宇・二宇が残されているはずで、これを運び渡すように仰せ付けられた。伽藍の再建は興山上人応其がすべてを奉行するよう命じられた。また門跡の寝殿は、増田右衛門尉に奉行をお命じになった。門跡の門や堂舎は寺家の伽藍と同様、片時も遅れぬよう急ぎの建立が下知された。太閤殿下はこれらをご指示になって帰路につかれ、私は荷東までお見送りした。お帰りの前に六坊の屋敷の縄張りをお決めになった。ようやく寺家再興の時が来たわけで、これはすべて尊師に思いが伝わり、また醍醐天皇のお計らいによるものであろう。これは唯事ではない。我が身にとっても大きな満足であり、醍醐寺にとっても大いなる慶びである。さらに往時に大きく越える寺容となった。あまりの忙しさにより委しく記録することもできない。

廿三日、晴れ。太閤御所御入寺あり。先ず新道以下を御覧、次いでやり山へ渡御す。次いで門跡へ御成あり。常御所に於いて御膳あり。先ず門内に於いて種々仰す。寺家の諸伽藍御再興の由、仰せ出さる。則ち当門跡へ領知千石を拝領す。存知寄らざる式、面目の至り、言詞の覃（およ）ぶところに非ず。この内六坊を再興いたし、三百石を附すべきの由仰す。残り七百石は門跡蔵納すべきの由なり。金堂・講堂・食堂・鐘楼・経蔵・塔・湯屋・三門、以上八宇を御建立の目録あり。

この内、五重の塔婆一基は御修理の最中なり。只仁王門とこの塔二宇相残り了んぬ。金堂以下は和州・河州等の寺も相果て、一宇二宇つゝ相残るを引くべきの由、仰せ付けられ了んぬ。伽藍は興山上人悉く奉行仕るべきの由仰せ了んぬ。門跡寝殿は増田右衛門尉奉行を仰せ出され了んぬ。門跡の門・殿以下は、寺家の諸伽藍と一等に、片時も火急に建立すべきの旨、堅く御下知あり。次いで還御さる。荷束まで送り奉り了んぬ。則ち六坊の屋敷、御なわばり（縄張）御沙汰す。ご機嫌快然たり。時刻到来し、只に尊師御納受さる。延喜の聖代の御方便か。唯なる事に非ず。一身の満足、一寺の大慶はこの時なり。結句、昔にも超過すべき躰なり。忩劇に依り委しくはこれを記さず。

この日を境に、秀吉の醍醐寺への対応は大きく変化しており、それを享受する義演の大なる感激が知られる。すなわち、秀吉は「寺家の諸伽藍御再興」を明言し、具体的に金堂・講堂以下の「八宇」の整備を命じるとともに、門跡には七百石、再興を図る寺内院家の「六院」（三宝院門徒の岳西院、阿弥陀院、金蓮院、西往院、成身院と理性院門徒の普賢院）に三百石を寄進した。このように花見のための門跡（金剛輪院）の整備を出発点として、寺内堂塔の再建、院家の再興に加えて、門跡・院家に所領を保証することにより、仏法を継承する寺院としての醍醐寺の再興が確実に実現することになるわけで、義演の感激も納得できよう。

醍醐寺の再建は、慶長三年二月の秀吉の来寺を契機として、一気に実現に向かうことになった。そして個性的な行動により再建を進めた秀吉は、醍醐寺の歴史上で特筆すべき人物として、以後も尊崇されることになる。

花御覧

慶長三年（一五九八）二月に入ると、秀吉は頻繁に醍醐寺に訪れ、そのつどに花見の場と定めたやり山に登り、段取りを配下に指示した。「義演准后日記」の二月十三日条には、花見の桜を移植するよう命じた記事が見られる。

桜植奉行が来寺した。醍醐寺の西門から馬場を経てやり山まで続く道の左右に桜を植える。全長で三百五十間あり、桜は七百本を植えるということである。そこで近江・河内・大和・山城の四ヵ国の桜を堀り、これを移植することになる。まるで吉野山をそのまま醍醐寺に移すようなものであるという。

　桜植奉行来る。当門馬場よりやり山に至りて、左右にこれを植う。その間三百五十間これ有り。桜七百本を植うべしと云々。江州（近江国）・河州（河内国）・和州（大和国）・当国（山城国）の四ヶ国の桜をほりてこれを植うべし。吉野をここに移さると云々。

つまり、醍醐の花見で秀吉以下が賞翫した華やかな桜は、山城と近国から集めた七百本を、桜の馬場からやり山まで、左右一間おきに移し植えたものも加わっていた。二月十九日からただちに移植が始まった。さらに三月になると、花見のための「仮屋」や「舞台・楽屋」などの造建が進み、十五日が花見と定まるや、諸大名から献上された献上物の「折・嶋・樽」（料理を入れた折箱や大皿、酒樽）が醍醐寺に向かう道筋に置かれ、その豪壮さに義演は驚愕している。

そして三月十五日の花見の日がおとずれた。この日の「義演准后日記」の記事は、至って簡単なものである。

　十五日、晴れ。後夜念誦（ねんじゅ）は常の通りに勤修した。今日、太閤殿下がおいでになった。また、女中衆もご同道された。終日にわたり寺内の桜を御遊覧になった。花見の道筋には茶屋などが設けられ、言葉に尽くせないような華やかさであった。一つの問題も起こらず、事なく太閤殿下は御帰りになった。醍醐寺にとっては大慶であり、我が身にとっても満足この上ないことであった。当門跡へは銀百枚を下され、すべてにわたるお心遣いはかたじけなく、唯々ありがたいことである。また寺中には銭一万疋と菓子折をお下しになった。

　十五日、霽れ。後夜念誦常の如し。今日太閤御所渡御あり。女中おのおの御成あり。終日花御遊覧す。路次の茶や（屋）以下結構し、筆舌に尽くし難し。一事の障碍無く、無為に還御せらる。一寺の大慶、一身の満足なり。当門跡へ銀百枚拝領す。御懇意、外聞実儀忝き次第、是非なし是非なし。寺中へは鵝眼万疋（ががんまんびき）と菓子折を下され了んぬ。

二月以来、秀吉の来臨により準備が進められた一日の花見は、無事に終わった。門跡には「銀百枚」、寺家には銭一万疋（百貫文）が下され、義演は寺にとっても我が身にとっても、この上ない名誉と感激を記している。花見の翌十六日、義演は伏見城の秀吉のもとを訪れ、お礼を申し上げている。また二十五日には、花見の折に秀吉・秀頼や北

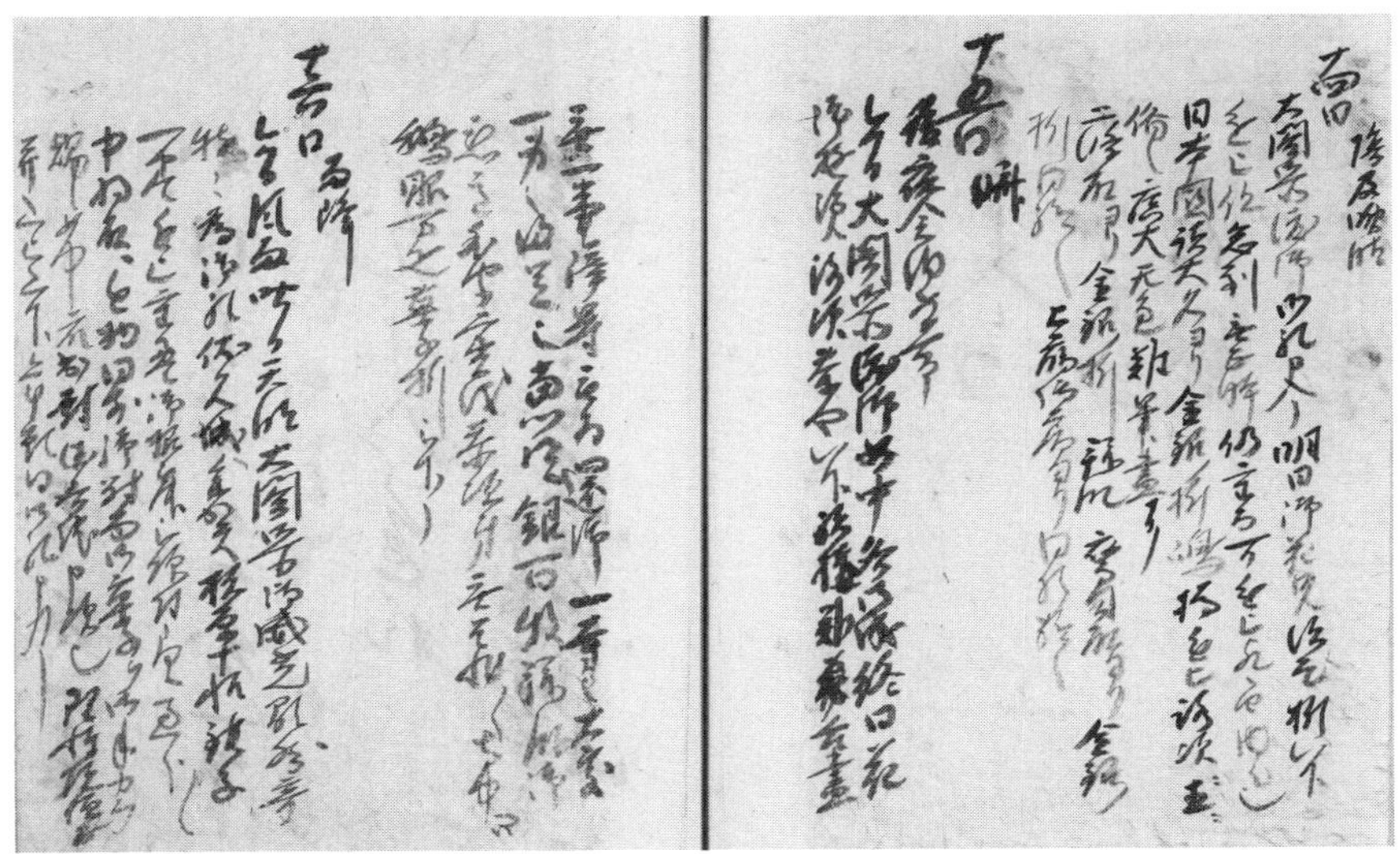

29 **「義演准后日記」**（醍醐寺所蔵　慶長 3 年 3 月 15 日条）

30 **醍醐寺花見屛風**（国立歴史民俗博物館所蔵）

政所をはじめ「御女房衆以下」が読んだ歌を記した多くの短冊が義演のもとに送られ、門跡に置かれることになった。これらの短冊は、「醍醐花見短冊」として今日まで醍醐寺に伝わっている。

秀吉により催された花見の盛事は、後世まで「醍醐の花見」として伝えられ、醍醐寺の繁栄の象徴として語り継がれた。また、花見が終わった後、やり山の客殿・書院は、金剛輪院と阿弥陀院に移建された。なお、門跡（金剛輪院）の寝殿や庭をはじめ、寺内の伽藍再建が急速に進められたが、すべてが完成したわけではなかった。ただ、翌年には是非とも後陽成天皇の行幸を願いたいと考えた秀吉は、花見以後も醍醐寺の造営活動を継続するよう命じている。しかし、翌年に天皇の臨幸のもとに醍醐寺で花見という秀吉の企ては、ついに実現することはなかった。

3　秀頼と醍醐寺

秀吉不例

秀吉が花見の後に醍醐寺を訪れたのは、慶長三年（一五九八）四月十二日のことであった。金剛輪院を訪れて泉水や普請の様子を見廻り、伏見城にもどった。これが秀吉の来寺の最後となった。この後、義演の関心は、金堂と金剛輪院の造営にあり、その進捗をめぐり、秀吉とのやりとりが続いた。

ところが、「義演准后日記」六月十三日条には、次のようにある。

孝蔵主へ、書状を送り要件を伝えた。この返事には、このところ太閤殿下のお具合が悪く、改めて機会を得て、ご意向を尋ねるつもりです、ということであった。黄昏（たそがれ）になって菩提寺へ帰った。

孝蔵主へ、予文にて仰せ了んぬ。返事に云く、この中聊か太閤御所御気不快の時分の間、重ねて御意を得べきの由なり。黄昏に及び菩提寺へ帰り了んぬ。

金堂再建に関することで、義演は孝蔵主に書状を送ったところ、それに対して、「太閤御所（秀吉）はお具合が悪く（「御気不快」）、ご意向をうかがうことができない」という返事であった。さらに十四日後の六月二十七日条には、「御不例」を耳にした義演が、「祈禱の外、他事無し」として、自ら秀吉の病気平癒の祈禱を行なう旨を記している。「不例」と「験気」（回復）の風聞が繰り返されるなかで、七月七日には「太閤様御不例」平癒の祈禱を、義演は豊臣家から依頼された。義演は、造営中の金剛輪院で北斗法を勤修した。また理性院堯助も、禁中で「太閤御所御祈禱」として、七月十一日から太元護摩を始行した。さらに、伊達政宗から「太閤御所御祈禱」の依頼を受けた義演は、聖天供を勤修している。

そして義演は七月六日、秀吉の「御煩い平癒」を祈念して、左の通り、五ヵ条の立願を行ない、願文を草している（「醍醐寺文書聖教」三三函四五号）。

一山上御影堂における聖宝（しょうぼう）尊師忌日の竪義法要を、三ヵ年の内に再興する事、

一山上御影堂で三ヵ日の理趣三昧を催す事、

一同御影堂を相応に修理する事、

一山下に尊師御影像を造像する事、

一山下に御影堂を建立した後、常灯一灯を献げる事、

右の立願（りゅうがん）の意趣は、大相国殿下（秀吉）のご病気が平癒し、御武運の長久、とりわけ山下伽藍の再興と門跡の寝殿以下の造営を終え、さらにお約束くださった所領の御寄附、これらについて、すみやかに御下知くださったならば、早々に五ヵ条の立願を実現するつもりで、このように記す。

時に慶長三年（一五九八）七月六日　　（義演）（花押）

一竪義を三ヶ年の内に再興すべき事、

一山上御影堂に於いて三ヶ日の理趣三昧を執行すべき事、
一同御影堂を相応に修理を加うべき事、
一山下に尊師御影像を彫刻すべき事、
一同御影堂を建立の時、常灯一灯を燃すべき事、
右の意趣は、大相国殿下の御煩い平癒、御武運の長久、殊には山下伽藍の御再興并に門跡寝殿以下の無為の作畢、領知異儀無く御寄附、右の通り速やかに御下知に於いては、早くこの立願を果たし遂ぐべきの状、件の如し。

時に慶長三年七月六日　（花押）（義演）

この願文の主旨として、秀吉の「御煩平癒、御武運長久」が掲げられるが、義演の真意としては、「伽藍御再興」、門跡の「寝殿」以下の作事の完成、そして寺領寄進の実現を祈願するもので、その報謝として「竪義」再興をはじめ、五ヵ条を誓願したものであろう。誓願の第一に掲げられた山上御影堂における竪義と理趣三昧の再興、山上御影堂の修理、山下に聖宝御影の造像、山下御影堂の建立と常灯の献納は、いずれも開祖聖宝への供養に他ならない。とはいえ、寺家の伽藍再興、門跡の堂宇整備、寺領寄進は、いずれも秀吉の格別の配慮によるものであり、それゆえに義演が誓願の第一に「御煩い平癒、御武運の長久」を掲げたのも当然と言えよう。

このような祈禱や祈願の効験によるものか、七月十八日には秀吉の「御不例」は回復との風聞も流れた。しかし、秀吉は自らの死期を悟ったものか、貴族・諸門跡に形見（御遺物）が下され、七月二十五日に、義演のもとへ大判三枚が下された。さらに八月八日には、秀吉から「門跡五百石」「六坊三百石」「寺家領六拾一石」「菩提寺領四拾一石」の朱印状が届けられている。

ところで、秀吉はその直後の八月十八日に入滅しているが、「義演准后日記」にはその記事は全く見られない。そして八月以降は、義演の日記に秀吉の「不例」に関わる記事が消え、十二月十八日に至って、

大仏の鎮守へ、家康をはじめ諸大名が参詣する。今日が太閤の御忌日ということであろうか。今に至るまで公にされていないため、どのような事態となったのか、知ることもできない。

> 大仏鎮守へ、家康を始め諸大名参詣す。今日、太閤御所の御忌日か。今に披露無き故、治定不知なり。

という記事が現れる。十二月十八日が秀吉の「御忌日」とされたようである。すなわち義演は、秀吉の入滅を八月十八日以降に知り、あえて公表された十二月まで、日記にはこれを秘したのであろう。

そして、義演の日記には秀吉の記事が消えた代わりに、秀頼の記事が見られるようになる。慶長三年八月二十九日、に「早天伏見より御使あり。秀頼卿の息災の御祈禱料として、金子卅両これを送り賜る」とあるように、秀頼への祈禱が勤修され、九月朔日には、「秀頼卿の御祈念、不動護摩両座を相続ぐ」として、以後の祈禱は「秀頼御祈」に代わることになった。

義演は新造のなった金剛輪院の殿舎や泉水の掃除を指示するとともに、改めて十二月二十六日の日記に、秀吉とその周辺への感謝の念を次のように記した。

殿舎の規模といい、広大な敷地といい、これ以上の満足はない。太閤殿下から賜ったご恩は、言葉で語り尽くすことができない。今春に御花見においでになり、ご機嫌よく時を過ごされ、門跡の房舎の造営をお命じになった。このご指示を受けた奉行衆の取り計らいの数々も、すべて身に余るものがある。

> 結構と云い、広大と云い、自愛この事この事なり。太閤御所の御芳恩、言詞の限りに非ず。去春に御花見のため渡御され、ご機嫌■、アサリ房舎の儀仰せ付けられ了んぬ。その御言葉の末に、かくの如く奉行衆の申し沙汰、過分身に余れり。

このように、秀吉の花見は、醍醐寺にとっては単なる寺としての面目にとどまらず、下醍醐の伽藍が再興される重要なきっかけとなり、秀吉への篤い感謝の念は、以後も寺内で継承されることになった。

上醍醐の再建

慶長四年（一五九九）正月になると、義演の年始の挨拶先は、「内府家康亭へ罷り向かう」とあるように徳川家康のもとであった。秀頼は先立って伏見城から大坂城に移っており、「留守」の伏見城に赴いた後、そのまま帰寺している。この時期から義演は、家康への配慮を示すようになったが、秀頼とも進物の授受を行ない、その誕生日には大坂城に赴き、「大般若経」の転読を行なっており、変わらぬ秀頼の護持を継続している。そして醍醐寺は秀頼からも、大きな後援を受けることになった。

慶長十年十二月二十一日、上醍醐の如意輪堂から出火し、五大堂・御影堂の三堂が一挙に焼失した。五大堂では、創建期以来の由緒をもつ五尊の内、不動・降三世・軍荼利三尊が焼失し、修理のため仏所に移されていた金剛夜叉・大威徳二尊は、火災を免れた（「醍醐寺新要録」五大堂篇）。

上醍醐寺（山上）の学侶（がくりょ）集団は、翌慶長十一年三月に、使者を大坂城の秀頼のもとに送っており、その経緯が次掲の「醍醐寺新要録」御影堂篇に記されている。

慶長十一年三月三日、山上の学侶は上醍醐三堂の再建を願い、その訴えのため、使者を大坂に送った。また五月七日には、伏見城の前将軍家康公のもとに使者が遣わされた。伽藍の炎上について、委しく御尋ねがあり、右大臣秀頼公への御口添えがなされた。本当にありがたいことである。六月二十四日に、秀頼公から三堂再建の仰せがあった。ただちに奉行の井藤左馬頭・建部内匠正・西川八右衛門尉と下奉行三人が上醍醐に赴き、年預の密厳院と協議を行なった。結構なことである。同二十七日に、山上学侶が三堂の指図をもって大坂へ向かった。

慶長十一年丙午三月三日、御再興の訴訟のため、山上の学侶両三人、大坂に下り了んぬ。五月七日、前将軍へ罷り向かい畢ぬ。伽藍炎上の事、委しく御尋ねなり。右大臣殿へ御口入これ在り。珍重、珍重。六月二十四日、右大臣より御再興の事、仰せ出され了んぬ。則ち奉行井藤左馬頭・建部内匠正・西川八右衛門尉と下奉行三人登山し、年預密厳院と談合す。珍重、珍重。同二十七日、学侶、指図を持ちて大坂へ罷り下り了んぬ。

三月三日に大坂に下った山上学侶の使者の訴えは、ただちには容れられなかったようである。しかし、五月七日に伏見城にある「前将軍」徳川家康のもとに改めて使者が赴いた。家康からは「伽藍炎上」についてくわしく尋ねられた後、秀頼への口添え（「御口入」）がなされた。この家康の口添えにより、六月には秀頼から三堂の「再興」が命じられた。ただちに大坂から奉行と下奉行が上醍醐に派遣され、上醍醐寺僧の代表である年預の密厳院と再建のための協議を行ない、時を置かず、山上学侶の使者が再建すべき三堂の「指図」をもち、秀頼のもとに参上している。すなわち、再建事業には家康が「御口入」というかたちで具体的な役割を果たしており、醍醐寺は次第に家康の権威に依存することになる。

これ以降、急速に上醍醐三堂の再建が進むことになるが、その経緯は同じく「醍醐寺新要録」御影堂篇に見ることができる。

慶長十一年の七月三日、訴訟のため大坂に下っていた学侶が帰寺した。三宇の堂舎の材木などは、奉行が準備するということである。同十九日に、寺家が御影堂焼失の跡を整備したが、焼け跡から壺が掘り出され、壺の中には骨炭が納められていた。尊師（聖宝）の御影を安置した真下から掘り出されたものであり、尊師の御骨ではなかろうか。そこで准胝堂（じゅんていどう）へ壺を移して安置した。八月九日、奉行井藤左馬頭が大坂に向かい、料材の木作りを始めたということである。同二十日の頃に、木取りされた材木が醍醐寺に運ばれた。九月十三日の卯の剋（朝六時頃）に柱の土代を突き始め、同十八日の卯の剋に柱を立てた。同二十六日には、柱をすべて立て終わった。同二十七日に虹梁を引き上げ足場を組み、同二十九日の卯の剋に上棟した。十月五日にこけらを葺き終えて、同月中に造営を終えた。

（慶長十一年）七月三日、学侶大坂より帰寺す。三宇の堂舎の材木等、奉行の輩用意すと云々。同十九日、寺家として御影堂焼失の跡

> これを開く。壺これを掘り出し、中に骨炭これ在り。尊師（聖宝）御影安置の下なり。定めて彼（聖宝）の御骨か。仍って准胝堂へこれを入れ奉る。八月九日、奉行井藤（井藤左馬頭）、大坂に罷り登り、悉く木作りすと云々。同廿日ころに木取りせる材木これを運ぶ。九月十三日卯の剋に、礎（いしずえ）これを突き始む。同十八日卯剋に柱を立て、同廿六日に柱悉く立て了んぬ。同廿七日に虹梁を上げ、足代を組む。同廿九日卯剋に上棟す。十月五日にこけらを葺き、同月に相造畢（ぞうひつ）す。

六月に再興が決定すると、翌七月には使者として大坂に下っていた学侶が帰寺し、奉行が三堂の材木を大坂で準備していることを報告した。また、七月十九日には、御影堂の焼跡を整地していた時に、「骨炭」を納めた骨壺が掘り出され、その場所が焼けた御影堂の「尊師御影安置の下」であったことから、尊師聖宝の遺骨であると判断され、ただちに准胝堂に安置されている。御影堂再建にあたり、聖宝の遺骨が出現したことは、寺僧にとってはきわめて印象的な出来事であったことであろう。

慶長十一年八月には、大坂で準備された材木が山上に運び上げられ、九月に礎突き、立柱、上棟が行なわれ、十月にこけらが葺かれ、御影堂の再建が終了した。同年のうちに三堂は再興されたが、これは秀頼の指示によるものであり、下醍醐が秀吉に、上醍醐が秀頼によって再建されたのである。豊臣家が醍醐寺の存続に、いかに大きな役割を果たしたかを、改めて確認することができる。

義演は、慶長年中（一五九六～一六一五）に豊臣秀吉・秀頼の外護のもとで、堂塔の再建を実現した。なお、再建活動を進めるなかで義演は、廃絶した法会の再興、寺内院家の経蔵に伝えられた聖教類の保存、「醍醐寺新要録」などの寺誌の編纂など、多面的な醍醐寺の再興や整備を進めた。豊臣家は慶長二十年五月、大坂夏の陣で滅ぶが、三宝院門跡はさらに徳川家康・秀忠から、上醍醐の寺僧も加わる修験行者の集団（当山方、後の当山派）を束ねる棟梁（法頭）の立場を認められ、加えて関東真言宗の統括を委ねられ、江戸時代において醍醐寺が大きく興隆を遂げる端緒となった。このように義演の遺した足跡は、醍醐寺中興の祖と呼ばれるにふさわしいものであった。

〔参考文献〕
関口真規子「「当山」派成立と修験道法度制定」（同著『修験道教団成立史―当山派を通して―』勉誠出版、二〇〇九年）
『醍醐寺大観』第一・三（岩波書店、二〇〇二年）
永村　眞「醍醐寺の史料とその仏法」（同著『中世醍醐寺の仏法と院家』吉川弘文館、二〇二〇年、初出二〇〇一年）

Ⅲ　浄土宗の展開

一章　法然と親鸞
――浄土教から浄土宗へ――

「念仏」という語句を聞いて、私たちは何を思い起こすであろうか。多分、多くの人々は、合掌して「南無阿弥陀仏」という阿弥陀如来の名号を唱える行為、と考えるのではなかろうか。また、「念仏」を行なう第一の目的は、阿弥陀如来の「浄土」に「往生」することであり、阿弥陀如来にその実現を願い、帰依（きえ）を示すため「南無阿弥陀仏」とその名号を唱える「念仏」の語句が生まれたのである。

ここで改めて「念仏」という語句に目を向けると、「仏を念ずる」と読めるわけで、この「念ずる」は、ただちに阿弥陀仏号を唱えることにはつながりそうにない。仏を念ずる行為については、文字通り諸仏・菩薩の姿とその慈悲の様を観念するという意味とともに、一般的な阿弥陀仏号を唱える行為という意味があり、この両様の語義は、すでに平安時代から寺院社会には併存していた。少なくとも平安時代の南都北嶺の寺院社会では、「念仏」とは前者の観念（観仏）が一般的な理解であり、後者の口称（くしょう）（阿弥陀仏号を唱えること）が私たちの常識のように定着したのは、法然が立宗した「浄土宗」の広まりが、きわめて重要な契機となったと考えられる。そこで、法然による口称としての「念仏」による「浄土宗」の教えと、その急速な展開について考えてみることにしたい。

1　阿弥陀如来と浄土教

浄土に往生する

「浄土」とは、あらゆる煩悩から離れ、覚りの境地に至った仏・菩薩の居所（仏土）としての「清浄国土」である。穢土（現世）に生きる我々凡夫が、死後にこの「浄土」に生まれ変わることができれば、その場で仏・菩薩の教えを親しく聴聞することにより、自らも覚りを得ることができるという。当然のことながら、「浄土」は仏・菩薩の個々に存在するわけで、東方にある薬師浄土・阿閦浄土、西方には阿弥陀浄土、南方に観音浄土、北方に弥勒浄土、インド中央にある釈迦如来の霊山浄土などがある。なお、阿弥陀の浄土は極楽（西方極楽浄土）、弥勒の浄土は兜率内院、観音の浄土は補陀落山と、固有の表現で呼ばれることもあり、また「往生」も生まれ変わる場に応じて、「極楽往生」「兜率往生」となる。「阿弥陀経」では、阿弥陀如来の浄土である「極楽」について、次のように説かれる。

　その時、釈尊は長老の舎利弗に向かって、次のように告げた。この場から西方に十万億の仏土を経た先に一つの仏土があり、ここは極楽と名づけられる。この仏土には阿弥陀と呼ばれる仏が住み、今もその場においでになって説法を行なっている。舎利弗がこの仏土をなぜに極楽と呼ぶのかと問い、これに釈尊は、この仏土に生まれた衆生にはさまざまな苦がなく、あらゆる安楽を享受できることから極楽と名づけられると答えた。

　その時、仏（釈尊）、長老舎利弗に告ぐ。これより西方に、十万億の仏土を過ぎて世界あり。名づけて極楽という。その土に仏ありて阿弥陀と号す。今現に在まして説法す。舎利弗、彼の土を何の故に名づけて極楽となすや。その国の衆生に衆苦あること無く、ただ諸楽を受くるが故に、極楽と名づく。

釈尊が説く阿弥陀如来の浄土は、そこに生まれた「衆生」にとって、あらゆる「苦」のない、あらゆる「楽」に満ちた場であることから、「極楽」と名づけられ、この西方の仏土では、阿弥陀如来が常に衆生を悟りに導くための「説法」を行なっているという。このように、「極楽」では阿弥陀如来が衆生を導くことから、仏法の「教主」たる釈迦が、阿弥陀如来の存在とその役割を高く評価しているわけである。そこで、次に我々凡夫がいだく死後の世界への期待について見ることにしたい。

法隆寺に安置される「金堂釈迦三尊像」の光背には、聖徳太子の病没後、その「王后・王子」などにより同像が造立された経緯を記す銘として、以下の一文が刻まれている。

> 聖徳太子が病床にあった時、王后・王子や諸臣が、共に深くその病いを愁い、快癒を願って発願した。願わくは三宝の力により、仏滅後に造像されたという釈尊像と同尺寸の太子像を造立する。この造像の願いに応える三宝の力により、太子の病いは癒され、その世寿はのび、現世にあって安らかに過ごせることになろう。もし、太子の業による報いが現世では容れられず、浄土に往生することになったならば、すみやかに浄土において覚りを得ることになろう。

> 時に王后・王子等、及び諸臣と、深く愁毒を懐(いだ)き、共に相発願す。仰ぐらくは三宝により、まさに釈像の尺寸の王身を造り、此の願力を蒙り、病を転じて寿を延ばし、世間に安住せん。もしこの定業、以て世に背かば、往きて浄土に登り、早く妙果を果たさん。

飛鳥時代から、造寺・造像などの作善の功徳として、現世では治病・長寿・安穏など、来世では極楽往生を果たし、極楽において親しく阿弥陀如来の教説を聴き、生死を超えた永遠の真理を得る、つまり覚りに至るという、現世利益(げんぜりやく)と浄土往生の両様が期待されたのである。そして、現世・来世における仏果を得る重要な条件として、「念仏」という作善が注目されることになった。

阿弥陀の誓い

阿弥陀如来は、無限の寿命をもつ無量寿仏とも、無限の光明を放つ無量光仏とも呼ばれる。親鸞が、自らの門徒に念仏修行のよりどころとして下した「南無阿弥陀仏」「帰命尽十方無导光如来」と墨書される名号にも、その役割の一端がうかがわれる。

さて、衆生に対して阿弥陀如来が果たす役割は、「無量寿経」には以下のように説かれている。

時に一人の国王がいた。仏（世自在王如来）の説法を聞いて心に悦びをいだき、ただちにこの上ない覚りを求める心をもち、国と王の立場を棄てて一人の沙門となり、法蔵と号した。優れた才能と強い意志をもち、世に並ぶものもなかった。この法蔵が仏のもとを訪れ、その足もとに跪き敬礼し、右に三周りして跪き合掌して、仏を讃える頌を称えた。（中略）時に法蔵菩薩は、仏が説く清浄な国土のことを聞き、すべてを見すえて、この上ない格別の願いをいだいた。（中略）時に法蔵菩薩が仏に申すには、私はすでに仏土に赴いて、その場を荘厳するための清浄の行を理解しこれを果たしましたと。そこで仏は法蔵菩薩にこのように告げた、あなたに説くことにしたい、私の教えを理解するように。あなたは、今から多くの大衆に信心の心を起こさせ、その教えをよろこんで受け容れさせるようにしなさいと。

時に国王あり。仏の説法を聞きて、心に悦予を懐き、すなわち無上の正真道の意を発し、国を棄て、王を捐て、行きて沙門となり、号して法蔵という。高才・勇哲にして、世と超異せり。世自在王如来の所に詣りて、仏の足に稽首し、右に繞ること三匝し、長跪・合掌して、頌を以て讃えて曰く、（中略）時に彼の比丘（法蔵菩薩）、仏の所説の厳浄国土を聞き、皆ことごとく覩見し、無上・殊勝の願を超発す。（中略）（法蔵菩薩）、仏にもうして言う、世尊、我すでに仏土を荘厳する清浄の行を摂取すと。仏、比丘に告ぐ、汝、今は説くべし。宜しく知るべし。この時、一切の大衆を発起し悦可せしめよ。

このように、阿弥陀如来の前身である法蔵菩薩は、仏（世自在王如来）の説法を聞いて出家を遂げ、その教えによって仏土に往生しようという「無上・殊勝の願」を立てた。この「清浄の行」を理解し、これにより「行」をおさめた法蔵菩薩は、仏から「一切の大衆」を教化するように告げられる。仏の教説と「清浄の行」により覚りへ向かう法蔵菩薩は、「大衆の発起」をその役割とすることになる。さらに法蔵菩薩は、その「清浄の行」を果たして阿弥陀如来となり、その時に重要な「四十八願」を誓約したが、その一つに以下の誓願があった。

たとえ私が覚りを得て如来となることができたとしても、あらゆる衆生が心から阿弥陀如来の浄土に往生し覚りを得たいと願うならば、まずは「十念」（変わらず信心をいだく）を行なうように。もし往生を果たすことができないのであれば、私は菩薩から如来の立場にのぼることはしない。もっとも五逆（父・母・最高位の修行者の阿羅漢を殺害し、僧の和合を損ない、仏を傷つける罪）と正法を誹謗するもの以外の衆生に対してであるが。

たとい我、仏となるを得んも、十方の衆生、至心に信楽して、わが国に生まれんと欲さば、乃至十念せん。もし生まれざれば、正覚を取らじ。ただ五逆と正法を誹謗するものを除かん。

すなわち、法蔵菩薩は、自らが覚りを得て「菩薩」から「如来」にのぼるにあたり、五逆と正法誹謗を除く衆生が、極楽往生を願いながら往生を果たせないならば、「如来」とはならないと誓っている。往生を願い「念仏」を唱える衆生に対しては、漏れることなく往生を実現させるという誓願が、阿弥陀如来の「四十八願」のなかの第十八願（至心信楽の願）である。なお、「乃至十念」にはさまざまな解釈がなされているが、浄土五祖の一人である善導は「十度、念仏を唱える」と理解しており、これが広く受け容れられることになった。そして、「念仏」により極楽往生が実現するという教説を、この誓願が裏づけることになり、浄土宗が成立する要件となった。

阿弥陀如来の浄土としての「極楽」に往生することを願う衆生は、「念仏」によってその願いがかなうとしており、この信心のあり方こそが阿弥陀信仰（浄土教）と呼ばれている。

2　法然と「浄土宗」

日蓮の「浄土宗」観

法華宗（日蓮宗）を開創した日蓮は、自らの個性的な教説を説くなかで、一貫して「浄土宗」とその宗祖法然に対して、厳しい批判を投じた。日蓮は、「浄土宗」のみならず、顕・密にわたる諸宗の教学についても深い理解をもっており、その著「撰時抄」のなかで、「浄土宗」の成立について以下のように記している。

浄土宗が成立する流れを見るならば、斉の曇鸞法師は、もともと三論宗僧であったが、龍樹菩薩が著した「十住毘婆娑論」の教説に触れて、覚りを得るための修行方法として、難行道・易行道を説いた。次いで唐の道綽禅師は、「涅槃経」を講じていたが、曇鸞が説いた浄土往生のための教えにより、「涅槃経」をさしおき、往生を実現するための聖道門と浄土門という二つの道を示した。さらに道綽の弟子の善導は、往生に必要な修行として雑行・正行を対照して説いた。

> 浄土宗は、斉の曇鸞法師と申者あり。本は三論宗の人、龍樹菩薩の十住毘婆娑論を見て、難行道・易行道を立たり。道綽禅師という者あり。唐の世の者、本は涅槃経をかうじけるが、曇鸞法師か浄土に移る筆を見て、涅槃経をすて、浄土に移て、聖道・浄土の二門を立たり。又道綽か弟子に善導という者あり、雑行・正行を立つ。

ここで日蓮が批判の対象としたのは、言うまでもなく、法然と立宗された浄土宗である。しかし、右の引用史料で取り上げられる「浄土宗」については、浄土五祖の曇鸞・道綽・善導による教説の展開が記されている。まず曇鸞は、龍樹造の「十住毘婆娑論」（「華厳経」の「十住品」の註釈書）により、「難行道」と「易行道」の対照的な概念を提示し、「易行」重視を説いている。また道綽は、曇鸞の往生を果たすための教えに触れて、自ら講じてきた「涅槃経」（釈尊入滅をめぐり記す経典）をさしおき、往生に向かうための「聖道門」と「浄土門」を示し、「浄土門」による念仏の意義を説いた。さらに道綽の弟子善導は、往生を実現するための修行方法として、「雑行」と「正行」を示し、「正行」により往生が確約されることを説き、この教えが法然に大きな影響を及ぼしたのであった。すなわち日蓮は、浄土五祖による教説の展開を踏まえ、法然の教説が形成される基礎を押さえた上で、浄土宗の専修念仏に対する批判を行なっているわけである。

また、日蓮が注目した「浄土宗」であるが、ここで検討されているのは、奈良時代をさかのぼって受容されてきた、諸仏とりわけ阿弥陀如来の浄土へ往生するための教えである浄土教であり、本章では、法然が立宗した教えの体系を浄土宗と呼ぶことにしたい。

さて日蓮は、浄土五祖に連なる曇鸞の「難行道」と「易行道」、道綽の「聖道門」と「浄土門」、善導による「雑行」と「正行」という対照的な概念から、浄土教において往生を実現する基本的な要語として、「易行道」「浄土門」「正行」を明快に示した。これら浄土教の教えを基礎にして、凡夫往生を説く法然の浄土宗が立宗された。

インド・中国で形作られた浄土往生を実現する教えの体系を基礎として、日本では法然により、凡夫往生という目的を果たすための浄土宗の教説が説かれた。そして、日本で仏教が発展を遂げるなかで、いかに浄土宗が生まれたのかを、日蓮は次のように説明する。

日本国が末法の世に入って二百余年を経た後鳥羽院の御治世に、法然という僧がいた。多くの道俗に向かって説くには、仏法の受容にとって、時（仏滅以来の時の経過）と機（人のもつ宗教的な能力）とが重要な条件となるとする。「法花経」「大日経」による天台・真言宗などの八宗・九宗などや、釈迦一代の教えである大・小乗仏教、顕教と密教、権教・実教という諸経宗の教えは、上根上智という優れた資質をもち、仏滅後の二千年におさまる正・像の世に生きる人々のためのものである。しかし末法の世に入ると、いかに仏徳と修行を重ねたとしても、その利益など得られなくなる。（中略）恵心僧都（源信）より優れた天台宗や真言宗の高僧など、この末法の世には居るはずもない。この恵心僧都が著した「往生要集」には、このように書かれている。顕・密にわたる教えは、私（恵心僧都）のような愚かな者が往生するためのよりどころにはならない。また、三論宗の永観が著した「往生十因」などを読むべきである。すなわち、「法華経」や真言などを捨ててひたすらに念仏をしたならば、十即十生・百即百生で確実に往生ができると説いた。

日本国に、末法に入て二百余年、後鳥羽院の御宇に法然というものあり。一切の道俗にすゝめて云、仏法は時機を本とす。法花経・大日経、天台・真言等の八宗・九宗、一代の大小、顕密、権実等の経宗等は、上根上智、正・像二千年の機のためなり。末法に入ては、いかに功をなして行ずるとも、其益あるべからす。（中略）恵心の先徳にすぎさせ給へる天台・真言の智者は末代にをはすべきか。かれ往生要集にかゝれたり。顕密の教法は予か如の者、生死をはなるべき法にはあらず。又三論の永観が十因等をみよ。されは法華経・真言等をすてゝ、一向に念仏せば、十即十生・百即百生とすゝめけれは（後略）。

これは、あくまで日蓮が理解した法然の教説であるが、手短にまとめた話の骨格は、法然の教えを大きく外れるものではない。法然は末法の世にある日本で、多くの凡夫の往生がいかに実現できるかを説いている。まず、仏法の受容にあたり、仏滅後のどの時代に生きているか、どのような受容の能力をもっているか、これが重要な条件となる。つまり、釈尊の教えは、仏滅後の二千年におさまる正法・像法の世にあって、「上根上智」という資質と能力のある人々には、利益がもたらされる。しかし末法の世にあっては、いかに仏徳・修行を重ねても、仏法の功力は期待できないとする。

ここで、恵心僧都が語る、自分のような凡夫は末法の世にあって仏法の効力を期待できないとの言を踏まえ、「聖道門」と呼ばれる顕密にわたる仏法を捨て、「浄土門」によりひたすらに「念仏」を称え、阿弥陀如来に帰依することにより、必ずや往生が可能となると説く。また、恵心僧都が「往生要集」で語る、「顕密の教法」は「生死をはなるべき法にはあらず」とすることから、法然は「仏法」の効力は「時・機」次第でその意味を失うことになり、末法にあっては「一向に念仏」することにより必ず往生が実現するという、独自の教説が説かれることになった。

このように、「末法」という「時」にあって、「愚人」「悪人」という「機」の凡夫の往生を説く法然の教えが、「聖道門」の衰退につながったと考える日蓮は、以下のように述べる。

南都北嶺や天台・真言の諸寺院は、当初、法然と論争をしていたが、恵心僧都の「往生要集」の序は道理にかなっており、その主旨が法然の往生観と同様であることから、延暦寺の座主顕真は、法然の教えに傾倒し、その弟子となった。さらに、法然の弟子とならない人々も、阿弥陀の名号の功徳は他仏と比較できぬほどに大きく、これを常に唱えて帰依の心を寄せることになり、日本国がみな法然の弟子となったので、日本国中ですべての人々が謗法（ほうぼう）をおかすことになった。

> 叡山・東寺・七寺・園城寺等、始は諍論（じょうろん）するやうなれども、往生要集の序の詞、道理かとみへければ、顕真座主落させ給て法然か弟子となる。其上、設（しつら）い法然か弟子とならぬ人々も、弥陀念仏は他仏ににるへくもなく、口ずさみとし、心よせにをもひければ、日本国皆法然か弟子となりぬれば、日本国一人もなく謗法の者となりぬ。

すなわち、南都北嶺の諸寺は、当初は法然に対して厳しい批判を寄せたが、「往生要集」の見解を「道理」と考える延暦寺座主顕真などは、法然の教えを受け入れてその弟子となり、阿弥陀如来への信心を深めることになった。その結果として、「日本国皆法然か弟子」の様相を呈したと日蓮は主張する。さらに日蓮は、このような法然の教説である浄土宗の広がりを、日本国中が一人も残さず仏法の教えに背く者（「謗法の者」）となったといい、ここから、日蓮は激しく法然と浄土宗を批判し、「念仏懐（いだ）くの無間獄」との厳しい評価が生まれたわけである。

日蓮の主張する「日本国一人もなく謗法の者」とは、いささか極端な断定であろうが、少なくとも法然にきわめて批判的な日蓮の目から見ても、貴族・武家から庶民に至る幅広い階層に、法然が主張する凡夫往生の術としての「念仏」の教えが広まっていたことは確かであろう。

浄土教と浄土宗

先に引用した日蓮の「撰時抄」には、恵心僧都の「往生要集」の序は道理にかなっているとある。日蓮は、恵心僧都(源信)と法然の認識は変わらないと理解していたのである。しかし、浄土教と浄土宗とでは、たとえば、往生の術とされる「念仏」の内実が大きく異なっている。まず、恵心僧都は「往生要集」の末尾に、次のように記している。

今や、極楽に生まれることを念願し、「法華経」に帰依することが甚だ盛んである。仏弟子たる者も、同じく極楽への往生を念じている。私はもとより深くその思いをいだいており、この「往生要集」三巻を著して、阿弥陀如来とその導きを観念し、往生の一助にしている。

当今、極楽界を刻念すること、法華経に帰依するは熾盛なり。仏子もこれ極楽を念ずるその一つなり。本習の深きを以ての故に、往生要集三巻を著し、観念に備う。

つまり恵心僧都は、「往生要集」三巻を、阿弥陀如来による極楽往生への導きを「観念」する術として著したのであり、往生を実現する「念仏一門」を、あくまで「観念」と理解していたことになる。

次に、法然の「念仏」をめぐる認識を見てみよう。その一端を、「法然上人行状絵詞」の詞書より知ることができる。

往生を果たす術として、阿弥陀如来の名号を唱える称名より勝れた行などあるはずもないと、法然上人が確信されていた時、師範である叡空上人は、往生の術として観仏が優れており、称名は劣っているとおっしゃった。しかし、上人がやはり念仏が勝れていると執心されたので、叡空上人は立腹し、拳で法然上人の背中を打ち、先師の良忍上人も観仏こそが優れた行であるとの教えである、とおっしゃった。

31　**法然像**（金戒光明寺所蔵「鏡御影」）

往生の業におきては、称名にすぐる（勝）の行あるべからすと上人
たて給ふ時、師範叡空上人、観仏はすぐれ称名はおとれる（劣）也
との給ふを、上人、なほ念仏勝たる義をたて給ふに、叡空上
人立腹して、こふし（拳）をにぎりて上人のせなか（背中）をうちて、先師
良忍上人も観仏はすぐれたりとこそ仰られしかとの給ふ。

往生の行としての「念仏」について、法然とその師叡空とは異なる理解をもっていた。いうまでもなく法然は「念仏」を阿弥陀如来の法号を唱える「称名」と理解したが、一方の叡空は、その師良忍上人の教えのもとで、「観仏」つまり阿弥陀如来の姿と慈悲を観念することと考えていた。つまり「念仏」について、叡空は「観仏」こそが「称名」に優れる行であると確信しており、しかも浄土教に触れてきた南都北嶺の寺僧の多くが、この理解を共有していた。これに対し、「称名」が「観仏」に優れるという法然の認識は、決して一般的ではなかったのである。なお、往生の方法としての「念仏」を、浄土教では「観念」こそが最上とする一方で、下凡の「称名」（口称）も劣った方法として認めており、「観念」と「口称」は修行方法として併存していたことには留意したい。

そして、「念仏」をめぐる師叡空との認識の違いによって、師から厳しい叱責を受けた法然は、比叡山を離れ、洛東（吉水）で念仏の修行と教化を行なうことになった。

法然と浄土宗

親鸞が書写した「西方指南抄（さいほうしなんしょう）」に引用される「法然聖人私日記」には、その生涯が略述されている。この書により、法然の足跡をたどることにしたい。

法然は長承二年（一一三三）に在庁官人の漆間時国を父として美作国稲岡庄に出生したが、その誕生にあたっては奇瑞が現れたという。保延七年（一一四一）に父時国が死去したため、美作菩提寺の静覚のもとで出家し、天養二年（一一四五）には比叡山に登り、持法房源光のもとに入室し、天台宗僧として修行の道に入った。しかし久安六年（一一五〇）、師源光に暇を請い遁世し、西塔黒谷慈眼房叡空の室に入り、法然房源空を名乗るとともに、天台宗のみならず三論・法相宗など「諸宗の教相」「顕密の奥旨」を学んだという。

ところが、前述したように、覚りに至る道（「出離の道」）について迷い、師叡空との確執からその室を出て洛中に赴き、専修念仏（阿弥陀如来の名号を唱え往生を期する教え）を掲げた浄土宗を立宗することになる。この後、浄土宗の教えは僧俗に受容され、天台座主顕真や九条兼実などの帰依を受けることになり、特に九条兼実の需めにより「選択本願念仏集」が撰述された。しかし、その教勢に対して南都北嶺の強い批判・反発が起こり、承元元年（一二〇七）、「承元の法難」と呼ばれる専修念仏の禁制により、法然は土佐に配流されることになった。最終的には配流の途上から建暦元年（一二一一）に勅免により帰洛した法然であるが、翌二年正月に東山大谷にて往生を遂げた。

法然の最大の功績は、末世にあって、衆生が阿弥陀の名号を唱える一行（「弥陀称名の一行」）により極楽往生の願いを遂げることができると説く浄土宗を立宗し、その教えを広めたことに帰結する。そして「法然聖人私日記」には、安元元年（一一七五）に四十三歳で浄土宗を立宗したことについて、次のように記す。

法然は、年来広く経論に往生の行を求めるなかで、釈迦如来が、罪悪を犯し生死を繰り返す凡夫は弥陀称名の行によって極楽に往生することができると説く教文にたどりつき、念仏三昧による浄土宗を立てることになった。

> 聖人、年来経論を開くの時、釈迦如来、罪悪生死の凡夫、弥陀称名の行により、極楽に往生すべしと弘く説き給う教文を勘え得て、今念仏三昧を修し、浄土宗を立つ。

すなわち、阿弥陀の名号を唱える行（「弥陀称名の行」）こそ「凡夫」往生の術であるとする釈尊の教えにより、「念仏三昧」を柱とする浄土宗を立てたとする。さらに、「出離の道」、つまり往生を遂げ覚りに至るための修行方法に悩んだ法然が、会得した釈尊の教えについて、「法然上人行状絵詞」巻四には、次のように記される。

> 私が浄土宗を立宗した意図とは、凡夫に浄土往生の方法を示すためである。（中略）善導の「観経疏」によって浄土宗を立てるにあたり、凡夫が浄土に生まれる術が明らかになった。（中略）聖道門の修行は正・像の時に於いて覚りに至るための教えであり、（中略）浄土門の修行は末法・濁世に往生を果たすための教えである。
>
> われ浄土宗をたつる心は、凡夫の報土にむまるゝ（生）ことをしめさんかためなり。（中略）善導の釈義によりて浄土宗をたつる時、すなはち凡夫報土にむまるゝ事あらはるゝなり。（中略）聖道門の修行は正・像の時の教なるが故に、（中略）浄土門の修行は末法・濁覧の時の教。

このように、法然が「浄土宗」を立てたのは、再々述べたように、「凡夫」の極楽往生の術を示すためであり、「凡夫」往生を実現する方法としての「一向専修」の教えを提示した。それまで「出離の道」に悩みつづけた法然が、善導撰述の「観経疏」に至り、末世の凡夫にとって往生を果たす方法は「称名」の他はないと確信するに至った。「称名の行」（念仏三昧）により極楽往生が実現するという教えこそが浄土宗の主柱であった。

さらに法然は、「聖道門」は「正・像の時の教」、「浄土門」は「末法・濁覧の時の教」として、「浄土門」（浄土宗）の役割を明確に示した。凡夫往生という視点から見れば、「聖道門」で継承された「観念念仏」は意味のない「修行」であって、「一向専修」（専修念仏）のみが具体的な役割を果たすと断言する。「観念」を重視する浄土教に対して、法然はこれを否定し、「口称」（称名）のみが凡夫往生の唯一の方法であるとする浄土宗を生み出したわけで、ここに浄土教から浄土宗が分離し、独自の発展を遂げる分岐点があった。

法然の教説

親鸞筆の「西方指南抄」の一章「法然上人御説法事」のなかには、法然の特徴的な教説を支える「臨終正念」「浄土の三部経」「仏の本願」「名号」について記されており、これらを見ていくことにしたい。

まず「臨終正念」であるが、生前に往生を果たすための行を成就した人は、臨終にあたり必ず聖衆の来迎を受けることができ、この来迎により、ただちに心を乱すことなく往生ができると説かれる。臨終にあたり、人は「魔王」によりその心を乱され、往生を果たすことができない。しかし「往生の行」が成就すれば、「聖衆」が「来迎」して「臨終正念」が実現する。この「聖衆来迎」とは、阿弥陀如来が多くの仏・菩薩・聖衆に囲まれ、西方から光明を放ちながら行者の面前に現れることで、その勢いにより魔王は行者に近づくことができなくなる。この「聖衆来迎」「来迎引接」によって「魔障」が退けられ、行者は平静の心のもとに往生を果たすことができるのである。

次に「浄土の三部経」(「無量寿経」「観無量寿経」「阿弥陀経」の三経)についてであるが、往生浄土を説く教えとしては、この三部経に比肩できるものはない。そこで浄土宗では、この三部経を教えのよりどころとしているとして、何にもまして極楽往生を専一に説く三部経を、「浄土宗」では所依の経典としている。

32　**親鸞坐像**(奈良国立博物館所蔵「熊皮御影」)

そして「仏の本願」については、次のように述べる。

> 仏の本願をうかがうこととは、弥陀如来の四十八願の中の第十八願を知ることである。(中略)遠くは阿弥陀の本願にしたがい、近くは釈尊の教えを受けようと思ったならば、ひたすらに念仏行を修して往生を願うべきである。

> 仏の本願をのぞむといふは、弥陀如来の四十八願の中の第十八をおしふるなり。(中略)とおくは弥陀の本願にしたがひ、ちかくは釈尊の付属をうけむとお

もはば、一向に念仏の一行を修して往生をもとむべきなり。

つまり、釈尊が説く「弥陀の本願」とは、阿弥陀如来の四十八願のなかの第十八願であり、「念仏の一行」により極楽往生を実現することであるとする。

さらに往生の契機となる「名号」については、次のように説かれる。

阿弥陀如来の内証・外用(げゆう)（悟りとそれにもとづく救い）の功徳ははかりしれないが、煎じ詰めると名号の功徳に他ならない。そこで阿弥陀仏も、その名号により衆生を救済し、また釈迦如来も阿弥陀如来の名号をほめて、未来までその教えを広められた。（中略）末世のなかで時が過ぎるにつれて聖道門の教えは消滅し、十方浄土への往生の術もなくなり、兜率天もなくなり、諸行往生の修行方法も無力となる時に、この念仏往生の教えだけが今生に残り、念仏の願いによって必ず往生がなされるという。

阿弥陀如来の内証・外用の功徳、無量なりといへども、要をとるに、名号の功徳にはしかず。このゆへにかの阿弥陀仏も、ことにはかの名号をして、衆生を済度し、また釈迦如来もおほくかのほとけの名をほめ、未来に流通したまへり。（中略）聖道門の法門もみな滅し、十方浄土の往生もまた滅し、上生都率もまたうせ(失)、諸行往生もみなうせ(失)たらむとき、ただこの念仏往生の一門のみとどまりて、そのときも一念にかならず往生すべしといへり。

すなわち、阿弥陀如来が実現する内証・外用の功徳には、はかりしれないものがあるが、その無量の功徳は阿弥陀如来の「名号」に集約されるとする。そして阿弥陀如来は、この「名号」を唱える衆生を救い、釈尊も阿弥陀のこの役割を賛嘆した。しかし、末法の世にあって、聖道門の仏法、十方浄土への往生、諸行往生の救いも消滅するなかで、「念仏往生の一門」のみが衆生往生を果たし続けるとする。このように、末法の凡夫にとって、阿弥陀如来の本願にもとづく「念仏の一行」（専修念仏、念仏三昧）こそが、往生を果たす唯一の方法であり、ここに「名号」のきわめて重要な役割が語られる。

これら「臨終正念」「浄土の三部経」「仏の本願」「名号」により、法然の教えのすべてを語り尽くすわけではないが、「浄土の三部経」の教説にもとづき、阿弥陀如来の「本願」により、「名号」を唱え、その帰依と救いを求める衆生が、「臨終正念」を得て往生が実現するという筋道は、法然の教説の流れを示すものであろう。

3　親鸞と「浄土真宗」

法然の門葉

元久元年（一二〇四）十一月、法然は南都北嶺からの反発・弾圧を防ぐため、門徒に対し「七箇条制誡」（二尊院所蔵）を作成した。その末尾には遵守を誓う門徒が連署しているが、その中に「綽空」（親鸞）の名も見られる。この「七箇条制誡」からは、法然の「門人」を自称する念仏行者の存在とともに、その「門人」集団が成長を遂げた様を見ることができる。しかも「門人」集団は、「無智不善」にもかかわらず、他宗・他行へ批判と「諍論」を行ない、「師説」とは全く異なる「私義」「妄説」「邪法」を説くことから、これが他宗からの強い反発を誘因した。

また、法然の法語や消息をまとめた「黒谷上人語燈録」に収められる、建久九年（一一九八）の「没後遺誡」には、次のような誡めが記される。

広く弟子たちに告げる。私の没後には皆別々に居住するように。決して一所で共住してはならない。共住は和合しているようにも見えるが、争いが起きることを憂慮し、各々が静かなところに居住し、独り念仏を行ずべきであると。

普ねく予が遺弟等に告ぐ。予の没後におのおの宜しく別住すべし。須く一所に共居すべからず。共居は和合に似たりといえども、而るにまた闘諍の起こるを恐る。静処に閑居し、独り念仏を行ずるにしかずと。

法然は弟子たちに対し、自らの没後に「共居」することを戒め、個々が閑居するよう指示している。これは、「遺弟」たちに「闘諍」を起こす可能性があったからである。つまり、法然の門徒には、師の存命中から相互に教説をめぐる対立があり、門徒集団としてはまとまりに欠けていたように見える。

しかし、法然が没して百七十年後、永和四年（一三七八）に静見が著した法然門下諸流の系譜「法水分流記」によれば、門徒集団が畿内・東国で各々門葉を育み、法然の教説をさまざまなかたちで流布させていったことがわかる。その代表的な門徒とは、以下の七門徒である。①法然の跡を継承した白川門徒を率いる信空、②一念義（往生には念仏よりも信心を重視した教え）をとなえた幸西、③対して多念義（往生には平生の継続的な念仏を説く）を提唱した隆寛、④鎮西義（法然の教えの正しい継承を意図し至心称名を重視）により法然の教えを掲げ、のちに浄土宗の中核をなすことになる聖光（弁長）、⑤西山義（天台宗の影響のもとで法然の教えの継承を図る）をとなえる證空、⑥九品寺義（念仏以外の諸行も往生の因となると説く）の祖たる長西、⑦大谷門徒を生み出した親鸞などが、各々個性的な教説のもとで浄土宗の継承を図ったのである。

親鸞の生涯

そこで、法然の門葉として、師とは肩を並べるようになる親鸞の生涯をたどることにしたい。典拠とするのは、永仁三年（一二九五）に親鸞の曽孫覚如によって編述された、親鸞伝記の「善信聖人親鸞伝絵」である。

承安三年（一一七三）に日野有範息として生まれたとされる親鸞は、九歳にして伯父範綱に伴われ、青蓮院慈円のもとに入寺して天台宗を修学することになった。しかし、親鸞は建仁元年（一二〇一）に二十九歳で遁世して比叡山を離れ、洛中吉水の法然のもとに赴き、「雑行」を捨て、「易行」「他力」つまり専修念仏の道に入ったのである。法然のもとにあった親鸞は、元久二年（一二〇五）に、法然門徒の証として、師の真筆の内題と授与銘の墨書が付記された「選択本願念仏集」を授けられ、さらに師の「真影」（絵像）を貸与され、これを絵師に写させている（図版33の

「善信聖人絵」〈琳阿本〉には、師からの「選択本願念仏集」の授与と絵像の貸与が描かれている)。そのことを、「善信聖人親鸞伝絵」は次のように記す。

師法然のご恩をいただき、選択本願念仏集を書写させていただき、また同年(元久二・一二〇五)四月二十四日に書写した「選択本願念仏集」の内題とともに、「南無阿弥陀仏は往生の業、念仏を本と為す。釈綽空に与う」との銘を、法然のご真筆でお書きいただき、さらに同日に師のご真影をお預かりして絵師に描かせた。

33　「善信聖人絵」(西本願寺所蔵「琳阿本」巻上第四段「選択付属」)

> 恩恕を蒙り、選択を書し、同年(元久二)初夏中旬第四日に、選択本願念仏集の内題の字并(ならび)に南無阿弥陀仏は往生の業、念仏を本と為す。釈綽空に与うと、空の真筆を以てこれを書かしめ、同日に空の真影を申し預かり図画し奉る。

なお、新たに描かれた真影にも、のちに法然真筆の銘文が書き加えられている。この一文は、親鸞が法然の弟子であることを示すとともに、祖師法然への信心のあり方を物語るものである。つまり、法然は阿弥陀如来への信心を専一にする専修念仏の教えを説いたが、その一方で、祖師信仰として法然への信心を認めていたわけで、これは親鸞の門徒による祖師への信心にも継承されることになる。

しばしば述べてきたように、法然の浄土宗の教勢に南都北嶺は強く反発した。このことを「善信聖人親鸞伝絵」には、

> 浄土宗が盛んになることにより、聖道門は次第に衰えていった。これは法然による教化のためであるから、ただちに罪科を与え

るべきであると、南北の碩学たちが憤り訴えることになった。

> 浄土宗興行によりて、聖道門は廃退す。是空師の所為なりとて、忽ちに罪科せらるべきよし、南北の碩才憤り申しけり。

と記す。そして南都北嶺から法然への強い反発のなかで、承元元年（一二〇七）に専修念仏の禁制により、法然が土佐に、親鸞は越後国府に配流された。同五年に勅免を受けた親鸞は、都にもどることなく、建保二年（一二一四）に越後から上野を経て常陸に向かい、笠間郡稲田郷を拠点として、以後二十年にわたり、東国における専修念仏の教化を行なった。

常陸をはじめ東国諸国では、親鸞の教化と併存して修験や巫術など、さまざまな宗教活動が行なわれていた。あわせて浄土門を説く法然門下の布教活動もあり、そのなかで親鸞は、専修念仏について独自の教説を生みだすことになる。この東国における二十年の間、常陸・下野・武蔵などの各国に親鸞門徒の集団が形成されるとともに、門徒への教化を通して親鸞に固有の教説が生まれたと考えられる。さらに嘉禎元年（一二三五）頃に、親鸞は東国から洛中にもどった。これより弘長二年（一二六二）十一月二十八日に、世寿九十歳にして示寂するまでの三十年弱の間、親鸞は洛中より東国に遺した門徒へ教化を続けるなかで、その教説を記した多彩な「聖教」（教化のための著述）を著述し、これを門徒に下したのである。

親鸞が著した「聖教」として最初に掲げられるのは、東国において起筆し、晩年まで手が加えられたとされる「顕浄土真実教行証文類」（「教行信証」）であり、「教文類」「行文類」「信文類」「証文類」と「真仏土文類」「方便化身土文類」の六巻の「文類」（教説に関わる要文を抄出・類集したもの）から構成される。この「文類」では、特に念仏という行為の重要性を説く「行文類」、念仏の基礎となる信心が不可欠であることを強調する「信文類」により、他力による念仏と信心の役割が、典拠を掲げて説かれている。

また、法然門下の聖覚撰述の「唯信鈔」を註釈した「唯信鈔文意」など、先師の著述を解説しながら、自らの教化に活用した「文意（もんい）」がある。さらに、親鸞が阿弥陀如来の姿・教えと役割などの要諦を七五調で表現し、門徒の理解の一助とした「浄土和讃」をはじめとする「和讃」などがあげられる。これら親鸞が撰述した「文類」「文意」「和讃」という「聖教」は、その多くが東国の門徒によって書写され、広く信心と念仏修行のよりどころとされた。さらにこれらの「聖教」に加えて、東国の門徒への導きに有効な役割を果たしたものが、親鸞の「書状（しょさつ）」（「書札」「法語」）であり、これらもその役割から見れば広義の「聖教」に含まれるものである。これらの「聖教」によって、東国における親鸞の教化が支えられ、さらに門葉によりその教説が広まったといえる。

帰洛後の親鸞は、東国門徒への教化手段として書状（消息、法語）と「聖教」を下し、これらは東国門徒のもとで伝えられた。たとえば、下野国に創建された高田門徒の中核寺院である専修寺（せんじゅじ）には、現存する親鸞真筆の書状の過半と「聖教」類が伝来している。

親鸞の教説と「浄土真宗」

親鸞は、教団としての「浄土真宗」の宗祖とされるが、この理解にはいささか抵抗がある。少なくとも、親鸞は自らよるべき宗を「浄土宗」と明言しており、「浄土真宗」とすることはなかった。すなわち、「善信聖人親鸞伝絵」巻三には、「浄土宗の興行」と「聖道門の廃退」を対照した上で、「教行信証」巻六を引用し、「聖道門」の廃退に対して、「浄土真宗」は隆盛したと記される。つまり、廃退する「聖道門」に対して、隆盛する浄土宗と「浄土真宗」はいずれも同義であり、「浄土真宗」は後世の教団としての呼称ではなく、法然により立宗された浄土宗の真の教え、という意味として用いられている。

なお室町中期に本願寺の教勢を大きく発展させた蓮如は、門徒が自らの宗旨を「一向宗」と呼ぶことに不快感をいだき、すでに宗祖親鸞により「浄土真宗」と呼ばれており、その門葉に連なるものは、この宗名を用いるべきであるとした。しかし、これは必ずしも親鸞と同じ理解とは言いがたい。

さて、親鸞の書状には、その記載形式と形態から見て、特定の門徒に宛てた「書札」（個人宛、月日、重紙）と、多くの門徒に説く「法語」（年月日、続紙）の二様があることは先にも触れた。いずれも、東国の門徒がいだくさまざまな疑問に応えるために草されたものである。その漢字に平仮名による記述は、門徒の理解に合わせた書きぶりで、しかも読み聞かせる便宜として、漢字表記の語句には親鸞自らが傍訓（読み仮名）を付けることもあった。一方、書状を受け取った門徒は、連綿（続け字）も交じる本文を、多くが読めるように漢字と片仮名の表記で書写している。つまり、書状といっても、常に教化のための教説が記されたものであり、この意味でも「聖教」に含まれる機能を果たしたことは言うまでもない。

親鸞の書状は、広汎な見識にもとづく、きわめて個性的な表現でつづられている。さらに、独自の語義を負った要語を用いており、それを読み、また聞く門徒の理解に、容易となる配慮がなされている。

この親鸞書状であるが、真筆本とは別に、門徒集団によって類聚された写本が作成されており、本願寺で編集された「末燈鈔」には、親鸞の特徴的な教説を語る書状が収められている。その一通である建長三年（一二五一）閏九月二十日の「親鸞法語」には、以下の一文が記されている。

阿弥陀如来の来迎は、諸行往生の行者のためにある。自力により往生を願う行者だからである。臨終を迎えることは、諸行往生の行者が享受するものである。まだ真実の信心を得ていないからである。また、十悪や五逆をおかした罪人が、はじめて会った善知識から、念仏の教えを勧められた時に語られることばである。しかし、専修念仏という真実信心が定まった行人は、摂取不捨（阿弥陀如来に救い取られた後に捨て去られることがない）により、正定聚（往生が確約される）の立場が確定する。そこで臨終を待ち、来迎を頼みにする必要もない。信心が確定したときに往生は決定され、もはや来迎の儀式を待つ必要はない。

来迎は諸行往生にあり。自力の行者なるがゆへに。臨終といふことは、諸行往生のひとにいふべし。いまだ真実の信心をえざるがゆへなり。また十悪五逆の罪人を〔の〕はじめて善知識にあふて、すすめらるるときにいふことばなり。真実信心の行人は、摂取不捨のゆへに、正定聚のくらゐに、信心のさだまるとき住す。このゆへに臨終をまつことなし。来迎をたのむことなし。信心のさだまるときに往生はさだまるなり。来迎の儀式をまたず。

まず、前述した「法然上人御説法事」の「臨終正念」と比較してみよう。法然は、生前に「往生の行」を成就した行者は、臨終にあたり「聖衆来迎」により「正念」を得て往生を果たすと説いた。しかし親鸞の教えでは、「真実信心」、つまり専修念仏への信心を固めた行者は、その時点で往生が確定することから、「臨終」や「来迎」を待つ必要はないとする。ただし、「諸行往生のひと」は、往生を果たすにあたり「来迎」や「臨終」が必要と説かれる。少なくとも法然には見られなかったが、「諸行往生」では「臨終」「来迎」、専修念仏では「摂取不捨」「正定聚」という（後述Ⅲ—三章参照）、行者の修行方法により往生のあり方を異にするという特徴的な教えを親鸞は説いている。

さらに親鸞の教説は続く。

正念ということであるが、まず阿弥陀如来の誓願への信心が定まったことを言う。この信心が得られたならば、必ずやこの上ない覚りに至ることになる。この信心を一心と言い、一心を金剛心と言い、金剛心を大菩提心と言い、この信心こそが他力のなかの他力とされる。また、正念にはさらに二つある。一つは定心（じょうしん）の行人の正念であり、二つは散心（さんじん）の行人の正念である。この二つの正念は、いずれも他力のなかの自力の正念である。定・散の善とは、諸行往生の行者が積む善であり、他力のなかの自力の善である。この自力の行人は、来迎を待たなければ、浄土から離れた辺地・胎生・懈慢界（けまんかい）までも往生することができない。そこで阿弥陀如来は、第十九の誓願で、さまざまな積善を浄土往生にめぐらせ往生したいと願う人の臨終には、自ら赴いて浄土に迎えたいとお誓いになっている。臨終を期待することと、来迎往生を頼りにすることとは、この定心・散心の行者について言うことである。

正念といふは、本弘誓願の信楽さだまるをいふなり。この信心をうるゆへに、かならず無上の涅槃にいたるなり。この信心を一心といふ。この一心を金剛心といふ。この金剛心を大菩提心といふなり。これすなわち他力のなかの他力なり。又正念といふにつきて、二あり。一には定心の行人の正念、二は散心の行人の正念あるべし。この二の正念は他力のなかの自力の正念なり。定・散の善は諸行往生のことばにおさまるなり。この善は他力のなかの自力の善なり。この自力の行人は、来迎をまたずしては辺地・胎生・懈慢界までもむまるべからず。このゆへに第十九の誓願に、もろ〳〵の善をして浄土に回向して、往生せんとねがふ人の臨終には、われ現じてむかへんとちかひたまへり。臨終をまつことと、来迎往生をたのむといふことは、この定心・散心の行者のいふことなり。

ここでは、まず、確信をもって阿弥陀を念ずる心をもつ「正念」により、阿弥陀如来の誓願への信心が定まるとする。つまり、阿弥陀如来による衆生救済の第十八願を信じ切ることにより、往生を果たして覚りに至る（「無上の涅槃」）、具体的には、極楽浄土に生まれ変わって永遠の真理を得ることになる。この信心こそが、この上ない「他力のなかの他力」であるとする。この最も重要な「信心」には、「一心」「金剛心」「大菩提心」との異称がある。

次に「正念」には二様があり、それは「定心の行人」（自らの観念により往生を図る行人）の正念と、「散心の行人」（自らの行善により往生を図る行人）の正念である。いずれも「諸行往生」を図る行人であり、「他力のなかの自力」にあるとされる。そして、「諸行往生」により往生を願う「自力の行人」は、往生にあたり「来迎」が不可欠であり、この「来迎」がなければ極楽どころか、「辺地・胎生・懈慢界」（極楽の縁辺にある世界）に往生することさえできないとする。そこで阿弥陀如来は、往生を願い作善を重ねる「定心・散心の行者」の「臨終」にあたり、自ら「来迎」するとの「第十九の誓願」を表明したわけである。

このように親鸞は「正念」を説く。その記述から見ると、阿弥陀如来の第十八願により往生を果たす信心としての「他力のなかの他力」とは別に、第十九願による「定心の行人」と「散心の行人」の「二」つの信心があり、これらを「他力のなかの自力」とする。そして「他力のなかの他力」と「他力のなかの自力」という、きわめて特徴的な表現により、親鸞は自らの教説を語る。

浄土宗では、阿弥陀如来の誓願を信じて、極楽往生を期待する「他力」の教えが強調され、自らの計らいと力で往生を期する「自力」よりもはるかに優れた往生の術と説かれる。ここで親鸞は、阿弥陀如来の救いによる往生の術として、最上とされる「他力」には、「他力のなかの他力」と「他力の自力」とがあるとする。すなわち、法然による「他力」に、さらに両様があるとすることにより、法然の教説を継承する門葉のなかで、親鸞は自らの教えの独自性と優位性を主張することになったのである。そして親鸞は、「他力のなかの他力」と「他力のなかの自力」の対照を、さらに以下のように説く。

浄土宗の教えには、真と仮（け）がある。真とは選択本願の教えであり、仮とは定・散二善である。選択本願の教えとは浄土真宗であり、定・散二善とは方便の仮りの教えである。浄土真宗は大乗仏教のなかで至極の教えであり、方便の仮りの教えには、さらに大・小、権・実の教えがある。

浄土宗のなかに真あり、仮あり。真といふは選択本願なり。仮といふは定・散二善なり。選択本願は浄土真宗なり。定・散二善は方便仮門なり。浄土真宗は大乗の中の至極なり。方便仮門の中にまた大・小、権・実の教あり。

親鸞が信心を寄せる「浄土宗」の教えとして、「選択本願」を「真」、「定・散二善」を「仮」とし、各々が「他力のなかの他力」と「他力のなかの自力」に対応する。そして「選択本願」こそが「浄土真宗」であり、大乗仏教の「至極」（最も優れた教え）であるとし、「大・小、権・実」にわたる諸宗の「方便仮門」に優越した教えであることを強調する。先にも触れたように、「浄土真宗」とは言うまでもなく「選択本願」、つまり阿弥陀如来の第十八願（往生を願って「念仏」を称える衆生はすべて極楽往生へ導く）への深い信心なのである。このように法然の「浄土宗」の専修念仏の教えが、親鸞による「真実信心」による「摂取不捨」「正定聚」により深化されたと言えよう。

法然の専修念仏は、阿弥陀如来の誓願という「他力」により極楽往生を果たす教えであり、自らの計らいで往生を願う「自力」に優越した往生の術とされた。この法然の教えは、理解しやすい骨格のゆえに多くの僧俗に受け容れられた一方で、多くの門徒がいだく多様な不安や不審に対応することは容易ではなかったと思われる。そこで多彩な信心に対応して、法然の門葉によって教説の細分化が進められたわけで、その一つが親鸞による「浄土真宗」ということになろう。

〔参考文献〕

同朋大学仏教文化研究所編『親鸞・初期真宗門流の研究』（法藏館、二〇二三年）
永村　眞「親鸞聖人の消息と法語―主に高田専修寺所蔵自筆「消息」を通して―」（『高田学報』九四、二〇〇六年）
同　　右「東国の真宗と阿佐布門徒」（『港区史』通史編原始・古代・中世、港区、二〇二一年）
『二宮町史』史料編考古・古代・中世（栃木県二宮町教育委員会、二〇〇六年）
『二宮町史』通史編古代・中世（栃木県二宮町教育委員会、二〇〇八年）

二章　親鸞と良忠
―東国の「浄土宗」―

法然により立宗された浄土宗は、中世以降に畿内・東国と伝播した地域で多様な表情をもつことになった。今日に伝わる浄土宗と真宗は、法然を祖師と仰ぐ浄土宗から分岐したとはいえ、中世から近世を通して、教団の姿のみならず、教学・法儀も大きく異なる様相を示すことになる。

さて、浄土宗の東国伝播に大きな役割を果たしたのが親鸞と良忠（りょうちゅう）であった。いずれも法然の門葉として浄土宗の教化（きょうけ）を進めたが、東国における教化のなかで、親鸞は良忠とは異なる、自らの教説としての「浄土真宗」を展開することになった。

前章（Ⅲ―一章―3）でも触れた親鸞であるが、比叡山の青蓮院（しょうれんいん）に入寺し、常行堂の堂僧をつとめた後に洛中に下って法然門下に入り、専修念仏（せんじゅねんぶつ）の修行を重ねた。「承元の法難」により越後国府に流罪とされ、勅免の後に建保二年（一二一四）に常陸国に下り、文暦二年（一二三五）頃に上洛するまで、東国の諸国において教化を進め、専修念仏を広めるなかで、親鸞門徒の集団が形成されている。

一方、良忠は出雲鰐淵寺で出家の後、嘉禎二年（一二三六）に筑後天福寺の弁長の門下に連なり、さらに東国に下って常陸・下総にとどまり、正嘉二年（一二五八）には鎌倉佐介谷に悟真寺（光明寺）建立して、鎌倉を拠点に浄土宗の教化を進めた。

このように親鸞と良忠は、いずれも常陸国などで教化を進めた。しかし、両者が東国に滞在した時期は重なることなく、直接の接点もなかったようであるが、双方に互いを意識した教説が見られる。そこで本章では、法然の「浄土宗」の分化（九品寺流・西山流・長楽寺流・鎮西派や大谷門徒など）と、その流れのなかでの、親鸞・良忠の教説と教化について考えてみることにしたい。

1　法然教説の分化

浄土宗の根幹

前章（Ⅲ―一章）で述べたように、法然の立宗した浄土宗では、極楽往生を図るための独自の教えが説かれる。釈尊がその一代（悟りを開いてから入滅までの生涯）に説いたさまざまな教えを「一代教」といい、その「一代教主」たる釈尊の説法のなかで、法蔵菩薩が「清浄の行」を修め阿弥陀如来となるとき、「四十八願」を誓約したと語られる。その「四十八願」にもとづく凡夫往生の役割を負う阿弥陀如来が、輪廻を離れ往生を果たし悟りを目指した、そのための「最上の教行」こそが浄土教である（「内典塵露章」）。

この浄土教を基礎として生まれた浄土宗は、「法然上人行状絵詞」巻六に記される、以下の教学的な特徴をもつ。

善導和尚の観経疏によれば、煩悩にまみれた凡夫は、称名の行によって順次浄土に往生すると説かれ、そこに凡夫の覚りへの道が勧められている。法然は出離の道を求めて大蔵経を通覧すること三度目にして、ついに一つの確信に至った。つまり一心にひたすら阿弥陀如来の名号を念じ、日々の生活の中で時の長短を問わず、常に称名を忘れぬことこそ、往生を果たすための正しい修行であるとする。これは阿弥陀如来の誓願に合致するからである。法然はこの一文を一見して、末世にあって、凡夫が阿弥陀の名号を唱えたならば、その本願によって確実に往生を果たすとの道理を確信した。この道理にもとづき、承安五年（一一七五）の春、生年四十三にして、ただちに余行を捨て去り、ひたすらに専修念仏の修行をされた。

かの釈には、乱想の凡夫、称名の行によりて順次に浄土に生すべきむねを判じて、凡夫の出離をたやすくす、められたり。蔵経披覧のたびに、これをうかがふといへども、とりわき見給こと三遍、つゐに一心に専ら弥陀の名号を念じて、行住坐臥（ぎょうじゅうざが）、時節の久近（くごん）を問はず、念々に捨てざるもの、これを正定の業と名づく。かの仏の願に順ずるが故に、との文にいたりて、末世の凡夫、弥陀の名号を称せば、かの仏の願に乗じて、たしかに往生をうべかりけりということはりをおもひさだめ給ぬ。これによりて承安五年の春、生年四十三、たちどころに余行をすて、、一向に念仏に帰し給にけり。

このように、中国浄土教の祖師である善導の「観経疏」に見られるのは、煩悩にまみれた凡夫（「乱想の凡夫」）が仏の名号を唱える「称名の行」により浄土往生が可能となる、という凡夫往生の教えであった。この善導の教えから、法然は「弥陀の名号を称」することこそが、阿弥陀の本願にもとづく往生を正（まさ）しく定める業（「正定の業」）であり、凡夫が極楽往生する術（すべ）と確信して、承安五年（一一七五）に「一向に念仏に帰」して浄土宗を開宗した。

しかし、法然が開宗した「弥陀称名の行」（専修念仏）を凡夫往生の術とする浄土宗に対し、「称名」より「観仏」を重視する「南都北嶺の碩学（せきがく）達」が強く反発したことは先にも述べた。そして専修念仏を批判する興福寺貞慶が、法然の「失」を訴えた「興福寺牒状」により、建永二年（一二〇七）に専修念仏が禁制されたのである（「西方指南抄（さいほうしなんしょう）」）。

法然門葉の教説

法然の門葉は、さまざまな教説を掲げ教化を進めたが、神奈川県立金沢文庫管理の「観経玄義分聴聞抄」には、「日本国浄土教の興り」として、「黒谷上人源空」つまり法然の四人の弟子の教えを左記のように掲げている（現代語訳省略）。

九（品）本寺覚明上人（長西）　諸行本願義、黒谷と共に師弟として讃州に配流せらる。

小坂善恵（證空）上人　諸行非本願義、門弟に非ずと云いて、流罪とせられざるなり。

長楽寺隆寛律師　諸行非本願義を立て并（ならび）に報土辺地義を成す。相州に配流せらるなり。

筑紫聖光上人（鎮西上人・弁長）　諸行は本願に非ずといえども、而るに往生の義を立つ。筑後国に配流せらるなり。

まず、九品寺の覚明上人長西は、念仏以外の修学方法（「余行」）を捨て、ひたすらに念仏することを重視した。しかし法然による専修念仏の教えに対して、念仏以外のさまざまな善行でも往生は可能であるとする「諸行本願義」を唱えた。この長西による「観経義疏」の講説を聴聞した東大寺凝然の手になる「浄土法門源流章」には、長西は念仏も諸行のいずれもが阿弥陀如来の本願にもとづくもので、行者はその所修の善業によって浄土に往生すると記している。

また、長西弟子の念空の撰述にかかる神奈川県立金沢文庫管理「諸行本願義」では、その冒頭で、

問うに、阿弥陀如来が誓願した四十八の願の中に、諸行往生の本願はあろうか。答うるに、第二十願でこだわるのは、我が国にさまざまな善根を植えるということである。これによって諸行は本願となる。

問う、阿弥陀如来の四十八願の中に、諸行往生の本願有りや。答う、第二十願の係念は、我が国に諸の徳本を植うと云々。是則ち諸行を以て本願となすなり。

として、阿弥陀如来の第二十願こそが「諸行往生の本願」であるとする。師である法然とは、明らかに異なる長西の教説である。たしかに法然が撰述した「選択本願念仏集」で、阿弥陀如来の四十八願はいずれもその本願であるが、特に衆生救済という目的のもとでは、念仏を往生のための最も優れた修行方法とする（「凡そ四十八願は皆本願なりといえども、殊に念仏をもって往生の規となす」）。法然は、衆生救済の側面で念仏には勝れた功徳があり、諸行は劣ると説くが（「念仏を勝と為し、諸行を劣と為す」）、長西は「劣」に属する諸行を往生の術として積極的に認めた。そして、法然が説く第十八願による専修念仏に対して、長西はあえて第十八願のみならず、第二十願による「諸行往生」を自らの教説の柱としたのである。

次いで、「観経玄義分聴聞抄」では法然弟子の二番目に掲げられる善恵上人證空は、法然配流によって東山の小坂

の地に移り、そののち西山往生院を拠点とした。善恵上人證空の教説は、西山義と呼ばれ、法然と同様に「諸行非本願」を説く。また、東山円山の長楽寺内に僧房をかまえた長楽寺隆寛も、同じく「諸行非本願義」により、諸行往生者は極楽に至らず辺地往生を果たすのみとする長楽寺義を説いた。

さらに、生まれ故郷の筑紫で教化を進めた聖光上人（鎮西上人）弁長も、「諸行非本願」とする鎮西義を説いている。先の東大寺凝然の「浄土法門源流章」は次掲のようにいう。

聖光上人（弁長）が説くには、念仏の行のみが阿弥陀如来の本願であり、それ以外の諸行は弥陀の本願ではないとする。一方、その弟子の良忠らは、諸行を阿弥陀の本願ではないとしながらも、往生を果たすことはできると説いている。

> 光公（聖光）の所立、唯念仏の行、是仏の本願にして、自余の諸行は弥陀の願に非ず。然阿（良忠）等の義、諸行は本願に非ず。本願に非ずといえども、而るに往生を得。

つまり聖光上人弁長は「諸行非本願」を説き、その弟子で浄土宗第三世の良忠は、長西の教説に類似して諸行往生を認めているのである。

このように立宗された浄土宗において、法然が説いた第十八願にもとづく専修念仏こそが往生の善行であるとする教えは、その弟子により継承されたものの、門葉によってさまざまに解釈され、異なった教説が生まれたことは確かである。この四流とは別に、親鸞が「浄土真宗」を掲げ、独自の教説を展開したことも、浄土宗の教団が発展を遂げるなかで納得できよう。

2　親鸞の教化

東国における親鸞

建保二年（一二一四）、配流の勅免から三年を経て、親鸞は配流先の越後国から常陸国に移り、笠間郡稲田郷の草庵を拠点に、東国において、阿弥陀如来の誓願を信じ切り、ひたすらに念仏を唱える「一向専修（いっこうせんじゅ）」の教化を進めた。

「善信聖人親鸞伝絵（ぜんしんしょうにんしんらんでんね）」巻四は、親鸞の東国での教化を以下のように語る。

親鸞聖人は常陸国にあって、一向専修の教えをお弘（ひろ）めになったが、この教えにおおよそ疑いを寄せる者は少なく、信心を寄せる者は多かった。しかし、一人の山伏が怨みをいだき、できれば聖人を殺そうと思い、その行動を監視するようになった。聖人は、稲田から板敷山を通って門徒のもとに通っており、この山で山伏はしばしば待ち伏せしたが、ついに好機を得ることができなかった。いろいろと行き会えぬ事情を考えてみるが、どうしても納得できない。そこで聖人に直接会おうと思いつき、庵室に赴いて訪うと、聖人はすぐに出てこられた。聖人の尊顔に向かった山伏は、危害を加えようとの心をたちまちに失い、かえって後悔の涙を禁じることができなかった。しばらく時を置いて山伏は自らの鬱屈を語ると、聖人には驚く気配もない。その場で山伏は、弓弦を切り、刀杖を捨て、山伏頭巾を取り去り、柿衣を脱ぎ捨てて、聖人の教えに帰依（きえ）し、ついに信心の思いを遂げることができた。なんとも不思議なことである。この山伏が後の明法房であるが、その名は聖人がお付けになった。

聖人、常陸国にして一向専修の義をひろめたまふに、おほよそ疑謗の輩ハ少、信順の族ハ多し。而一人の僧山臥云々、ありて、動（ややもすれ）ば仏法に怨を成つゝ、結句害心を挿て、聖人を時々うかがいたてまつる。聖人、板敷山と云深山を恒に往反したまひけるに、彼山にして度々相待といへども、更其節をとげず。つら〳〵事の参差（しんし）を案に、頗奇特の思あり。仍聖人に謁せんとおもふ心付て、禅室に行て尋申に、聖人、左右なく出会たまひにけり。すなわち尊顔にむかふに、害心忽ニ消滅して、剰(あまつさえ)後悔の涙禁がたし。良(やや)蹔(しばらく)ありて、有のまゝに日(ひ)者(ごろ)の宿鬱を述すといへども、聖人またおどろけるいろなし。立どころに弓箭を切、刀杖を捨、頭巾を取、柿衣を改て、仏教に帰しつゝ、終に素懐を遂き。不思議なりし事也。すなはち明法房是也。聖人つけ給き。

このように親鸞による東国の教化にあたり、その前面に立ちはだかったのは、地域でさまざまな布教活動を行なっている、明法房などの修験の行者たちや巫女、聖道門(しょうどうもん)（奈良・平安時代以来の顕教・密教の諸宗）の諸寺僧、そして親鸞以外の浄土宗の門葉の存在であった。親鸞はその教説のなかで、念仏以外の善根(ぜんこん)（「余の善根」）を求める人々との共存を図る一方で、浄土宗の他流に対しては、厳しい表現をとって自らとの区別性を示した。そして聖道門や他の宗教活動からの反発を受けながらも、親鸞は東国各地で、高田門徒（下野(しもつけ)国高田専修寺(せんじゅじ)を拠点）をはじめ、鹿島門徒（常陸国鹿島無量寿寺を拠点）・横曽根門徒（下総国横曽根報恩寺を拠点）などの門徒集団を形成していったのである。

他力と自力

東本願寺には親鸞が常陸国の念仏者に説いた、建長七年（一二一九）十月三日付の以下の「親鸞法語」が伝来する。

常陸国笠間の念仏者たちが疑問に思い問われたことについて、

浄土真宗の教えによれば、行者が往生を果たそうとの心根に他力と自力があり、このことは天竺の論家や浄土の祖師が説かれたことである。まず自力とは、行者各々がもつ縁によって、阿弥陀如来とは別の仏号を称(とな)え、念仏以外の善根を修め、自らを信じ、自らの計らいによって、身口意の乱れを整え、確実に浄土へ往生したいと思う心をもつことである。また他力とは、阿弥陀如来が自らご誓願のなかで撰び取られた第十八願としての念仏往生の本願を、ただひたすらに信じ切ることをいう。阿弥陀如来のご誓願であるから、他力では「義なき」を本義とするもので、これは法然聖人の教えでもある。「義」とは、自ら計らいの心をもつという意味である。行者が自らの計らいの心をもつことは自力であるから、これを「義」と呼ぶのである。他力とは、阿弥陀如来の本願を信じ切り、確実に往生を果たすことであるから、「義」なしということになる。そこで、我身は悪しきゆえに、どうして阿弥陀如来がお迎えくださることなどあろうかなどと思ってはならない。凡夫はもとより煩悩にまみれているわけで、我身は悪しき者と思うべきである。また、自分の心が良ければ往生を果たすはずだと思ってはならない。行者が各々の自力の信心によるかぎり、懈慢（けまん）・辺地への往生、胎生・疑城の浄土までの往生しかできない、と理解すべきである。（中略）

建長七歳乙卯十月三日（一二一九）　　愚禿（ぐとく）親鸞八十三歳これを書す、

かさま（笠間）の念仏者のうたがひとわれたる事

それ浄土真宗のこゝろは、往生の根機に他力あり、自力あり。このことすでに天竺の論家、浄土の祖師のおほせられたることなり。まつ自力と申ことは、行者のおの〳〵の縁にしたがひて、余の仏号を称念し余の善根を修行して、わがみをたのみ、わがはからひのこゝろをもて、身口意のみだれごころをつくろい、めでたうなして浄土へ往生せむとおもふを自力と申なり。また他力と申ことは、弥陀如来の御ちかひの中に、選択摂取したまへる第十八の念仏往生の本願を信楽するを他力と申なり。如来の御ちかひなれば、他力には義なきを義とす。聖人のおほせごとにてありき。義といふことは、はからうことばなり。行者のはからひは自力なれば義といふなり。他力は本願を信楽して往生必定なるゆへに、さらに義なしとなり。しかれば、わがみのわるけれは、いかでか如来むかへたまはむとおもふべからず。凡夫はもとより煩悩具足したるゆへに、わるきものとおもふべし。またわがこころよければ往生すべし、とおもふべからず。行者のおの〳〵の自力の信にては、懈慢・辺地の往生、胎生・疑城の浄土までぞ、往生せらるゝことにてあるべきとぞ、うけたまはりたりし。（中略）

建長七歳乙卯十月三日　　愚禿親鸞八十三歳書之、

34　「親鸞書状」建長７年10月３日（東本願寺所蔵）

笠間の念仏者（＝かさまの念仏者）に送られた親鸞の法語には、行者が往生を果たそうとの心根（＝往生の根機）として「自力」と「他力」が掲げられる。まず「自力」とは、行者各々がもつ縁によって、阿弥陀如来とは別の仏号を称え、念仏以外の善根を修める修行をし、また、自らの計らいによって、浄土への往生を図ることである。ただし、この行者の「自力」の信心では、極楽の縁辺にある「懈慢・辺地」「胎生・疑城の浄土」への往生はできるが、極楽往生は望み得ない。次に「他力」であるが、阿弥陀如来が自ら選択し摂取した第十八願である念仏往生の本願を、ただひたすらに信じ切ることにより、確実に往生が達成されると説かれる。

このように親鸞が説く「浄土真宗」は、法然の専修念仏を純化したもので、「行者のはからひ」を「自力」として否定し去り、自ら計らいの心をもつことを「義」と呼び、「義なきを義」として「自力」を完全に排除し、「他力」を徹底化したものと考えられる。そこで行者が初めて信心をいだくきっかけとなる発菩提心さえも、「自力」ではなく「他力」であるとする。

そして前節で触れた通り、他の法然門下の教えを「他力の中の自力」つまり不完全な他力であるとし、親鸞自らの教えを「他力の中の他力」とした。親鸞は教化の場で門徒の不審に答えるなかで、法然の教えを純化するとともに、「三帖和讃」（親鸞の手になる「浄土和讃」「高僧和讃」「正像末和讃」）や法語・書札などにも散見される、他の門葉との区別性を明確にした独自の教説を説いたのである。

3　良忠の教化

良忠の生涯

親鸞の東国教化にいささか遅れて、鎮西上人弁長の弟子である良忠は、上総・下総・常陸から鎌倉に移り、専修念仏を説いた。まず、その生涯を「鎌倉法語集」の巻頭に付された「浄家正統第三祖相州鎌倉光明寺開山勅賜記主禅師然阿良忠大和尚略伝」に見ることにしたい。

浄土宗元祖の法然聖人が、同宗を開いた後、直接に教誡をいただいた門弟は数多くいたが、正嫡として師の許しを得て、祖師の口伝を正直に守り、わずかばかりの私情すらお加えになることなどなかったのは、ただ鎮西上人弁長お一人であった。また、鎮西上人に門人は多くいたが、そのなかで然阿上人良忠師だけが、祖師から相承した正しい教えを崇重し、不正や邪義をただし、五十余帖に及ぶ著述をなし、法然聖人の口伝を末代に正しくお伝えになっている。法然・弁長・良忠三師の教えは、正しく師資相承されており、今日に至り興隆を遂げたのは、この三代の恩徳によるものである。（中略）良忠師は正治元年（一一九九）七月二十七日、石見国三隅荘に生まれた。（中略）良忠師は、比叡山で修行の後、余行（念仏以外の修学）を捨て、浄土宗の教えに帰依することになった。貞永元年（一二三二）の

35　**良忠坐像**（光明寺所蔵）

春に、石見国多陀寺に戻り、不断念仏を修しましたが、聖光上人の講説を聞き、帰依の思いを強くし、筑後国に赴き、天福寺で上人に拝謁した。時に師三十八歳、嘉禎二年（一二三六）九月七日のことである。そして弁長師のもとに入室し、法然・證空両師から伝わった浄土宗の奥義を修得した。（中略）のちに良忠師は、安芸国に移り、十年にわたり教化を行ない、宝治二年（一二四八）には上洛して浄土宗の興隆を図った。また、師弁長の遺思を承けて関東に下り、相模・武蔵など八ヵ国を訪れて教化を進めた。いたるところで僧俗が良忠師の教えに触れることを望み、草がなびくようにその教えが広まり、さらに鎌倉に移り教化を続けた。時に執権の北条経時は、夢のなかで良忠師の居住する場から大光明を天下に放たれるのを見た。夢から覚めて良忠師に帰依し、光明寺を造立した。建治二年（一二七八）九月に、良忠師は再び上洛し、以後十一年にわたり京都にあって、後嵯峨・後深草両院に召され、円頓大戒を授け申し、宗僧の首にふさわしい紫衣を賜っている。（中略）弘安九年（一二八六）の秋、京都から鎌倉にもどった良忠師に、執権時頼は由良の地を割き、寺地として寄進した。良忠師はかつて専修念仏の仏門に入ってから、日課として六万遍の称名、阿弥陀経六巻の読誦、六時礼讃を一日も怠ることがなく勤めた。また月ごとの法事讃、半月ごとの布薩（説戒）についても、誓って中断することはなかった。弘安十年（一二八七）六月十六日、良忠師はにわかに病に罹った。（中略）（同年七月）六日、西に向かって端坐し、阿弥陀如来を直視しながら名号を称え、佳きしるしのなかで入寂された。春秋は八十九、法臘は七十四を重ねていた。荼毘すると灰は皆紫色で、火中より多くの舎利が得られ、光明寺に良忠塔が建てられた。

吉水元祖円光大師、浄土真門御開宗の後、まのあたり御教誡を蒙

り し門弟多かりしかども、正嫡の印可を得給ひ、口伝の祖訓を公直にまもりて、いさゝかも私情を加へ給はざりしハ、殊に鎮西聖光上人一人なりけり。その鎮西の門人多かる中にも、然阿上人のミ（良忠）、祖承の真決を崇重して、不正邪義のあやまりをただし、五十余帖の著述をなして、吉水大師の口伝を末代にあやまらざらしめ給へり。三祖一轍にして、たがふことなく、異器同水の相承、今日にいたりて盛なるハ、此三代の恩波になむありける。（中略）正治元年七月廿七日、石見国三隅荘に生る。（中略）たちまち余行を捨て、速に浄土に帰して念仏す。貞永元年の春、本州多陀寺にありて不断念仏を修す。時に生仏法師が聖光上人の徳業をかたるをきゝて、忽然と帰敬の思いを生じ、筑後国にいたり、天福寺に於て上人を拝す。時俊三十八、嘉禎二年九月七日なり。これより入室して疑を決し、光明・吉水の秘奥を得たり。（中略）後芸州に移り住する事十年、宝治二年、洛陽にあそびて宗乗を播揚す。なほ遺囑をおもふて東関に向ひて、相模・武蔵の八ヶ国に遊履して教導をもてミづから任とす。到る処淄白風を望て、草のなびくがごとし。鎌倉にありて弘教す。時副元帥平経時、夢に師が所居の地より大光明を放ち、天の下をてらすとミる。覚て帰敬して光明寺を造てをらしむ。建治二年九月、師ふたゝび洛に入りて十一年、後嵯峨院・後深草院、両皇院中に召て、円頓大戒をうけ給ひ、すなはち紫衣宗器を賜へり。（中略）弘安九の秋、洛を出て鎌倉に帰る。副帥時頼、由良の地をさきて寺によす。師嘗て専修の門に入てより、日課六万の称名、六巻の小経、六時礼賛、一日も怠ることなし。毎月の法事讃、半月の布薩、誓て中止せず。弘安十年六月十六日、師俄に病にかゝれり。（中略）（七月）六日、西に向ふて端坐し、仏を見てまじろがず、しきりに名号をとなへて吉祥にして入寂し給ふ。春秋八十九、法猟七十四、荼毘するに灰皆紫色にして、多く舎利を得たり。光明寺に塔をたつ。

師である聖光上人弁長とともに、良忠は法然の「正嫡の印可」を継承したとされ、「三祖一轍」「三代の恩波」との表現からも、浄土宗正統と公認され、「浄家正統第三祖」と呼ばれたことも納得できる。

良忠は正治元年（一一九九）に石見国三隅庄に誕生し、延暦寺に登り、天台宗をはじめ諸宗の教学を学んだ後、貞永元年（一二三二）に石見国多陀寺にもどった。さらに不断念仏の修行の後、嘉禎二年（一二三六）に筑後天福寺で弁長の門下に入り、「光明・吉水の秘奥」つまり法然の教説の秘奥を得たとされる。のちに師の遺思のもとで関東に下り、上総・下総・常陸などで教化を進め、さらに鎌倉に移り、北条経時の外護（げご）を受けて光明寺を建立した。ここで良忠の日常的な修行として、日々の「日課六万の称名」「六巻の小経」「六時礼讃」、月次の「法事讃」、半月ごとの「布薩」（僧が破戒を懺悔する作法）が知られる。弁長のもとで修めた「光明・吉水の秘奥」のなかで、具体的な修行方法がいかに語られたかは明らかではないが、「布薩」とともに、後嵯峨・後深草両院へ授与した「円頓大戒」（天台宗・浄土宗に伝わる最上の大乗戒）からも、延暦寺における修行の影響が見られよう。ここで良忠による教化の様は、同時代に活躍した親鸞とは大きく異なる。そして弘安十年（一二八七）に示寂した良忠は、弁長を祖とする鎮西派の後継者として関東で教化を行ない、鎌倉光明寺の開山として、関東における浄土宗発展の基礎をなしたのである。

良忠と談義

良忠による浄土宗教化の一つの方法は、南都北嶺の寺院社会における教学活動でしばしば催された談義である。特定の仏書の本文を読師（とくし）が読み上げ、講師（こうじ）が解釈を加え、聴衆がその内容に疑問を投じ、問答を重ねることにより理解を深める修学方法であり、その内容を記録したものが「聞書（ききがき）」と呼ばれる。たとえば、「定善義聞書」には以下の奥書が見られる。

建長七年（一二五五）二月六日に観経疏定善義の談義を終えた。それに要した日数は三十六日で、所用により催されなかった八日を除く日数である。聴衆は五十人であり、講説者は良忠、生年五十七歳である。そもそも定善義の談義は、建長六年十二月二十日に始められ、記録した良聖が年末年始に多忙のため欠席したのは、九日であった。これは建長七年の正月四日以後で、水想観の講説を終える時であった。良聖は生年二十二歳である。なお、談義が催されなかったのは、十二月二十九日、晦日、正月十二日、同十五日、同二十二・二十三日、同二十八日で、談所は下総国匝瑳（そうさ）郡飯塚庄内松崎郷福岡村である。

> 建長七年丁卯二月六日に読み了んぬ。中間の日数は三十六日、闕日八日を除くの定なり。同聞衆は五十人、能化（のうけ）は心然（良忠）阿弥陀仏、生年五十七なり。そもそもこの定善義は、建長六年十二月廿日に談じ始められ、良聖、年始歳末忩劇等に依り、不会九日なり。これ則ち同正月四日巳後、値水想観を終るの時なり。良聖は生年二十二歳なり。闕日八日は、所謂十二月二十九日、晦日、正月十二日、同十五日、同廿二・廿三日、同廿八日これなり。談処は下総国匝瑳郡飯塚庄内松崎郷福岡村なり。

この談義の場には、「能化」（講師）の良忠と「同聞衆五十人」が出仕したが、「能化」による「観経疏定善義」の講説から見て、聴衆はいずれも僧侶であろう。これは親鸞の教化に耳を傾けた門徒の多くが在家であること考えると、教化の性格が大きく異なっていた。

建長六年（一二五四）十二月に始まった談義は、翌七年二月まで「三十六日」にわたって続けられた。談義は良忠が「定善義」の本文を、解説し、折々に「同聞衆」からの疑問に応じながら進められ、その概要は良聖により「聞書」として筆記された。このように、談義の場に多くの聴聞衆が集まって良忠の講説を聴き、さらに良聖により作成された「聞書」は、談義に出仕しない門葉にも回し読まれたことであろう。

なお、同じく建長七年五月に、良聖の手で聞書として生まれた「玄義分聞書」も、「下総国匝瑳御庄福岡郷に於いて談ぜらる。能化は然阿弥陀仏、五十七、良聖、御年廿二歳」とあるように、良忠を「能化」とした「談」義において講説されたものであった。

聖浄兼学

聖道門が説く「諸行往生」（念仏以外の修行による往生）に対して、専修念仏を凡夫往生の優越した術とする法然の教えが、浄土宗の興隆にとって重要な役割を果たしたことは言うまでもない。法然は「選択本願念仏集」の冒頭で、浄土五祖の一人道綽が説く二門とは、一つには聖道門、二つには浄土門であり、この二門を立てたのは、聖道門を捨てて、衆生を浄土門に導くためであるという。

この法然の教説を踏まえ、弟子の弁長は、「選択本願念仏集」の註釈として著した「徹選択本願念仏集」において、法然が選択本願念仏集で説く真意とは、まずは聖道門を差し置き、早々に浄土門の信心に入り、浄土往生のための修行を行なうべきであるとする。浄土往生を果たすための修行には二つあり、一つは諸行往生、二つは念仏往生である。まずは諸行を差し置き、ひたすらに念仏を行なえば、必ずや生死の輪廻を離れ、必ずや往生することができる。

> 選択集の意、且く聖道門を閣き、早く浄土門に入り浄土の行を修すべし。浄土の行に就き二有り。一には諸行往生、二には念仏往生なり。且く諸行を止めて偏に念仏を行ずれば、必ず生死を離れ、定めて往生するを得。

とした。すなわち法然の「選択集」（「選択本願念仏集」）では、往生を果たす術として「浄土門」の行には、「諸行往生」と「念仏往生」があり、まず「聖道門」を措いて「念仏門」に入り、次いで「諸行」を捨てて「念仏」を行ずれば、必ず往生することができると説いている。

ここで注目すべきは、良忠の師である弁長が「徹選択本願念仏集」に遺している次掲の記述である。

> 沙門弁長は、昔聖道門を学んだ時、いささか浄仏国土成就衆生の義（成仏を図る菩薩が、衆生を教化し仏土を浄化する修行）について修学していた。そして浄土門に入信した後、法然聖人により説かれた選択本願念仏による往生の教えを相承した。そして曇鸞・道綽二師の教説をさまざまな聖教の中に探してみると、その教えは経文と違うことがない。つまり聖道門だけを修めた人、浄土門だけを修めた人のいずれかであっても、選択本願念仏の教えを理解することはできない。あくまで聖道・浄土の両門を兼学する人だけが理解できる。そこでこのように考えて、一切の大乗経・論をひらき見ると、その教えが裏づけられていることを知り、随喜の涙を禁じ得ないのである。

これこそ釈尊の教えの基本であり、教説を記す聖教の奥義であり、仏菩薩の慈悲の本質でもある。

> 沙門某甲、昔聖道門を学せる時、いささか彼の浄仏国土成就衆生の義を習伝す。今浄土門に入るの後、またこの選択本願念仏往生の義を相承す。二師（曇鸞、道綽）の相伝を以て聖教の諸文を見るに、その義は更に以て教文に違わず。単り（ひと）聖道門の人、単り浄土門の人、これを知るべからず。聖道・浄土兼学の人、これを知るべし。自ずからこの意を得て、一切の大乗経を抜き、一切の大乗論を見るに、随喜の涙禁じ難し。これ則ち聖教の源底なり。法門の奥蔵なり。仏菩薩の秘術なり。

かつて「聖道門」を修学した弁長は「浄仏国土成就衆生の義」を学び、その後に「浄土門」に入って、師法然から「選択本願念仏往生の義」を相承した。この教えを支える浄土五祖の曇鸞・道綽が語る教説の論拠を「聖教の諸文」に求めると、その教えは「聖教」の根底にある一切の大乗経・論の「教文」に違うことがなかった。このことから、浄土宗の基本的な教えである「選択本願念仏往生の義」を正しく理解するには、聖道・浄土の両門にわたる知見が必要であり、そのいずれのみでは正しい理解は得られないと確信したわけである。このように「聖道・浄土兼学」（聖浄兼学）こそが、浄土宗の基幹となる「選択本願念仏往生の義」を正しく理解するには不可欠であるとする主張は、明らかに「往生浄土門」を説く法然の教えを、弁長が発展させた説と言えよう。

なお、弁長は「四十八願皆これ選択本願なり」とし、とりわけ「第十八願はこれ選択本願念仏往生の願」は、龍樹（りゅうじゅ）の説の延長上にある法然の教えと理解している。そして「選択本願念仏集」における法然の教えに独自の解釈を加え、鎮西義と呼ばれる浄土宗の教説を誕生させ、展開していくことになった。

そして、聖浄兼学は弁長から良忠に継承された。それを明示するものが、「倶舎論宗要集（くしゃろんしゅうようしゅう）」に記される、「奥に云く、正嘉元年丁巳十二月四日、下総国印東庄石橋郷においてこれを書す。執筆良聖（花押）」との奥書である。この書は良聖により記された「聞書」であり、良忠による「倶舎論」の談義がなされたことが知られる。つまり良忠も「聖道・浄土兼学」を、浄土宗の教説を理解するに不可欠と考え、そのもとで「浄土」のみならず「聖道」に関わる談義を催していたわけである。

良忠の親鸞批判

上総・下総・常陸などの諸国で教化を進めた良忠は、親鸞と同じ時代に東国に滞在し、両者ともに常陸国などで教化を進めていたが、同国内などで接点をもつことはなかったが、互いに他者の教説に触れる機会はあったと思われる。良忠撰述の「浄土宗行者用意問答」には、「自力他力の事」のなかで明らかに親鸞の教説に関わる評価がなされている。

問うに、念仏に自力・他力があるということは、どのように理解すべきであろうか。

答えるに、法然上人・聖光上人の教説によれば、自力は聖道門であると説かれている。自ら修学した三学にわたる力を頼みとして、往生を求めるからである。また、他力とは浄土門である。浄土往生を求める人は、いずれも自らの能力によっては往生は果たしがたいと思い知り、仏の他力を頼みとするからである。ところが最近の未熟な門葉が、浄土門の修行方法には自力と他力があるとし、念仏にもまた自力と他力の別があり、定・散二善を自力、念仏を他力であると説いている。これは聖光上人が説かれたことのない教えである。いわんや、自力の念仏では辺地にしか往生できない修行であるという説など、全く聞いたことがないという。そこで、相伝されてきた先師の教えにしたがって、新規の教説を検討すべきである。ただし、先師の教えによって委(くわ)しく検討する時に、たとえ念仏と言っても、あるいは念の意味を理解しなければ往生などかなうまいと思い、あるいは自分が称(とな)える念仏は功も徳も備えためでたい念仏であり、間違いなく他の人の念仏には勝っていると思い、不可思議な仏の力を信じようとしない心根は、実は仏の本願に違うと思うべきである。

問云、念仏ニ自力・他力ト云コトハ、何様ナルベキゾヤ。

答云、先師(法然)上人・故上人(聖光)ノ御義ヲ伝ヘテ云、自力ト云ハ聖道門ナリ。自ノ三学ノ力ヲ憑テ出離ヲ求ムル故ナリ。他力ト云ハ浄土門ナリ。浄土ヲ求ムル人ハ、ミナ自ノ機分ハ出離スルニ能ハズト知テ、仏ノ他力ヲ憑ム故ナリ。爾ルニ近代ノ末学、浄土ノ行ニ自力・他力ト云コトヲ立テ、念仏ニモ又自力・他力ヲ分別シ、或ハ定・散二善ヲ自力トシ、念仏ヲ他力トストイヘリ。故上人ハ仰セラレザリシ義ナリ。況ヤ自力ノ念仏ハ辺地ノ業トナルト云コト、全ク聞ザリシ事ナリ云云。コノ相伝ヲ以テ、彼新義ヲバ意得ベク候。但シ御義ヲ以テ委シク論ズル時ハ、タトヒ念仏ヲ申ストモ、或ハ念ノ意ヲ悟ラズバ、往生カナフマジト思ヒ、或ハ我申ス念仏ハ、功積リ徳累リタレバ、目出タキ念仏ナリ。定テ人ノ念仏ニハ勝リタルラント思ヒテ、仏力ノ不思議ヲバ信ゼヌ心根ニナリタランハ、実ニ本願ニ違フベシト思フベシ。

良忠は「先師上人・故上人ノ御義」つまり法然・弁長の教説に依拠して、東国での教化を進め、「念仏」における「自力」「他力」の区別を説いた。まず、良忠のいう「自力」とは、自らの修行の力により往生を目指すという、「聖道門」における修行の姿であり、「他力」とは、自らの宗教的な能力による限り往生はかなわぬと思い切り「仏」の「他力」に依存する、「浄土門」における修行の姿である。

ところで良忠は、「近代ノ末学」により説かれた、「浄土ノ行ニ自力・他力」があり、さらに「念仏ニモ又自力・他力」の区別があるとする教えに強く反応した。この「末学」が誰かは具体的に記されてはいないものの、これらの教えの内容を手がかりにするならば、前述した、教化のなかで新たな教説を掲げた親鸞であろう。つまり、良忠は直接に親鸞と接触することはなかったとしても、自らが東国での教化を進めるなかで、さまざまな媒体に残された親鸞の教説に触れたと思われる。そして「念仏」を前提とするはずの「浄土ノ行」における「自力・他力」のあり方とともに、「浄土門」における「定・散二善」を「自力」、「念仏」を「他力」と説く「近代ノ末学」親鸞の「新義」の教えを、聖光の教説に依拠して批判し、また否定したわけである。

一方、良忠による下総・常陸、さらに鎌倉における教化活動は、帰洛した親鸞にとって東国教化の具体的な成果とも言える門徒集団を維持する上で、大きな脅威となったはずである。良忠の教化活動に対応するため、その教えを

「他力ノナカノ自力」つまり不完全な「他力」と断じ、自らの教えを「他力ノナカノ他力」つまり完結した「他力」とし、良忠との区別性を明確に示した。親鸞のこの教説は、再評価されるべきであろう。

浄土教から浄土宗を独立させた法然の教えにより、観念の「念仏」よりも、口称の「念仏」が重視され、また専修念仏による凡夫往生の教説が大きく展開することになった。そして、法然の門下から生まれた多くの門葉は、厳密に言えば師法然と基本的な認識を常に共有していたとは言い切れないのである。法然の教説を純化した「浄土真宗」を、主に在家に対して説いた親鸞は、東国教化のなかで生まれた真宗門徒の集団を生み出すとともに、教化の過程で他の法然門徒との区別性を強調するための、独自の自力・他力をめぐる教説を生み出した。

また、法然・弁長に継承される教説に強くこだわりをもつ良忠は、聖道・浄土にわたる多彩な聖教を、主に出家に向かって講説する場として談義を催し、そのなかで数多くの聞書を撰述した。そして鎌倉の光明寺などを拠点として、弁長から相承した浄土宗（鎮西派）の教化を進めるなかで、親鸞の教説に触れ、祖師の教えとの差異を強調し、その教えを批判・否定して、独自の聖浄兼学を重視する修行方法を説いたのである。

親鸞と良忠、東国における二人の祖師による浄土宗の教化のなかから、「真宗」（一向宗）と「浄土宗」（鎮西派）という、浄土門を相承した教説の体系とともに、大きく発展を遂げる教団が形成されることになった。

〔参考文献〕

石橋誠道『九品寺流長西教義の研究』（国書刊行会、一九八四年）
永村　眞「親鸞と良忠」（今井雅晴先生古稀記念論文集編集委員会編『中世文化と浄土真宗』思文閣出版、二〇一二年）
廣川尭敏「然阿良忠と諸行本願義」（『印度学仏教学研究』四二―二、一九九四年）
吉田淳雄「鎌倉時代の「諸行本願義」について」（『仏教文化学会紀要』一〇、二〇〇一年）

三章　真仏と顕智

——真宗高田門徒の発展——

親鸞の教化により東国には多くの門徒集団が生まれ、各地に道場・寺院が創建され、真宗教団はそれらに拠りながら大きく展開していった。親鸞を支えた代表的な門弟といわれる「二十四輩門人」と、創建された諸寺院の存在は、東国における真宗の発展を物語っている。

室町後期以降は、蓮如の登場によって本願寺が真宗教団の中核を占めることになる。時代をさかのぼる鎌倉時代後期には、下野国の高田門徒、武蔵国の荒木門徒、常陸国の鹿島門徒、下総国の横曽根門徒、さらに三河国の和田門徒などが、親鸞の教説に拠りながら、その集団性を維持して念仏修行を続けていた。そして、本願寺の成立と存続に大きな役割を果たした東国門徒を代表する門徒集団が、下野高田専修寺を拠点とする高田門徒であった。

下野国高田に創建された専修寺は、高田門徒の本山としてあったが、室町後期には焼失し、伊勢国一身田（三重県津市一身田）に本山を移すことになる。しかし今日の真宗高田派では、一身田の本山を「高田本山」、その故地の下野高田に再建された祖寺を「下野本寺」（栃木県真岡市高田）と呼び分け、いずれも法主が住持を兼ね、高田派にとって最も尊重すべき寺院となっている。

そこで本章では、高田専修寺の事実上の開山である真仏と、その弟子で同寺二世の顕智を通して、高田門徒の形成と、真宗教団において果たした役割について考えることにしたい。

1　高田専修寺の創建

如来堂の創建

高田専修寺の創建は、貞治三年（一三六四）に成立した「三河念仏相承日記」に、「嘉禄二年（一二二六）丙戌建立す。親鸞聖人五十四歳、下野国大内庄」とあることに拠って、嘉禄二年（一二二六）に親鸞により創建されたと伝えられ、この説は、のちのちまで継承されることになった。しかし、専修寺に伝来する、天文十二年（一五四三）に作成された「高田専修寺再興勧進状案」では、「嘉禄年中」に親鸞嫡弟の真仏が創建したとされている（「当寺の元祖を尋ぬるに、後堀河院の御宇嘉禄年中の比、親鸞上人の嫡弟真仏上人、天下安全・興法利生のため始めてこれを草創す」）。親鸞の教化のもとであったとしても、地域に関わりをもつ真仏による創建説が、実態に近いのではなかろうか。

また、専修寺の寺号が初見される史料は、寛正六年（一四六五）に「下野国大内庄専修寺」の末寺に属する越前国門徒が、延暦寺に送った申状である。鎌倉時代の創建当初から「専修寺」の寺号を掲げていたわけではなかった。創建当初に建立された堂宇は「如来堂」と呼ばれたと考えられるが、その名称が史料上に確認できるのは、文和四年（一三五五）の「如来堂茅葺」の奉加人を記した注文（「専修寺文書」）である。

一光三尊仏と親鸞

「如来堂」には、一つの光背の前に阿弥陀如来と脇士を配置した、いわゆる一光三尊仏（善光寺式阿弥陀三尊像）が安置され、長く秘仏とされてきた。この一光三尊仏は、江戸前期に成立した「遺徳法輪集」の専修寺項には以下のように記され、親鸞が善光寺よりもたらしたと伝えられる。

専修寺が創建された事情であるが、嘉禄二年の頃、祖師親鸞聖人が五十四歳の時に建立された。聖人が夢の中で見た、善光寺の阿弥陀如来のお告げに、貴方は専修念仏の教えをお広めになっているので、教化のために我身を差し上げましょうという。夢がさめて、聖人は感涙を拭いながら周囲を御覧になると、閻浮檀金（閻浮提の川からとれるとされる想像上の金の名称）の弥陀如来と観音・大勢至菩薩が光を放ってお立ちになっていた。聖人は三尊を拝し、このような霊瑞を得ることは、ひとえに他力念仏の教化が仏意にかなったからに他ならないと大変に喜び、即刻建立した寺を専修寺と名づけ、感得した霊仏を本尊として安置申し、盛んに念仏の教えを広めた。

> 当寺開闢ハ、嘉禄二丙戌年ノコロ、祖師聖人（親鸞）五十四歳建立シタマヒケルニ、夢中ニ善光寺ノ如来告テノタマハク、汝ヂ専修念仏ノ弘通サカンナルニ依テ、我身ヲ与ルナリ。夢サメタマヒテ感涙ヲ拭ヒ、辺ヲ見タマヘ、閻浮檀金ノ弥陀・観音・大勢至光ヲ放テ立タマヘリ。聖人コレヲ拝シタマヒ、カヽル霊瑞ヲ蒙リマヒラセサフラフコト、コレヒトヘニ他力念仏ノ弘法仏意ニカナフユヘト、大キニヨロコビタマヒ、スナハチコノ寺ヲ専修寺ト名ケ、感得ノ霊仏ヲ本尊トシタマヒ、盛ニ念仏ノ法リヲ弘メマシマシケリ。

このように、親鸞が夢想で善光寺阿弥陀如来の分身である「閻浮檀金」の三尊像を感得し、専修寺の「如来堂」に安置したという挿話は、たとえば「高田山一光三尊霊験記」や「高田親鸞聖人正統伝」などの近世の著作で、さまざまな潤色が加わり、伝えられることになった。また、今日まで伝来してきた秘仏一光三尊仏は、鎌倉時代の造像との評価があり、このことから、越後国府に配流された親鸞が、勅免を得た後に善光寺聖となり、一光三尊仏を携えて遊行の末に常陸国に下ったとする説も頷ける（平松令三「高田専修寺の草創と念仏聖」）。

なお、親鸞と善光寺阿弥陀如来とをつなぐ挿話として、南北朝時代に制作された東本願寺所蔵「本願寺聖人伝絵」第八段の「入西鑑察」がある。この段では、親鸞弟子の入西が、絵師定禅法橋に師の絵像を依頼したところ、絵師定禅は、夢のなかで絵を描いてもらいたいと頼んできた「化僧」こそ善光寺の本尊であり、この本尊は「生身の弥陀如来」に他ならないと確信したという。さらに、夢から覚めて親鸞の許を訪れた定禅は、その姿を目の当たりにして、夢の中でみた「化僧」は親鸞自身であると思い至り、大いに感激したという挿話である。つまり、親鸞と善光寺の本尊、さらに「生身の弥陀如来」と重なることから、まさに「聖人、弥陀如来の来現」ということになる。すなわち善光寺の阿弥陀三尊は、親鸞自身が阿弥陀如来の化現であることを裏づける存在となるわけで、親鸞を対象とする信心の広がりのなかで定着した挿話ということになろう。

2　真仏と高田門徒

真仏の出自

元禄十一年（一六九八）に東本願寺講師恵空により撰述された「叢林集」巻九の「専修寺」項に、真仏について以下の記述が見られる。

> 専修寺の開基は、聖人の直弟である常陸国真壁の真仏房である〈平太郎入道とは別人である。〉俗姓は柏原天皇の末孫である鎮守府将軍平国香の後胤で、平氏ということになる。なお、仏光寺も真仏を開基としている。ところで、真仏は下野国芳賀郡大内庄の高田で、一宇の堂宇を造立した〈のちに専修寺と名づけられる。〉この専修寺は、親鸞聖人が五十四歳の嘉禄二年（一二二六）丙戌に自ら建立され、この寺を真仏にお与えになったといわれる。しかし、この説は納得できない。およそ源空聖人も親鸞聖人も、世事から離れようというお気持ちがあり、僧位僧官も受けず、堂舎を造営なさることもなかった。言うまでもないが、親鸞聖人は洛中のお住まいの場所さえも、痕跡を残すことを避けられた。どうして大寺を建立することなどあろうか。二十四輩と呼ばれる親鸞聖人の直弟たちは、各々が住居を構え寺を造立し、その寺に聖人においでいただき、聖人も自ら赴かれ逗留されることがあったため、開山とされた。そして、真仏が建立した寺にも聖人は止住（しじゅう）された。（中略）聖人が高田に御逗留の頃であろうか、善光

寺如来の分身を感得され、この御像を当寺に安置された。

> 当寺開基は、聖人の直弟、常陸国真壁の真仏房なり平太郎入道には非ず。俗姓は柏原天皇の末孫鎮守府将軍平国香の後胤なりと云々。仏光寺も是を基とす。然るに真仏房、下野国芳賀郡大内庄の高田に於いて一宇を造立す後に専修寺と名づく。然るを彼家には、親鸞五十四歳、嘉禄二年丙戌、自ら御建立ありて、是を真仏へ御付属と云へり。此の条思い難し。凡そ黒谷の御師匠源空も今師（親鸞）も、隠遁（いんとん）の御風情にて、官位にも上らず、堂舎をも草建し給う事無し。況んや今師は洛陽の御住宅だに、迹（あと）を留むるを倦（う）み給ふ。何ぞ大寺建造の義あらんや。廿四輩等の御直弟たち、面々に居を構へ寺を作りて、聖人（親鸞）をも請け入れせしかば、其れに趣き給いて御逗留の事もありとぞ。今も真仏建立の寺に、聖人も入居し給へし。（中略）聖人、高田に御逗留の比か、善光寺の如来の分身を感得し給いて、当寺に安置せしめ給う。

「叢林集」では、専修寺の前身堂宇である如来堂を創建したのは真仏であるとし、親鸞が嘉禄二年（一二二六）にこの寺を造立し、のちに真仏に譲ったとする説を疑問視している。その理由として、源空（法然）も親鸞も、隠遁して世間から距離をもちながら教化を進めており、寺の造営など考えがたく、親鸞は自ら居住した洛中の住居さえも公けにしなかったことをあげる。なお、親鸞は教化を進めるなかで、真仏創建の如来堂に逗留することはあり、ここから開山としても説が生まれたものであろうという。また、今日も如来堂の秘仏とされる「善光寺の如来の分身」は、親鸞が感得してこの堂に安置したとされ、いずれも納得しやすい説と言える。

真仏の影響力

江戸時代に生まれた「叢林集」では、真仏の出自を平国香の末裔で、「常陸国真壁」の土豪の子息とし、また同じく江戸時代成立の「高田山峯の枝折（しおり）」では、真仏を「下野国司大内国春の御子」で、「俗名は椎尾弥三郎春時と号し、常州真壁の城主」としている。しかし、これらの諸説はいずれも、明確な裏づけは得られていない。

ところで、専修寺には次掲の建長七年（一二五五）十二月十五日付で真仏に宛てた親鸞自筆の消息が伝わっている。

この書状を携えた円仏房が、京都から下野へ下られました。親鸞に篤い信心をいだいて、主人に許しを得ることなく上洛しました。このことを心にとめて、円仏房の帰参にあたっては、その主人へのお口添えをいただきたいのです。さて、先立つ十日の夜に、住居が焼失しました。円仏房はよくこの時に訪ねてくれました。お心遣いの銭は、ありがたく思います。きっとこの時の様子は、円仏房が申されることでしょう。くわしくは円仏房にお聞きになってください。何事も忙しさにかまけて、くわしく申し上げずにおりましたが、恐れながら申し上げます。

十二月十五日　（花押）親鸞

真仏御房へ

このゑん佛はう（円仏房）、くだられ候。こゝろさし（志）のふかく（深）候ゆへ（故）に、ぬし（主）などにもしられ（知）申さずして、のぼられて候ぞ。こゝろ（心）にいれ（入）て、ぬし（主）などにもおほせ（仰）られ候べく候。この十日のよ（夜）、せうまう（焼亡）にあふて候。この御ばうよく〲たずね候て候なり。こゝろざしありがたきやうに候ぞ。さだめてこのやうハ（様）、申され候はんずらん。よく〲きかせ（聞）給べく候。なにごとも〲（何事も）いそがし（忙）さに、クハしう（詳）申さず候。あなかしく。

十二月十五日　（花押）親鸞

真仏御房へ

この書状からは、親鸞から門徒に向けられた心遣いの一端がうかがわれる。東国門徒の円仏房は、聖人に教えを求めて上洛するにあたり、自ら仕える主人（「ぬし」）の許しを得ていなかった。そこで東国にもどった後の円仏房を気遣った親鸞は、真仏にその主人への取りなしを依頼している。つまり、高田門徒の長老としてあった真仏は、円仏房の主人の武士に対しても一定の影響力をもつ存在であり、少なくとも前述した真壁の土豪の子息という出自は、決して荒唐無稽な説とも言い切れないのである。なお、この書状には、洛中における親鸞の住処が焼失したこと、また届けられた心遣い（「こゝろさし」）の銭への親鸞の謝意が記されており、上洛した親鸞の生活の一端とともに、祖師への

36　**真仏上人坐像**（専修寺・下野本寺所蔵）

東国門徒の変わらぬ尊崇の心、そして親鸞から個々の門徒への心遣いがうかがわれる。

真仏への教え

親鸞から直接に導きを受けた真仏もまた、自らの修行や門徒への教化にあたり懐くさまざまな不審を、親鸞に書状を送って、その教えを請うていた。年未詳であるが、真仏に送った以下の親鸞自筆の返書が、専修寺に伝わる。

あなたがお尋ねになった摂取不捨（阿弥陀如来がいったん救いの手を差し伸べた衆生を見捨てぬこと）についてですが、これは「般舟三昧行道往生讃」という仏書に、次のように述べられています。すなわち、釈迦如来・阿弥陀如来は、我々凡夫をお救いくださる慈悲深い父母のような仏で、さまざまな方便によって我々に無上の信心を起こさせてくださるのですから、我々に真の信心が定まるということは、すべて釈迦如来・弥陀如来のお計らいによることになのです。阿弥陀の計らいにより、往生を願う心が確かに定まったならば、我々がそのお心の中に摂め取られることになります。阿弥陀のお心のなかに摂め取られることになるからは、ともかくも行者自身の計らいなどあってはなりません。信心が定まり浄土へ往生するまでは、往生が確定して、もとにはもどることのない立場に置かれます。これは、正定聚（必ず仏になることが定まっている）の位であると、阿弥陀が名づけていらっしゃいます。我々の真の信心は、釈迦・阿弥陀二尊のお計らいによって起こされるわけですから、信心が定まるということは、阿弥陀如来のお心に摂め取られて往生が定まるということなのです。この時から浄土へ往生するまでは、正定聚の位にあり続けるということになります。ともかくも、行者の計らいを、わずかばかりも持たぬことにより、他力による救いを受けることになります。謹んで申し上げます。

親鸞（花押）

十月六日

真仏の御房へのお返事として

たつね（尋）おほせ（仰）られて候摂取不捨の事ハ、般舟三昧行道往生讃と申におほせ（仰）られて候を、みまいらせ候へバ、釈迦如来・弥陀仏われらが慈悲の父母にて、さま〳〵（様々）の方便にて、我等か無上信心をバ、ひらき（開）おこさ（興）セ給と候へバ、まことの信心のさたまる（定）事ハ、釈迦・弥陀の御はからい（計）とみえて候。往生の心（シム）うたがい（疑）なくなり候バ、摂取せられまいらするゆへ（故）とみえて候。摂取のうへ（上）にハ、ともかくも行者のはからい（計）あるべからず候。浄土へ往生するまでハ、不退のくらゐ（位）にておハしまし（御座）候へバ、正定聚のくらゐ（位）となづけておハし（御座）ます事にて候なり。まことの信心をバ、釈迦如来・弥陀如来二尊の御はからい（計）にて発起せしめ給候とみえて候へバ、信心のさだまると申ハ、摂取にあづかる時にて候なり。そのゝち（後）ハ正定聚のくらゐ（位）にて、まことに浄土へむまるゝまでハ候べしとみえ候なり。ともかくも行者のはからい（計）をちり（塵）ばかりもあるべからす候へバこそ、他力と申事にて候へ。あなかしく。

親鸞（花押）

十月六日

しん（真）仏の御房のお返事

右の親鸞の自筆書状にも、真仏から問われた「摂取不捨」をめぐり、親鸞が常に説いてきた「真実信心」によって「正定聚」「摂取不退」が得られ、往生が保証されることが記されている（Ⅲ―一章―3参照）。この教えの基礎には、善導の手になる「般舟三昧行道往生讃」の教説があり、これに依拠して、凡夫を浄土に導く条件となる真の信心は、「釈迦如来・弥陀如来二尊の御はからい」によって得られることから、「行者のはからひ」はすべて捨て去る必要があり、また二仏の「御はからい」による救いがあるからこそ、その救いの力が「他力」と呼ばれると説かれる。そして確かな「往生の心」を懐き、その信心の定まった凡夫は、往生に至るまでは、往生が定まりもとにはもどることのない立場（不退の位）、必ず仏になることが定まっている立場（正定聚の位）にあって、最終的に往生を果たし、覚り（「滅度」）に至るのである。

このように、真仏は師親鸞から、その教説の中核をなす教えと、その教化のための「真実信心」、「正定聚」・「摂取不退」、「行者のはからいあるべからす」などの個性的な要語や表現を学び、自らの教化活動でも用いたと思われる。

真仏の聖教

先にも触れた「三河念仏相承日記」には、建長八年（一二五六）に三河国矢作の薬師寺において「念仏をはじむ」との記事に続いて、次のように記される。

このときに真仏聖人・顕智聖人・専信房と随念〈俗名弥藤五殿下人の弥太郎男、出家後に随念を称する、〉これら主従四人が御上洛の時に、矢作の薬師寺にお着きになった。

このとき真仏聖人・顕智聖人・専信房（専信房専海）・俗名は弥藤五殿下人の弥太（物）郎男、出家の後に随念、そうじて主従四人、御正（上）洛のときヤハキ薬師寺につきたまふ。

親鸞が東国から上洛して二十年が過ぎて、高田門徒の中核にある真仏は、弟子顕智・専信房・随念とともに上洛し、師と面謁を果たし、多くの教えを受けたことであろう。また、真仏は、親鸞の著作を数多く書写するのみならず、自ら親鸞著述の抄出や、師が注目した経論などを引用した聖教を撰述している。専修寺に伝来する真仏書写・撰述本は、真宗高田派宗務院編『影印高田古典』巻一（真仏上人集）として刊行されており、その内容を知ることができる。

今日では親鸞の筆跡は明らかになっているが、明治時代に諸寺院に伝わる親鸞著述の確認調査がなされた時、親鸞と真仏の筆跡が混同されることがあり、これはのちに峻別されることになったが、筆者自身も専修寺での調査のなかで、真仏の筆跡を見誤ったことがあった。

真仏により書写された著述には、親鸞撰述の「顕浄土真実教行証文類」「三帖和讃」「皇太子聖徳奉讃」「入出二門偈頌」「念仏者疑問」「三部経大意」、親鸞書写の「西方指南抄」などがあり、いかに師親鸞の教えに強いこだわりを持ち続けていたかが知られる。真仏自ら親鸞の著述をもとに撰述した「経釈文聞書」の一項には、次のような「親鸞夢記」からの引用がある。

親鸞聖人の夢記にこのように記されている。

六角堂の救世大菩薩が、端正な容姿の僧形でその姿を現した。白の衲袈裟を身につけ、大きな白蓮花に座り、親鸞に向かってこのように告げた。

行者がもし己の報いによって女犯を犯したとしても、私は玉女となって自らが犯されよう。一生の間に、能く行者を護り荘りたて、臨終にあたっては極楽に導き往生を果たさせよう。

親鸞の夢記に云く、

六角堂の救世大菩薩、顔容端正の僧形を示現す。白の衲袈裟を服著せしめ、広大の白蓮に端座し、善信（親鸞）に告命して言く、

行者宿報にて設い女犯せるも、我玉女と成りて身を犯ぜられん。一生の間能く荘厳し、臨終に引導し極楽に生ぜしめん。

ここで引用した「親鸞夢記」は、親鸞が念仏修行を決意した六角堂参籠の折の夢想であり、救世観音の「告命」として、きわめて特徴的な「女犯偈」が掲げられる。真仏が「経釈文聞書」にことさら「女犯偈」を引用したのは、祖師による信心の確信を、東国門徒に向かって語る時に不可欠と考えたからであろう。真仏は、親鸞の著述からの転写・抄出にあたり、返り点や傍訓を細々と付記しており、これらは自らが撰述した聖教を門徒に読み聞かせる手がかりであり、親鸞の教説のもとで、真仏が教化を行なうよりどころとしたものであろう。

なお、真仏は、師親鸞に先立つ四年前の正嘉二年（一二五八）に、高田で示寂している。その弟子には、高田専修寺を継承した顕智、仏光寺開山の了源、荒木門徒の中心の光信、和田門徒の祖となる「遠江住」の専信らが連なる。

真仏は、高田門徒のみならず親鸞門葉が広く展開する上で、重要な存在であったわけである。

3　顕智と真宗門徒

顕智の出自

真仏の跡を継承して高田門徒の中核となったのは、顕智であった。顕智については、親鸞の曾孫である覚如の生涯を描いた絵詞「最須敬重絵詞（さいしゅきょうじゅうえことば）」巻五に、真仏の弟子であるとともに、上洛した親鸞から直接に教えを受けた孫弟子であると記されている。しかし、その出自について、「高田山峯の枝折」には、

顕智の俗姓は明らかではなく、またいずれの土地の人かもわからない。世には富士権現の化身（けしん）と伝えられる。（中略）もとより仏菩薩の化身ということで、その年齢も不明である。

> 御氏姓定ならず、又いづれの所の人と云事をしらず。世に伝て富士権現の化身にて在といへり。（中略）元より化人にて在ば、御年齢も定かならず。

とあるように、「権現の化身」「化人」（仏菩薩が衆生救済のため人となって現れた姿）とされ、「御年齢も定かならず」とあるように、出自のみならず世寿さえ知ることができないという。

ところが専修寺には、「けんち（顕智）の御房の御しやり（舎利）」を納めたとされる骨壺の包紙が伝わっており、その上書きの墨書に、「えんきょう（延慶）三年かのへいぬ七月四日のとりの時の御わうしやう（往生）也」とある。つまり顕智は、「化人」と伝えられるものの、実は延慶三年（一三一〇）七月四日に示寂したということである。なお、示寂された七月四日（新暦八月十二

37　顕智上人坐像（専修寺・下野本寺所蔵）

日）に、高田から顕智上人の姿が突然消え、門徒が毎日かがり火をたいて待ったとの伝承から、その思慕の念により「顕智まち」という行事が今日も八月初旬に高田で催されている。

親鸞入寂

親鸞の門徒集団が地歩を固めるなかで、顕智が果たした大きな事績が、後世の著述ながら、正徳元年（一七一一）に専修寺から版行された「高田山峯の枝折」に以下のように記される。

弘長二年(一二六二)に親鸞聖人が往生された時に、顕智上人は下野国高田から上洛され、御臨終にも立ち会われ、御葬送の御供をされ、御荼毘の後は、御遺骨を大谷の墓所にお納めになった。その後、十一年を隔て、亀山院の文永九年(一二七二)に墓所を御改葬になり、聖人の御遺骨を吉水の北の辺にお移しになった。この御廟所の敷地は顕智上人が御寄進になった。（中略）文永九年に聖人の墓所を御改葬になった時、顕智上人は願主となって、聖人の御門弟らに勧進し、亀山院の院宣を給わって御廟堂を御建立されて、御遺骨を分骨されてお納めになり、その真影を安置申し上げた。残る御遺骨は、顕智上人が御頸にかけて高田に下向され、専修寺に御廟を立ててお納めになった。

弘長二年、聖人(親鸞)御往生の節、高田より御登あり。御臨終にも逢ひ、御葬送の御供をもなされ、御荼毘の後、御遺骨を大谷に納奉る。其後十一年過て、亀山院の文永九年に御改葬あり。御遺骨を吉水の北の辺に移し替給ふ。この御廟の敷地ハ顕智上人の御寄進也。（中略）文永九年御改葬の時、顕智上人願主となりて、聖人の御門弟等を勧進し、亀山院の院宣を蒙り給ひ、御廟堂を御建立あり。御遺骨を分て納め給ひ、真影を安置し給ふ。残る御遺骨は、顕智上人御頸にかけて高田に御下向なされ、御廟を築て納給ふ。

このように、弘長二年（一二六二）の親鸞の往生にあたり、顕智は上洛して臨終の場にあり、さらに葬送を取り計らい、「大谷」(東山西麓鳥辺野の南辺の延仁寺)に墓所を設けた。この後十一年を隔て、親鸞墓所を訪れる門徒の増加によるものか、文永九年（一二七二）に師の墓所を吉水(東山麓鳥辺野の北辺大谷)に移し、門徒の間に勧進して御廟所を建立した。ここが、のちの大谷の本願寺となるのである。また顕智は、師の遺骨の一部を下野国高田に持ち帰り、ここに今日に残る専修寺の御廟が生まれた。

親鸞廟所と顕智

さて、文永九年に親鸞の遺骨が移され、廟所が建立された大谷の地は、もとは親鸞息女である覚信尼の夫禅念（ぜんねん）が所有しており、覚信尼・禅念と二人の子息の住所でもあった。文永十一年に禅念は、その屋地を覚信尼に譲る旨を記した譲状（「本願寺文書」）を草し、ここで覚信尼の所有に帰することになる。その後、永仁四年（一二九六）には廟所に南接する屋地が買得され、廟所は拡張されたが、その買得の費用を負担したのは東国の門徒集団であった（「常楽台主老衲一期記」）。

ところで、文永九年に廟所が建立された二年後に、禅念から覚信尼への譲状が発給され、廟所の地を覚信尼が所有することになったが、この夫から妻への譲りという行為の背景に、やはり顕智をはじめとする東国門徒の関わりがうかがわれる。つまり、東国門徒にとっては、師親鸞の廟所が建立された土地が、いかに覚信尼の伴侶であっても、禅念の所有であることに不安を懐いたことであろう。そこで東国門徒は、廟所を確実に覚信尼の管理のもとに置くために、屋地を門徒が禅念から買得し、名目上は文永十一年に屋地を、禅念から覚信尼へ譲渡としたのではなかろうか。

この東国門徒の関わりを示唆するものとして、本願寺に伝わる「大谷屋地手継所持目録」に以下の記事が見られる。

一親鸞上人の御墓所を維持するために、故覚信御房が寄進なさった文書四通、
この内一通は、建治三年（一二七七）九月二十二日、下総国猿島の常念坊にこれを給わった。
一通は、建治三年十一月七日、常陸国布川の教念房と高田顕智坊にこれを預け置いた。
一通は、弘安三年（一二八〇）十月二十五日、飯沼善性房の子息智光坊と善性房の同朋証信房の両人へ、大谷坊においてこれを渡された。若し正文が必要なことがあれば、この人々の許へお尋ねになるように。

一親鸞上人の御墓所の為に、故覚信御房の寄進せらる状四通、
この内一通は、建治三年九月廿二日、下総国サシマ（猿島）の常念坊にこれを給い置く。
一通は、建治三年十一月七日、常陸国ヌノ河（布川）の教念房并（ならび）に高田顕智坊にこれを預け置く。
一通は、弘安三年十月廿五日、飯沼善性房の子息智光坊并に善性房の同朋証信房両人へ、大谷坊においてこれを出され了ぬ。若し正文を入る事有るの時は、この人々の許へ尋ねらるべきものなり。

このように、覚信尼は「親鸞上人の御墓所」の大谷の屋地を寄進する旨を記した「寄進」状を、下総猿島の常念房、常陸布川の教念房、下野高田の顕智房、常陸飯沼の智光房・証信房に「給い置」いている。そして建治三年（一二七七）十一月七日に、教念房・顕智房に「預け置」かれた「しんらん（親鸞）上人のヰ中（田舎）の御てしたち（弟子達）」宛ての覚信尼の寄進状には、御廟所が建つ大谷の屋地をめぐり、以下のように記されている。

故親鸞上人は覚信の父ですので、昔の懐かしさから、この屋地を上人の墓所とし、永代にわたり寄進申し上げるところです。

こしんらん（故親鸞）上人は、かくしん（覚信）かち（父）、にてをハしますゆゑに、むかし（昔）のかうハし（懐か）さによて、上人の御はかところ（墓所）に、なか（長）くゑいたい（永代）をか（限）きて、きしん（寄進）したてまつる者なり。

父親鸞を追慕し、墓所を確実に維持するために、覚信尼は夫禅念から譲られ自らが管理する墓所の地を、顕智をはじめとする東国門徒に寄進することとした（「専修寺文書」）。なお、洛中の御廟所は、覚信尼とその子孫が、あくまで預かり管理することになっていた。

覚信尼がこのような行動に出たのは、自らの子孫の中から、廟所の土地を勝手に売ったり処分してしまう者が現れ、廟堂が消滅することを恐れたためである。そこで親鸞に篤い敬慕の思いをいだく東国門徒に、廟堂を委ねることが、その維持のためには得策であると考えたのであろう。この行動の根底に、覚信尼が御廟所の屋地を買得するにあたり、

顕智をはじめとする東国門徒による負担があったことは想像に難くない。この顕智をはじめとする東国門徒の関わりが、後々まで「この御廟の敷地ハ、顕智上人の御寄進也」（「高田山峯の枝折」）等として伝承されたものであろう。そして、東国門徒から親鸞廟所（後の本願寺）へ寄せられたさまざまな貢献は、これより室町時代まで続くことになる。

親鸞廟所の維持と東国門徒

親鸞の廟所には、御影・遺骨・石塔などを安置した六角の廟堂が建立され、この場が祖師に篤い帰依を寄せる東国門徒の信仰のよりどころとなった（「善信聖人親鸞伝絵」）。この六角堂に安置された親鸞御影は、「彼の影像は門弟顕智等の造立」とあるように、顕智等が造立に関わったものである。延慶二年（一三〇九）に廟所の本寺である青蓮院を兼帯する妙香院（延暦寺の院家）門跡が、「親鸞上人門徒御中」に下した御教書（「専修寺文書」）にも、顕智以下の門弟に対して、親鸞の「御影像」に念仏を唱えて追孝するように命じている。このように、「親鸞上人門徒」の中核に顕智があったのである。

さて、東国に散在する門徒集団は相互に連携し、次掲の弘安三年（一二八〇）に廟堂の「念仏衆」に宛てた信海・顕智・光信の連署状（「本願寺文書」）に見られるように、御影堂（廟堂）における祖師追善の念仏供養を催していた。

御廟所の念仏衆の方々に申し上げます。そもそも諸国に散在する故親鸞聖人の門徒たちは、毎月二十七日に催される逮夜の念仏供養の費用を、わずかばかり

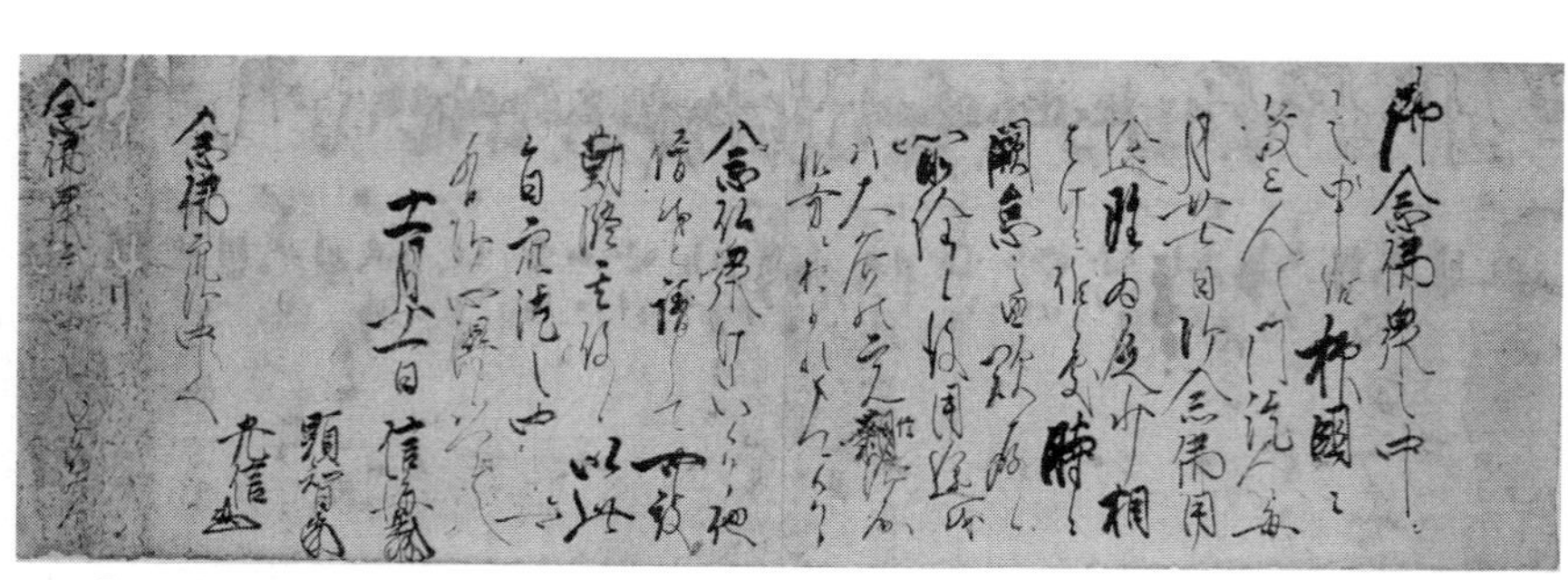

38　「顕智等連署状」弘安3年11月11日（西本願寺所蔵）

とはいえ、お納めしてきました。ところが念仏供養が催されていないとの由を折々耳にして、歎かわしく思っています。言うまでもないことです。そこで彼の費用については、大谷の覚信御房のもとにお届けし、念仏衆がその勤めを怠ったならば、他の僧衆を招請して念仏供養を勤修(ごんしゅ)していただきたいと思います。この内容を御廟所の僧衆の方々にご理解いただきたいと思います。謹んで申し上げます。

（弘安三年）十一月十一日

信海（花押）
顕智（花押）
光信（花押）

念仏衆御中へ

御念仏衆の中に申さしめ候。そもそも国々の故上人（親鸞）の門徒の人々、毎月二十七日の御念仏の用途、乏少たりといえども相はげみ候のところ、時々闕怠の由、歎き存じ候。所詮に候。彼の用途をば大谷の覚信御房の御方におかれ候て候はば、念仏衆けたい候はば、他僧をも請じてその役を勤修せらるべく候。この旨を以て衆徒の中に御心得あるべく候。恐々謹言。

（弘安三年）十一月十一日

信海（花押）
顕智（花押）
光信（花押）

念仏衆御中へ

親鸞御廟所に属する「念仏衆御中」に宛てた連署状には、鹿島門徒の信海（順信房）、高田門徒の顕智、荒木門徒の光信（源海房）という、各門徒集団の中心人物が連署していた。すなわち、東国諸国に散在する門徒集団は、相互に連絡をとって、毎月二十七日に逮夜（命日二十八日の前夜）の念仏供養を御廟所の念仏衆に委ね、わずかとはいえ「御念仏の用途」を届けていた。ところが、念仏衆が念仏供養を怠るとの由が伝わり、大いに歎くとともに、覚信尼に対して、他の僧侶を請じてでも忌日の念仏を勤修するように求めたのである。このように、顕智以下は御廟所における祖師供養を重視し、その確実な勤修を御廟所を預かる覚信尼に依頼しており、ここからも高田門徒の顕智が、東国門徒集団の中核的な位置にあったことが知られる。

親鸞生前の建長八年（一二五六）、真仏・専信らとともに上洛した顕智は、真仏らが東国に下った後も親鸞のもとに留まり、その謦咳に接することができた。さらに真仏からの指示を受け、東国に下向する途上で三河国矢作の薬師寺に立ち寄り、この地にあって「念仏を勧進」しており、ここに三河の門徒集団が生まれ、高田門徒とも交流が生まれることになる。そのようなかで、親鸞の門葉がさらに広まったのは、顕智の注目すべき業績と言えよう（「三河念仏相承日記」）。

顕智の聖教

専修寺に伝来する顕智の手になる聖教は、『影印高田古典』（巻二～四、顕智上人集）に収められている。それらを通覧するならば、親鸞の所持本・書写本を転写した、「親鸞法語」（「獲得名号自然法爾聞書」）や「浄土和讃」「正像末法和讃」「愚禿鈔」「西方発心集」「一念他念文意」「選択集延書」「法然上人伝法絵」、「親鸞消息写」（「善鸞義絶状」）、「親鸞消息写」（「五巻書」）などと共に、自らが抄出した「抄出」「聞書」「見聞」などが知られる。

そのなかで「抄出」との外題をもつ顕智筆の一書には、その冒頭に次の抄出が見られる。

一注十疑論にはこのように云っている。

　釈迦大師が一代にわたり説法したさまざまな聖教（教え）のなかで、ただ衆生は心を凝らしてひたすらに阿弥陀仏を念ずるようにと勧めている。

一往生要集ではこのように云っている。〈上末十六丁半にある私注の部分である。〉

私見によれば、一切の仏は阿弥陀の分身であり、あるいは阿弥陀はすべての諸仏そのものである。

一注十疑論に云く、

釈迦大師の一代に説法せる処処の聖教に、ただ衆生、心を専らにして、偏に阿弥陀仏を念ぜよと勧めたり。

一往生要集に云く、上末十六丁半、注書なり、

私に云く、一切の仏とは、これ弥陀の分身なり。或いはこれ十方一切の諸仏なり乃至。

いずれも一切の仏を阿弥陀仏の分身とし、大きな慈悲をもつ阿弥陀へ帰依の心をこめた念仏を衆生に勧めている一文である。両書の他に、この一書には「法華経」（「無量義経」）「観普賢経」「華厳経」「首楞厳経」「安楽集」「選択本願念仏集」などからの抄出が列記されており、真仏が撰述した「経釈文聞書」と類似した抄物の聖教と言える。親鸞・真仏もこのような抄出を作成しており、典拠から要文を書き出した、教化のための聖教ということになる。そして、顕智の手になる「抄出」「聞書」「見聞」という抄出も、同様の役割を負ったものである。

しかし、その作成にあたって、真仏・顕智が、親鸞と同様に多くの経論や先師の聖教を博捜し、自らの抄出を生み出したとは思えない。少なくとも、師僧の抄出を通覧し、その中から自らの教化にふさわしいと思う一文を転記して、これらの抄出が生まれたものと思われる。なお、「見聞」には、顕智の筆以外に他筆が混ざっているが、その末尾に、「顕智上人、浄土の文類をあつめて、八十四歳の御年、専空十八歳にして給はる。延慶二歳己酉七月八日」との奥書が見える。顕智に次いで専修寺に住持した専空は、延慶二年（一三〇九）に師からこれらの抄出を授与されており、これらが高田門徒の教化のよりどころとして、歴代の専修寺住持に継承されたことであろう。

専修寺に伝来する文書・聖教は、「下野高田専修寺」の足跡をたどるのみならず、東国門徒の形成と発展、そして親鸞廟所（本願寺）の成立を、東国門徒側から語る重要な史料といえる。東国門徒の中核としての高田門徒は、高田

如来堂（のちの専修寺）を拠点として、真仏・顕智により門徒集団の拡大が図られた。また、親鸞の教説を受容した門葉諸師による、東国における独自の教化の展開が、専修寺に伝わる聖教から知ることができる。

真仏は、真壁郡の土豪の子息として地域への影響力をもち、高田に如来堂を草創し、親鸞の教説を踏まえて、師僧の上洛後の長老として高田門徒を導くとともに、その門葉から荒木門徒・和田門徒などを生み出した。その弟子である顕智は、親鸞に近侍する機会を得て、直に教えも受け、その臨終から葬送、さらには御廟所（御影堂）の屋地買得や堂宇の造営・運営にも関わりをもち、親鸞息女の覚信尼からは御廟所の屋地を寄進され、本願寺の成立と発展にも大きく寄与した。つまり顕智は、高田門徒をはじめ、多くの門徒集団の連携を図り、東国における念仏修行の存続を図るとともに、祖師への信心のよりどころとしての本願寺を支えるという、東国門徒の中核的な存在として、重要な役割を果たしたことを再確認しておきたい。

なお、平成十八年（二〇〇六）に「下野本寺」に安置される顕智上人坐像（付真仏上人坐像）が、同二十年には「高田本山」に伝えられる「専修寺文書」（全三百六通）と「専修寺聖教」（全八十二点）とが、いずれも文化庁から重要文化財の指定を受けた。特に、後者の文書・聖教については、継続的に修理事業が進められている。今後は未指定の近世以降の文書などについても、調査と評価がなされることであろう。

〔参考文献〕

永村　眞「中世真宗高田門徒の「聖教」―真仏撰述の抄物を通して―」（速水侑編『日本社会における仏と神』吉川弘文館、二〇〇六年）

『二宮町史』史料編Ⅰ考古・古代中世（栃木県二宮町、二〇〇六年）

『二宮町史』通史編Ⅰ古代中世（栃木県二宮町、二〇〇八年）

四章　聖冏と聖聡

——浄土宗教団の成立——

芝増上寺は、江戸時代になると徳川家菩提所となっていたため、明治維新後には新政府から寺域の上地を命じられ、いったん寺域の多くを公園用地に召し上げられたが、その後に浄土宗大本山として復活した。太平洋戦争末期の昭和二十年（一九四五）、二度の東京大空襲で寺域も多大な損害を受けたものの、今日では大本堂・三門はじめ徳川家廟所が整備され、大本山にふさわしい寺容を復することになった。

かつては貝塚光明寺と称された増上寺を、室町時代初頭の明徳四年（一三九三）に、酉誉聖聡（ゆうよしょうそう）が真言宗から浄土宗の道場に改めた。その師である了誉聖冏（りょうよしょうげい）が創建した寿経寺は、江戸時代初頭に徳川家康の生母水野氏の墓所となり、伝通院（でんづういん）と改称され、増上寺に准ずる寺格を認められて存続している。

Ⅲ—二章では鎌倉光明寺良忠（りょうちゅう）について触れたが、その門葉に連なる聖冏・聖聡の師資（しし）は、増上寺・伝通院という浄土宗大寺の開山としてのみならず、浄土宗の興隆にあたり、宗僧による法門の修学・相承（そうじょう）の作法を定め、また宗脈継承にあたり、拠（よ）るべき聖教（しょうぎょう）を「伝書（でんしょ）」（師資間で面授される秘伝を記した仏書）として重視した。そこで本章では、聖冏と聖聡による浄土教学の修学と伝授、さらに「伝書」をはじめとする浄土聖教について考えることにしたい。

1　良忠の門葉——聖冏と聖聡——

浄土法門の相承

浄土宗第三祖とされる良忠は、執権北条経時の外護を受け、鎌倉光明寺を拠点にして、東国で浄土宗の教化を進めるとともに、多くの著述をのこし、記主禅師との諡号を受けた。弘安九年（一二八六）、良忠は嫡弟で実子の良暁に浄土法門を譲ったが、その折に草した附法状と譲状が光明寺に伝来する。まず同年九月六日に法門を譲与するため、自らの手印を捺した以下の附法状を草している。

源空上人、弁阿上人（弁長）、良忠と三代にわたり浄土法門を相伝してきた事は、世間に広く知られ、誰もが認めるところである。これにより釈寂恵（良暁）に法門をすでに伝授した。そこで早々に三代にわたる浄土の教えを弘めてもらいたいと考え、このように附法状を草し、これを授ける。

弘安九年九月六日

良忠（花押）

右手（手印）

左手（手印）

源空上人・弁阿上人・良忠三代相伝の事、世間にその隠れなく、皆以て応可とするところなり。これに依り、釈寂恵に授け已に畢ぬ。然らば早く三代の義勢を、弘通せらるべきの状、件の如し。

弘安九年九月六日

良忠（花押）

右手（手印）

左手（手印）

法然から門葉に広がった浄土宗の法門は、弁長・良忠による鎮西流を主柱として相承された。そして平安時代以来、寺院社会で作成された附法状が、浄土宗においても師資間に交付され、法門の相承を証拠づけることになった。

宗脈と戒脈

法然・弁長（聖光房）・良忠の三代にわたって相承された浄土法門には、伝授の際に発給された附法状とは別に、弘安九年（一二八六）に良忠が草した「浄土布薩一乗戒」（布薩戒、念仏と戒を一体とした浄土宗の伝戒）の附法状が良曉に付与された。

源空上人、弁阿上人、良忠と三代にわたり相伝してきた浄土布薩一乗戒は、世間に広く知られるところである。そこで法器を備えた弟子として、釈寂恵にこの戒を悉く授けたところである。早く三代にわたる戒の相承にしたがって、法門を弘めてもらいたいと考え、このように附法状を草し、これを授ける。

弘安九年十一月七日

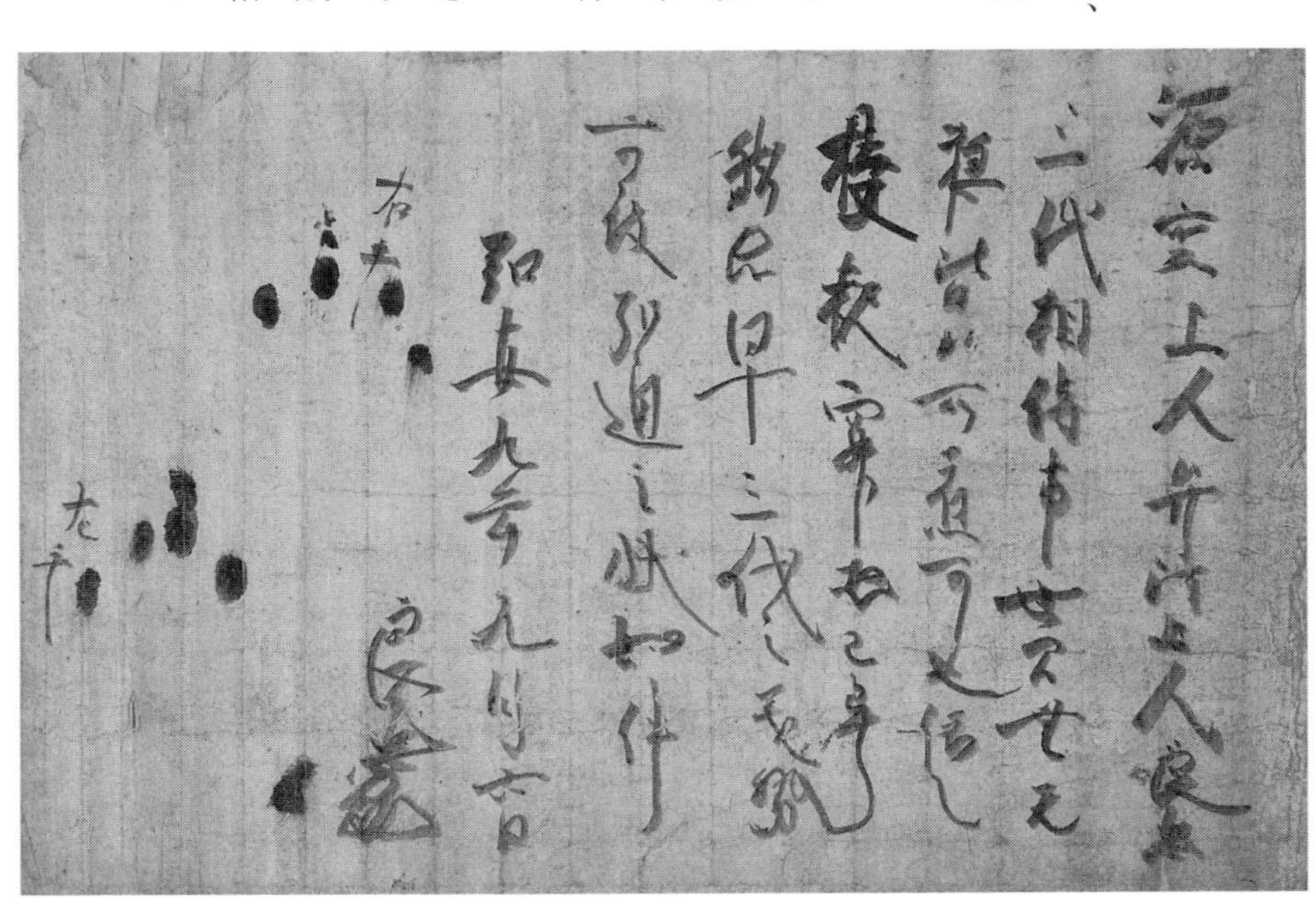

39 「良忠附法状」弘安9年9月6日（光明寺所蔵）

良忠（花押）

浄土布薩一乗戒、源空上人・弁阿上人三代相伝の儀、世間にその隠れなし。これに依り釈寂恵、法器の仁として、悉くこれを授け畢ぬ。早く三代の義勢に任せ、弘通せらるべきの状、件の如し。

弘安九年十一月七日

良忠（花押）

法門の伝授にあたり、良忠は法然から三代にわたり継承した法脈に加えて、「浄土布薩一乗戒」（「円頓大乗妙戒」）の戒脈相承を記す附法状を、良暁に与えている。聖冏著の「顕浄土伝戒論」（『浄土宗全書』巻十五）には、そもそも浄土宗では二様の血脈があり、すなわち宗脈と戒脈がこれである。もし宗の法門を伝える時には、必ず戒をも伝えることになる。浄土一宗を学ぶ者は誰も同じ理解をもっており、どうして不審をいだくことがあろうか。

凡そ浄土一宗に於いて二の血脈あり。謂う所の宗脈と戒脈、是なり。若し宗を伝うる時は、必ず以て戒をも伝う。この条、殊に浄土一宗の学者、彼此一同なり。何ぞ不審に及ばんや。

とあるように、法然・弁長からの法脈相承にあたり、「伝戒・伝法」を示す戒脈と宗脈の交付が不可欠とされた。

なお、良忠はこのほかに、同じく弘安九年（一二八六）八月には、自らが師弁長から譲られた「九条の袈裟幷に硯名字の松カゲ（影）」と、法然から三代相承した「阿弥陀経一巻」、さらに翌弘安十年六月には、自ら製作した「伝通記以下の文釈」「明王院相伝の釈論十巻」などの「抄物」を、法門伝授の証として良暁に与えている（『光明寺文書』）。ここで良忠が良暁に譲与した「文釈」「抄物」などに類する聖教が、のちに数多く撰述され、浄土宗聖教が整えられることになるのである。

記主門下の六流

良忠による浄土宗の教化は、その門葉により継承されていった。その弟子集団は、良暁から生まれた白旗流をはじめとして、尊観の名越流、性真の藤田流、礼阿の一条流、道光の三条流、慈心の木幡流など、記主門下六流と呼ばれて教線を拡大させることになった。その六流の中核にあったのが、良暁に始まる白旗流であり、「浄土宗派略図」（「蓮門宗派」所載）には、以下の系譜が掲げられている。

（弁長）聖光鎮西善導寺——良忠鎌倉光明寺——（良暁）寂恵白旗——定恵——良順鎌倉光明寺
└蓮勝——了実——（聖冏）了誉——（聖聡）酉誉——（酉仰）聡誉

このように光明寺良忠・良暁の末葉は、同寺を拠点に置く定恵・良順の流れ（本山伝）と、常陸瓜連（うりづら）常福寺に伝わる蓮勝・了実の流れ（末山伝）に分かれ、聖冏・聖聡は後者に属した。この白旗流に属する聖冏は、応永二年（一三九五）に「流義相承」にあたっての制誡を定めた（『浄土傳燈輯要』上所収）。

敬（うやま）って浄土宗白旗流義相承の制誡を定める状

一余宗・他流に流義を移してはならぬ事、
一相伝を受けていない輩に、血脈・書籍を披見させてはならぬ事、
一口伝の内容を口外してはならぬ事、
一先に聞き、また聴いたばかりの法話の内容を語りあってはならぬ事、
一師の命に違わぬ事、
一阿弥陀信仰の教えを、人師の立場で相承し教化してはならぬ事、
（中略）これらの条々を理解して守るならば、現世にあっては類いまれな安楽を得、また極楽（ごくらく）往生という大事を

遂げることができよう。そこでこのように制誡を定めるところである。

応永二乙亥天（一三九五年）十一月十八日　了誉在御判

敬いて白す浄土宗白旗流義相承制誡の状

一余宗・他流に移すべからざるの事、

一相伝無き輩に、血脈・書籍を披見せしむべからざるの事、

一口伝の趣、口外すべからざるの事、

一先聞・同聴を共語すべからざるの事、

一師命に違うべからざるの事、

一安心相承の分を以て、人師として相承せしむべからざるの事、

（中略）よくよくこの旨を守らば、現に無比の楽を得て、まさに往生の一大事を遂ぐべきものなり。仍って制誡すること件の如し。

応永二乙亥天十一月十八日　了誉在御判

このように、白旗流の「流義」にもとづく「制誡」では、流派の独自性を守るため、「血脈・書籍」と「口伝」が重視されていた。特に法然・弁長・良忠と継承されてきた、面授により「師」が与える教えとしての「口伝」（面授口決）が、白旗流外に流出することを厳しく禁じるとともに、その教えを文字に記した「書籍」（「伝書」）を、同流の存続を支える秘書として、その厳格な取り扱いを定めている。法然以来、浄土宗では法門相承にあたり、経論や疏釈（註釈）よりも師資相承された「口伝」が大きく尊重されるようになった。これは、相承にあたって伝授される「伝書」と呼ばれる聖教に、この口伝・口決が掲げられていることからも明らかであろう。

聖冏とその教説

応永二十二年（一四一五）、聖冏は弟子の了智房に、以下の常陸国常福寺の別当職譲状（常福寺文書）を与えた。

瓜連草地の常福寺別当職を譲り渡す事

右について、当寺は浄喜（佐竹義篤）を開基に、先師了実を開山とする寺である。このたび、弟子了智房に別当職を譲るところである。先例を守り誠実に御祈禱を勤修（ごんしゅ）するように。また了智房が退院もしくは入滅した場合には、その弟子聖紀房に継がせるように。そこで宗脈・戒脈を記した二通の附法状等を副えて、このように譲状を与えるところである。

応永二十二年（一四一五）乙未八月二十二日

了誉（花押）

譲り渡す

40　**聖冏上人像**（増上寺所蔵　忍海筆）

瓜連草地常福寺別当職の事

右、当寺は浄喜（佐竹義篤）御寄進の地にして、先師了実開山の砌なり。然るに今、弟子了智房に付属する処なり。先規を守り御祈禱の精誠を致すべきのものなり。兼ねて亦、退出入滅の後は、弟子聖紀房をして相継がしむべし。仍って二伝の譲状を副えること件の如し。

応永廿二年乙未八月廿弐日　　了誉（花押）

このように、佐竹義篤の外護のもとに了実を開山として創建された瓜連常福寺に、白吉義満の子息であった了誉聖冏は入寺し、のちに師了実の譲りを得て別当職に就き、さらに右の通り、応永二十二年に、自らの弟子了智房にその職を譲与した。常福寺にあって聖冏は、法然の提示した「聖道門」と「浄土門」の聖浄二門の教判を基礎として、善導の「二蔵」（菩薩蔵・声聞蔵）と「二教」（菩薩蔵における頓教・漸教）の教説に、性頓（理念としての仏性を悟る）・相頓（凡夫が阿弥陀の誓願と念仏により悟りに至る）を加えた「二蔵二教二頓」という枠組みにより、浄土宗こそが頓教（すみやかに悟りに至る教え）であるとの教判を提示した。善導の説とは、「浄土略名目図」によれば、

善導の教説に依って浄土宗の修行をする人は、二蔵二教（声聞蔵・菩薩蔵と漸教・頓教）により釈尊一代の教えを体系づけるべきであるという。

光明大師（善導）の釈義に依りて浄土宗を立つる人は、応に二蔵二教（漸教・頓教）を以て一代の聖教を摂すべしと云々。

というものである。性頓・相頓については、「釈浄土二蔵義」に次のように、説明される。

すみやかに悟りを得るための教えである頓教の中に、理念としての仏性を悟る性頓と、凡夫が阿弥陀如来の誓願と念仏により悟りに至る相頓とがある。この相頓こそが浄土門である。

頓の中に性と相と有り。相頓は即ちこれ浄土門なり。

さらに聖冏は、浄土教学の相承に不可欠となる次の四つの聖教を明徳元年（一三九〇）から応永四年（一三九七）にかけて、撰述している。

・「往生記投機抄」一巻（明徳元年成立）　法然著とされる「往生記」（「往生得不得記」）の註釈。
・「領解授手印徹心鈔」一巻（明徳元年成立）　良忠の手になる「領解末代念仏授手印鈔」の「末釈」（註釈）。
・「決答疑問銘心鈔」二巻（明徳三年成立）　良忠による「決答授手印疑問鈔」の註釈。
・「授手印伝心鈔」一巻（応永四年成立）　弁長の「末代念仏授手印」の註釈。

このように、浄土宗教学の基礎を築いた法然・弁長・良忠という三代祖師の著述について、後進のために註釈書を聖冏が撰述した意義はきわめて大きい。後述するが、聖冏は三師の手になる「往生記」「末代念仏授手印」「領解末代念仏授手印鈔」の三巻を根本の聖教とし、それに良忠作の「決答授手印疑問鈔」二巻を加え、この四書の各々に聖冏作の「往生記投機抄」「授手印伝心鈔」「領解授手印徹心鈔」と「決答疑問銘心鈔」二巻を註釈として宛て、「決答授手印疑問鈔」以下の七巻（七書）に根本の三巻を合わせて、「三巻七書」と定めた。そして、浄土宗白旗流では、この「三巻七書」を法門伝授に用いる固有の「伝書」と定め、これらを伝授の段階に応じて、初重から第五重に配した「五重相伝」を、師資間での法門伝授の手続きと定めたのである。

2　聖聡と増上寺

聖冏から聖聡へ

伝通院九世の相閑が著し、貞享二年（一六八五）に版行された「了誉（聖冏）上人伝」には、西誉上人聖聡とその師である了誉上人聖冏との師資関係について、以下のように記されている。

41　**聖聡上人像**（増上寺所蔵）

さて千葉一族である氏胤の次男徳寿丸は、はじめ下総国の明見寺に入寺して剃髪し、当初は真言宗を修学した。のちに聖冏の人徳を慕ってこれに師事し、宗旨を改め浄土宗を修学した。聖冏のもとで誠意を尽くし伝法・受戒を果たし、聖聡と号した。聖聡は並外れた能力をもち、修学の成果を積んだ後、武蔵国江戸に移り住み三縁山増上寺を開いた〈ここで大蓮社酉誉を称した。〉また聖冏は、下総国横曽根の談所にあって、「二蔵二教略頌」一巻、「二蔵頌義」三十巻、「二蔵義見聞」三巻の本末三十四巻を聖聡に授与し、さらに聖聡のために「五重相伝」のための伝書と末釈を撰述してこれを授与し、さらに「伝通記糅鈔四十八軸」を伝授している。

　爰に千葉の従氏胤の次男徳寿丸、始めは州の明見寺に投じて剪落し、且く真言を学す。後に冏の徳輝を慕いて師事し、宗を浄土に改む。誠を竭し伝法受戒す。名づけて聖聡と号す。叡明絶倫なり。学業の功成りて武江に居住し、三縁山増上寺を開く（大蓮社酉誉と称するはこれなり。）冏乃ち下総州北相馬横曽根郷に於いて、二蔵略頌一巻、頌義三十巻、見聞三巻、本末三十四巻を聖聡に授与す。且つこれが為に五重の巻の末鈔を製して一一にこれを授与し、つぎに伝通記糅鈔四十八軸を以てこれを伝う。

このように、常福寺の聖冏のもとに入寺して浄土宗を学んだ千葉氏胤息の聖聡は、のちに江戸に増上寺を創建することになるが、あわせて師聖冏から「二蔵二教二頓」教判に関わる著述をはじめとして、浄土教学の修学・相承の中核をなす多くの聖教を伝授され、師の教説を継承した。その修行の過程で、師聖冏から伝書にもとづく法門伝授が進められた。

聖冏が伝書と定めた良忠作の「決答授手印疑問鈔」巻下には、以下の奥書が記される。右について、この書は当流相伝にとって肝要である。そこで今弟子の聖聡は、法門を継承するにふさわしい弟子であり、第四重の伝書をすでに授けた。この相承の主旨を尊重し法門の弘通に尽力するようにということで、このように記す。

明徳元庚午（一三九〇）極月六日　　了誉〈満五十、御在判、〉
　　　　　　　　　　　　　　　　　酉誉〈二十二歳、〉

右、この書は、当流相伝の骨目なり。然らば今弟子聖聡、法器の仁たるに依り、この第四重を授け已に畢ぬ。この趣を守り弘通せらるべきの状、件の如し。

明徳元庚午極月六日　　了誉満五十、御在判、
　　　　　　　　　　　酉誉二十二歳、

「了誉上人伝」に掲げられた聖教をはじめ、明徳元年（一三九〇）には、「決答授手印疑問鈔」二巻が聖冏から聖聡に伝授された。ここで聖冏は弟子聖聡に、「五重相伝」の段階に従って自らの法門を伝授し、師資相承を進めていたのである。

聖聡とその教説

聖冏は「二蔵二教二頓」教判を主張するために、永徳三年（一三八三）に「浄土二蔵二教略頌」を著し、さらにその註釈書として至徳二年（一三八五）に「釈浄土二蔵義」（『浄土宗全書』巻十二）を撰述した。その末尾に、以下の奥書を記している。

時に至徳二年乙丑三月二日　　末学了誉判〈四十五歳、〉

右の書は、先師の教えを記すところである。そこで弟子聖聡に授けるとともに、自ら校正を加えた。この主旨を理解し、修学に励むようにということで、このように記す。

同十月十四日　　鎮西末学了誉在御判

時に至徳二年乙丑三月二日　　末学了誉判四十五歳、

右は先聞を記すところなり。仍って弟子聖聡に授け、并に一校し畢ぬ。この旨を以て勤学せしむべきの状、件の如し。

同十月十四日　　鎮西末学了誉在御判

「釈浄土二蔵義」（「浄土二蔵二教略頌」の頌を逐条で解説したもの）を授けられた聖聡は、「二蔵二教二頓」教判を継承するとともに、自らも「浄土二蔵綱維義」（同前）を撰述している。この「浄土二蔵綱維義」は、「稟承の次第」（声聞・菩薩「二蔵」の概念）を記す第一章と、「諸門の分別」（概念の理解）の第二章から構成される。第一章はさらに「二蔵の本文」（諸宗通用の典拠、浄土門別用の典拠）と「稟承の次第」から成る。第二章は「三法輪」（釈尊一代の三種の教説）と「二教」の理解に言及したものであるが、そこには、次のような前提があった。

この浄土宗は、三法輪に依拠して二蔵二教を立て、釈尊一代の教説を体系化し、独自の教説を示す。

此の浄土宗は、三法輪に約して二蔵二教を立て、一代を惣摂し、所表を明言するなり。

そして聖聡は、第一章の浄土門別用の典拠として、師聖冏の手になる以下の著述を掲げている。

先師の「二蔵略名目図」〈下野国大庭山往生寺南瀧坊でこれを撰述した、〉一巻、同じく「二蔵二教略頌」〈下野国比相寺で聖聡のためにこれを撰述した、〉一巻、また「二蔵頌義」〈同寺で聖聡の求めにより重ねて頌義の解釈を行なった、〉三十巻、さらに「二蔵頌義見聞」三巻をあわせて三十五巻には、くわしく二蔵二教を註釈したという。上に掲げた経論に解釈される、浄土宗における二蔵名目は、それらの典拠に明らかである。通用・別用の区別はあるが、いずれも二蔵の典拠を説明している。

先師冏公和尚の二蔵略名目図（野州大庭山往生寺南瀧坊に於いてこれを作るなり、）一巻、同二蔵二教略頌（下州比相寺に於いて聡公の為にこれを綴る、）一巻、また二蔵頌義（同処に於いて聡公の請に依り重ねて頌義を釈す、）三十巻、并に見聞三巻、総じて卅五巻、盛んに二蔵二教を判釈すと云々。上来の経論に釈する別用の二蔵名目は在文に分明なり已上。通・別有りといえども、二蔵の本文已上を釈し畢ぬ。

聖聡は、このように法然・弁長を踏まえた聖冏の教説を継承し、自らの理解を深めていった。たとえば、第二章の「諸門分別」では、「二頓」を示す「事理倶頓門」について、次のように説いている。

事と理の頓門（頓教）とあるが、相頓とされる浄土宗の頓教は、即相の相（往生を目指す心のあり方）によるもので、隔相の相（実相の姿）ではない。事頓（阿弥陀の誓願によるすみやかな往生）と名づけているが、事・理（悟りを得る行為と悟りの境地に至る前提要素）により、すみやかに悟りに至るものである。

事・理倶に頓門とは、今この浄土の頓教は、相頓と云うといえども、即相の相にして、隔相の相に非ず。事頓と名づくといえども、事・理倶に頓なり。

「事理倶頓門」については、道綽（どうしゃく）著「安楽集」「宗祖三蔵云」、聖冏著「二蔵頌義」「高祖大原談義云」などの典拠により、説明がなされている。特に聖冏の「二蔵頌義」からの引用が、多くの部分を占めている。そして前述の通り、「二蔵二教略頌」「二蔵頌義」は聖聡へ授与するため、聖冏により撰述されたものであり、師資間の緊密な関係のもとで教説の継承がなされたことは明らかであろう。さらに「二蔵三法輪の綱維」を講説した最末に「酉誉（聖聡）上人（御口筆、御在判）」とあり、聖冏の「釈浄土二蔵義」を聖聡が内容を講説し、それが筆録され「浄土二蔵綱維義」が生まれたことが知られる。

聖聡も多くの著述を遺しており、聖冏に並ぶ。その全体像は、大谷旭雄氏編『聖聡上人典籍研究』にうかがうことができる。

・「浄土二蔵二教略頌綱維義」　聖冏著「二蔵頌義」を註釈したもの。

・「小経直談要註記」「大経直談要註記」　浄土三部経を講説するなかで撰述されたもの。
・「往生論註記見聞」　良忠著「往生論註記」を註釈したもの。
・「徹選択集」　「徹選択本願念仏集」をめぐる聖冏の口伝を記した「徹選択本末口伝抄」。
・「五重拾遺抄」　師聖冏から伝授された「三巻七書」をめぐる口伝を註釈したもの。

このように、浄土宗の依拠経典をはじめとして、祖師・先師の著述に註釈を加え、門葉への導きとした聖教が多くを占めている。聖聡の教学活動が、浄土宗白旗流の教学興隆を強く意識したものであったと言えよう。

増上寺の創建

江戸時代後期に生まれた地誌「江戸名所図会」巻一には、聖聡による増上寺の成立過程が以下のように記される。

増上寺は昔貝塚の地にあり、光明寺と号する真言宗の寺院で、後小松院の御願(ぎょがん)に依り草創されたと伝えられる古刹であった。至徳二年(一三八五)に、酉誉上人聖聡が当寺に移住した後、了誉上人聖冏〈伝通院三ヵ月上人の事である、〉の導きにより寺を三縁山増上寺と改号し、浄土宗の寺院とした〈「事跡合考」に引用される「三縁山歴代系譜」には、以下のように述べられている。増上寺が草創された地は、貝塚、今の糀町辺りである。のちに日比谷辺りに移り、さらに慶長初年に芝に移ったと言われる。日比谷から芝へ移ったのは慶長三年(一五九八)八月のことである。「武徳編年集成」には、天正十八年(一五九〇)に平川口に移された増上寺を、慶長三年に芝の地に移したと記される。ただし平川と日比谷とは、昔は地を接していたため、混同したのであろうか。〉

当寺、旧古は貝塚の地にありて、光明寺と号せし真言瑜伽(ゆが)の密場にして、後小松院の御願に依て草創ありし古刹なりしに、至徳二年、酉誉上人移り住するの後、竟(つい)に了誉上人伝通院三ヶ月上人の事なり、の徳化(とつけ)に帰し、寺を改めて三縁山増上寺と号し、宗風を転じて浄刹とす事跡合考に出せる三縁山歴代系譜に云く、当寺草創の地は、貝塚、今の糀町辺りなり。中頃に日比谷辺りに移る後、慶長の初めに芝に移ると云々。日比谷より芝へ移りしは慶長三年戊戌八月なり。武徳編年集成に、慶長三年戊戌、去る天正十八年辛卯、平川口へ移されし増上寺を、芝の地にうつすとあり。平川は日比谷と古え地を接す。故に混じていうか。

増上寺は、かつて貝塚(糀町)にある真言宗の古刹光明寺から発足し、至徳二年(一三八五)に聖聡は、聖冏のもとから貝塚光明寺に入寺し、真言宗を浄土宗に改めた。増上寺は天正十八年（一五九〇）貝塚から日比谷に、さらに慶長三年（一五九八）に現在の芝に寺地を移したと「江戸名所図会」は記す。

聖聡より生まれた増上寺は、白旗流の拠点寺院として、聖冏・聖聡により撰述された多くの聖教をよりどころに、談所（談場）として浄土宗の宗僧を養成し、その門葉の展開を図ることになった。

寺僧の修学

聖聡は応永二十三年（一四一六）に常福寺にあって、「選択口伝口筆」（『浄土宗全書』巻七）を草した。この書の外題(げだい)に、「選択口伝口筆〈応永二十三年卯月十九日、西誉、常福寺に住し、聞くところを記すところなり。〉」とある。法然の「選択本願念仏集」をめぐる「宗家」（良忠）の所説を、師聖冏が講説し、その内容を聖聡が筆記したものであり、「口筆」つまり「聞書(ききがき)」とも呼ばれる聖教である。このように聖聡の著述には、師僧の講説を聴聞し、それを筆記することにより生まれたものが見られる。

また「小経直談要註記」（『浄土宗全書』巻十三）には、以下の奥書が記される。

御本にこのように云っている、

時に永享七年（一四三五）乙卯文月日

講説を行なう弁師は七代弟子酉誉である〈満七十一才、在御判、〉

講説を筆記する筆師は行蓮社慶竺大誉房〈満三十三歳、〉である。

今この御本は、大蓮社酉誉上人大和尚の講説を筆記したものであり、酉誉より筆受された大誉和尚の自筆本を更に書写したものである。

時に弘治二暦（一五五六）九月二日　　香誉〈二十八歳〉

願わくは書写の功徳により、多くの衆生(しゅじょう)と平等に利益(りやく)に預かり、ともに菩提心をおこし、安楽国に往生したい。

御本に云く、
時に永享七年乙卯文月日
弁師七代弟子西誉満七十一才、在御判、
筆受　行蓮社慶竺大誉房満三十三歳、
今此の御本は、大蓮社西誉上人大和尚の御口筆、并に筆受は大誉和尚の正本これを写し畢ぬ。
時に弘治二暦九月二日　香誉二十八歳
願以此功徳　平等施一切　同発菩提心　往生安楽国

聖聡は永享七年（一四三五）に、増上寺で「阿弥陀経」を講説し、その内容を「筆師」大誉慶竺が筆記しており、筆記内容については、改めて師から伝授がなされた（「筆受」）。なお、聖聡より「小経直談要註記」を伝授された慶竺は、増上寺から京都に移り、のちに知恩院を中興しており、白旗流が洛中へと教線を広げる上で重要な役割を果たした。そして弘治二年（一五五六）、香誉は慶竺の写本をさらに書写し、末尾には廻向文を副えている。

このように浄土宗の教学は、聖冏・聖聡などの祖師による講説を聴聞し、その場で作成された「口筆」（聞書）にもとづく「筆受」とともに、「口筆」を用いた修学がなされた。Ⅲ—二章では、良忠により談義が催され、その場での問答を契機として生まれた聖教に触れたが、聖冏・聖聡についても、同じく聴聞者を意識した講説が催され、ここにおいても両師の手になる聖教が生まれたわけである。

さて、聖聡から時代を下るが、増上寺第十世の感誉上人により、永禄六年（一五六三）に「談義所壁書」三十三ヵ条が定められた（『増上寺古文書』）。その条々中に、寺僧の修学に関わる規定が散見される。

一問答を行なう談場へは、略頌が唱え終わるまでに出仕するように。これを守らなければ過料二十文を課す。

（中略）

一問答の場で、法門の諍論や雑談をしてはならない。

一問答の場で、次に問を投ずる問者は下座に着座するように。

一問答の場では、頌義十人衆は一問、選択衆は二問、小玄義衆已上は器量によって、講師に向かい問を投ずるように。

（中略）

一談場で催される問答には懈怠なく出仕するように。これを守らなければ過料二十文を課す。

（中略）

一頌義三十巻を読み理解せぬ限り、選択衆への昇任は認められない。


一談場に、略頌の内に出ずべし。然らざれば過料の事廿銭、

（中略）

一法門の諍論并に世語有るべからざるの事、
一法門の上、同時の難者は下座を譲るべきの事、
一法門の時、頌義十人衆は一不審、選択衆は二不審、小玄義已上は器量に随うべきの事、

（中略）

一談場、懈怠すべからず。若し違背の人は過料の事廿銭、

（中略）

一頌義二〔三〕十巻を読まざれば、選択の頂戴これを許すべからざるの事、

増上寺で定められた「談義所壁書」のなかで、寺僧の修学に関わる規定に注目すると、法儀が催される「談場」への寺僧の出仕、「談場」において重視された「法門の諍論」（法門に関する議論）等をめぐる規制、さらに修学の進展に

より寺僧を区分した、頌義衆・選択衆・小玄義衆など寺僧集団の階層の存在を知ることができる。とりわけ聖冏により撰述された「頌義」（「浄土二蔵二教略頌」）が、寺僧の修学には最も基本的な聖教とされ、「談場」では法儀の冒頭に唱えられ、「頌義十人衆」が若藕寺僧の呼称とされていた。そして聖聡の著述についても、寺僧の修学に資するため、「談場」において催された講説や問答を契機にして生まれたものと言える。

3　「三巻七書」――浄土宗聖教の成立――

「五重相伝」

「了誉上人伝」によれば、聖冏から聖聡への法門伝授がなされ、特に聖冏は「五重」にわたる「伝書」を定めて、教学相承のための基本的な修学段階を規定するとともに、それらの註釈を作成して聖聡に授与したという。すなわち応永十一年（一四〇四）、聖冏は聖聡への伝授にあたり、「浄土宗安心相伝五重之内口伝指南」（『浄土傳燈輯要』巻上）を草した。その末尾に聖冏は、次掲のように付記している。

右に書き並べた口伝は、弟子聖聡が強い相承の意向をもつことから、重要な項目だけではあるが、聖聡のために目録に掲げて指南するところである。このほか、多くの口伝は、別にくわしく書きあげ説明した。そこで堅くこの主旨を守り、教学を弘めるようにということで、このように記した。

右この口伝は、その志有るにより、骨目たりといえども、弟子酉誉のために目録を以て指南せしむるものなり。このほか、重重の口伝は、具（つぶさ）に書きて曲く顕（くわしあらわ）し畢ぬ。堅くこの旨を守り、弘通せらるべきの状、件の如し。

この目録には、初重から第四重に定められた聖教と、第五重の「往生論註」による「凝思十念」について、その口伝が列記されている（現代語訳省略）。

初重　四箇条

一題号　二破戒念仏第二機　三愚鈍念仏第一機　四和語

この外一箇条の知り残し有りと云云、

第二重　総別三十七箇条

一伝法要偈、　二初重二重機法不離の事、　三序正等一部始終一行三昧結帰の事、

（中略）三十六臨終行儀口伝、　三十七左手印右手印口伝、

この外一箇条の云い残し有り、

第三重　一箇条

一本末口伝　この外一箇条の書き残し有り、

第四重　二箇条

一本末口伝　二讃歎門称名　この外一箇条の云い残し有り、

第五重　六箇条

一別口伝、　二総口伝、　三傍人口伝、　四気息口伝、　五凡入報土口伝、

六半金口伝、　この外一箇条の書き残し有り、

このように、「五重」には五十条の「口伝」が掲げられ、この次第により聖冏から聖聡への伝授がなされた。本目録の末尾には、多くの口伝が別にくわしく書き上げられ説明されたことが記される。これを裏づけるように、文安四年（一四四七）に聖聡から聡誉に相伝された「五重口伝抄」には、聖冏の「口伝」が記されている。たとえば法然著とされる初重伝書「往生記」の「題号」（書名）について、以下の記事が見られる。

往生記の題号について

師聖冏は口伝でこのように語っている。この書は本来、書名を往生得不得記としている。ここで直接に題号を書かないのは、この書を秘書としているからである。その理由とは如何であろうか。この書で、まず往生ができるか否かは、行者の能力を正しく評価することにより判断されるわけで、題号を明記すればその内容が明らかとなるから、秘して明記せぬことを通例としている。たとえば臨終要訣が無題であることと同様である。総じて自宗でも他宗でも、秘蔵の書には題号を書かないといわれる。已上が口伝の内容である。

聖聡が私見を述べるならば、伝え聞くに、天台宗には書名を無題という聖教がある。これも秘蔵しようという意図により、題号を掲げていない。直接に題号を書かず、無題と呼ぶ。このような例は多々見られるという。

> 本題号の事
>
> 口伝に云く、この題目を往生得不得記と云うなり。ここに直に書き顕さざる事は秘蔵の意なり。所以は何が。先ず往生の機分を正しく知ること明鏡なるが故、直に題を顕せば、尚顕露なるが故、以て秘蔵し隠密して書かれざるを習いとするなり。例えば臨終要訣の無題なるが如し。総じて自他宗共に、秘蔵の書には題名を置かざるなりと云云。已上、口決。私に云う、聞き伝うるに、台家に無題と云う聖教有り。これも秘蔵の義にて、題目を置かず。直にその題無きことを名と為して、無題と云うなり。此の如き例一に非ずと云云。

このように、聖冏から与えられた口伝に、聖聡は自らの見解を「私云」として付加し、弟子への「五重相伝」を進めている。聖冏は聖聡に対して口伝を面授したが、その内容に典拠などを加えて記したものが伝書であり、「五重相伝」による浄土教学の相承は、法然・弁長・良忠と聖冏・聖聡による著述に依拠するといえる。

「三巻七書」

聖冏により整えられた「五重相伝」の基礎をなしたのが、「三巻七書」と呼ばれる伝書であったことは前述の通りである。増上寺でも寺僧の教学相承にあたり用いられ、そのまとまりに浄土聖教群が形成された痕跡が見られる。そこで「五重相伝」の初重から第四重までに配置された伝書を以下に列記する。

①初重　伝法然著「往生記」一巻　⑤(初重末釈)聖冏著「往生記投機抄」一巻
②第二重　弁長著「末代念仏授手印」一巻　⑥(二重末釈)聖冏著「授手印伝心鈔」一巻
③第三重　良忠著「領解末代念仏授手印鈔」一巻　⑦(三重末釈)聖冏著「領解授手印徹心鈔」一巻
④第四重　良忠著「決答授手印疑問鈔」二巻　⑧(四重末釈)聖冏著「決答疑問銘心鈔」二巻
(第五重　曇鸞著「往生論註」所説「口授心伝」)

まず、「三巻」と呼ばれる、①伝法然著「往生記」、②弁長著「末代念仏授手印」、③良忠著「領解末代念仏授手印鈔」の三書は、白旗流では最も尊重される聖教とされた。また、初重から第四重までに配された①〜③の「三巻」と④良忠著「決答授手印疑問鈔」二巻には、「末釈」として各々に聖冏の手になる五巻(⑤〜⑧)の註釈が宛てられており、これに④の二巻を加えた七巻は「七書」と呼ばれた。

林彦名氏の監修のもとに「三巻七書」を公刊した『昭和新訂　三巻七書』(以下、昭和本)には、増上寺所蔵の写本を多く底本に用いている。特に「往生記」、「授手印伝心鈔」、「決答授手印疑問鈔」上、「決答疑問銘心鈔」上・下は、いずれも聖聡の書写本を底本としている。ただし、聖聡筆にかかる「往生記」と「末代念仏授手印」(昭和本では近江新知恩寺蔵本を底本)は、現在のところ増上寺では秘書として取り扱われ、原本調査を許可されたのは、明誉書写の「往生記」「末代念仏授手印」「領解末代念仏授手印抄」にとどまる。本章において、他の原本の様態・筆跡や記載内容については、昭和本の図版と本文に依拠することになる。

さて、増上寺所蔵の明誉書写「往生記」には、以下の奥書が記される。

　浄土法門の相承にあたり、初重の大事を、代々相承の次第に従い、弟子聡誉に伝授した。早くこの由緒を尊重して、法門を信心し修学するようにということで、このように記す。

嘉吉二年壬戌（一四四二）三月三日　明誉（花押）

浄土初重の大事、代々相承の旨に任せて、弟子聡誉に伝授せしめ已に畢ぬ。早くこの趣を守り、信行すべきの状、件の如し。

嘉吉二年壬戌三月三日　明誉（花押）

この書は、嘉吉二年（一四四二）に明誉から弟子の聡誉へ法門相承するにあたり、初重の伝授の段階で用いられた「往生記」であり、大永四年（一五二四）に宏誉から上誉に、天文十一年（一五四二）に上誉から観誉に、正保元年（一六四四）の往誉から忍誉への伝授奥書が追記されている。明誉書写本が伝書として、後々まで用いられていたことが知られる。

また、同じく増上寺所蔵の明誉書写「領解末代念仏授手印抄」にも、以下の奥書が見られる。

右の通り、浄土法門の第三重の相承にあたり、良忠上人が製作された意図を尊重し、弟子聡誉に伝授した。この由緒を守り、法門を広めるようにということで、このように記す。

嘉吉二年壬戌五月一日　明誉（花押）

右、第三重、記主上人（良忠）の御製作に任せて、弟子聡誉に伝授せしめ已に畢ぬ。この旨を守り弘通すべきの処、件の如し。

嘉吉二年壬戌五月一日　明誉（花押）

明誉が書写し聡誉に授与したこの伝書は、さらに大永四年の宏誉、天文十一年の上誉、正保元年の往誉から各々の弟子に伝授されている。さらに、前掲した明徳元年（一三九〇）に聖冏から聖聡への「第四重」の伝授にあたって用いられた「決答授手印疑問鈔」についても、聖聡書写本が増上寺での「五重相伝」において、師資間で授受されて同寺に伝来することになった。このように聖聡より以降、増上寺では「五重相伝」という枠のもとで法門伝授が催され、「三巻七書」が伝授の媒体として、また相承の典拠として、後世に至るまで白旗流の法門相承を支えた根本の聖教といえる。

聖冏は、瓜連常福寺より常陸国不軽山に隠棲した後、応永二十二年（一四一五）に同寺別当職を弟子の了智に譲り、弟子聖聡の懇請を受け、武蔵国小石川談所（寿経寺）に居を移し、のちに同所は伝通院と号された（『了誉上人伝』）。同二十七年に聖冏が入寂し、永享十二年（一四四〇）には聖聡もその後を追ったが、聖冏・聖聡により撰述された多くの浄土宗聖教とともに、増上寺・伝通院そして知恩院は、浄土宗の相承と展開に重要な役割を果たし続けたのである。

〔参考文献〕

大谷旭雄編『聖聡上人典籍研究』（山喜房仏書林、一九八九年）
浄土宗教学院『仏教文化研究—聖聡上人特集—』三五（一九九一年）
鈴木英之『中世学僧と神道—了誉聖冏の学問と思想—』（勉誠出版、二〇一二年）
同　右「中世浄土宗における偽書—聖冏・聖聡著作を中心に—」（『日本思想史学』四六、二〇一四年）
玉山成元『中世浄土宗教団史の研究』（山喜房仏書林、一九八〇年）
永村　眞「浄土宗の展開と増上寺」（『港区史』通史編原始・古代・中世、港区、二〇二一年）
同　右「三巻七書」（『港区史』資料編原始・古代・中世、港区、二〇二四年）
林彦明編『昭和新訂　三巻七書』（林勧学古稀記念会、一九三八年）

五章　蓮如と真慧
――真宗教団の分裂――

弘長二年（一二六二）に親鸞が示寂した後、十年を経て、高田門徒顕智をはじめとする東国門徒の尽力により、洛中大谷の地に遺骨を安置した親鸞廟所が創建された。のちの大谷本願寺となるこの廟所は、親鸞息女の覚信尼の居所であったが、その屋地を買得し遺骨を安置する廟堂（六角堂）などを建立する費用は東国門徒が負担しており、その存続を図る覚信尼は、廟所を門徒集団に寄進した。さらに廟所に止住（しじゅう）した覚信尼は、自らを廟所の「留守職」と名乗り、その立場は息覚恵、孫覚如へと相承（そうじょう）されることになった。覚信尼の息である宗恵は、当初青蓮院（しょうれんいん）に入寺した後、「遁世（とんせい）」して廟所に移り、「坊号」を覚恵に改め、さらにその実子の宗昭は、いったん興福寺一乗院に入寺したが、その後「遁世」して廟所にもどり、覚如と称した（「本願寺留守職相伝系図」）。

さて、大谷本願寺は、覚如以降もその血縁にしたがって継承されたが、少なくとも室町中期に蓮如が登場するまで、寺内の日常的な宗教活動のみならず、住持一家や従者の生活に余裕はなく、東国門徒の支援は不可欠であった。ところが、室町中期を境に、本願寺は急速にその勢力を拡大し、東国門徒との関係も大きく変化していった。この時代に、専修寺（せんじゅじ）住持真慧（しんね）と本願寺蓮如はお互い交流をもちながらも、その配下にある両寺の門徒集団が、各々勢力を拡大するなかで、本山を中核に末寺と門徒集団により構成される両教団は、さらなる成長を目指すことになる。

そこで本章では、まず本願寺に伝わる親鸞の息女覚信尼の息覚恵の置文（おきぶみ）を紹介した上で、下野（しもつけ）高田から北陸・東海・畿内に教線をひろげつつある専修寺真慧と、洛中大谷から北陸・畿内へと門徒集団を拡大させる本願寺蓮如の活動をたどることにしたい。

1　専修寺真慧と本願寺蓮如

親鸞孫覚恵の置文

本願寺には、正安四年（一三〇二）に覚恵が息覚如に与えた次掲の置文が伝来しており、同寺が継承されてきた事情が記されている。

親鸞上人の御影堂の留守職については、覚恵がその立場にあった時と変わらず、子息覚如を見放さぬように、国々の門徒の皆さんに伝えたところです。留守職相承にあたり、故覚信御房の身の上について、親鸞上人が仰せ置かれた御自筆の御消息、また御影堂の敷地の本券証文や具書などを、残すことなく貴方にお渡しすることにします。故覚信御房がお書きになった文書には、御影堂の証文などを覚恵が手許に留める理由が書き載せられており、今まで私が手許に置いていました。しかし世上が不安定な上に、病も重く、突然に死去することもあろうかと思い、かねてからこのように記し置くところです。

正安四年壬寅（一三〇二）五月二十二日　　覚恵（花押）

覚如房へ

親鸞上人の御影堂御留守の事、覚恵が候つるにかはら（変）ず、みはなた（見放）るまじきよし、国々の御門徒の中へ申しおく（置）なり。それにつきては、故覚信御房の御事、おおせおかるゝ、上人の御自筆の御せうそく（消息）、またこの御影堂の敷地の本券証文并（ならび）に具書等、ことゞゝくこれおわた（渡）すものなり。故覚信御房の状、これらの証文等は、覚恵帯べきよしのいわれ（謂）をかき（書）のせ（載）られたるによりて、年来帯し候つるなり。而るに世間不定のうゑ（上）、病おもき身なれば、にわか（俄）にめをふさぐ事もこそあれとて、かねてかやうにかき(書)おく(置)状、件の如し。

正安四年壬寅五月廿二日　　　　　　覚恵（花押）

覚如房へ

このように親鸞廟所を管理してきた「留守職」は、親鸞の息女覚信尼から息覚恵、孫覚如へと継承されたが、その存続にあたり「国々の御門徒」の援助があったことは、子息覚如を見放すことのないよう「御門徒」に依頼したとの表現からも明らかであろう。また、Ⅲ—三章—3「顕智と真宗門徒」でも触れたように親鸞廟所は、覚信尼から顕智をはじめ東国門徒の集団に寄進されていたが、敷地の「本券証文并に具書等」は依然として覚如の許に保管されており、ここにも寄進という行為の実態がうかがわれる。

覚如以降も血縁により継承された大谷本願寺であるが、蓮如が登場した室町中期以降、急速にその勢力を拡大させたことは先に触れた通りであり、その実相をたどることにしたい。

蓮如の書状

「専修寺文書」（専修寺所蔵）のなかに五通の蓮如書状が伝えられ、ここから時の住持であった真慧との交流が知られる。後述するが、本願寺門徒は寛正六年（一四六五）に、比叡山三塔衆徒(しゅと)によって、邪宗を信じる「無㝵光衆(むげこうしゅう)」（詳細は後述三四四～三四七頁参照）であるとして攻撃され、大谷本願寺が破却された。これを機に、本願寺と専修寺は異なる方向を目指すことになるが、蓮如書状に見

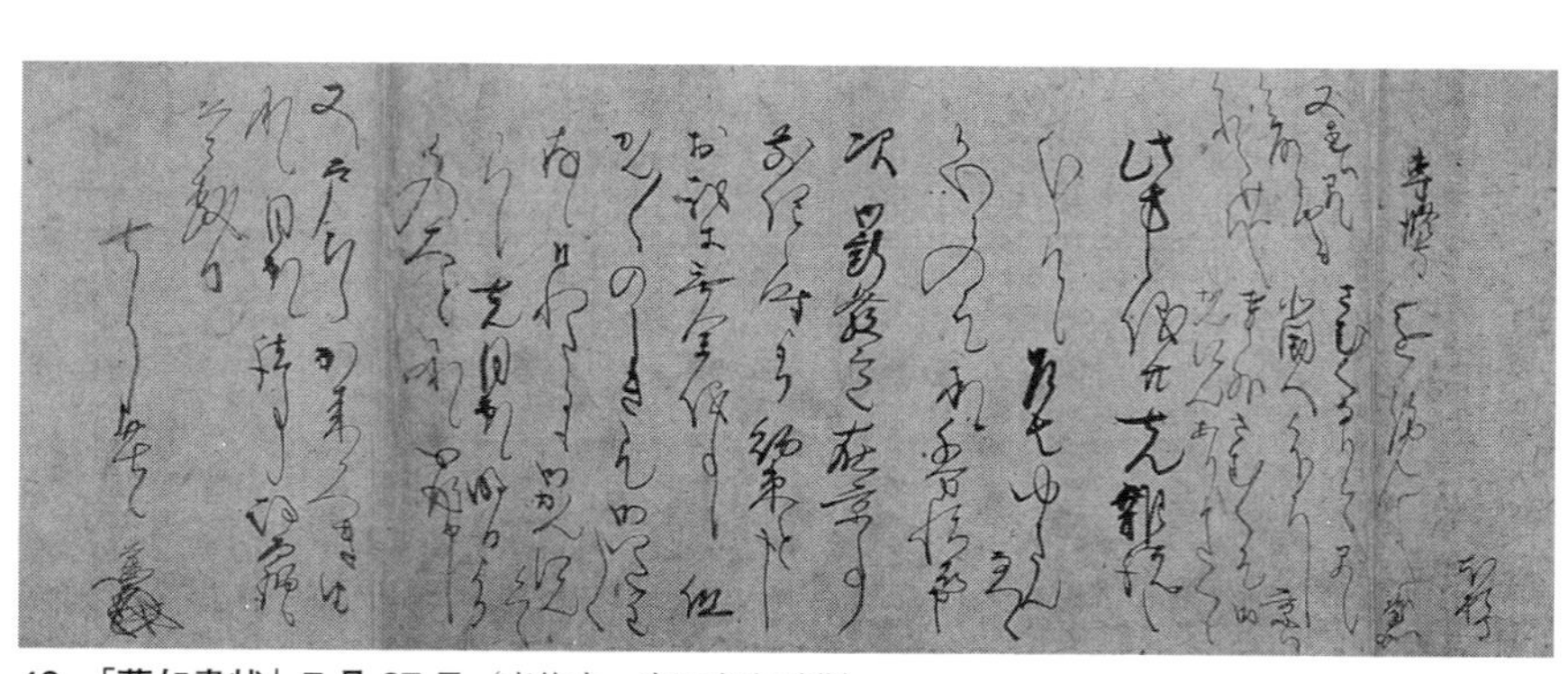

42　**「蓮如書状」7月27日**（専修寺・高田本山所蔵）

られる真慧との交流は、これ以前のことである。

さて「専修寺文書」のなかに伝わる五通は、寛正年中（一四六〇〜六六）の某年七月三日から二十七日までの短期間に、北国から上洛していた真慧に蓮如が宛てたものである。その内容は、専修寺の後嗣となる「新発意（しんぼち）」が洛中に止住するための堂宇建立を、真慧が意図したものの、造営を指揮する大工を探し出すことができず、蓮如が真慧の大工探しに手を差しのべた、その経緯を一連の書状から読み取ることができる。そして次掲の七月二十七日付の書状には、造営の進行とともに、北国にもどるであろう真慧への心配りが記されている。

今年も寒くなりましたならば、早々に北国へお下りになることでしょう。京都の寒さは特に厳しく、耐えがたいものです。また来春早々にご上洛なさるよう、お考えになってはいかがでしょうか。

当方の取り計らいにつきましては、先にお話しした通りです。何かと考えを巡らしておりますので、そのことにつきご理解くださいました由、承りました。何かにつけて悦ばしいことです。次いで、後住さまが在京されることは、先代存如上人の時より、ご協力のお約束をいたしておりました。私たちとしましては異存のないことです。ただ、事が進まぬ事情もありまして、お気の毒に思っておりました。そちらさまにもお許しいただければと思います。まずは、後住さまのご在京はめでたいことです。明日より屋敷にお入りいただけるものと伺っており、万事承知いたしております。また扉が完成した由を耳にしており、これもめでたいことです。またお目にかかる機会を楽しみにしております。恐れながら申し上げます。

（寛正年中）
七月二十七日　　　　　　蓮如（花押）

「専修寺」真慧様へ申し上げます。　　　本願寺蓮如より　」

さむくなり候はば、早々北国へ御下向候べく候。京は事の外さむく候て、御かんにんありがたく候。また春は早々御上洛候やうに御れうけん候へく候。

此方の儀共、先に雑説の分にて候。去りながらゆだんなく候。御心に入れ候て承り候。千万悦喜申し候。次いで御新発意在京の事、前住の時より約束を申し候。我等に於いては余儀無き事に候。但しかん〳〵(閑々)のしきにて御いたわしく存じ候。そなたにも御かんにん候はゝにて候。先ず目出たく候。明日より御入り候へと承り候。心得申し候。又戸ひら出来候へき由承り候。目出たく候。諸事面謁を期し候。恐々敬白。

(寛正年中)七月廿七日　　蓮如（花押）

「専修寺」これを進覧候、　　本願寺蓮如」

右の蓮如書状からは、本願寺先住の存如の時から、専修寺の「新発意」が在京することを納得しており、また真慧にとっては懸案である居住のための屋敷の造営についても、蓮如は好意的に協力していたことが知られる。ところで、書状の袖書きには、真慧の「北国」への下向のことが記されており、七月の書状としては少々気になるところである。真慧が下向する「北国」とは、具体的には高田門徒の成長が見られる越前・加賀である。さらに真慧は、近江妙林寺を拠点にして洛中への進出を図っていた。そうした真慧に対して、蓮如は書状の言葉とは裏腹に、警戒の一念をいだいていたのではなかろうか。なお、高田門徒が拡大しつつあった越前・加賀は、のちに蓮如が下向して教化(きょうけ)を進め、本願寺にとっては重要な拠点となった地域であるが、その前夜の様子がここに見られる。

真慧と蓮如の協定

真慧と蓮如との関わりは、専修寺と本願寺双方の末寺・門徒集団の関係に大きな影響を与えた。専修寺側で歴代住持の事績を掲げた「代々上人聞書」には、真慧と蓮如との交流とともに、その離反の事情が記されている。

天文十七年(一五四八)九月十二日、尊乗房恵珍はこのように語っている。真慧上人が常々お話になっていたのは、(中略)本願寺がまだ大谷にあった時、真慧上人と蓮如上人との関係は親密であった。真慧上人が上洛した時には、大谷からの招待を受け、数ヵ月も滞在していたという。(中略)またこの時に、真慧上人と蓮如上人は、専修寺と本願寺の間で、互いに門徒の取り合いをしないことを堅く約束していたということである。その後、三河国に和田寺と野寺という、久しく専修寺末寺の両寺があった。ところが和田寺には長く住持が居らず、真慧上人の同意を得て、本願寺の庶子が住持となった。もともと本願寺とは縁があったため、最終的にその末寺となったのである。また野寺も、蓮如上人が本願寺の末寺としたため、かねてからの約束が破られたとして、真慧上人は蓮如上人と義絶するに至った。その後に加賀国にある専修寺の末寺が本願寺に取り込まれ、また三河国明眼寺の近隣の上宮寺も蓮如上人が取り、山科御坊から通って住持したという。

天文十七年戊申九月十二日、尊乗房恵珍の物語に云く、真慧上人常々の御口説に、（中略）本願寺、大谷に在し時、真慧上人と蓮如上人と等閑なし。真慧御在京の時は、大谷より請待にて入御ましますこと数月なり。（中略）又この時、真慧上人と蓮如と堅約を定め玉いて曰く、高田・本願寺両家の門徒を、互いに取るべからずと云云。その後、参河国に和田・野寺とて両寺あり。久しき高田の末寺なり。和田寺に住持なきこと久しき。真慧の御意を得て、本願寺の庶子を住持せしむ。元来本願寺のゆかり（縁）なる故に、終に本願寺へ帰入せり。野寺をも蓮如取れり。時に日来の堅約破たりとて、真慧上人と蓮如と御義絶なり。その後加賀国を蓮如これを取る。又三河国明眼寺の辰巳に当て、池を隔て上宮寺と云う寺あり。本は明眼寺の下なり。これも蓮如取りて山科よりかよひ（通）て住せらるとなん。

天文十七年（一五四八）に専修寺の坊官であった尊乗房が記した記事を、そのまま史実とすることはできないが、少なくとも大谷本願寺が破却された寛正六年（一四六五）以前に

43　**蓮如上人像**（西本願寺所蔵）

は、真慧と蓮如が良好な関係を保っていたと理解されており、これは先の蓮如書状からも裏づけられる。さらに、両者間で末寺・門徒の取り合いをしないという「堅約」があったのにもかかわらず、専修寺の末寺であった三河の和田寺・野寺・上宮寺や加賀の諸寺が、本願寺の末寺とされたことが、両者の「義絶」の原因となったという経緯は、あくまで専修寺側の主張であるが、末寺をめぐる本願寺の行動によって、真慧と蓮如とのかつての円満な関係に亀裂が生まれたとの説は首肯できる。

一方、本願寺側には、両寺対立の末に、真慧が「詫言」を入れて関係の改善を図ったものの、これを本願寺が拒絶したという伝承もある。ただし室町後期以降、各地で専修寺門徒と本願寺門徒が武力的な衝突を繰り返すなかで、両寺の住持が「義絶」したとあるものの、実は両住持は一定の交流を保っており、完全に断絶していたわけではなかったという一面も見過ごせない。

2　真慧と高田門徒

真慧の生涯

ここで、寛正五年（一四六四）に、先代定顕の入寂により、専修寺住持を継承した真慧の足跡を通して、高田門徒が発展を遂げた流れをたどることにしたい。そこで、江戸時代に本願寺側で編集された「大谷本願寺通紀」巻六「専修寺〈今は伊勢奄芸郡高田に在り。〉」を以下に引用する。

> 第十世の真慧は、定顕の子である。幼少より仏法を嗜み、諸山を歴訪して教学を深く学んだ。長禄三年（一四五九）に加賀・越前・近江の諸国を巡って教化を進め、寛正元年（一四六〇）には再び伊勢国を訪れ、五年にわたり滞在し、同六年には専修寺を下野国から伊勢国一身田（いっしんでん）に移している。文明四年（一四七二）に「顕正流義鈔」二巻を著し、阿弥陀如来の誓願を信じ、

念仏により往生を果たすとの教えを説いて、異なる教えを排斥した。同九年六月に土御門院の綸旨を賜り、ここに専修寺の門流が正統と認められ、十年三月には将軍足利義政からも同様に、安堵の文書が副え下された。この時から恒例として、歴代の門主には法流安堵の綸旨が下されたという。さらに同月に専修寺を祈願所とする勅が下された。（中略）長享元年（一四八七）十月に、真慧は法印（ほういん）大僧都に叙せられた後、永正九年（一五一二）十月二十二日に示寂した。時に世寿七十であった。専修寺の中興とされ、門徒教化のため「勧章（かんしょう）」（法語）を著しており、これより応真・堯慧・堯真・堯秀と歴代の門主は相続して法語を著した。蓮如の法語（御文（おふみ））にならってか、浄土の教えを説いた法語を用いて教化を進めており、今高田五帖として伝えられるのはこの歴代の勧章である。

第十世真慧　定顕の子、幼にして学を嗜み、諸山を歴詢して教乗を研尋す。長禄三年に加（加賀）・越（越前）・江（近江）の諸州を巡化し、寛正元年にまた勢州（伊勢）に遊し、錫を駐（とど）めること五年許りなり。六年に専修寺を一身田に移す。文明四年に顕正流義鈔二巻を著し、念仏安心を顕じ、異計を弾斥す。九年六月、土御門院、綸旨を賜り、専修寺に主せしめ、十年三月、公方義政、また公書を授けこれに副う。爾来永式と成し、歴世必ず国書を賜ると云う。この月また勅し、祈願所と成す。（中略）長享元年十月、法印大僧都に叙任せられ、永正九年十月廿二日に化す。年七十。称して中興と為す。嘗て勧章数篇を著し、門侶に誘示し、応真・堯慧・堯真・堯秀と相続してこれを著す。率して蓮師の勧章に倣い、本門の諸文を取り語らう。今は高田五帖と称するはこれなり。

幼少より仏法修学に熱心であった真慧は、諸宗諸山を回り幅広い修学を重ねた後、長禄三年（一四五九）から加賀・越前・近江諸国で教化を進めるとともに、寛正元年（一四六〇）から五年にわたり、伊勢国にとどまったという。ところで、右の史料では、寛正六年に本山専修寺が下野国から伊勢一身田に移ると記されている。しかし、文明年中（一四六九～八七）に現高田本山の前身となる無量寿院が一身田に創建されたものの、大永年中（一五二一～二八）を少々さかのぼる時代に焼失した下野「本寺」の専修寺再興を図るための勧進状が、天文十二年（一五四三）に作成さ

44　下野本寺如来堂

れており、この時点でも本山は依然として下野国にあったわけで、移転はさらに時代を下ることになる。

真慧は諸国巡化を進めるなかで、さまざまな媒体によって末寺・門徒への教説を説いた。「大谷本願寺通紀」巻六によれば、文明四年（一四七二）に真慧の代表的な著作である「顕正流義鈔」が撰述され、念仏修行の骨格が語られたという。また、後掲する「浄土以筆相承抄」は、真慧が語った法語を編集したものである。この法語が「大谷本願寺通紀」にも記される、蓮如の法語（御文）の影響を受けたものとは断定できないが、いずれにしても、浄土往生のための教えを説いた真慧の法語は、蓮如の御文（御文章）と共通した教化の術という役割を負って門徒に送られたわけである。

ここで、真仏以来の専修寺住持が、為政者とその周辺からどのように評価されていたのかを見てみたい。永正八年（一五一一）に、真慧が自らの後嗣として「ときわい殿三の宮」を請うたところ、この要望は公家や貴族社会から「一向宗は三まいひぢり（三昧聖）」、つまり葬送などに関わる遁世僧であるからという理由で拒絶された。翌九年に真慧が入滅するに先立ち、後土御門院の第三宮たる常磐井宮（のちの真智上人）がその後嗣として入寺するが、当初、専修寺や本願寺の住持は「一向宗」と呼ばれ、遁世僧ゆえに僧侶としては手厚い処遇を受けることはなかったのである。ところが真慧は、すでに三十余年前の文明九年（一四七七）に、「下野国専修寺門流」を認める後土御門院の綸旨を賜り、ここに専修寺の門流が正統と認められていた。さらに長享元年（一四八七）に真慧は、遁世僧には許されることのない、また先の住持が許されなかった僧位・僧官たる法印大僧都とされ、三昧聖として低く見られながらも、真慧は世俗的な評価を得ることになり、次第に社会的な立場を高めていくことになる。

真慧の聖教

親鸞の門葉が諸派に分化しながら個性的な教説を広めるなかで、教化の場で用いられた媒体こそが、聖教(しょうぎょう)の一つの姿であった。南都諸寺で論義法要に用いられた論義草(ろんぎそう)（問答草）、真言諸寺で秘事伝授に用いられた印信(いんじん)・口決(くけつ)・抄物(しょうもつ)などとは、活用される場、その形式は大きく異なるが、親鸞が門徒への教化に用いた書札(しょさつ)や法語は、その利用を含めて、浄土宗（真宗）に特徴的な聖教と言える。

なお、前述の通り、親鸞の書札と法語について、前者は特定の門徒に宛てられた月日が記される書状であり、後者は「門徒中」もしくは宛所が明記されず、年月日が付記されている。明らかに形式とその目的が異なることから、親鸞とその門葉が発給したものも含めて、書札と法語を区別することにしたい。ただし、形式は異なるが、いずれもが門徒に対する教化を目的として発給されたことに違いはなく、これらを教化の聖教と呼ぶことができる。

専修寺末寺の伊勢上宮寺に伝わる「五巻書」は、専修寺顕智により書写されたとされる五通の親鸞書状であり、室町時代後期に再写されたものと考えられる。その書写本の最末に、上宮寺慶諌により修補に至る経緯が記される。それによれば、五通の親鸞書状を専修寺顕智による書写と判断したのは、伊勢に在国していた真慧であった。そして「五巻書」を懇望した門徒に対して、真慧はその信心のありようを見極めた上で、上宮寺本の書写を認めている。つまり、室町時代後期に至っても、親鸞書状は教化の有効な媒体として機能しており、真慧が「五巻書」を用いて門徒に語りかけたことは想像に難くない。そして親鸞書状にとどまらず、真慧は自らが草した法語により、門徒に自らの教えを説いたわけである。

さて、専修寺には、永正二年（一五〇五）に真慧により草された以下の法語が伝わる。

専修念仏(せんじゅねんぶつ)を説く浄土宗の門流では、罪障の深い悪しき資質の凡夫(ぼんぷ)が、阿弥陀如来の名号を唱えたならば、漏れることなくこれを救うとの阿弥陀の本願により、忝いことながら凡夫を極楽に往生させてくださることから、この阿弥陀の本願を疑うことなく念仏すべきであると説いている。凡夫の往生に他の方法などない。重要なことは、まず本寺の専修寺を崇重する心を忘れず、また阿弥陀の本願を頼みにすることである。正信偈（親鸞の教えの要義をまとめた偈文）にも、如来の本願は称名に顕れると説いており、ますます称名の重要性は明らかとなる。また浄土本縁経には、もし重い業による障りがあれば、浄土に往生できる因はない。しかし阿弥陀の本願の力によるならば、必ず極楽に往生できると説かれており、これを頼りとして念仏を唱えるべきである。恐れながら申し上げます。

永正二年（一五〇五）卯月一日　　真慧法印（花押）

浄土宗専修門流の事は、もとより罪障深重の悪機を、弥陀如来一十念の称名の本願をもつて、忝も安養の浄刹に往生せしめ給ふゆへ（故）に、かの誓願にまかせて、疑はず念仏すべき物なり。さらにことなる（異）義なし。肝要は本寺崇重の心をわすれずして、本願をたのミ候べく候。正信念仏偈にも、如来本願顕称名と候へバ、いよ〳〵称名肝要にて候。又浄土本縁経にハ、若有重業障、無生浄土因、乗弥陀願力、必生安楽国とときき給ひ候へバ、たのもしくおもひ候て、念仏あるべく候、穴賢々々。

永正二年卯月一日　　真慧法印（花押）

「浄土宗専修門流」の教え、つまりⅢ—一・二章で触れた、親鸞が説く「浄土真宗」の教説を振り返るならば、右の法語に説かれる専修念仏の教えが、その枠内にあることは明らかである。すなわち「罪障深重の悪機」たる凡夫が、阿弥陀如来の本願にもとづき、その名号を称えることにより極楽往生を果たされすとすることから、「称名肝要」つまり念仏こそが最も重要な修行であると強調する。ただし親鸞の教えに見られないのは、「本寺崇重の心」であり、これについては次掲史料と併せて考えることにしたい。

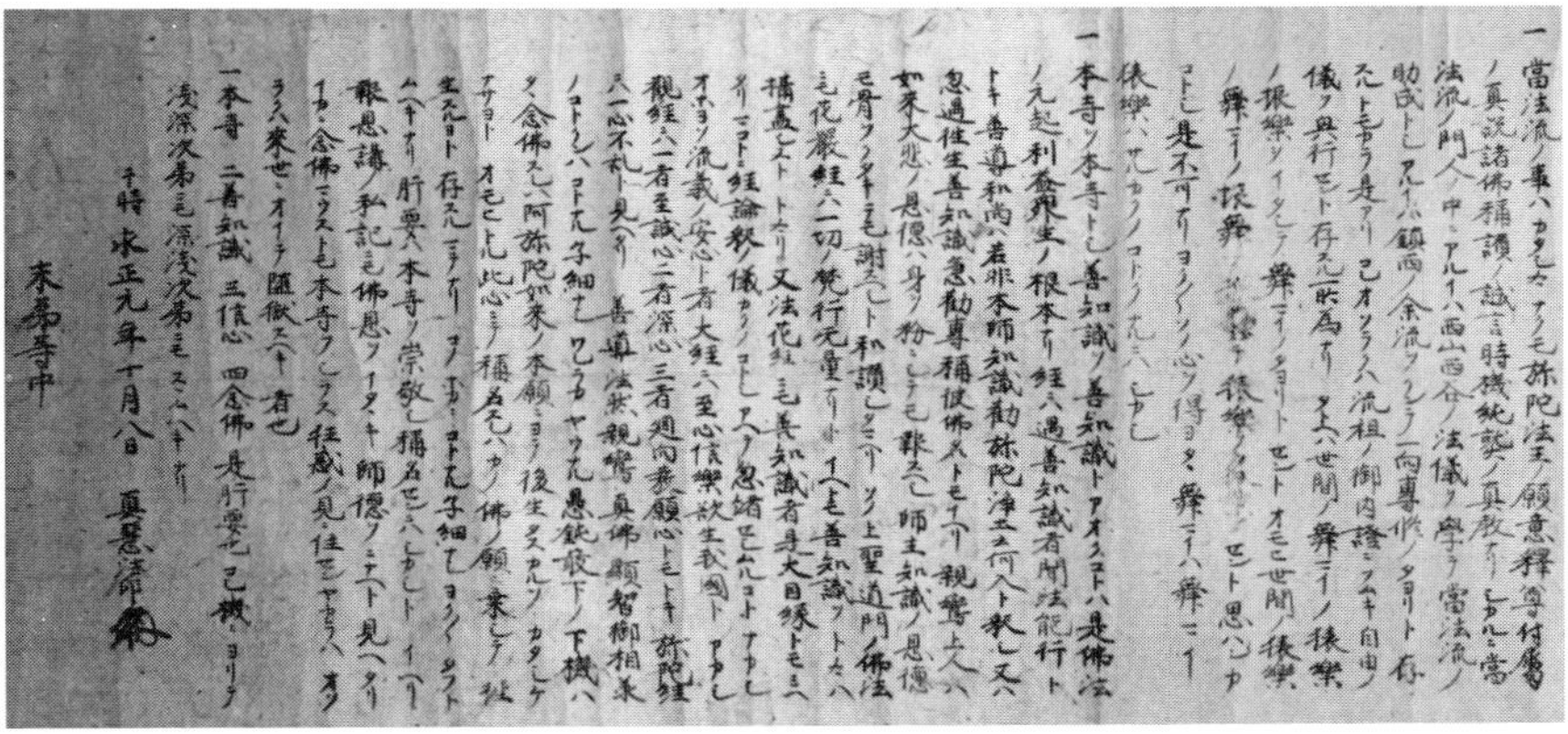

45 **「永生規則」**（浄光寺所蔵）

さて、念仏をめぐる真慧の教説を集めたものとして、永正元年（一五〇四）に撰述された、以下の「浄土以筆相承抄」（上宮寺所蔵）の他に、「永正規則」、「真慧上人御定」（伊勢浄光寺所蔵）など、類似の内容をもつ御書が伝わる。

いま浄土宗の信心について考えてみるならば、安心・起行・作業という三つの要素からなる。安心とは、念仏を称え往生を願う行者の心の持ちようであり、起行とは、念仏を称えるという行者の行為であり、作業とは、念仏を称える行者の願いを達成する修行である。いかなる愚鈍で劣った資質の凡夫であっても、確固とした信心が定まった上で、阿弥陀如来の仏名を称えたならば、往生を果たす三つの要因が、自ずから備わることになる。法然上人の御言葉に、源空（法然）は目のあたりに三心（念仏を行なう心）・五念（身口意の働き）・四修（阿弥陀仏を信じ切る心が定まった修行）を見て、いずれもが南無阿弥陀仏という称名に帰結するとある。重要なことは、本寺の存在を忘れることなく、善知識の教えにしたがうならば、必ずや極楽往生できると得心し、深く阿弥陀仏の本願を頼みとして南無阿弥陀仏と称名すべきである。如来の本願は称名の中に顕かであると、親鸞が説かれており、ますます念仏が重要である。恐れ多いことです。

（中略）

一わが浄土宗の教えは、忝くも阿弥陀如来の本願にもとづき、これを釈尊が真実の教えと説かれ、さらに諸仏が認め讃える誠の言葉であり、時と衆生の資質に相応した真の教えである。ところが、我が宗の門人の中には、西山流（證空を祖）や西谷流（證空の資浄音を祖）の法流の教えにより浄土宗の教えを理解し、あるいは鎮西流（弁長を祖）や長楽寺流（隆寛を祖）の流れを汲んで、一向専修の教えを受容するためのよりどころとしてきた浄土門徒がいる。これは明らかに宗祖法然の教えの核心とは異なるもので、勝手な理解により浄土の教えを教化するという行為なのである。

（中略）

一本寺を本寺として尊重し、善知識を善知識としてその教えを仰ぐこと、これこそが仏法が生まれ発展する端緒であり、衆生が利益を享受するための基本である。（中略）親鸞はその和讃のなかで、阿弥陀如来が衆生に寄せるあわれみの恩徳に対しては、身を粉にしてでも報いなければならない、また師主としての善知識からの恩徳へも、骨を砕いて謝するべきである、と説いている。（中略）善導・法然・親鸞・真仏・顕智と相承されてきた教えは、正に本寺・善知識により支えられてきたのである。我々のような愚鈍で劣った資質の凡夫は、ただひたすらに念仏すれば、阿弥陀如来の本願によって極楽往生ができることを心底忝く思い、この心をもって称名したならば、如来の本願の力により往生を果たすと得心することに尽きる。これ以外の教えなどなく、この教えを心から尊ぶべきである。重要なことは、本寺を崇敬し称名するばかりである。報恩講私記にも、仏恩を敬い、師徳を継承すべきであると記される。いかに念仏を称えたとしても、師主の導きを理解せず、その教えを逸脱した邪見をもつ行者は、間違いなく来世では地獄に落ちることになる。

一に本寺、二に善知識、三に信心、四に念仏、これらが往生には不可欠な要素であり、その順序が深浅の次第であっても、浅深の次第であっても、また浅・深に関わらなくとも、これらが重要であることを理解すべきである。

いま浄土宗のこゝろは、安心・起行・作業とまふ（申）して、みつ（三）の義あり。安心といふは、念仏まふすもの、こゝろ（心）のもちやふ（持ち様）なり。起行といふは、念仏まふすもの、行儀なり。作業といふは、念仏まふ（申）すもの、ふるまひなり。いかやうなる愚鈍最下の悪機なりといへども、信心決定して、念仏まふ（申）すもの、うへに、このみつ（三）の義、天然そなふるなり。されば法然上人の御ことばにも、源空目のあたりに三心・五念・四修を見て、皆南無阿弥陀仏といへり。肝要は本寺をわすれ（忘）ず、善知識をたのみ、いかでかかの安養浄土往生にすべきぞとこゝろへて、ふかく本願をたのみ称名すべきなり。如来本願は称名に顕かと親鸞のたまひそろ（候）へは、いよ〳〵念仏肝要にて候。あなかしこ〳〵。

（中略）

一当法流の事は、かたじけな（忝）くも弥陀法王の願意、釈尊付属の真説、諸仏証讃の誠言、時機純熟の真教なり。しかるに当法流の門人の中に、あるい（或）は西山・西谷の法流を学て、当法流の助成とし、あるいは鎮西・長楽の余流をくん（汲）で、一向専修のたよりと存するともがら（輩）是あり。これおそらくは流祖の御内証にそむき、自由の儀を興行せんと存する所為なり。

（中略）

一本寺を本寺とし、善知識を善知識と仰ぐ事は、是仏法の元起、利益衆生の根本なり。（中略）親鸞上人は、如来大悲の恩徳は、身を粉にしても報ずべし、師主知識の恩徳も、骨くだき（砕）ても謝すべしと、和讃したまへり。（中略）善導・法然・親鸞・真仏・顕智御相承のごとくんば、ことなる（異）子細なし。われらがやうなる愚鈍最下の下機は、たゞ念仏すれば、弥陀如来の本願によて後生たすかるぞ、かたじけなさよとおもひとる。此心にて称名すれば、彼仏の願に乗じて往生すること、存ずるまでなり。このほかにさらにことなる子細なし。よく〳〵たふと（尊）むべきなり。肝要は本寺を崇敬し、称名せんにはしかじ（如）といへり。報恩講の私記にも、仏恩をいたゞ（戴）き、師徳をにな（担）えと見へたり。いかに

念仏まふすとも、本師をしらず、狂惑の見に住せんやからは、おそらくは来世において、堕獄すべき者なり。(申)
一本寺、二善知識、三信心、四念仏、是肝要なり。深浅次第、浅深次第、また次第ならずと心得べきものなり。

真慧が門徒に語った言説を集めた「浄土以筆相承抄」の冒頭には、善導撰述の「往生礼讃」にもとづく「安心・起行・作業」こそが、凡夫往生を果たす浄土宗の教説の中核と説かれる。この「安心・起行・作業」の三義を、法然は「選択本願念仏集」（「選択集」）に取り入れ、さらに三義に対応した「三心・五念・四修」という念仏修行の階梯を説いた。その教えの延長上に、右の真慧の法語がある。また、「三心・五念・四修を見て、皆南無阿弥陀仏」と法然が説き、「如来本願は称名に顕か」と親鸞が説くように、阿弥陀如来の本願により極楽往生を享受するための念仏こそが、「安養浄土往生」を実現する条件とする教えは、浄土宗の最も基本的な教説であることは言うまでもない。

しかし、阿弥陀の本願に連なる念仏に先立ち、重要なことは本寺の存在を忘れることなく、善知識の教えにしたがうこと（「肝要は本寺をわすれず、善知識をたのみ」）として、「本寺」と「善知識」、具体的には専修寺とその歴代住持への尊重・尊崇が強調されている。現世にあって本山と住持が、次元を異にするとしても、阿弥陀如来とともに「安養浄土往生」の実現条件となると説く点には注目しておきたい。

また、阿弥陀如来の本願にもとづく浄土宗の教えは、釈尊により現世の衆生に向かって説かれたもので、しかも諸仏もまた時機に応じた阿弥陀の教えを賛嘆する。法然により立宗された浄土宗は、その門人から西山流・鎮西流・長楽寺流などの諸流が生まれ、法然の教えにさまざまな解釈を加えて「一向専修」を説いた。しかし多様な浄土諸流の教えは、流祖たる法然の内意から逸脱するもので、親鸞の教えを引く自らの門流のみが、「真」の浄土宗としてあることを強調する。浄土宗の一流にあって、親鸞の門葉に連なる真慧は、かつて親鸞が自らの教えと他の法然門人の教え下の差異を強調したように、「自由の儀を興行」する他の浄土宗諸流の存在を、ここで批判したわけである。

さて、先述した「本寺」と「善知識」であるが、「本寺」は「仏法」が発展する基盤であり、「善知識」は「利益衆生」の前提とされ、この両者を尊重・尊崇する理由が語られる。すなわち、親鸞は和讃で、凡夫往生を実現する阿弥陀如来の恩徳、また師主として凡夫を往生に導く「善知識」の恩徳には、必ず報いるべきである、と説いた。善導から顕智に至るまで、師主から弟子へと相承された念仏の教えにより、凡夫往生が実現するわけで、阿弥陀如来の恩徳とともに、阿弥陀と凡夫との間に介在する師主（「善知識」）から、仏恩を享受するための教えを得て、はじめて邪見に陥らぬ真の念仏を称えることができるとする。そこで凡夫を導く師主の「善知識」と、師主が止住する「本寺」こそが、極楽往生を願う門徒にとっては、自らの修行のなかで最も重視すべきことになる。そして、凡夫往生には、「一本寺、二善知識、三信心、四念仏」が最も重要であり、仮にその順序が異なることがあっても、一から四までの要素が整うことが、何にもまして重要であることが、門徒に繰り返し説かれている。

「信心」と「念仏」が往生に不可欠であることは、法然・親鸞から一貫して説かれた教えである。しかし、室町時代の法語に現れる「本寺」と「善知識」については、成長を遂げてきた教団（本寺と門徒集団）にとって、自らの存続のための教え、という印象を拭い去ることはできない。後述する蓮如の御文にも、同様に「本寺」と「善知識」が説かれており、相応に成長を遂げた教団にとって、最も重視すべき要語となっていたのである。

3　蓮如と御文

蓮如の生涯

祖師親鸞の遺骨・御影などを安置した廟所として創建された本願寺が、単なる墓所としての堂宇から、親鸞の教えにより念仏修行に励む「真宗」門徒の本寺としての立場を目指すようになったのは、鎌倉時代後期に「留守職」を相承した覚如の時代以降であろう。さらに、確固とした「真宗」本寺としての立場を固めるまでには、蓮如の活躍を待つことになる。

まず、蓮如の生涯の概略を「叢林集」巻八の記述から見ることにしたい。

> 蓮如　存如の嫡子である。存如が二十歳の時、称光院の応永二十二年（一四一五）三月二十五日に、大谷で誕生した。祖師親鸞の滅後百五十三年のことである。童名は布袋丸、また幸亭丸とも称された。権中納言兼郷の猶子として比叡山に入寺し、山法印権僧都兼寿と号した。さらに遁世して本願寺にもどり法名は蓮如、のちに信証院と号した。（中略）御子は二十七人を数える。後土御門院の明応八年（一四九九）三月二十五日に、行年八十五で山科御坊において遷化した。往生にあたり、さまざまな奇瑞があり、これは多くの書物の記事からも知られる。

> 蓮如　存如の嫡子なり。存公廿歳、百二代称光院の応永二十二年乙未三月二十五日、大谷に生まる。祖師滅後百五十三年なり。童名布袋丸、また幸亭丸と名づく。権中納言兼郷の猶子として、山法印権僧都兼寿と号す。法名は蓮如、後に信証院と号す。（中略）御子二十七人在す。百四代後土御門院の明応八年己未三月二十五日、行年八十五にして山科御坊に遷化す。その時に種々の霊異あり。諸部の記に明らかなり。

応永二十二年（一四一五）に、大谷本願寺で存如の息として誕生した蓮如は、いったん広橋兼郷の猶子として比叡山に入寺し、さらに奈良興福寺での修学を経て本願寺にもどり、長禄元年（一四五七）に父の入寂により、第八代の留守職（住持職）を継職した。これより明応八年（一四九九）に「山科御坊」（山科本願寺）で示寂するまで、大谷から近江近松、越前吉崎、河内富田林・出口、山城山科、摂津大坂と居所・本寺を転々とさせながらも、次第に寺勢を拡大していった（「叢林集」巻九）。

「1　専修寺真慧と本願寺蓮如」で述べたように、蓮如は専修寺の末寺を本願寺の末寺に取り込み、諸国における教化を通して、末寺と多くの門徒を着々と本願寺の配下に収めていった。そのなかで、蓮如草の御文（御文章）が本願寺の法儀の場で唱えられるようになり、今日でも真宗の法会でも勤修されている。本願寺とその末寺では、蓮如の先代まで、朝暮の勤行には「六時礼讃」が用いられていたが、蓮如はこの「六時礼讃」をやめ、「御文」とともに「正信偈」と「三帖和讃（さんじょうわさん）」を唱えることにした（「本願寺作法之次第」）。ここにも教説・法儀における蓮如の個性的な姿勢を見ることができる。しかし、本願寺留守職を継承した後の蓮如の日々は、決して安穏とは言いがたく、その厳しい足跡をたどることにしたい。

「寛正の法難」―無㝵光衆―

本願寺が教勢を大きく拡大させたきっかけは、近江国における蓮如の教化活動であったと考える。たとえば、近江金森の道西という門徒は、次のように語る（「金森日記抜」）。

常々道西は蓮如上人に金森までおいでいただき、その教えを聴聞したが、これを聴いた在所の人々は驚きをもってその教えを受け容れ、「浄土真宗」の教えもこの時からますます広まることになった。

常に金森へ御方様（蓮如）を申入られ、聴聞候つるに、在所の人々もおどろかれ、仏法も此時よりいよいよひろまり申候き。

このように、近江国内には道西をはじめ多くの門徒が道場を設けるなかで、急速に蓮如の教説が受け容れられ、教団もまた拡大を見せることになった。しかし、近江の真宗門徒が勢力を拡大することは、この地域を存続の基盤としてきた比叡山僧にとって、危惧すべき事態であった。そこで寛正六年（一四六五）に、比叡山の悪僧や神人は大谷本願寺を破却するという行動に出る。

「金森日記抜」には、蓮如にとって危機的な事態について、以下の通りに記されている。

蓮如上人の説く真宗の教えは、時を置かず急速に広まり、これに危機感をいだいた比叡山の悪僧たちは、理不尽な行動を起こし、寛正六年正月十日に三百余人が大谷本願寺に押し寄せ、御堂を破壊し御宝物を奪った。その混乱のなかで、蓮如上人は親鸞の御影像を背負って逃れた。（中略）蓮如上人は近江の金森に向かい、以後、文明元年（一四六九）まで五年間、京都・近江を巡り歩かれることになった。

蓮如上人の御勧化、一朝に比類なく御繁昌候ひしかば、叡山の悪僧等、無実理不尽の沙汰として、寛正六年大簇十日、三百余人大谷に押寄、御堂・御宝物あまた奪ひとり、亦御上様は御開山の御影像をおわせられ、（中略）上様は近江の金森に御下向なり。寛正六年より文明元年迄、五年の間は、京都・近江に御経回候。

この事態は本願寺にとって存立に関わる大きな危機であり、「寛正(かんしょう)の法難」と呼ばれることになる。本願寺側は、この法難の原因を、蓮如の教化に対する比叡山の危機感によるものと認識していた。一方、比叡山側が大谷本願寺を破却したのは、比叡山の三塔大衆が合議にもとづき、「無㝵光衆の邪法」の「退治」を掲げ、大谷本願寺をその対象としたためであった。この比叡山の衆徒による、本願寺「退治」の事情を、専修寺で編述された次掲の「高田山峯の枝折(しおり)」の記事より見てみたい。

その頃、開山親鸞の末葉の中に、阿弥陀如来への信心を取り違えた者がおり、無㝵光の意味を曲解し、阿弥陀以外の仏・菩薩を誹謗し、大小の神祇を軽侮し、邪道の行為を続けている。そこで、比叡山三塔の大衆が会合して、衆議一決の上で専修念仏の布教を禁止し、真宗の教えの広まりを阻止することになった。まず門徒の科は師僧の科であるとして、大谷の御廟所を破却するため、寛正六年（一四六五）正月九日〈一説には文明三年（一四七一）二月十六日説もあるが、年月が相違しており、この説はとらない〉に、公人・犬神人を派遣して、御廟堂の建物を壊し、濫妨狼藉の行為に及んだ。この時に蓮如は大谷に止住されており、親鸞御影を懐(いだ)いて難を遁れられ、しばらくは三井寺の別所にお隠れになり、その後に北国へと退居された。この大谷破却の前日の正月八日に、叡山三塔の大衆が衆議し、教えを曲解した愚かな門徒を退治するつもりであるという文書を専修寺へも届けている。

其比、御開山聖人の末流の中に、安心僻解のものあつて、無㝵光の義を邪僻し、余仏余菩薩を誹謗し、大小の神祇を軽蔑し、邪路のふるまひをなす。是によりて叡山三塔の大衆会合し、衆儀一決のうへ、専修念仏を停廃し、真宗の興行をとどめんと、つゐに門徒の科を師範におほせて、先大谷の御廟を破却すへしとて、寛正六年正月九日〈一説に文明三年二月十六日といへり、然とも年月相違有る故に用いず、公人・犬神人を遣して、御廟堂を破却し狼藉に及ふ。此時蓮如上人、大谷御住居の時なりければ、御真影を懐抱て難を遁てにげ給ひ、しばらく三井寺に隠れ居給ひ、その、ち北国へ御退居なさる、と也。是より一日まへ正月八日、三塔衆議の上、無导光の愚類、退治すべきよしの状一通、専修寺へ贈る。

「無导光衆」の「無导光」とは、阿弥陀如来が凡夫を救済するために発する慈悲の光を意味する。「尽十方無导光如来」は阿弥陀如来の異称であり、その慈悲の光を象徴する光背を背負う本尊像も生まれた。そこで「無导光衆」とは、本来なら阿弥陀如来による凡夫往生の役割を信じ、そのための念仏を修行の術とした念仏行者ということになる。しかし比叡山の大衆が問題視したのは、阿弥陀如来への誤った信心をもち修行する念仏行者であり、これらを「無导光衆」と呼んだのである。

すなわち「無导光の義」を曲解し、阿弥陀以外の仏菩薩を「誹謗」し、「大小の神祇」を軽蔑するという「無导光衆」に対して、比叡山は、その信心のよりどころとなった「専修念仏」を禁止し、「真宗の興行」を止めるために、「大谷の御廟を破却」したのである。さらには、山上三塔の大衆衆議により、専修寺に対しても「無导光の愚類」を「退治」する意図を記した文書を送りつけている。

この比叡山の動きに対して、同年六月、越前国の専修寺末寺に属する門徒集団が、申状を山上大衆に送り、「専修念仏門徒」たる自らと「無导光衆」とを混乱して「退治」することを止めるよう求めた（「専修寺文書」一五一号）。そこで本願寺と専修寺は、比叡山との対応をめぐり、全く逆の方向をとることになった。本願寺は「大谷の御廟を破却」された後にも比叡山へ対立的な行動を続け、専修寺は自らが「無导光衆」の一類とは異なることを明言し、「退治」の免除を求めたのである。

専修寺末寺の訴えを受けた山上大衆の動きは、以下の寛正六年（一四六五）七月五日に真慧が門徒触頭である伊勢安濃津の太子堂妙慶に送った消息（「山形泰一氏所蔵文書」）から見ることができる。

あらためて書状を差し上げます。先日に伊勢国下向しましたところ、急ぎおいでくださり、いろいろとご負担をおかけし、申し訳なく思っています。さて、比叡山から高田門徒を無导光衆と混同し、門徒中へ公人らを派遣して処罰すべきであるとの決定が、三塔の集会でなされました。ただちに越前・加賀国などの諸国に、比叡山の讃岐行事が山門の公人五十余人を下されました。そこで、両国の高田門徒は十余人の使者を上洛させ、断じて無导光衆と同類とすることのないよう求め、我々は元来別の祖師を仰ぎその教えを相承していることから、邪類の一類とせぬご判断をいただきたいと比叡山に訴えたところ、三塔は両度にわたり集会を催し、ありがたい決定のもとで、高田専修寺の門流については退治する必要がないという安堵の御書が私宛てに下されました。また、諸国の高田門徒の末寺にも安堵の御状を下されました。まさに本望であり、貴方もお喜びのことでしょう。そこで、比叡山から下された安堵の御状の案文二通をお届けします。このことを門徒中にもお伝えください。細かい内容は使者に言い含めてありますので、ご対面の上でお聞きください。謹んで申し上げます。

（寛正六年）七月五日　真慧（花押）

安濃津太子堂妙慶殿へ

わざと状を進らせ候。先日下向いたし候のところ、忩（いそ）ぎ越され候。色々煩いを成し候。申し尽くし難く候。仍って山上より無导光衆と混乱せしめ、我ら門徒中へ公人等を下し、退治有るべきの由、三塔の衆会既に畢り候。先ず越前・加州を始めとして、讃岐行事、山門公人五十余人を下され候。これに依り両国の門徒十余人を上洛せしめ、更に無导光衆の邪類と同じくすべからず候。我らは本より別祖相承の義分に候の間、彼の衆に混乱する御沙汰に預かるべからざるの由、山門に申し上げ候の程、三塔両度の衆会を成し、憲法の議に任せ、高田専修寺の門流においては、退治有るべからざるの由、愚僧の身上に当て安堵の御書を成され候。将又諸国の末寺中に、安堵の御状を成し下され候。誠に本望この事に候。さ候の間、其方悦喜せられ候や。仍って山上より安堵の御状の安〔案〕文二通これを進らせ候。この由、門徒中に触れらるべく候。巨細は使に申し含め候。対談有るべく候。恐々謹言。

（寛正六年）七月五日　真慧（花押）

安濃津太子堂妙慶貴所

伊勢国に下向していた真慧は、同国で比叡山へ対応していた。比叡山の三塔大衆は、越前・加賀国の専修寺門徒をいったんは「無㝵光衆」と見なし、「退治」のために「公人五十余人」を下した。そこで両国の専修寺「門徒十余人」が使者として上洛し、自らと「無㝵光衆の邪類」を混同せぬよう、山上大衆に訴え、これを承けて三塔大衆は集会を催し、「高田専修寺の門流」は「退治」せぬことを明記した「安堵の御書」を真慧に送った。真慧は「諸国の末寺中」に比叡山から下された「安堵の御状」を回覧し、「退治」の不安は不要であることを伝えるため、右の書状を伊勢国の触頭である太子堂に下している。専修寺の末寺・門徒は「別祖相承」を主張して、「無㝵光衆の邪類」と同一視されることを拒否したわけである。

この比叡山による「無㝵光衆」の「退治」のなかで、「御廟を破却」され近江国に血路を求めた本願寺と、あえて比叡山に接触し「無㝵光衆」とは異なることを誓約した専修寺が、対照的な道を歩んだことは明らかである。そして本願寺は専修寺からも「無㝵光衆の邪類」であると明言されたわけで、ここにも両寺が離反する一因が見られよう。前述した通り、両寺の住持が交流を継続する一方で、各地の両寺の末寺・門徒は対立を深めており、たとえば、時代を下る天正二年（一五七四）に朝倉氏滅亡後の越前国で、本願寺門徒（一向宗、一向衆）に攻めかかる織田信長の軍勢の先陣には専修寺門徒が立ち、見るべき戦功を上げていたのである。

御文が語る吉崎御坊

蓮如は、数多くの書札・法語を末寺・門徒に送り、教化を進めた。これらは御文（御文章）と呼ばれ、宛てられた末寺・門徒側でまとめられ、さらに転写されて伝来する。わかりやすい語句や文章を用いた御文は、時に感情的な表現により語りかけており、多くの門徒に教説が受容されることになった。

さて、寛正六年（一四六五）の「寛正の法難」で大谷本願寺を破却された蓮如は、ただちに近江国に逃れると、「近松に三年」（『叢林集』）とあるように、近江近松御坊を中心にして金森・堅田などを転々とした後、文明三年（一四七一）に越前国吉崎に移ることになる。こうして蓮如による新たな教化の拠点としての越前の吉崎御坊が生まれたわけであるが、その間の事情を、以下の文明六年の高田本の御文（本誓寺所蔵）に見てみたい。

そもそもこの両三ヵ年の間に、守護方のみならず、禅律の遁世僧や聖道門（しょうどうもん）の諸宗僧までが、この吉崎御坊をめぐって何かと取り沙汰しています。その理由ですが、越前国内ながら加賀国との境に、長江瀬越に近接した細呂宜郷の吉崎に一つの山があります。その頂上が引き崩され、ここに一閣の仏堂を建立したことが広く伝わり、時を置かず加賀・越中・越前三ヵ国の門徒がこの地に集まるようになり、仏堂の周辺には門徒の便宜のため、多屋という名の建物が相次いで造られ、今は早一、二百棟にも届こうかと思われます。また馬場の大路を通して、南大門・北大門も建てられました。三ヵ国内には、おそらくこれほどの要害となる目立った場所はないでしょう。そこで吉崎を訪れる門徒の道俗男女は、その数が幾千幾万と数えがたいほどです。これは末世の今にあって、罪ふかい老少男女の凡夫へ勧める教えとしては、何かと心遣いもなく、一心にひたすら阿弥陀如来を頼みとして、念仏を称えるようにということだけです。さらに衆生が自らの思いに固執し、邪見をいだくようなことがあってはなりません。何といってもこの上なく結構な阿弥陀如来の本願なのです。末世にある凡夫往生にかなう阿弥陀如来の本願ですから、ますます尊崇すべきです。恐れながら申し上げます。

文明五年（一四七一）八月二日

抑（そもそも）此両三ヶ年の間に於て、或は官方、或は禅律の聖道等にいたるまで、申沙汰する次第は、何事ぞといへば、所詮越前国加賀ざかい長江瀬越の近所に、細呂宜の郷の内吉崎とやらんいひて、ひとつのそびへたる山あり。その頂上を引くづして屋敷となして、一閣を建立すときこえしが、幾程なくして打つづき加賀・越中・越前の三ヶ国の内の、かの門徒の面々よりあひて、多屋と号して、いらかをならべて家をつくりしほどに、今ははや一二百間（軒）の棟かずもありぬらんとぞおぼへけり。或は馬場大路をとほして、南大門・北大門とて南北の其名あり。されば此両三ヶ国の内に於て、おそらくはかゝる要害もよく、おもしろき在所をもあらじとぞおぼへはんべり。さるほどに、此山中に経廻の道俗男女、その数幾千万といふ事なし。然者これ偏に末代今の時の罪ふかき老少男女にをひて、すゝめきかしむるをもむきは、なにのわづらひもなく、たゞ一心一向に弥陀如来をひしとたのみたてまつりて、念仏申すべしとすゝめしむるばかりなり。これさらに諸人の我慢偏執をなすべきやうなし。あら〳〵殊勝の本願や。まことにいまの時の機にかなひたる弥陀の願力なれば、いよ〳〵たふとむべし。信ずべし。あなかしこ〳〵。

文明五年八月二日

蓮如が近江から越前吉崎に移ったのは、和田本覚寺蓮光の申し出によるもので、その働きかけにより、朝倉敏景から寺域の寄進を受けたという説もある（『真宗懐古鈔』）。本覚寺の関わりは措くとして、蓮如は北陸の門徒から積極的な招きを受け、文明三年（一四七一）五月に越前と加賀の国境にある吉崎に赴き、同年七月には一閣の堂宇が建立され、この地が新たな教化の拠点となった。蓮如が吉崎に移ってから数年で、山が引き崩されて大路と大門が設けられ、その内側に「要害」にふさわしい空間が生まれていたことから、守護所のみならず、周囲の諸寺僧（たとえば、立山・白山・平泉寺・豊原寺など）から警戒されるようになった。

また、吉崎御坊で特徴的なことは、加賀・越中・越前の諸末寺が、「門徒」による吉崎参詣の便宜として建立した、「四十八ヶ寺」に及ぶ「多屋」（吉崎に設置された諸末寺の子院）であり、それらを含めて「一二百間（軒）」が軒を並べたという（『真宗懐古鈔』）。そして加賀・越中・越前のみならず周辺の諸国の「門徒」は、吉崎の「多屋」を拠点にして蓮如の法話の場に赴いた。末法に生きる凡夫にはふさわしく、「弥陀の願力」を頼みに念仏すれば極楽往生が果たせるという教えを、蓮如から直接に聴聞することにより、その教説はさらに広まったことであろう。

このように、主に加賀・越前・越中の末寺・門徒により支えられた寺内町としての吉崎御坊は、諸国の門徒が参詣する「要害」を備えた本山に成長したため、守護や立山・白山・平泉寺・豊原寺などの寺僧から警戒されたことは確かである。

さて、吉崎御坊を拠点として急速に教団が成長したが、蓮如はこの地に対しても、また多屋を運営する坊主たちに対しても、不満をいだくようになり、この地からの退去を真剣に考えていたことが、文明五年（一四七三）の御文（行徳寺所蔵）から知ることができる。

そもそも去る文明三年（一四七一）六月上旬から当年まで、すでに三ヵ年にわたり吉崎御坊に耐えて止住してきたが、その意図はただ来世往生のためであって、決して名聞や私利を望むものではなく、また栄花や栄耀のためでもありません。ただ越前・加賀国の多屋坊主たちは、浄土真宗として説かれる、阿弥陀如来の本願への深い信心をいだく教えを第一とは考えず、如来へは不信心のままなのです。ここで坊主一人一人が浄土真宗の教えを納得し、自らが阿弥陀如来への確固たる信心をもったならば、坊主に従う末々の門徒まで、すべてが目前の一大事としての極楽往生を遂げることができます。まさに「自信教人信」（自らが信じ、また他人を信心に導く）との善導の教えにも叶い、また祖師親鸞への報恩報謝にもなると思って、今日まで耐えてきたのです。とりわけ吉崎の地は、冬が来ると、山を吹き降ろす風も激しく、海辺に打ち寄せる浪の音も大きく、空には時に雷が鳴り、大雪に降り込められた日々は、まったく身体に負担です。（中略）このような環境のなかにあっても、かねてからの願いの通りに、多屋坊主の面々が確固たる信心を持ってくれたならばと、それだけを頼みにしていたのですが、その信心の様はこれといった変化もないままに、この吉崎で今まで耐えていることなど、全く詮ないことです。当年正月の頃から折々に今後について思案をめぐらしてきました。しかし、守護方との紛争のなかで牢人による攻撃があり、動きをとる隙もなく、時に要害を調え、時に造作を行なって時を過ごすなかで、すでに春も過ぎ夏も去り、秋もはや過ぎ去ろうとしています。このように無為に日月を送ることなど本意ではなく、まずしばらくはと考えて、藤島辺まで上洛の歩を進めたところで、追いかけてきた多屋坊主の面々が吉崎にもどるよう盛んに引き留めたため、結局は吉崎に帰坊することになったのです。（後略）

そもそも去る文明第三の暦林鐘上旬の候より当年までは、すでに三ヶ年の間、当山に堪忍せしむる志、偏に後生菩提の為にして、さらに名聞利養をのぞまず、また栄花栄耀をも事とせず。たゞ越前加賀多屋坊主、当流の安心をもて先とせられず、未決定にして不信なる間、坊主一人の心得のとをり、よく信心決定し給はゞ、そのすゑ〴〵、門徒までも、こと〴〵く今度一大事往生をとげなば、まことにもて、自信教人信の釈義にも叶ひ、また聖人報恩報謝にもなりなんと思によりて、今日まで堪忍せしむるものなり。殊に此方といふ事は、冬来れば誠に山ふく風もはげしくして、また海辺にう（打）つ浪の音までもたかく（高）して、空にはとき〴〵かみなりいかづち、大雪なんとにふりこめられたる躰たらく、誠にもて身労なり。（中略）然りといえども、本懐のごとく面々各々の信心も堅固ならば、それをなぐさみとも思ふべきに、その信心のかたは、しか〳〵ともなき間、此方に今までの堪忍、所詮なきによりて、当年正月時分よりあながち（強）に思案をめぐらす処に、牢人出帳（張）の儀についてそのひま（隙）なく、或は要害、或は造作なんとに日をおくり、すてに春もすぎ夏もさり秋もはやさりぬる間、かくのごとく徒に日月をおくりなんとする事、誠に本意にあらざる間だ、先づ暫時と思て藤島辺へ上洛せしむる処に、多屋面々帰住すべき由、しきりに申間、まづ帰坊せしめおわりぬ。（後略）

蓮如は吉崎に移った当初、多屋を設けた坊主への印象は好意的なものであったが、次第にその信心の持ち方に強い不信感を懐くようになった。それでも三年間耐えた理由は、多くの門徒を擁する多屋坊主が、自ら阿弥陀如来への確固たる信心をもつ（「信心決定」）ことを期待していたからである。また吉崎の自然環境についても、冬の山を吹き降ろす風、海辺に打ち寄せる浪音、雷、大雪に強い不満を語る。とはいえ、多屋坊主の面々が確固たる信心をもってくれたならばと、それだけを頼みにして辛抱を重ねたものの、それも意味がないと思い切り、帰洛を考えるようになったという。ただ寺外から御坊への「牢人」の攻撃と、その防御のための「造作」などに時を送ったが、ついに腰をあげて上洛の途につき、「藤島辺」へ向かった。しかし、ここまで多屋坊主が追ってきたため、再び吉崎にもどったという。このように多屋坊主への不信感、環境への不満を、あえて隠すことなく書き上げており、ここに、御文が読む者に直接に訴える理由があろう。

このあと、越前・加賀両国における政治的な混乱と、その渦中に多屋坊主（多屋衆）が介入し、さらに多屋坊主が混乱の中に蓮如を引き込み、強引な態度をとり続ける、これらを耐えがたいと感じた蓮如は、ついに文明七年（一四七五）に吉崎を退去するに至った。若狭小浜を経て、河内富田林・出口と居を移した蓮如は、同十一年に山城国山科に移る。そして同十四年には、四壁内に大規模な寺内町としての山科御坊（山科本願寺）がその姿を現したのである（「拾塵記」「天正三年記」）。

蓮如は晩年、自らの往生を見越して、明応五年（一四九六）に摂津生玉庄（いくたまのしょう）内に大坂御坊を創建したが、同八年に山科御坊にもどり、この地で示寂した（「蓮如上人御一期記」）。吉崎から山科、大坂と御坊（本願寺）が移るなかで、本願寺はその教勢を着実に拡大させたわけで、蓮如の教化と末寺の思惑が、その原動力となったことは確かであろう。

蓮如の教説―「一向宗」と「浄土真宗」―

ここで改めて蓮如が門徒に説いた教説について、吉崎御坊で文明五年（一四七三）に草された以下の御文（行徳寺本）から考えることにしたい。

そもそも宗祖親鸞の教説を継承する当流は、世間に広く流布するとともに、一向宗と呼ばれていますが、これは当流からそのように名づけたことなど、全くありません。ではどのような理由で一向宗と呼ばれることになったのでしょうか。

その答えですが、我が浄土宗が当流を自ら一向宗などと名づけることなどなかったのです。とりわけ祖師親鸞聖人は、自らの教説を浄土真宗と呼ばれました。総じて経文を見ると、すでに一向専念无量寿仏（ひたすらに无量寿仏を念ずる）と説かれています。この一文によるならば、一向に専ら无量寿仏を念ずるようにという教えにより、広く一向宗と呼ばれることになったのでしょう。これはもっともに聞こえます。しかし親鸞聖人は本宗を浄土真宗と呼ばれているのです。一向宗とは、当流の側から定めたものではありません。当流以外の浄土宗の諸流は、往生を果たすための修行として、さまざまな雑行を許しており、これによる限り極楽ではなく懈慢辺地（極楽の縁辺の世界）に生まれることになります。一方、親鸞聖人の門流では、さまざまな雑行を認めておらぬことから、真の極楽浄土に往生を遂げることができるのです。このことから、当流では特に真の字を加えて真宗と呼ぶことになったと納得すべきです。

また問うには、当流を浄土真宗と名づけたことは、確かに納得できましょう。しかしこの宗の教義として、俗界に止住する罪深い資質の凡夫であっても、阿弥陀如来の本願にすがれば、容易に極楽に往生することができるとありますが、この教えについて委しく承りたいと思います。

答えて言うには、当流の教えとは、確固たる阿弥陀如来への信心を得たならば、必ず極楽浄土に往生を遂げることができるということです。その信心とはどのようなものかといえば、何の思い込みもなく、阿弥陀如来を一心に念じ頼みとし、それ以外の仏菩薩に心に懸けることなく、ひたすらに二心なく阿弥陀を信ずることなのです。このような信心の様を安心決定と呼びます。この確信を得たならば、信心の二字は、まことのこころと読めます。行者の誤った自力の心によっては極楽往生は果たせず、如来の他力を願う良き心によって、往生が実現することから、まことのこころと呼ぶことができます。また名号を、何の分別もなくただ称えるだけでは往生は果たせません。「無量寿経」には名号を聞いて信心歓喜すると説いていますが、名号を聞くとは、南無阿弥陀仏の六字名号を意味も考えずに聞くことではないのです。善知識の教えのもとで、南無阿弥陀仏の名号を理解しそれに帰依（きえ）したならば、必ずや阿弥陀仏がお救いくださるということなのです。これを「無量寿経」では信心歓喜とも説いているのです。そして、南無阿弥陀仏という名号の実体とは、我らのような凡夫の往生をお定めになる阿弥陀如来のお姿であると理解すべきです。このように納得した後は、行住坐臥（ぎょうじゅうざが）に称える念仏こそが、我らを易（やす）くお助けくださる阿弥陀如来の御恩に報じ申すための念仏であると思い切るべきです。そして確固たる信心を得た後は、浄土に往生する他力の真宗の行者と呼ばれることになります。恐れながら申し上げます。

文明五年（一四七三）九月二十二日巳刻に、加州山中で湯治の折にこれを書き集めました。

寒暑を送る五十八才。

それ当流をみな世間に流布して一向宗と号する事、さらに本宗においてその沙汰なし。いかやうなる（如何様）子細にてさふらう（候）やらん。

こたへて（答）いはく、あなかちに当流を一向宗と、我宗よりなづくる事はなきなり。ことに祖師聖人は浄土真宗とこそさだめ（定）られたり。おほよす経文をみるに、すでに一向専念无量寿仏ととき（説）たまへり、この文によるに、一向にもはら（専）无量寿仏を念ぜよといへるこゝろ（意）によりて、みな人こぞり（挙）て一向宗といへる歟。そのときは子細もなくきこえたり。しかり（然）といへども、開山においては、この宗をば浄土真宗とこそおほせ（仰）られたり。されば一向宗といへる名言は、本宗よりはさだめ（定）ざるなり。これによりて自余の浄土宗は、もろ〳〵（諸々）の雑行をゆるす（許）がゆへ（故）に、懈慢辺地に胎生す。我聖人の一流には、もろ〳〵（諸々）の雑行をきらふ（嫌）がゆへに、真実報土の往生をとぐる（遂）なり。このいは（謂）れあるがゆへに、別して真の字をくはへて真宗といへるなりとこころうべし。

またいはく、当流をすでに浄土真宗となづけられさふらふ事、分明にきこえおはりぬ。しかるにこの宗躰にて、在家止住のつみふかき造悪の根機なりといふとも、弥陀の願力に帰せば、たやすく極楽に往生すべきやう、くはしくうけたまはりはんべらんとおもふなり。

答えていはく、当流のおもむき（趣）は、信心決定ならば、かならず（必）真実報土の往生をとぐ（遂）べし。さればその信心といふは、いかやうなる（如何様）子細ぞといへば、なにの（何）わづらひ（煩）もなく、弥陀如来を一心専念にたのみたてまつりて、その余の仏菩薩等をもこゝろをかけずして、一向にふたごころ（二心）なく弥陀を信ずるばかりなり。これをもて安心決定とはまふす（申）なり。これによりて信心といへる二字をば、まことのこゝろとよめるなり。まことのこゝろといふは、行者のわろき自力のこゝろにてはたすからず。如来の他力のよきこゝろにてたすかるがゆへに、まことのこゝろとはまふすなり。又名号をもて、なにの分別もなくして、たゞとなへて（称）はたすからざるなり。されば経には其の名号を聞きて信心歓喜すとと（説）けり。その名号をきくといへるは、南無阿弥陀仏の六字名号を有名無実にきくにあらず。善知識にあひて、そのおしへをうけて、この南無阿弥陀仏の名号を南無と帰命すれば、かならず阿弥陀仏のたすけたまふというこゝろなり。これを経にはすでに信心歓喜ととかれ（説）たり。これによりて南無阿弥陀仏の躰は、われらが往生をさだめ給へる御すがた（姿）ぞとこゝろうべきものなり。かやうにこゝろゑてのちは、行住坐臥の口にとなふる念仏をば、たゞ弥陀如来のわれらをやすく（易）たすけまします御恩を、報じたてまつる念仏なりとこゝろうべし。これすなはち信心を決定して、浄土に往生すべき他力の真宗の行者となづく（名付）べきものなり。あなかしこ〳〵。

文明五年九月下旬第二日巳刻に至りて、加州山中に湯治の内にこれを書き集め訖ぬ。

寒暑を送るところ五十八才。

この御文の冒頭には、「当流」つまり本願寺の門徒が「一向宗」と呼ばれることについて、蓮如の強い不満が記されている。「一向宗」という呼び方が世間に広く流布しているが、これはあくまで寺外からの呼称であって、祖師親鸞は「浄土真宗」としており、これが呼称として用いられるべきであるとする。経文に見られる「一向専念无量寿仏」から、「一向宗」という表現が生まれたことは納得できるとしても、蓮如は「一向宗」との呼称を認めることはなかった。

一方で、浄土「真」宗の「真」字は、浄土宗諸流のなかで、親鸞が他の浄土宗の祖師と自らの教説の区別を明確にする意図により用いられた。つまり親鸞以外の祖師は、「雑行」を認めることから、その修行により往生を目指す門徒は、極楽の縁辺の世界しか往生できないと説く。しかし、親鸞の「一流」で「雑行」は一切否定されることから、その門徒は、真の極楽浄土に往生を遂げることができるため、浄土宗に「真の字」が加えられたのである。親鸞の教えにより生まれた「本宗」「当流」は、「浄土真宗」と呼ばれるべきであると、蓮如は強いこだわりを示している。

親鸞自身は、法然の「真」の教えを継承した自らの教説を「浄土真宗」と呼称したが、蓮如はその教えを継承する本寺と門徒集団、つまり教団の呼称として用いようとしたわけである。ただし、蓮如の強い思いはあったものの、室町時代から江戸時代に至るまで、本願寺門徒は、世俗社会において「一向宗」と呼ばれ続けた。

右の御文のなかで、俗界に止住（「在家止住」）する罪深い凡夫が、阿弥陀如来の本願によって、たやすく極楽に往生できることを、「当流」でいかに説いているかに語りは進む。まず「当流」では、極楽往生（「真実報土の往生」）の条件として、確固たる阿弥陀如来への信心を得る（「信心決定」）ことを置いている。「信心」とは、何のこだわりもなく、阿弥陀如来を一心に念じ頼みとして、他の「仏菩薩」に心を懸けぬことであり、ひたすらに「二心」なく阿弥陀を信じきることにより、安心決定（「信心決定」）に至り、ここで報土往生（「真実報土への往生」）が確定する。

さらに「信心」とは、「まことのこころ」と訓読できるが、この「こころ」について、行者の「わろき」自力の心と、如来の「よき」他力の心（他力を願う心）とに峻別し、「造悪」となる「自力」の心では極楽往生できないが、阿弥陀如来に依存する「他力」の心では、往生を果たせるとすることから、この「他力」の心こそが、「まことのこころ」となると説く。なお、「信心」の端緒となる念仏についても、「南無阿弥陀仏の六字名号」を何らの「分別」なしに、意味も考えずただ唱えるだけでは、全く効果を期待できない「有名無実」の修行と断ずる。ここで念仏の唱え方についても、真慧の法語とも共通するが、「善知識」の導きが不可欠であると説かれる。すなわち「善知識」の教えを受け、南無阿弥陀仏の名号を理解しそれに帰依すれば、必ず阿弥陀如来の救いが得られるとし、また阿弥陀名号の実体（「南無阿弥陀仏の躰」）とは、すなわち凡夫の往生を阿弥陀如来が漏れることなく往生させる姿であるとする。

親鸞の教えに従えば、安心決定（「信心決定」）した時点で念仏行者は「正定聚（しょうじょうじゅ）」の位（往生が確約されるの立場）にあり、臨終にあたって必ず極楽往生が実現するわけで、「信心決定」以後の念仏は不要ではないかという疑問も生まれる。しかし、蓮如は「信心決定」した後の念仏は、往生を確約してくれる阿弥陀如来への「御恩」への報恩の念仏であると説いているが、当然ながら親鸞の教説には、この報恩の念仏は見られないのである。

このように、蓮如は「一向宗」との呼称を嫌い、親鸞の認識とは明らかに異なるものの、「浄土真宗」との表現への強いこだわりをもち、親鸞の「一流」の教えのみが「真実報土」への往生を実現できると説いた。そして「信心決定」の具体的な内実のもとで、「名号」を唱える凡夫にとって、「善知識」の導きが不可欠であることを強調する。つまり「信心決定」の後にも「報恩報謝」の念仏を続けるべきであるとする蓮如の教えは、必然的に門徒と「本寺」、「善知識」との関係を維持させることになるわけで、ここにも蓮如の教説の底意がうかがわれよう。

専修寺真慧と本願寺蓮如は、相互に一定の距離を保ちながら、各々が固有の教説を説いて教線の拡大を図っていた。真慧の法語と蓮如の御文に共通して見られるのが、「本寺」と「善知識」である。特に、真慧は、凡夫往生に「本寺」「善知識」「信心」「念仏」が不可欠であると説く。「信心」と「念仏」は、法然・親鸞が往生の重要な条件として説いているが、「本寺」と「善知識」が教説のなかで明確な姿を現すのは、真慧・蓮如の時代となる。

蓮如は、たとえ行者が阿弥陀如来に帰依したとしても、「善知識」の導きがなければ、それは無用な行為であるとする。先の御文に記された、阿弥陀如来の救いを得るためには、善知識の教えのもとで、南無阿弥陀仏の名号を理解しそれに帰依したならば（「「善知識にあひて、そのおしへをうけ」）とする表現も、同様の主張である。また「本寺」についても、「信心決定」する時には、まず「善知識」が止住する「本寺」の許しのもとで、その導きによって阿弥陀如来への「報恩報徳」の念仏が行なえるとするのが、蓮如の教えであった。

真慧・蓮如が「本寺」と「善知識」を凡夫往生の条件としたのは、いずれもが教団運営には不可欠であり、北陸から畿内で教化を進める両先師にとって、その権威を維持するためにも必須であったからに相違ない。たとえば、蓮如が吉崎御坊にあった頃、すでに先代門主の兄弟らが、越前・加賀・越中などに創建された大規模な末寺に住持として下向していたが、その末寺の「大坊主」は必ずしも「本寺」（本願寺）とその「善知識」（本願寺住持）の教説や下知に従順ではなかった。そこで、本願寺の教団をまとめるためにも、末寺・門徒から「本寺」とその住持への尊重・尊崇が条件となるわけで、自ずから蓮如の教説のなかでは、阿弥陀如来と肩を並べるように「本寺」「善知識」が重視されたのである。これは専修寺真慧についても同様であった。

〔参考文献〕
『真宗史料集成』第二巻（同朋社、二〇〇三年）
『二宮町史』史料編Ⅰ考古・古代中世（栃木県二宮町、二〇〇六年）
『二宮町史』通史編Ⅰ古代中世（栃木県二宮町、二〇〇八年）

六章　顕如と秀吉
——本願寺と石山合戦——

蓮如が創建した山科御坊（山科本願寺）は、天文元年（一五三二）八月に、細川晴元・六角定頼と洛中法華宗徒（日蓮宗徒）の軍勢の攻撃を受けた。これにより築地の内側に、御影堂・阿弥陀堂を中心に、伽藍と町屋が並ぶ大規模な寺内町を形成していた山科本願寺は、一宇も残さず焼失し、時の門主（住持）証如は、御影堂本尊の親鸞像を護り、近隣の上醍醐寺に難を避け、さらに摂津国東成郡生玉庄大坂に所在する大坂御坊に逃れた。

大坂御坊（石山御坊）は、この地を支配していた松田五郎兵衛が、深く帰依していた蓮如に坊地を寄付し、蓮如自身も「宗門の繁昌すべき勝地」との夢想により、延徳元年（一四八九）に門主を息実如に譲った後、大坂を隠居の地と定め、御坊の造営を進めた（「真宗懐古鈔」）。そして、山科焼失の難を逃れた天文元年から、織田信長との戦いののち退去する天正八年（一五八〇）まで、約五十年にわたって門主の証如・顕如のもとで、本願寺門徒の「本寺」となる石山本願寺が生まれ発展を遂げた。

かつて住持の一家と従者が倹しく止住した小規模な大谷本願寺は、吉崎・出口などを経て山科から石山へと本山を移すなかで、寺容を大きく拡大させるとともに、諸国門徒の中核として急速に勢力を強め、その容相を変化させていった。さらに門主の証如・顕如のもとで、京都の貴族諸家や武田信玄らの戦国大名とも交流をもち、世俗社会にも大きな影響を及ぼすことになった。

たとえば、証如の日記である「天文日記」の天文八年（一五三九）六月九日条には、青蓮院の尊鎮法親王を介して

「禁裏」（後奈良天皇）から歌集・盃が証如のもとに送られたことが記されている。もちろん、勅賜に先立って本願寺側から、青蓮院を介してか「禁裏」への働きかけがあり、その結果であることは確かであろう。ただし、「禁裏」側には公然と本願寺との交流をもつことに、依然として躊躇があったようである。なお、後奈良天皇の同母弟である青蓮院の尊鎮法親王は、天文九年正月に自ら本願寺に赴いており、ここに両者の接点が見られる。さらに「天文日記」の天文十八年正月二十日条には、後奈良天皇から青蓮院門跡を介して「女房奉書」が伝えられ、あわせて「卅六人歌集」（現国宝、本願寺所蔵）が下されるとともに、証如への「僧正」（実は権僧正）が勅許された。この年は証如の先代実如の二十五回忌にあたり、青蓮院の尊鎮法親王のみならず九条稙通（くじょうたねみち）らの介在により、本願寺門主への格別の処遇がなされたものであろう。

天文二十三年（一五五四）に証如は示寂し、その息顕如は、父示寂の前日に急遽得度し、わずか十二歳で十一代門主を継職した（「信受院殿記」）。これより顕如を門主と仰ぐ本願寺とその門徒集団は、やがて織田信長との合戦という厳しい時代を送ることになる。そこで本章では、石山本願寺の隆盛から大きな試練となった石山合戦と、その後の本願寺の足取りをたどることにする。

1　石山合戦

合戦の発端

石山本願寺と織田信長との間で争われた石山合戦は、元亀元年（一五七〇）から天正八年（一五八〇）まで、中断を含めて継続した。その発端は、永禄十一年（一五六八）十月に、信長の軍勢が摂津国に侵入し、国内の寺院や富裕者に「礼銭」を賦課し、特に本願寺には五千貫を要求したことにある。この時に、堺に対しては「二万貫の矢銭」が命じられ、この要求を堺は拒絶して対決の姿勢を見せたが、まもなく信長に屈服している。

信長の要求を受けた門主の顕如は、いったんその要求を容れ、また信長の上洛にあたって使者を遣わし進物を贈るなどの配慮を見せた（「顕如上人文案」）。しかし、信長との対応のなかで次第に危機感をいだくようになった顕如は、諸国の門徒へ書状を下している。元亀元年九月二日に、顕如は美濃国郡上（ぐじょう）の惣門徒に、次のような書状を送った。

織田信長の上洛以来、当方の困惑が続いています。去々年から、信長は難題を押しつけてきており、相応にその要求に応えてきましたが、これは全く無意味であり、さらに本願寺を破却するつもりだとまで伝えてきました。この上は為す術（すべ）もありません。これを機に開山親鸞聖人の法流が退転せぬよう、門徒一人一人が身命を顧みることなく、忠節を尽くすことを心から期待しています。もしその行動がとれなければ、もはや門徒とは言えません。まずは門徒の尽力を頼みにするばかりです。謹んで申し上げます。

（元亀元年）九月二日　　顕如（花押）

濃州郡上　惣門徒中へ

信長の上洛に就きて、此方迷惑せしめ候。去々年以来難題を懸け申すに付きて、随分と扱いを成し、彼方に応じ候といえども、その専無く〔詮〕、破却すべき由、慥（たしか）に告げ来たり候。この上は力及ばず候。然らば開山の一流、この時に退転無き様、各身命を顧みず、忠節を抽んずべき事、有難く候。若し無沙汰の輩は、長く門徒たるべからず候。併しながら馳走頼み入り候。穴賢々々。

九月二日　　顕如（花押）

濃州郡上　惣門徒中江

顕如は信長の要求に応える姿勢をとったものの、信長の強硬な態度は変わらず、本願寺の破却すら言い出す始末で、対応の術を失った顕如は、諸国門徒に「開山の一流」を守るための尽力を求める書状を送ったのである。

46　顕如上人像（大阪城天守閣所蔵）

開戦から和睦（第一次）まで

顕如の危惧は的中し、時を置かず信長の軍勢が本願寺を攻撃することになる。その経緯が、以下の「大谷本願寺通紀」の元亀元年（一五七〇）九月二日条に記される。

元亀元年九月に織田信長は、数万の軍勢を率いて本願寺に攻め寄せた。これより先、信長は本願寺の寺域である大坂石山の地形を見て、ここに城を築こうと考えた。そこで宗主（門主）顕如に寺域を他の場所に移すように求めたが、宗主は深慮の末に、仏法が継承された縁ある土地を離れるに忍びず、この要求を拒否した。信長は大いに怒り、本願寺を滅ぼそうとした。

元亀元年九月、織田信長、兵数万を率い本山に来攻す。先にこれ信長、大坂石山の形勝を覧じて、築城の志有り。宗主（顕如）に寺基を他所に移されんと請う。宗主深慮し、久住有縁の地を以て、去るに忍びずして辞す。信長大いに怒り、本山を滅ぼさんと欲す。

美濃国郡上の門徒に書状を送った十日後、九月十二日に、信長の軍勢二万ばかりが本願寺に攻め懸けた。これに先立ち、信長は本願寺のある大坂石山に築城を意図し、寺域を他に移すよう顕如に要求した。信長が築城を思いたったのは、この地が淀川水系や瀬戸内海の水運の拠点にあり、かつ住吉や堺、紀州に向かう陸上交通の起点であったためであろう。後に豊臣秀吉、徳川氏が本願寺跡に大坂城を築いている。信長の要求を本願寺は拒絶したため、その滅亡を図って、信長は軍勢を催し攻撃を命じた。信長勢の攻撃を受けた本願寺側も反撃し、さらに同月十六日には越前朝倉氏と近江浅井氏の軍勢三万が、本願寺救援のために近江坂本に現れ、信長はただちに陣を引き京都にもどったという（「信長記」巻三）。

この後、翌元亀二年（一五七一）五月に、信長は伊勢長島一揆の本願寺門徒を攻撃したが、この攻撃は信長方の敗北に終わった。すると信長は、元亀三年に将軍足利義昭・武田信玄を介して、一揆側の「詫言」を受け容れ、「赦免」することを本願寺に伝え、ここに和睦（第一次）が成立した（同前）。

合戦再開

しかし、顕如は元亀四年（一五七三）に至るまでに、内室の如春尼（転法輪三条公頼息女）の血縁を介して、武田信玄・朝倉義景と連携していた。そこで、その分国と周辺の本願寺門徒は、信長・徳川家康や上杉謙信と対峙することになった（「顕如上人文案」）。

信長は、天正二年（一五七四）に再度伊勢長島に出陣した。この戦いで信長勢は、「根切」「撫切」という徹底的な殺戮を行なって一揆衆を破るとともに、本願寺にも大打撃を与えた（「信長記」巻七）。

この前年の天正元年九月までに、信長は越前朝倉氏と近江浅井氏を滅ぼしたが、越前国では、信長が定めた守護代が同二年正月に一揆衆により排除され、一時期は「一揆持」の国となった。この時に越前国を支配したのは、本願寺門徒の国衆であるが、国内では専修寺門徒の国衆との対立が起きていた。越前攻撃を意図していた信長は天正三年六月に、専修寺門徒に対して、本願寺と与しない門徒集団（「大坂と格別」）と認める黒印状を与え、同年八月には越前に出陣して、時を置かず国内を平定した。この信長勢に、専修寺門徒の国衆が加わっていたことは言うまでもない（「専念寺文書」）。

本願寺は、伊勢長島一揆、さらには越前一揆と、強大な門徒集団を二つも失い、特に越前国からの兵粮や兵士の供給が得られぬままに、孤立して籠城を続けることになる。一方、信長は越前平定に先立つ天正三年四月、本願寺に向けて大軍を発した。本願寺にとって重要な防戦の要衝が相次いで落城すると、本願寺は天正三年十月、「誓詞」を添

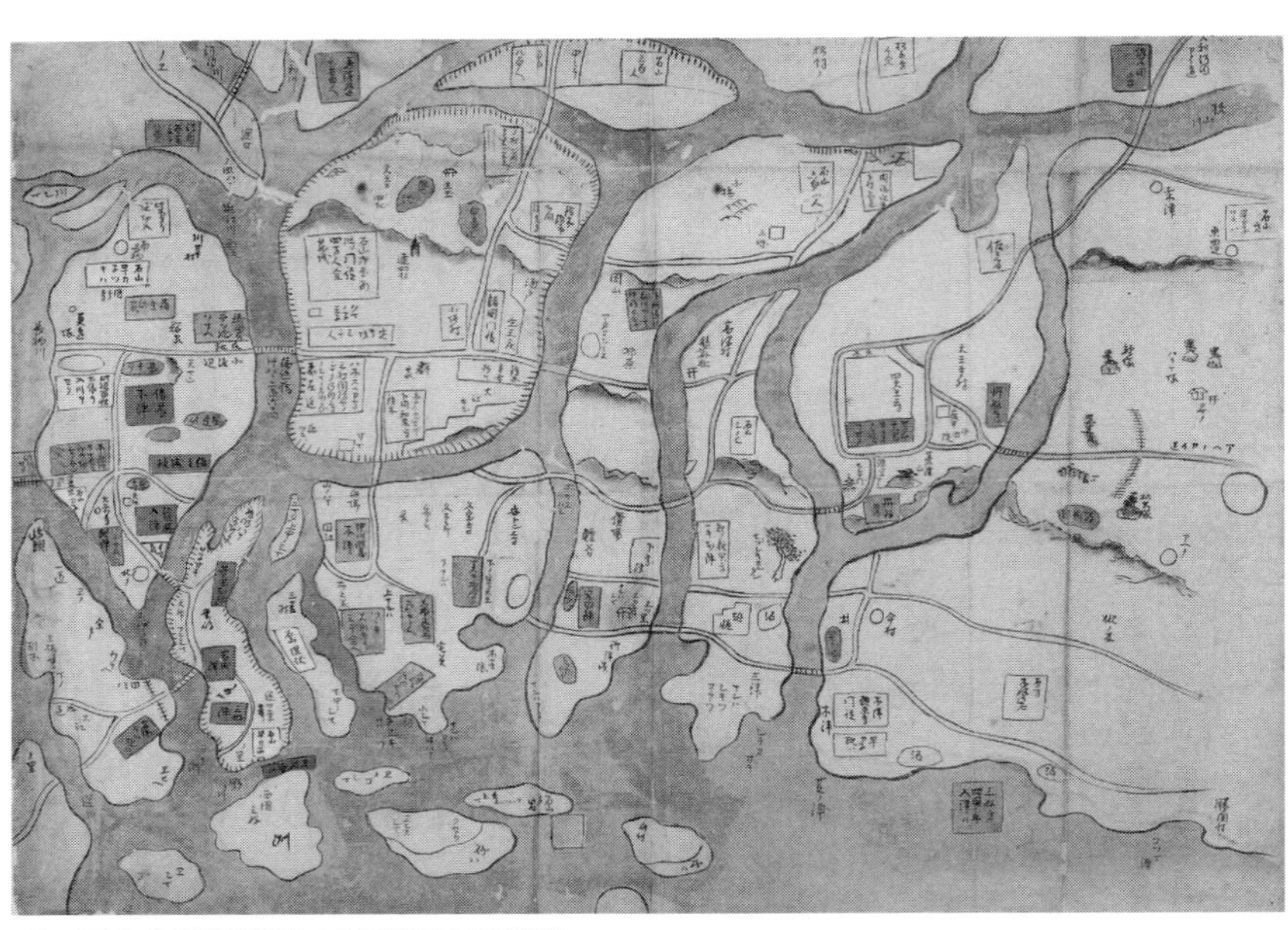

47　石山合戦配陣図（大阪城天守閣所蔵）

えて詫言を信長に送り、和睦を申し入れた。これに信長は「赦免」を記す朱印状を送り、ここに再び和睦（第二次）が成立した（「南行雑録」、「信長記」巻八）。

再び和睦とその破綻

しかし、二度目の和睦も長続きはしなかった。和睦から二ヵ月も経たぬ天正三年（一五七五）十二月には、顕如は信長（「法敵」）との合戦を予見し、長い籠城ですべてがままならない本山のために、「粉骨」の働きを求める書状を、各国の門徒に送っている（「佐々木上宮寺由緒書」）。

両者の戦闘が再開されるに先立って、天正四年四月に信長は、明智光秀らに朱印状を送り、本願寺周辺の麦をことごとく薙ぎ払うよう命じて兵粮をおさえるとともに、本願寺信徒の男女は赦免し、「坊主以下」は赦免せぬことを記す高札を立てるよう指示した（「細川家文書」）。さらに信長は、攻撃のために「大坂の北野田の郷」と天王寺に砦を築いている。

天正四年五月、「天王寺表」において本願寺への攻撃が開始された（「兼見卿記」）。この天王寺表の合戦で「大坂衆」（本願寺門徒）は敗北し、再び本願寺は籠城して信長勢と対峙することになった。なお、籠城した本願寺には同年七月、村上水軍（能島・来島氏）に警護された「七八百艘の大船」により、安芸毛利方からの兵粮が本願寺に運び込まれ、この補給の試みは成功している（『信長記』巻九）。

ここで、信長は、本願寺勢の中核を紀伊国の雑賀衆と考え、天正五年二月から大軍を紀伊国に送った。この動きに対し、雑賀衆や、彼らとともに戦ってきた根来衆からも、内部分裂により造反者が出ることになった。「雑賀の内みからみ（三組）」と「根来寺杉之坊」などが、信長方に与し、軍勢の「案内」者となって、本願寺側に付いた雑賀衆を攻撃した。最終的に、同年三月に至り、本願寺方の雑賀衆は敗北し、同寺方には与せぬ誓詞を呈したため、信長はこれを赦免している。ただし、この誓詞は守られず、これ以降の大坂をめぐる戦いに、本願寺勢に雑賀衆の姿が見られたのである。

また、天正六年七月には、海上封鎖のために、信長が九鬼嘉隆らに命じて建造した「大船」が、堺に回航された。この「大船」による封鎖策が功を奏して、以後の大規模な本願寺への兵粮の運び込みはことごとく失敗している（『多聞院日記』）。同年十月に顕如から「紀州惣門徒衆中」へ送られた書状には、永々と続いた籠城により、兵粮等の補給の断絶した厳しい現実が記され（「永々の籠城につきて、兵粮等断絶、申すばかりなく候」）、諸国門徒への援助を求めているものの、すでに陸路・海路を封鎖され、各門徒との連絡は困難となり、本願寺はますます孤立を深めていった。

本願寺の敗北

天正七年（一五七九）十二月、本願寺の坊官が「雑賀年寄衆中」に「和談」を申し掛けて下交渉が進められ、年末には次掲の正親町天皇女房奉書が顕如のもとに下された（『顕如上人伝』）。

天子の仰せ〈天正七年二（十二）月二十五日〉

信長と本願寺の和談について、放置しておくことはできないとのお考えから、ご指示を下されました。この和談を確実に実現するように、いろいろとお考えを巡らされたならば結構であるとのご意向を、勅使の両人が貴寺にお伝えすることになりましょう。謹んで申し上げます。

　　本願寺殿へ

仰せ天正七年二（十二）月廿五

前右ふ（府）わだん（和談）の事、うちをかれ（打置）がたくおぼしめし候ま丶、おほせいだされ候。べちぎ（別儀）なきやうに、ふんべつをくわへられ候は丶、しかるべくおぼしめし候はんずるよし、両人申され候べく候。かしく。

　　ほんぐわん寺とのへ

この女房奉書は、勅使の庭田重保と勧修寺晴豊の手で本願寺に届けられ、勅使は、翌天正八年正月二日にいったん帰洛の後、同月十八日に安土に下向し、正親町天皇のご意向（「叡慮」）を信長に伝えている（「御湯殿の上の日記」）。この「叡慮」を受けた信長は、同年三月十七日に、「本願寺赦免」については、本願寺側に「異儀」がないことを前提に、籠城衆の助命、「七月盆前」までに大坂を退城、退城後に加賀二郡を本願寺に返還、花熊・尼崎の開城など、七項にわたる和平条件を掲げた起請文を本願寺に送った（「本願寺文書」）。この起請文を受けた本願寺は、ただちに赦免の申し出を受諾し、ここに三度目の和睦が成立し、石山本願寺は開城することになった。

大坂退城と本願寺の内紛

しかし、石山本願寺からの顕如等の退城をめぐり、本願寺内では大きな混乱が起きることになった。円滑な退城を意図していた顕如は、天正八年（一五八〇）四月十五日に、越中国の坊主衆・門徒衆に使者を下し、あわせて以下の書状を送っている（「勝興寺文書」）。

あらためて書状を差し上げます。さて信長公との和平の儀については、禁裏（正親町天皇）からの仰せ賜り、双方にいろいろ事情はありますが、和平することになりました。和平をめぐっては不満も残りますが、大坂を退城することを決意しまして、この件については新門主（教如）とも直に相談しました。その後に禁裏へ差し上げた書面にも、和平に同意の意向を示す花押を加えてあります。この和平に至った事情ですが、大坂の本願寺や所々に築いた出城、その外兵庫・尼崎の城に拠って、対陣してきましたが、兵粮や玉薬などは、最近では確保の術を失っています。また毛利衆も、岩屋・兵庫・尼崎の城から兵を引き、帰国しました。今は宇喜多直家の裏切りにより、海路・陸路による西国との往還は困難となっています。（中略）この間の事情について思案を重ね、和平するようにとの叡慮をお請けいたしました。ところがこの決定を下した後に、次の門主となるべき教如が思いもかけぬ企てに出ました。一つには悪巧みを目論む者の妄言に乗り、さらに筋の通らぬ訴訟を行なうなど、全くその罪は重いものがあります。さらには私が隠居したという虚説を広めていると聞きますが、本願寺の運営などを、私が教如に委譲したことなど一切ありません。宗祖以来の教化についても、教如に委ねたことなど決してありません。しかも、諸国の門徒に教如が広めていることなど、言語道断の虚言です。すでに私は開山の御影像をお守りして、去る十日には紀州雑賀に下向しましたので、今後諸国の門徒衆は、遠近によらず、難路を越えても開山聖人の御座所の雑賀に参詣なさることが、親鸞聖人への報謝となります。とりわけ老少不定は人間のならいですから、即刻に雑修を捨て、一心に阿弥陀如来の本願を信じる人々は、必ずや極楽に往生することは、断じて疑いのないことです。今後は仏恩報謝のため念仏をなさるように。

態と染筆し候。仍って信長公と和平の儀、禁裏（正親町天皇）として仰せ出され、互いの旨趣種々に、その沙汰に及び候き。彼の憤りも、大坂退出の儀に相極め候間、この段新門主（教如）に直談せしめ候。その後、禁裏へ進上の墨付にも判形を加えられ候。この和平の儀は、大坂并に出城の所々、その外兵庫・尼崎の拘わり様、兵粮・玉薬以下、これ已来の儀、料簡に及ばず候。中国衆の儀も、岩屋・兵庫・尼崎を引き退き帰国候。今は宇喜多別心の条、海陸の行、相叶うべからざるの由に候。（中略）それに就きて思案を加え、叡慮へ御請け申し候。此の如く相済まし候以後、新門主の不慮の企て、併しながらいたづら者のいひなしに同心せられ、剰え恣の訴訟、中々の過法に候。将又予隠居せしむと云々。世務等更にその儀無く候。仏法相続の儀、猶以てその沙汰に及ばず候ところ、諸国門下へ申ふるゝ趣、言語道断の虚言共に候。所詮開山の影像を守り申し、去る十日に紀州雑賀に至り下向候間、これ已来諸国門徒の輩、遠近によらず難路をしのぎても開山聖人の御座所へ参詣いたさるべき事、報謝たるべく候。就中老少不定の人間のならひなれば、一日も片時もいそぎ〳〵雑修をすてゝ、一心に弥陀仏をたのみ申し候人々は、必ず極楽に往生すべき事、ゆめ〳〵疑あるまじく候。この上には仏恩報尽のために念仏申され候べく候。

この書状で顕如は、正親町天皇の仰せに従って和平に至った最大の原因に、信長との戦闘の不利な状況をあげる。大坂の本願寺の周辺に置かれた出城や、兵庫・尼崎の城では兵粮・玉薬の補給がつかず、毛利衆もこれらの城から退去し、宇喜多氏の裏切りで西国との往還が困難となり、戦局の好転は望めない状態に至ったと語る。長期にわたる籠城のなかで、北陸や紀伊の門徒が大坂に向かうことは困難となり、毛利氏などの西国からの補給が得られぬことが、本願寺に「和平の儀」を決断させたことは言うまでもない。

顕如の退城、教如の抵抗

この「和平」と「大坂退城の儀」は、次の門主に約された教如とも協議し、「禁裏」の提案を受諾する旨を、天正八年（一五八〇）正月に回答していた。さらに、信長には同年「七月盆前」に「大坂退城」と約したが、混乱を回避するためか、顕如は天正八年四月九日に「開山の影像」を守護して大坂を後にし、十日には紀州雑賀（鷺森）に移っている。

ところが、大坂に残った長男の教如が、他者からの入れ知恵によってか、顕如の決定を覆す行動に出たのである。なお、顕如は教如を「新門主」と呼んでいるが、顕如はいまだ隠居しておらず、教如も譲状を得て、門主にふさわしい「世務等」（教団運営等）と「仏法相続の儀」を主導する立場を得ておらず、「大坂退城」の時点では、あくまで次代の門主を約束された立場にあったと考えられる。しかし、本願寺の歴代門主に見られるように、「新門主」は現門主に准じる立場として、門徒に書状や名号・本尊などを交付しており、教如の立場もそれにあたるものと理解される。

天正八年四月二十一日、「新門主」の教如は「甲州坊主衆・門徒中」へ、以下の書状を送っている。

改めて書状を差し上げます。本願寺と信長との和睦がすでに整い、顕如門主は去る九日に雑賀へ御下りになりました。門主が退城された後に、信長の裏切りは目に見えていますので、私はこの本願寺に留まり、信長と対峙すべきであると考えました。そこで親鸞聖人の門弟の人々は、この事態のなかで粉骨し尽力されたならば、仏法再興が果たされ、お導きくださった聖人への報恩となるはずです。

急度取り向き候。当寺は信長と一和候儀、すでに相調え、門主は去る九日に雑賀へ御出候。さ候へば彼方の表裏眼前に候。それに就きて予、当寺にて相拘うべくおもひたち候。然らば聖人の門弟と号する輩は、この度粉骨を尽くし馳走候はゞ、仏法再興し、聖人へ報謝たるべく候。

このように、教如は大坂の本願寺に籠城し、信長との戦闘も続くことになったが、同年七月に至り、信長との交渉の結果、七月十七日、人質を遣わすこと、八月十日前に退城することなど、五ヵ条を列記した信長の起請文が「本願寺新門主」に送られた（「本願寺文書」）。これを受けた教如は信長と和睦し、八月二日に本願寺を近衛前久（このえさきひさ）に託して退城し、紀伊雑賀に赴いた。ここに、石山合戦は終焉を迎えたが、教如の退城の数日後、原因不明ながら、広大な大坂の本願寺は焼失してしまった（「多聞院日記」）。

2　本願寺の寺基変転

紀伊鷺森御坊

天正八年（一五八〇）四月から十一年七月まで三年余にわたり、顕如は、紀伊雑賀の鷺森御坊を本拠とした。この間、天正十年六月に本能寺の変が起こり、長年対立を続けてきた織田信長が、明智光秀の軍勢との戦闘のなかで討死している。ただし信長は、石山本願寺から雑賀に退いた顕如や本願寺門徒に対して、以前のような対決的な姿勢はとらず、本願寺への攻撃を継続することもなかった（「本願寺文書」）。

顕如が本拠とした鷺森御坊であるが、本願寺では門主が止住する寺院を「御坊」と称し、また門主のみならず、かつて大谷本願寺に安置されていた親鸞御影を本尊とする寺院を「本願寺」と呼称していた。山科本願寺、大坂本願寺（石山本願寺）などと同様に、鷺森御坊も鷺森本願寺と呼ぶこともできよう。

さて、鷺森御坊に移った顕如と長男の教如の間には、信長との和睦と大坂退城をめぐり対立して以後、両者の確執は継続していた。これを危惧した顕如の次男の顕尊は、庭田重保や勧修寺晴豊の両勅使の仲介により重ねて「叡慮」を請うた。そして天正十年六月二十三日には、次に掲げるように、正親町天皇女房奉書が両勅使に下された。

本願寺の僧正（顕如）と僧都（教如）の関係について、その対立を解消するよう、両勅使がよく事情を理解し、この叡慮の旨を本願寺に伝えるように。

ほんくわん（本願）寺そう（僧）正とそうづ（僧都）あいだ（間）の事、いかやうにもべちぎ（別儀）なきやうに、両人としてよく〳〵あい心えて申下され候べく候。

この両勅使に下された女房奉書が、顕如のもとに届けられ（「本願寺文書」）、これを受けた顕如と教如は「鷺森日記」

（顕如に近侍した右筆宇野主水の日記）に、

門主様・新門主様の御仲直りの事について、叡慮に随うことになり、六月二十七日に御和睦されました。

御両所御中なをり（直）の事、叡慮の旨に任せて、六月廿七日御和平なり。

とあり、門主と新門主との確執は一応解消された。しかし本願寺の門主継承をめぐっては、次節で触れることになるが、以後に大きな火種を残すことになる。

さて、討死した信長に代わって本願寺に接近してきたのは、豊臣秀吉である。そして秀吉との関わりのなかで、本願寺は紀伊鷺森から和泉貝塚、摂津天満へ、さらに現在の洛中の六条堀川へと寺基（じき）（寺域と建物）を移すことになる。

信長から秀吉へ

「鷺森日記」の天正十年（一五八二）八月二十日条には、明智光秀を破った山崎の合戦後、秀吉と丹羽長秀・堀秀政から、旧領返還の申し出があったことが記されている。

一〈八月二十日〉堺御坊の跡地と寺領・諸坊屋敷・田畠以下を、返付くださるとのことで、下間少進法橋・平井越後が協議のため堺へ向かった。寺内相模・円山内匠も同道した。

一十月十六日、羽柴筑前守・惟住（これずみ）五郎左衛門・堀久太郎三人のもとへ、御礼のため河野越中を遣わした。薫皮を十枚ずつ贈った。羽柴への取次役である浅野弥兵衛へは別に御礼を贈った。

一八月廿日、堺御坊跡并に寺領・諸坊屋敷・田畠以下の事、返付せらるべき由につきて、少法・平越、堺へ罷り越す。寺相・円内匠、此の二人も同道す。

一十月十六日、羽柴筑前守・惟住五郎左衛門・堀久太郎三人へ、御音信として河野越中を遣わさる。薫皮十枚ツヽ、羽柴取次の浅野弥兵衛へは別に御音信あり。

堺に建立されていた御坊は、山科御坊が造営された時にその堂宇は移建されたが、敷地や寺領などは織田方に接収されていた。これらを返還するという思いがけない秀吉の申し出に、本願寺は謝意を伝えている。

一方、本願寺は、積極的に秀吉への接近を図っていたようである。天正十一年四月、秀吉は本願寺の坊官である下間刑部卿法眼に、次の判物を下している（「本願寺文書」）。

今度、柴田勝家が江北（近江国の北部）に出陣するにあたり、加賀国で一向衆による軍事行動を起こして勝家を牽制し、当方に忠節を尽くすつもりであると、本願寺から申し出がありました。積極的な行動により加賀・越前に混乱を起こし、勝家の背後を脅かすという忠節が尽くされたならば、加賀国二郡について、信長公が下された朱印状に従って、先約の通り必ずお返しするつもりです。謹んで申し上げます。

（天正十一年）卯月八日　　秀吉（花押）

下間刑部卿法眼御坊

今度柴田江北の境目へ罷り出るに付きて、賀州にて一揆を相催され、御忠節有るべき旨、仰せ越され候。一廉（ひとかど）の行（てだて）に及ばれ、賀・越錯乱せしめ、忠節を抽ぜらるに於いては、賀州の儀、御朱印の旨に任せ、先々の如く相違無く馳走致し、進上申すべく候。恐々謹言。

（天正十一年）卯月八日　　秀吉（花押）

下間刑部卿法眼御坊

この秀吉判物から、旧信長家臣団内での覇権をめぐり、秀吉と対立していた柴田勝家による江北への出陣を牽制するため、越前・加賀で一向衆の軍事行動を起こし「忠節」を尽くしたいとの、本願寺側の提案が知られる。また、本願寺が秀吉の政治的な立場を後援しようとしたのは、天正八年の信長起請文に記された加賀二郡の返還が実施されていなかったためで、その実現への期待があったからであろう。

さらに勝家は、天正三年六月の信長による越前侵攻の時から、高田専修寺の門徒を後援しており、本願寺にとっては高田門徒との対立もあり、勝家に対抗する必要があった。なお、天正十一年四月、賤ヶ岳の戦いで秀吉勢により勝家勢は敗れ、同月に勝家は自刃しており、高田門徒は後ろ盾を失い、これにより越前における本願寺門徒は、その優位を回復することになった。

泉州貝塚御坊

天正十一年（一五八三）七月、顕如らは、秀吉の意向を受けて、鷺森御坊から泉州貝塚に御座を移した。顕如の右筆宇野主水により記された「貝塚御座所日記」に、次のような記事が見られる。

〈天正十一年〉七月四日の午刻、紀州鷺森から御門跡様（顕如）をはじめ御女房衆は、悉(ことごと)く御船で泉州貝塚へ御上陸された。御開山の御影も無事に渡海した。この報を聞いた多くの門徒が集まり、ありがたいことと申していた。（中略）筑州（秀吉）へは円山内匠助を御礼の使として遣わした。

天正十一七月四日の午刻、紀州より御門跡（顕如）を始め申し、御女房衆、悉く御船にて泉州貝塚へ御上著す。御開山御恙無く御渡海す。諸人群衆し有り難き由を申すところなり。（中略）筑州（豊臣秀吉）へ円山内匠助を御使に遣わさる。

天正八年四月以来、顕如は御座所としていた鷺森御坊から、一族を連れて海路を泉州貝塚に向かい、親鸞御影を含めて無事に着岸した。ところで、この日記中、顕如は「御門跡様」と呼称されている。すでに永禄二年（一五五九）に顕如が「禁裏より門跡になし申さる」として、貴種の象徴としての「門跡」となり、同四年の「開山聖人三百年忌」の供養法会には、「他宗の衆」が参詣し、顕如自身は「聖道の衣装」、つまり顕・密諸宗の衣体を着して出仕をしていた（「今古雑記」）。この後、既存の顕・密諸宗にわたる門跡衆のなかに、本願寺門主が抵抗なく組み込まれたわけではないが、貴族の日記にも「大坂門跡」という表現が見られ（「言経卿記」）、世俗社会に本願寺門主の「門跡」としての立場が定着していった。

貝塚への移徒(いし)の後、顕如は秀吉のもとに礼使を遣わしており、この移徒に秀吉が深く関わっていたのである。では秀吉が、顕如に鷺森御坊から貝塚御坊への移徙を勧めたのは、いかなる理由があろうか。

これについては、移徙した二年後の天正十三年三月より、秀吉は軍勢を紀州に進め根来寺・雑賀を攻撃しており、攻撃に先立って、本願寺を雑賀の鷺森から移したという解釈もある（『顕如上人伝』）。ただし秀吉が紀伊国を攻めたのは、移徙の翌年にあたる天正十二年の小牧・長久手の合戦で、根来衆・雑賀衆らが徳川家康方に与して、秀吉方の泉州岸和田城を攻めたためであった。右の解釈で、秀吉が根来寺・雑賀への報復にあたり、本願寺を引き離すため顕如に鷺森御坊からの移徙を勧めたとすれば、それは小牧・長久手合戦以後となるはずである。

秀吉は顕如に対して、天正十三年には貝塚から摂州天満へ、さらに同十九年には洛中への移徙を指示しており、むしろ自ら拠点とする大坂の近くに早期に本願寺を移そうとの意図があり、そのためのものだったようにも見える。

ここで、信長と秀吉の本願寺への関わり方をみると、信長は「一向衆」の軍事行動への強い警戒感のもとに本願寺に対峙したが、鷺森御坊に移った後は、顕如に友好的な態度をとった。同様に、秀吉も本願寺を外護（げご）する姿勢を示していた。この背景には、本願寺から秀吉への細々にわたる配慮とともに、諸国門徒への「弓箭の儀」を厳禁する働きかけがあったからであろう。これ以降、本願寺とその門徒の行動と意識には、近世の「妙好人（みょうこうにん）」（為政者に従順な信心に生きる念仏者）に象徴される大きな変化が生まれたわけである。

摂州天満本願寺

秀吉の紀州根来寺・雑賀攻めが一段落した天正十三年（一五八五）五月、泉州貝塚御坊から摂州中嶋・河崎（天満）に御座所が移され、この地で御堂以下の作事が着手され（「摂州中嶋・河崎に至り御座を移さる。御堂を始めその外の御作事これ在る事に候」）、その後に門徒への勧進が始まった（「長安寺文書」）。そして同年八月に顕如が天満に移ったが、これも「秀吉公より仰せつけらる」とあり、秀吉の意向に従ってのことであった（「貝塚御座所日記」）。

ところで、顕如が天満に移徙した天正十三年十一月に大地震が起き、畿内・北陸の広範囲にわたり大きな被害を受けた。その翌天正十四年七月には、天満に御影堂が造立されたが、「御堂は十間四方ばかり、やねはとりふきなり（取葺）」とあり、「十間四方」（約十八・二メートル）の堂内には「御座」の場のみに畳が敷かれ、他は薄縁（うすべり）・筵（むしろ）のみで、板葺き屋根の御影堂は思いのほか粗末で、阿弥陀堂も同様であった（「法流故実条々秘録」）。五年後に移った洛中六条に造営された本願寺は、御影堂が瓦葺、阿弥陀堂はこけら葺であり、その違いは歴然としている。しかも、天満の本願寺は「逼迫」していたようで、秀吉からの寺領寄進はあったものの、堂宇の造営から畳などの内装まで、門徒への「勧進」によって進められたのである。

なお、天満の御座所にあった顕如は、「大谷本願寺御影堂御留守職」つまり本願寺門主を、三男の准如（「阿茶御かた」）へ譲与することを記した譲状を書き置いている（「本願寺文書」）。顕如は石山本願寺では、長男の教如を「新門主」と呼んでいたが、退城をめぐり両者は対立し、その末に正親町天皇の「叡慮」を受けて「御両所御中なをり（直）」をしたものの、顕如は最後まで教如を本願寺の継承者とは認めなかった。天正二十年（一五九二）に顕如が示寂した後、譲状に従って教如の同母弟である准如が門主を継承した。

六条堀川本願寺

顕如が示寂する前年の天正十九年（一五九一）正月、秀吉は洛中に新たな寺域を本願寺に寄進するとともに、天満からの移徙を指示した。年内に移徙を終え堂宇等の普請を進めるように命じられた本願寺は当惑したようである（「言経卿記」同年正月二十日条）。さらに翌月には、左記の秀吉朱印状が本願寺に下されている（「本願寺文書」）。

このたび、本願寺を京都へ移すにあたり、六条に南北二百八十間（約五百十メートル）、東西三百六十間（約六百五十五メートル）の寺域を定め、その内に含まれる本国寺の寺域である南北五十六間（約百二メートル）、東西百二十七間（約二百三十一メートル）を除き、その他を本願寺に寄進する。そこで寺域内の地子分は、寄進田畠の年貢と同様に、すべて本願寺に寺納するように。

天正十九壬正月五日　（朱印）

本願寺殿

この度、当寺、京都へ引越さるに付きて、六条において屋敷傍爾〔示〕の事、南北二百八十間、東西三百六十間の内、本国寺屋敷、南北五十六間、東西百二十七間これを相除き、その外これを寄附せしめ畢（おわん）ぬ。然る上は、地子の儀、田畠年貢の如く、全く寺納有るべく候なり。

天正十九壬正月五日　（朱印）

本願寺殿

このように、秀吉から洛中に大規模な寺域を寄進された本願寺は、天正十九年八月以降、洛中六条の寺域に御影堂・阿弥陀堂の造営に着手したが、その事業は秀吉からの寄進によって進められた。寺域内では、瓦葺の御影堂、こけら葺の阿弥陀堂、さらに「御堂・御対面所等」が造営され、翌天正二十年には「華麗」な本願寺が生まれることになった（「法流故実条々秘録」）。

3　教如と准如——東西本願寺の成立——

秀吉と教如

洛中に本願寺が移った翌年の天正二十年（文禄元年、一五九二）十一月に、顕如は中風（脳血管障害）によるものか、世寿五十歳で示寂した。その生涯について、「法流故実条々秘録」には以下の記事が見られる。

顕如上人は御一代の間に、本寺を四度移され、その寺地は大坂を含めて五ヵ所である。御一代の間に、毎日の朝勤には闕かさず御出仕された。（中略）顕如上人に仕えた衆は最近まで存命しており、常に語られたことであるが、それは顕如上人が定められた門主が守るべき御遺訓に従い、本願寺の御法流は繁昌したという。

顕如上人の御一代の間に、御本寺所々へ御移住、以上四度なり。所は五所なり。御在所は大坂共なり。御一代の中に、毎日の朝勤への御出仕は御不闕なり。（中略）則ち顕如上人の召し仕えられ候衆、近来まで存命候て、常に物語申され候。先代かくの如く知識の御遺訓により、御法流繁昌に成り候か。

この「法流故実条々秘録」は、顕如示寂から七十余年を経た寛文九年（一六六九）に、本願寺の学頭にあたる定衆の西光寺祐俊により編述されたものである。祐俊は近侍衆の「物語」により、生前の顕如による真摯な法儀勤修（ごんしゅ）のみならず、定められた「御遺訓」により「御法流繁昌」が実現したと記している。確かに顕如は、石山本願寺からの退城から洛中堀川の本願寺創建まで、廃絶の危機の中にあって、本願寺門主として寺勢興隆を図り、「御法流繁昌」にふさわしい実績を残した。混乱の時代にあって、本願寺を危機から興隆に導いた顕如の功績はきわめて大きい。

さて、顕如が示寂した後、翌文禄二年（一五九三）閏九月十二日、秀吉は教如を大坂に召し出して、問題視していた諸点を示すとともに、厳しい命を下している。豊臣秀頼の右筆により記された「駒井日記」には、次のように批判すべき教如の行為が列記され、教如への提案、事実上は秀吉の命令が見られる。

一顕如が退城した後も、教如が大坂御坊に居座られた事、
一信長公の御一統にとって教如は大敵であった事、
一太閤様の御代に、その御意向のもとで、雑賀より貝塚へ、貝塚から天満へ、さらに天満から洛中七条（六条）へと移徙を果たした事を、御恩とお思いになる事、
一教如に不行跡があると、顕如の時代から折々に申し上げてきた事、
一門主継職のための譲状が、先代顕如から准如に下されている事、
（中略）

一右の条々を守り行動されるならば、十年間は本願寺門主としてあった後、十年目に准如へ門主をお渡しになるように。これは一方的なご指示にも見えるが、新門跡が教如に配慮されるはずであり、このように申し付ける。

一大坂に居拵られ候事、
一信長御一類には大敵にて候事、
一太閤様の御代にて、さいか（雑賀）よりかいつか（貝塚）へ召し寄せられ、かいつかより天満へ召し出され、天満より七条（六条）へ遣わし上げられ候事、御恩と思し召され候事、
一当門跡ふきやうき（不行儀）の事、先の門跡の時より連々と申し上げ候事、
一代ゆつり（譲）状これ有る事、先代よりゆつり状もこれ有る由の事、
（中略）
一右のことくたしなみ候は丶、十年家をもち、十年めに理門（准如）へ相渡さるべき事、是はかた手うちの仰せ付けらる様にて候得共、新門跡、この中に御目にかけられ候間、此の如き由に候、

秀吉は教如に対し、大坂御坊での信長への抵抗、本願寺を庇護する秀吉への恩義の欠如、不行跡の行動、顕如から准如への譲状を無視していることなどを強く批判するとともに、今後十年は門主としてあった後、十年目には准如に門主を譲るように命じた。また、教如が門主を退いた後には、准如の先代教如へ配慮するとともに、秀吉は教如に三千石を下すつもりであると付記している。

石山合戦の渦中の大坂御坊で、教如は「新門主」と呼ばれていたが、顕如は自らの隠居を否定し、以後も門主として本願寺の経営と門徒への教化（きょうけ）にあたっていた。その間、天正十五年（一五八七）に、天満本願寺において、顕如は准如への譲状を草しているが、ただちに譲与がなされたわけではない。そして文禄元年（一五九二）十一月に顕如が示寂した後に、「当門主」「当門跡」と呼ばれ、門主を継職したのは教如であった。秀吉は、このさまざまな批判に対

応した教如の「たしなみ」を条件とし、十年を期限として門主としてあることを容認するとともに、十年後には准如への門主の委譲を命じたのである。ただし、十年にわたり門主を許すことが、ただちに秀吉の真意であるとは考えがたい。

この秀吉の批判と指示を受けた教如は、直後の文禄二年閏九月十七日に、次のような書状を草した。

> 本願寺留守職（門主）については、開山親鸞より代々継承された証文や、先師顕如が准如に与えた譲状を拝見して、納得しました。この上は、弟であっても寺法に従い、准如を先師顕如と同じく尊崇するつもりです。
>
> 本願寺留守職（門主）の儀、開山より代々の証文、同じく先師光佐（顕如）、光昭（准如）に対し明鏡の儀、拝見せしめ納得仕り候。然る上は、弟たりといえども、寺法の旨に任せ、光昭の事、先師の如く尊崇致すべく候。

教如は、顕如から准如への譲状の存在を認め、早々に自らが門主を辞し、実弟の准如へその立場を譲ると表明した（「本願寺文書」）。この教如の決断の背景には、彼に対する批判にもとづく「秀吉公の権命」に強い強制を実感したからではなかろうか。そして同年十月十六日、秀吉は判物を「本願寺殿」（准如）に送り、「三男」ながら門主とする決定を伝えている（同前）。ここに秀吉の承認のもとに准如は本願寺の家督を継いで門主を継職し、教如は「本坊北の方、裏の館」に移り、以後は「裏方」と呼ばれ、「相慎み」の生活を送ることになった（「本願寺由緒略記」）。

家康と教如―東本願寺の創建―

江戸時代初頭に、門主の継職をめぐり混乱が起きた本願寺の教団について、教如側の立場でその内情を記した「本願寺由緒略記」には、以下の記事が見られる。

> 一本願寺の寺務を相続するはずの嫡男教如は、時の不幸な事情により隠居され、（中略）庶子である越前本行寺住持の准如が、道理の通らぬことながら、早々に本願寺の寺務を相続したため、諸末寺の門徒らは強く反発し、准如方へ参詣する者は全くなくなってしまった。内密に嫡男の教如へ同調する門徒も多く、准如方は大いに衰

微したため、本願寺から諸国の門徒に廻状がまわされ、准如方へ参詣するよう指示が出され、これに反対する坊主や門徒を当惑させることになった。

一本願寺の寺務相続これ有るべき嫡男教如は、時の不幸にて、右の通り隠居致され、（中略）庶子の越前本行寺理光院（准如）、不義にして寺務の相続早々これ有り候事故、諸末門徒等も憤りを含み、一向准如方へ参詣の輩もこれ無し。内分に嫡男教如へ志を通し候て、准如の方、甚だ衰微に及び候故、准如方へ参詣申すべき旨、諸国門下へ廻文を以て申し遣わし候はば、違背の坊主・門徒を迷惑せられ候。

前述した秀吉による教如への批判と門主交替の命は、本願寺の教団、つまり末寺・門徒にも大きな混乱をもたらした。本願寺は准如方と教如方の両派に分裂し、隠居させられた教如に内密に「志を通」す末寺・門徒も少なくなかったという。

この混乱に介入したのが徳川家康である。慶長三年（一五九八）に秀吉が没すると、その俗権を継承した家康に対して、教如は接近を図った。そして家康の教如への積極的な対応が、やはり「本願寺由緒略記」に次のように記されている。

一慶長七年（一六〇二）に、家康から教如に、東六条・七条に境内地を拝領するよう命じられた。加藤喜左衛門殿が奉行として境界を定め、この土地が寺域とされた。また同年に上州厩橋（現群馬県前橋市）の妙安寺に安置されていた親鸞聖人の木像が、本多藤左衛門殿を使者として取り寄せられ、当本山へ御寄附された。

一慶長七年、東六条・七条の境内の拝領を仰せ付けらる。加藤喜左衛門殿、奉行として分界を御打渡これ有り。同年、上州厩橋の妙安寺にこれ有り候親鸞聖人の木像、本多藤左衛門殿を以て、当本山へ御寄附遊ばされ候。

ここに記された「当本山」とは、六条堀川の本願寺（西本願寺）ではなく、教如に与えられ烏丸七条に寺域を占める、のちの東本願寺（真宗本廟）である。慶長七年に家康は教如に寺域を寄進した。新たな寺域には、慶長八年から同九年にかけて、阿弥陀堂や御影堂が相次いで造立され、同九年九月には親鸞御影が移徙され、ここに新たな本山寺院としての偉容が整えられた。

家康が教如を厚遇していたことは、以下の史料からも知られる。

一慶長八年(一六〇三)、家康公に将軍宣下の御祝儀を申し上げるため、当方は教如、西方は准如が二条城に参上した。その御対面にあたり、教如と准如との間でその順序が争われた。この時に家康公は、教如を外護してきた由緒があり、とりわけ嫡男であることから、先に御対面なさるとの仰せで、まず教如が召し出された。(中略)また、教如に対して、家康公は格別の配慮を寄せ、近日中には教如方へ御成をなさると御約束された。

一慶長八年、東照宮様(徳川家康)、将軍宣下の御祝儀を申し上げられ候節、当方教如、西方准如二条の御城におゐて御対面の時、前後の争論これ有り。この時教如義は、御取立の御由緒これ有り。殊更に嫡家の儀に付き、先きへ御対面遊ばさるべき旨仰せ出され、最初に教如召し出さる。(中略)教如義は、格別の懸念に存じ候間、近日図らずも教如方へ御成遊ばさるべしと御約束をこれ在らせらる。

慶長八年(一六〇三)に将軍宣下を受けた家康への祝儀に、教如と准如が二条城に参上したが、対面の順序を争うことになった。最終的に家康の意向により、後援した教如が嫡男ということを理由に先に対面の座へ召され、また近々に教如のもとへの御成が約束された。このように家康が、教如と東本願寺を優遇していたことは明らかである。秀吉が後援した准如、家康が後ろ盾の教如。このように政治的な思惑のもとで東・西の本願寺が生まれ、各々が別個に末寺・門徒集団を擁して存続することになった。そして幕府を開設した家康にとって、巨大な本願寺の教団がもつ世俗的な力をいかに統御するかも重要な関心事であり、あえて本願寺を東西に二分したという一説も首肯できよう。

本願寺の法儀と聖教

江戸時代前期の本願寺で衆僧を指導した定僧の祐俊は、「法流故実条々秘録」のなかで、同寺における法儀と修学について、以下のような記録を残している。

一本願寺では蓮如上人の時代まで、当流の法談にあたり、初めに聖教(しょうぎょう)を五枚または七枚〈もしくは三枚か五枚、〉を読み終わってから、法儀が勤修されたという。蓮如上人は御文(おふみ)をお出しになっており、この御文を法談の終了後に読むことになった。所々の門徒に遣わされた御文は、四百通ほどが残されている。実如上人の時代に、その中から八十通を抜き出されて五帖一部にまとめられ、在家の門弟の末々までこれを持ち読むことが許された〈それ以前は三通、五通または七、八通を巻本にしていたが、版本にされたのは顕如上人の時代であろうか。〉

一蓮如上人の御代迄は、御一流の法談には、初めに聖教を五枚・七枚若しくは三枚、若しくは五枚、読み畢りて、その後に法儀の催促ありと云々。蓮如上人、御文と云う事を出し遊ばされ候以来、法談の跡に是を読む事に成り候となり。所々へ遣わされ候御文、四百通計りこれ有るなり。実如上人の御代に、彼の中より八拾通抜き出し給いて、五帖一部に撰ばれ、在家の御門弟末々迄もこれを免じ給い候それ以前は三通、五通また七・八通つゝ、巻本なり。板に彫られ候事は、顕如上人の御代か。

蓮如の時代までは、日常的な門主が催す「法談」には、まず歴代門主により草された特定の「聖教」が何葉か読み上げられ、その後に門主の説教や「和讃」・偈が唱えられていた。ここで蓮如は、多くの門徒・門徒集団への教化のため、自ら書き送った「御文」を、「聖教」にかわり「法談」に取り込むことにした。そこで「法談」では、巻子本に仕立てられた「御文」（三通から八通）を読み上げることにしており、この作法は祐俊の時代のみならず、今日まで続いている。また蓮如息の実如は、四百通を超す「御文」の中から、教えの要諦を解く八十通余を撰び「五帖」にまとめ、これを広く門徒が保有し、自ら読むことを許した。さらに顕如の時代には、「五帖」からさらに精選した「御文」を木版で刊行したとされる。すなわち蓮如の時代以降、「正信偈(しょうしんげ)」や「和讃(わさん)」に加えて、蓮如の「御文」（御文章(ごぶんしょう)）

が本願寺における法儀に積極的に取り入れられ、さらに「御文」の版本が版行されることにより、広く教化の聖教として門徒に受容されたわけである。

ここで門徒に広められた「御文」とは対照的に、親鸞の撰述にかかる「教行信証」は、本願寺内では秘書として取り扱われてきたが、その「相伝」が、限られた末寺住持には許されるようになったことが、以下の記事から明らかになる。

一本願寺で重要な御書とされる教行信証は、御本寺の御許可をいただき、御堂でその相伝を受ける定めであった。師範は准讃衆の中から器量の仁が撰ばれ、当住の門主からその任を仰せ付けられた。伝受の作法などについては、古来からの次第が定まっている。同時に伝受を受ける数十人ほどが内々に相談し、その希望により在京して伝授に備えた。日時を定めて御堂の絵伝の間で伝受がなされ、初日には必ず当住の門主が出座された。教行信証を読み切るまで三十座〈ただし五日に一日の休日がある、〉三十余日の間、伝受に参加する面々は、定められた住所から門外不出とされた。（中略）准如上人の時代、慶長十三年（一六〇八）の頃であろうか、堺真宗寺祐珍・性応寺了尊・堅田本福寺・木津願泉寺浄了・西覚寺善性ら八九人が相伝を許された。その時の師匠は和州飯貝本善寺證珍であり、時に七十余歳であった。（中略）それより今年明暦二年（一六五六）まで相伝は断絶しており、これは悲しむべきことであると。

一御本書の教行信証は、御本寺の御免を蒙りて、御堂に於いて相伝を受ける事なり。師範は准讃の衆の中よりその仁を撰び、当住の上人仰せ付けられ候なり。伝受の作法等古来の旧式あり。同学の人数数十人余程も、内々相談せしめ、望み申し在京仕り候。日限を極りて御堂絵伝の間にて相伝なり。初日には必々当住上人、御出座成され候事なり。読切り以上三十座（五日に一日つゝ闕日あり、）三十余ヶ日の間、面々住所門外不出なり。（中略）准如上人の御代、慶長十三年の比か、サカイ真宗寺祐珍・性応寺了尊・堅田本福寺・木津願泉寺浄了・西覚寺善性等八九人御免候。その時の師匠は和州飯貝本善寺證珍、時に七旬有余なり。（中略）爾来今年明暦二年に至る迄、この事断絶す、悲しむべしと云々。

かつて「教行信証」は、その註釈書である存覚撰述の「六要鈔」共々、門主とその周辺で独占的に受容された聖教であったが、東西本願寺が生まれた江戸前期には、右に記されるように、本寺の承認を得た特定の末寺住持が、門主の定めた「師範」から御堂内で三十座にわたる「相伝」（伝受）を受けることになっていた。本願寺の組織が拡大するなかで、その教学を継承し教化をになう本願寺末寺の門下を養成するためにも、本寺による積極的な聖教の「相伝」は不可欠とされていたわけである。

本寺による承認のもとで伝受がなされる「教行信証」の他に、やはり本寺の許可がなければ「拝読」できない聖教が、以下のように定められていた。

一総じて本寺の許可のもとで拝読できる聖教は、御伝鈔上下、文類聚鈔一巻、末燈鈔〈本末二巻、〉愚禿鈔（ぐとくしょう）〈一巻、今は上下二巻、〉口伝鈔〈上中下、三巻、〉という五部の聖教であり、これらは私的に相伝されるものではなかった。所有者にお願いし、その承認が得られて始めて読める聖教である。これらの聖教を読む時は、同学と相談する必要はなく、望み次第で一人でも読むことができた。

一惣じて御本寺の御免を蒙り、拝読申す聖教は、御伝鈔上下、文類聚鈔一巻、末燈鈔本末二巻、愚禿鈔一巻、今は上下二巻、口伝鈔上中下、三巻、右五部の聖教は、私としては相伝仕らず。本所へ望み申して読み候なり。右の聖教を読む時は、同学と申し合わすに及ばず。一人づゝにても望み次第なり。

このように、親鸞の撰述した「浄土文類聚鈔」「愚禿鈔」、親鸞の書状を類聚した「末燈鈔」、親鸞曽孫の覚如の手になる「御伝鈔」「口伝鈔」の五部は、その拝読だけでも本寺の許可が必要とされた。これらの「聖教」は、蓮如の「御文」が諸方で書写され、さらに顕如らにより版行され、広く流布されたものとは大きく異なる。すなわち、本願寺がその教学を継承するとともに、教化の術として不可欠と考える「聖教」については、やはり教団内で特定の立場にある末寺僧にのみ伝受・拝読が許され、その修学と活用についても制限が設けられていた。

なお、西本願寺では、寛永十六年（一六三九）に門主良如により学寮が設けられた。ここでは末寺子弟に対して、宗乗（浄土教学に関わる「三部経」「安楽集」「選択本願念仏集」など）に限らず、余乗（広く仏教教学に関わる「維摩経」「法華経」「起信論」「原人論」など）の「講談」が行なわれた（「学寮造立事」）。しかし、宗乗として学ばれる経巻・聖教のなかに、必ずしも本願寺「御一流」の教説や、教化の内実に関わる「教行信証」「浄土文類聚鈔」「愚禿鈔」などは見られない。すなわち、多くの末寺を擁する本願寺という教団にあって、門主と一家衆・院家衆・定衆などという「御一流」の教説・教化を支える一類と、門徒に接して信心を導く末寺住持の一類の間には、「聖教」の受容という側面で明確な一線が引かれていたことに注目しておきたい。

天正八年（一五八〇）に石山本願寺が焼失した後、顕如は鷺森・貝塚・天満と本寺を移した最後に、秀吉の意向を受けて、洛中に広大な寺域と「華麗」な堂宇を得た。これより本願寺は、多くの門徒を擁する大本山としてありながら、大坂御坊における一向一揆の時代とは激変した姿を示すことになる。

安土桃山時代から江戸前期に至る本願寺歴代の足跡をたどる限り、そこに宗祖親鸞の門徒への教化の残像を見ることは容易ではない。鎌倉後期から親鸞曽孫の覚如は、本願寺を親鸞に帰依するすべての門徒の本寺とし、また親鸞門葉が創建した諸国寺院の本山を目指した。さらに蓮如は、門徒に理解しやすい表現で「御文」を書き、念仏の功徳を説いたが、そこには親鸞の教説から枝葉を取り去り、時に異なった解釈のもとで個性的な教化を行なったのである。

少なくとも本願寺の歴史のなかで、常に語られることではあるが、覚如・蓮如の登場によって、本願寺は親鸞廟所としての当初の性格を大きく変化させることになった。そして顕如の甲冑像が物語るように、この時代の本願寺は武装した門徒集団を擁する有力な戦国大名としての印象が濃厚である。諸国門徒に送った顕如書状には、蓮如が御文に記した「仏恩報尽の称名念仏」との文言がしばしば見られるものの、そこには門徒の信心を導こうとする真摯な教化の表情が稀薄になりつつあった。

〔参考文献〕

安藤　弥『戦国期宗教勢力史』（法蔵館、二〇一九年）

神田千里『顕如』（ミネルヴァ書房、二〇二〇年）

草野顕之編『本願寺教団と中近世社会』（法蔵館、二〇二〇年）

『真宗史料集成』第二・六・八・九（同朋社出版、二〇〇三年）

永村　眞「東国の真宗と阿佐布門徒」（『港区史』通史編原始・古代・中世、港区、二〇二一年）

『本願寺文書』（柏書房、一九七六年）

おわりに

「はじめに」で触れたように、世俗社会の空間のなかで、寺院社会が人・組織のネットワークにより存続したことは言うまでもない。このネットワークが、寺院社会のさまざまな習慣や組織のもとで各時代に固有の形をもち、その枠のなかで中世の日本仏教と寺院が個性的な足跡を残すことになった。そこで本書では大きく三部に分け、Ⅰでは、南都・京都・東国における諸寺院と寺僧のあり方を、主に修学に注目して考え、Ⅱでは、真言宗の教説と実践がいかなるしくみのもとで実現し継承されたかに焦点をすえ、Ⅲでは、多くの僧俗が懐く阿弥陀信仰を導くための教化活動を中心にして、中世の寺院社会におけるネットワークの具体的な姿と時代的な発展をたどった。

なお、本書の副題に掲げたように、「文書・記録と聖教」を素材として、Ⅰ〜Ⅲの各部に掲げた課題を検討したが、特に「聖教」は、寺僧による修学・伝授や教化の具体的なありようを語るものの、その内容が各宗における個性的かつ難解な仏教要語や教説に関わることから、必ずしも十分な説明を尽くしていないことをお詫びしておきたい。

さて本書の最後に、三部にわたる課題を通して、中世寺院のネットワークを考える上で不可欠と考えられる、以下の五つの要語を取り上げる。

まず第一は、寺院の創建・再興や存続に尽力した「檀越」（寺院・寺僧の外護者）の存在である。檀越とのネットワークによって、寺院は時代を越えて継承された。Ⅰ―一章で述べた源頼朝は、自らの尽力と配下御家人の関与により、東大寺の再建を実質的に支えたわけで、今日でも二月堂修二会の「過去帳」奉読のなかで、「当寺造営大施主将軍頼朝右大将」と唱えられ、寺内でその功績が讃えられてきた。また、金沢北条氏の氏寺として生まれた武蔵国称名寺では、その長老と金沢氏当主との緊密な交流のもとで、同寺は大きく発展を遂げている。さらにI—五章で触れた足利尊氏は、朝敵の汚名を晴らす光厳上皇院宣をもたらした醍醐寺賢俊に対して、感謝のみならず篤い尊崇の念を寄せ、醍醐寺座主・東寺長者（とうじちょうじゃ）（真言宗の長官）・根来寺座主などに補任するとともに、醍醐寺の興隆にも力を尽くした。また、II—六章で取り上げた、応仁・文明の乱により荒廃した醍醐寺で、花御覧を機に大規模な寺内再建を進めた豊臣秀吉は、今日に続く醍醐寺の威容を実現した最大の立役者であろう。

最後のIII—六章で取り上げた本願寺は、大規模な摂津国石山御坊を織田信長との合戦で失って以後、豊臣秀吉の意を受けて本山の移徙（いし）を重ねた末、最終的に洛中堀川に落ち着くことになる。なお、秀吉により建立された本願寺（西本願寺）の東に、徳川家康・秀忠の意向により東本願寺が建立され、本願寺は江戸時代に入り二つの本山が並び立つことになった。このように寺院にとって檀越は、その存続にあたり不可欠な存在であるが、一方の檀越が教団・寺院・寺僧に寄せた外護（げご）には、さまざまな世俗的な思惑を込められていたことも見過ごせない。

第二に、寺院社会内で寺僧相互のネットワークを維持し、寺院・寺院群の宗教的な機能を実現する組織として「教団」の存在がある。教団とは、特定の教学や法儀を共有する寺院群と、そのもとでの寺僧集団を指す。教団を構成する寺院群とは、多くが本寺と末寺の集合体であり、両者の支配・被支配の関係はさまざまであるが、本寺は教団全体の運営組織を持つことが多かった。ただし寺内院家により構成される東大寺や醍醐寺などは、多くの末寺を擁することもなく、むしろ院家が中心となって寺外との関わりをもつ寺院も見られた。

たとえば、II—二章で述べた醍醐寺三宝院（さんぼういん）は、同院を拠点とする三宝院流が東密（真言密教）嫡流としての優位性をもつことから、三宝院流を相承（そうじょう）する門葉が属する寺院・院家により、法流を媒介とした教団が形成されていった。また、II—三章では、弘法大師（空海）から相承される真言宗が、時代とともにさまざまな形で細分化されるなかで、特に事相（祈禱作法）を指標として、醍醐寺を頂点に置く小野流、仁和寺を頂点とする広沢流の両流が生まれ、これらがさらに細分化するなかで特定の法流を共有する寺院群が生まれた。平安院政期以降には、教相（密教教学）に関わる新義・古義の教説に依拠して、真言宗の教団は大きく新義真言宗・古義真言宗に分化した後、各々がさらに細分化を進めながら、多くの末寺を配下に擁することになった。

浄土宗・真宗においても、拠点寺院を中心とした教団の形成が見られる。まず、法然により立宗された浄土宗は、その門葉の広がりのなかで、洛中知恩院や鎌倉光明寺をはじめとして、畿内・東国に門葉により諸寺院が創建され、それら各々が本山となり、末寺・道場を束ねて、横の連なりをもった。さらに浄土宗のなかから、親鸞を祖師として「浄土真宗」を教説とする真宗教団が生まれ、東国に散在する門徒集団が形成され、洛中に創建された親鸞廟所（本願寺）を支えながら、真宗教団として発展を遂げた。親鸞を祖師と仰ぐ東国の高田門徒（専修寺）は、鎌倉後期以降に、門徒集団の存続の基盤として、親鸞廟所を守る親鸞末裔の住持を支えたが、室町時代に至り、教化をめぐり対立を深めることになる。ここに真宗教団の分化が進み、蓮如の時代を境にして本願寺が急速な発展を遂げ、蓄えた世俗的な力量を背景に、貴族や戦国大名と交流をもつなかで、ついに織田信長との石山合戦に至るわけである。

寺僧から寺僧集団、寺院から寺院群、これらを統括するために、本寺・本山を中軸にして教団が生まれ、教義や法儀、さらには組織的な要件による教団の分化・合同の進行のなかに、寺院社会のネットワークの実相を見ることができる。

第三には、寺僧間で実現するネットワークの所産として、師資間で相承される「法流」があげられる。この法流とは、顕密諸宗に見られるものであるが、特に師僧（師）から弟子（資）に、密教秘法が伝授される流れに注目した。この「法流」であるが、伝授により相承される秘法・秘事など、伝授を受け特定の秘法・秘事などを共有する門葉の集団、これらがその語義と言える。そして、法流に属する流祖と門葉は、相承した密教の特異性を強調することにより、寺院社会内で自らの優越した立場を主張した。

先に述べた三宝院流は、東密嫡流の秘法を相承することから、その法流は他の諸流に対して優位性をもち、その法流を伝授された寺僧は、密教行者として高い評価を得ることになる。また、法流における秘法は、空海が密教を請来した時点から、常に師僧の口授（口伝）という手続きにより伝授された。Ⅱ―一章で述べたが、密教経典の伝授にあたり、書授にこだわる最澄に対して、口授を唯一の方法と主張する空海の、修学態度をめぐる懸隔からも、師資間の口授の重要性は明らかであろう。この密教事相に依拠して生まれた法流は、その特異性を維持するために、法流に固有の秘事・秘法を維持するために、その勤修（ごんしゅ）・相承に不可欠な聖教を撰述し、秘書とする聖教により伝授を行ない、限定された門葉に秘法・秘事が相承された。そして法流は、その特異性ゆえに相承には強い制約が設けられた。その制約があればこそ、Ⅱ―四章で触れた、後宇多法皇の三宝院嫡流への強いこだわりや、Ⅱ―五章で述べた、住侶（じゅうりょ）隆源から貴種満済への伝授に見られるように、単なる秘法・秘事などの継承のみならず、独占した法流による優越性の獲得という社会的な意味があったことは確かであろう。ここに師資間のネットワークの典型的な形である法流がもつ、至って人間的な一面を見ることができる。

第四に、寺僧の修学活動のなかで見られる「兼学（けんがく）」の存在がある。個々の寺僧にとっても、寺院にとっても、自らが属し修学する宗が一つに限られることは、古代以来の寺院社会の足跡を見る限り、決して一般的ではない。寺僧には得度後に師僧の宗を自らの本宗とし、その宗学を学ぶことは言うまでもないが、本宗以外の宗を修学することが通例であった。Ⅰ―二章で取り上げた戒壇院（かいだんいん）長老の円照（えんしょう）は、住侶の息として剃髪後に、まず「有宗」（倶舎（くしゃ）宗）を学び、次いで自らが本宗とした三論（さんろん）宗を碩学智舜（せきがくちしゅん）・真空（しんくう）より修学し、さらに戒律・法相（ほっそう）・華厳（けごん）・真言・浄土・禅法を学び、広く諸宗の教学に通じた。また「八宗兼学」を掲げた東大寺内には、個々の宗学を伝える僧坊や院家が散在し、寺院全体として諸宗が兼学されていた。本書で取り上げた東大寺・称名寺・醍醐寺では、いずれも複数の宗が修学・相承されており、この修学形態は古代以来の寺院の通例であった。

ところで、律院である東大寺戒壇院や称名寺では、院内で戒律のみならず顕・密にわたる諸宗が学ばれ、その痕跡を示す諸宗聖教が生まれ伝来している。この兼学を一挙に消滅させたのは、明治初年に維新政府による神仏分離令であり、「一派一寺」（一宗一寺）の指示により兼学は否定され、現在の一寺一宗が当然という事態に至ったのである。なお、法然・親鸞らを宗祖とする浄土宗・真宗は、諸宗教学をよりどころにして専修念仏の教説を定め、教団として教化の柱としており、良忠や存覚など一部の宗僧を除いて、少なくとも中世を通して兼学を修学の術とすることは稀であった。この兼学は、諸寺院に諸宗の師僧が止住し、寺内のみならず寺外からも教えを請う僧侶が集まるという環境のもとで実現し、このネットワークにより、仏法の幅広い修学がなされた。

第五に、宗教活動の基本でもある「教化」をあげておきたい。顕・密を問わず、聖・俗の接点をなす教化により、仏教は聖・俗に受容され発展を遂げた。諸宗が寺院社会に受け容れられるには、まず祖師による門葉への教化を端緒とし、さらに祖師とその門葉による世俗社会への教化が、宗が発展を遂げる重要な出発点となる。

たとえば、空海により真言宗が請来された後、最初にこの教えに傾倒したのは諸宗の寺僧であり、Ⅱ―一章で述べたが、最澄もその一人であった。さらに空海とその門葉は公家・貴族へ、現世利益のための修法等を媒介として教化を進め、ここに多くの檀越を得て、真言宗がその教線を広げることになる。また、法然・親鸞らは、古代から続く浄土往生を渇仰する浄土信仰を基礎に、往生の実現を図る術として専修念仏の実践を説き、ここから急速に教団が発展を遂げた。Ⅲ―二章では、親鸞と良忠の教化のあり方について考えたが、親鸞は主に俗人に向かって教説を説き、その手段として説教や消息・聖教を用いている。一方、良忠は主に寺僧を相手にして、談義などの場で自らの教説を説いた。両者の特徴ある教化の痕跡は、親鸞の手になる聖教や消息、良忠が著した多彩な聖教に見ることができる。親鸞の教化は、Ⅲ―五章の蓮如御文や真慧聖教の言説に、良忠の教化はⅢ―四章で述べた、その門葉による聖教「三巻七書（しちしょ）」に継承され、各々が真宗と浄土宗の発展を支えた。

この教化活動のなかで、各宗は教説を聴く門徒の疑問に対応するため、教説の構成や表現を見直し、受容できる語りを生み出していった。新たな教説によって、祖師のもとで生まれた教団が、独自の教えにより教化を進めるなかで、自ずから分派を遂げることになる。このように祖師・門葉の門徒集団への教化という形をとったネットワークにより、教説の伝達と理解の深化という目的が果たされたと言えよう。

人間の社会が、ネットワークにより日々円滑に運営されることは言うまでもないが、その運営にあたって、各時代・組織のもとで固有のしくみが機能していた。本書で取り上げた寺院社会においても、宗教的な諸条件のもとで、特徴的なしくみが生み出され、具体的な役割を果たしていた。

最後にまとめた「檀越」「教団」「法流」「兼学」「教化」のいずれもが、中世の寺院社会に固有のものとは言えないが、今日に言葉としては残されていても、実質的な意味をもたぬものも見られる。本書では、これらの要語が具体的に機能した中世において、人・組織のネットワークが特徴的な姿を見せたことに目を向け、中世寺院の一面を描き出すことを試みた。

あとがき

かつて編集者の斎藤信子氏から、「中世寺院のネットワーク」という書名での書き下ろしのご依頼を受けた時、少々戸惑いを感じた。世に刊行される多くの日本史の著書に、横文字の題名は折々に目にするが、自分が関わった本や論文に、「ネットワーク」などという題名を付けたことはなかった。ただ改めて「ネットワーク」という一語を考え直してみると、自分が関心をもってきた寺院・仏教や史料に関わる歴史のなかに、その呼称にふさわしい事象が少なからず見いだされることを、改めて確認することができた。そこで昔を振り返りながら、「ネットワーク」により表現できる歴史的な場面を思い返してみた。

日本史の世界に足を踏み入れた二十代から、生業とするようになった三十代に、自分の関心は専ら南都仏教にあり、奈良東大寺に伝わる文書・記録や聖教により、論文を作成してきた。現在も毎月、奈良東大寺に通い、図書館で一万点を超える史料（主に聖教）の調書を作成し目録の編集を進めている。また東大寺の院家である東南院を開創した三論宗僧の聖宝（理源大師）が、真言密教へ傾倒するなかで創建した京都醍醐寺においても、三十代から今日まで、主に聖教の調査に携わってきた。醍醐寺に伝来する十万点に及ぶ史料群であるが、大正三年（一九一四）に黒板勝美氏により着手された史料調査は、以後息長く継続され、現在はその取りまとめの時期に至っており、自分自身も相変わらずその調査を続けている。

なお東大寺・醍醐寺における調査と併行して、五十代から六十代にかけて、神奈川県立金沢文庫の運営に関与し、架蔵される称名寺伝来の多彩な聖教に触れることができた。さらに紀伊根来寺の寺誌編集を進めるなかで、河内金剛寺や京都智積院の史料調査の機会を得ている。このように東大寺・醍醐寺・称名寺や金剛寺・智積院等に伝わる史料の調査を踏まえて、南都仏教や真言宗を伝える諸寺院において、仏法受容の多様な方法について考えるなかで、本書の第Ⅰ部・第Ⅱ部が生まれたわけである。

また二十代から最近まで継続的に地域史の刊行に関わってきたが、『栃木県史』『南河内町史』（同町は栃木県下野市に編入）では下野薬師寺における戒律と真言密教を、『二宮町史』（同町は栃木県真岡市に合併）や『港区史』（東京都）では、自分にとっては縁が薄かった浄土宗・真宗を学ぶことになった。特に『二宮町史』では、高田専修寺（「下野本寺」）を通して、真宗教団が形成される足跡をたどり、「高田本山」（三重県津市）の文書・聖教の調査により、東国門徒が真宗教団の発展にいかに寄与したかを検討した。さらに増上寺に伝来する史料群から、浄土宗聖教の成立とその役割について考えてみた。そしてこれらの地域史編集のなかで接した諸寺の史料から得たささやかな成果が、本書の第Ⅲ部となった。

二十代の昔から今日まで、寺院史料の調査や地域史の編集という場において、諸宗にわたる多彩な史料群に触れ、目録を作成し、史料翻刻を行ない、史実を描くという作業のなかで、寺院と仏教、そして聖教を柱とする寺院史料のなかに、自分なりに多様な「ネットワーク」の姿を確認することができた。もちろん本書で描くことができた事象は、きわめて限られており、今後もできうるかぎり幅広いその姿を求めたいと考えている。

最後に、本書の素材をご提供くださった諸寺の諸徳、また本書執筆にあたりさまざまにアドバイスとご助力を賜った吉川弘文館編集部の皆様に、改めて心より感謝申し上げたい。

令和六年九月三十日

永村 眞

索　　引

I 人　　名

あ 行

か 行

さ　行

た　行

な　行

は　行

ま　行

や　行

ら 行

Ⅱ 寺社名

あ 行

か 行

さ　行

た 行

な 行

は 行

ま 行

や　行

ら・わ行

Ⅲ　事　項

あ　行

か　行

さ　行

た　行

な 行

は 行

ま　行

や　行

ら・わ行

Ⅳ 史料名

あ　行

か　行

さ　行

た 行

な 行

は 行

ま 行

や・ら行

著者略歴

一九四八年　熊本県に生まれる
一九七六年　早稲田大学大学院文学研究科史学専攻日本史専修博士課程中退
現在　日本女子大学名誉教授、東大寺学術顧問、根来寺文化研究所理事、醍醐寺文化財研究所研究員。文学博士（早稲田大学）

〔主要著書〕
『中世東大寺の組織と経営』（塙書房、一九八九年）
『中世寺院史料論』（吉川弘文館、二〇〇〇年）
『中世醍醐寺の仏法と院家』（吉川弘文館、二〇二〇年）

中世寺院のネットワーク
文書・記録と聖教から

二〇二五年（令和七）一月一日　第一刷発行

著者　永村（ながむら）眞（まこと）
発行者　吉川道郎
発行所　株式会社　吉川弘文館
郵便番号一一三—〇〇三三
東京都文京区本郷七丁目二番八号
電話〇三—三八一三—九一五一（代）
振替口座〇〇一〇〇—五—二四四番
https://www.yoshikawa-k.co.jp/

印刷＝株式会社　理想社
製本＝誠製本株式会社
装幀＝右澤康之

ISBN978-4-642-02994-0